工程项目代建管理实务与操作

米万国　任　远　主编

中 国 计 划 出 版 社

图书在版编目（CIP）数据

工程项目代建管理实务与操作／米万国，任远主编.
北京：中国计划出版社，2009.12
ISBN 978－7－80242－463－0

Ⅰ．工…　Ⅱ.①米…②任…　Ⅲ.基本建设项目－项目管
理　Ⅳ.F284

中国版本图书馆CIP数据核字（2009）第210203号

工程项目代建管理实务与操作
米万国　任　远　主编
☆
中国计划出版社出版
（地址：北京市西城区木樨地北里甲11号国宏大厦C座4层）
（邮政编码：100038　电话：63906433　63906381）
新华书店北京发行所发行
三河富华印刷包装有限公司印刷

787×1092毫米　1/16　25印张　621千字
2009年12月第1版　2009年12月第1次印刷
印数1—3000册
☆
ISBN 978-7-80242-463-0
定价：50.00元

前　言

为加快政府投资管理体制改革步伐，从源头上解决当前政府投资管理体制中项目建设单位和使用单位合一、政府投资约束软化、项目单位基建管理经验不足、超投资风险防范制约机制缺失等问题，2004年国务院颁布的《国务院关于投资体制改革的决定》中明确提出“对非经营性政府投资项目加快推行‘代建制’”。即通过招标等方式，选择专业化的项目管理单位负责建设实施，严格控制项目投资、质量和工期，竣工验收后移交给使用单位。

目前，北京、上海、深圳、广西、海南等全国绝大部分省市对政府投资项目都在推行代建制管理模式。代建制作为政府投资项目在管理机制上的一项制度创新，当前仍处于探索、完善阶段。代建制与工程项目管理、工程监理和工程总承包在管理理念、管理方式、管理内容、管理方法等方面有着很大的不同。近年来，中国国际工程咨询公司利用自身多年积累的工程项目管理经验和人力资源优势，在海南、广西等地承揽了多个政府投资代建管理项目。本书正是在总结上述代建管理实践经验的基础上，以现代项目管理理论为指导，针对政府投资项目代建制管理模式的特点，分别从代建制的特点、基本运作流程、内部管理、前期管理、招投标管理，项目实施阶段的施工准备管理、质量管理、进度管理、投资管理、安全生产管理、合同管理、沟通管理、风险管理等方面，对项目代建管理的程序、内容、方法和措施等进行了全面深入系统地介绍。本书力求突出以下特点：

1. 理论性、实践性和可操作性。本书编写者多年来一直从事项目代建管理工作，各自结合自身多年的代建管理实践经验，密切联系实际，理论研究和实际应用融为一体，使本书不仅具有一定的理论水平，同时还具有较强的实践性和可操作性。

2. 体现代建项目的全过程管理。本书以代建项目周期（项目基本建设程序）为主线，从项目前期管理、招投标管理、施工准备到项目实施过程、竣工验收的管理，涵盖了项目代建管理的全过程。

本书由中国国际工程咨询公司项目管理部组织编写，参加本书编写的有：任远（前言、第九章、第十章），石玉环（第一章），米万国（第二章），李相明（第三章、第十八章），李岩、王欣（第四章），邬可（第五章、第十二章），李青惠（第六章、第十三章），权曙光、李峥（第七章、第十六章），牛建荣（第八章、第十一章），杨大志（第十四章、第十七章），康靖、张鸿波（第十五章），李何、李相明（第十八章），全书由米万国、任远负责统稿并审定。

本书在编写过程中，得到了中国国际工程咨询公司领导的悉心指导和大力支持，同时编者参阅了有关资料、文献，在此一并表示衷心感谢。

本书不仅可以作为高等院校项目管理工程硕士、MBA 项目管理专业、管理科学与工程硕士、工程管理本科生教学参考书，也可以作为咨询工程师、监理工程师、建造师、造价工程师、项目管理高级经理的培训用书，同时还可作为从事政府投资项目代建管理的政府管理部门人员、工程项目管理研究人员以及从事代建管理实际工作的专业人员的学习和工作的参考书。

由于编者水平有限，难免存在不妥或错误之处，恳请广大读者和同行不吝赐教、批评指正。

本书编写组

目　　录

第一章 概 论

第一节 代建制的提出及其重要意义

一、政府投资项目代建制提出的背景

长期以来，我国大规模的政府投资项目管理实践活动并没有系统地上升为投资项目管理理论和科学，在过去的计划经济管理体制时期，有些做法违背了经济规律和科学道理，如违背基本建设程序、盲目抢工期而忽视工程建设质量、不顾建设投资、不按合同进行管理、施工协调的主观随意性等等，所以，在过去相当长的一段时期内，我国在政府投资项目管理理论上的研究重视不够。总体来看，我国政府投资项目的管理体制大致经历了三个阶段：

第一阶段为新中国成立初期至1978年，这一时期政府投资项目的管理主要表现为计划经济投资管理模式。新中国成立初期，政府投资项目管理主要以建设单位自营方式为主。所谓的自营方式就是建设单位自己组织设计人员、施工人员，自己招募工人和购置施工机械、采购材料，自行组织工程项目建设；1953年至1965年，主要学习苏联模式，实行以建设单位为主的甲、乙、丙三方制。甲方（建设单位）由政府主管部门负责组建，乙方（设计单位）和丙方（施工单位）分别由各自的主管部门进行管理。建设单位自行负责建设项目全过程的具体管理，设计、制造、施工任务分别由各自的政府主管部门下达，项目实施过程中的许多技术、经济问题则由政府有关部门直接协调和负责解决；1965年至1978年，主要以工程指挥部方式为主。许多大中型项目的建设，采用建设指挥部的方式，把管理建设的职能与管理生产的职能分开，建设指挥部负责建设期间设计、采购、施工的管理。项目建成后移交给生产管理机构负责运营，同时建设指挥部的使命随即完成而被解散。我国有很大一批政府投资项目是在这种管理模式下建成的。

第二阶段为1979年至1992年，这一时期政府投资项目管理处于借鉴学习和改革探索阶段。党的十一届三中全会提出“改革开放”方针以后，随着大量引进国外成套设备、国外资金和国外承包商进入我国建设市场，相继带来了国际通行的项目管理和工程承包方式，政府投资项目管理进入了新的发展阶段。20世纪80年代初，工程建设领域开始推行工程总承包和项目管理，先后经历了探索、试点、推广三个阶段，其中鲁布革水电站就是一个里程碑工程。鲁布革水电站引水系统工程是我国第一个利用世界银行贷款，并按世界银行规定进行国际竞争性招标和项目管理的工程。在项目建设的4年多时间里，创造了著名的“鲁布革工程项目管理经验”，形成了“鲁布革冲击波”，从此启动了中国真正意义上的建设项目管理。在“鲁布革工程项目管理经验”中，其核心是把竞争机制引入工程建设领域，实行公开、公正、公平的招标投标，并实行工程建设全过程总承包方式和项目管理。

随着我国经济体制改革的不断深入，政府对投资项目的管理也逐步与市场化的步伐合

拍。实行多种计划管理形式，逐步缩小指令性计划范围，固定资产投资项目的决定权逐步分散，政府投资项目评估审议制度建立，政府投资项目建设领域推行合同制、招标投标制、工程监理制，政府进一步实现了由投资活动的直接控制者向社会投资活动的宏观管理者的转换。

第三阶段为1993年至今，这一时期我国市场经济投资管理体制框架初步形成，并向纵深发展。党的十四届三中全会提出了建立社会主义市场经济体制的总体目标，我国的改革进程开始走向主动的、系统的、有秩序的市场经济目标。政府投资管理体制也实行了一些深层次的变革，与市场经济规则相适应的投资管理体制在这一阶段初步形成。工程建设监理制开始转入全面推行阶段，《关于实行建设项目法人责任制的暂行规定》的出台，将政府投资实施过程的管理真正变成了企业行为，明确政府投资范围划定在非竞争性、非营利性的基础设施和公益性项目范围内，政府作为市场经济投资宏观调控主体的角色初步确立。

随着我国投资体制改革的不断深入和工程建设的不断发展，现有政府投资项目管理体制的一些弊端也逐渐显现出来。“投资、建设、管理、使用”四位一体所造成的“责、权、利”难以廓清、政府投资约束软化、超投资风险防范制约机制缺失、“超规模、超标准、超概算”的三超现象时有发生、工程建设领域腐败时有发生等等，为了加强政府投资项目管理，改进建设实施方式，2004年国务院颁布的《关于投资体制改革的决定》（下称《决定》）中明确提出对非经营性政府投资项目加快推行“代建制”，即通过招标等方式，选择专业化的项目管理单位负责建设实施，严格控制项目投资、质量和工期，竣工验收后移交给使用单位。

二、政府投资项目实行代建制的重要意义

对政府投资项目推行代建制管理，是我国投资管理体制改革的新探索、新尝试，也是我国投资体制改革的重要举措之一。自2004年国务院《决定》颁布以来，全国各地按照“边试点、边总结、边完善”的工作思路，对政府投资项目试行代建制管理模式。通过总结全国各地试行代建制管理所取得的实效，政府投资项目实行代建制的重要意义可以归纳总结为以下几个方面：

（一）代建制有利于政府部门转变职能

政府投资项目实行代建制后，由于有专业项目管理单位来负责项目的建设管理，各政府职能部门就可以精简其基建部门，削减其具体的项目建设管理职能，使其从微观管理、具体项目管理上解脱出来，将主要精力集中到提供公共行政服务和执行有关法律法规，进行宏观管理和规范市场秩序，维护社会公平上来。正是由于代建制的实施使得政府作为项目真正业主的角色归位，将其可由市场承担的社会化职能剥离，使政府部门的行政管理职能得以纯化，从而有利于促进政府部门职能的转变。

（二）代建制有利于完善政府投资项目的决策机制

由于原有政府投资项目管理体制的局限性，项目的决策很大程度上受制于建设（使用）单位的影响，往往使项目前期工作的深度达不到质量标准和实际要求，常常给项目建设实施带来不便，埋下隐患。而实行代建制后，项目前期决策阶段所确定的建设内容、规模、标准及投资，一经确定便不得随意改动，使得前期工作的重要性和科学性得到切实

体现。同时，在代建制下，委托方和代建单位通过签订委托代建合同，明确了双方的责任，政府需根据合同约定，按照项目实施计划进度拨付工程款项，因此，政府必须要比以往更加重视建设项目资金的筹措和使用计划，排出项目重要性顺序，量力而行，这将在一定程度上减少政府实施项目过多而产生的负债建设、拖欠工程款等问题。

（三）代建制有利于政府对投资项目的目标控制

代建制的实质是使原来政府投资项目管理机制向社会化和市场化的转变，通过引入严格的、以经济合同约束为核心的市场运行机制，摆脱原有行政权力羁束，以市场的力量来提高项目的实施效率，极大地改变了计划经济体制下政府投资项目缺乏有效控制的弊端。由于在满足项目功能的前提下，项目的投资、质量、进度在委托代建合同中一经确定，任何一方都不得随意变动，这样有利于代建单位全心全意做好项目的各项控制工作，使用单位对项目的实施也不能随意干涉，主要侧重于监督代建合同的执行和代建单位的工作情况。同时，通过运用委托代建合同对代建单位超投资的处罚机制，使得代建单位不断提高自身的专业管理水平和服务意识，采取最优的技术方案，优化组织管理模式，控制项目投资，这在一定程度上降低了政府投资项目总体成本，有利于从机制上防止“三超”现象的发生。

（四）代建制有利于形成市场建设管理的竞争机制

竞争是激发活力和创新的源泉。代建制采取多道环节的招标采购，竞争充分，无论是投标代建的单位还是投标前期咨询、施工或设备材料供应的单位，必然会尽其所能，以合理的报价提供最优的技术方案、服务和产品，这不仅有利于降低项目总成本，还能起到优化项目的作用。代建制各环节通过招标产生承建单位，将有利于培育各参与方的市场竞争意识，确保整个建设市场管理竞争机制的形成。

（五）代建制有利于提高政府投资项目的管理水平和效率

代建单位作为专业化、社会化的项目管理单位，具有较强的技术、组织和管理能力。通过政府投资项目实行代建制，借助代建单位的技术和管理经验，使项目的实施实现了专业化的相对集中管理，改变了以往管理分散性、临时性的状况，较好地消除了机构临时拼凑、人员不稳定、业务不熟悉、管理不到位、教训多经验少等弊端，这将大大提高政府投资项目的管理水平和工作效率。同时，代建制通过将全部具体的项目管理和建设实施职能交由代建单位去完成，政府的管理工作可以简化，重点加强对代建单位的监管即可，社会化分工与政府简化工作内容本身即意味着提高了工作效率。

（六）代建制有利于净化建设市场，遏制建设领域腐败现象

代建制的实行打破了现行政府投资项目管理体制中“投资、建设、管理、使用”四位一体的模式，使各环节彼此分离、互相制约。使用单位不再介入项目前期服务、施工及材料设备采购等环节的招标定标活动，代建单位在透明的环境下，进行公开、公平、公正的招标定标，这样有利于遏制建设领域的腐败，也体现了政府工作的“阳光操作”。同时，在政府投资项目的实施过程中，由于代建单位的加入，也在一定程度上隔离了政府主管部门与多数相关单位的利益联系，承担项目建设任务的勘察设计、监理、施工和材料设备供应等单位由向政府负责改由向代建单位负责，这种利益隔断机制很好地防范了政府部门工作人员腐败行为的发生。

第二节　代建制相关方的职责与权利

在政府投资项目代建制管理中，通常情况下，相关各方主要是指政府投资管理部门（委托方）、项目代建单位（代建方）和项目使用单位。三方通过签订委托代建合同，依法明确各自的责权利，规范各自的行为。目前在国家层面上还没有颁布相关的法律法规或管理办法对代建制相关方的职责与权利予以规定，不过在全国各地已出台的有关政府投资项目代建制管理办法中对代建制相关方的职责与权利都作了比较明确的规定。归纳总结各地出台的管理办法对代建制相关方职责与权利的规定，并结合全国代建制实践的具体情况，代建制相关方的职责与权利主要包括：

一、代建制相关方的职责

（一）政府投资管理部门（委托方）的职责

1. 负责核准项目建议书、可行性研究报告，审查确定设计方案，审批工程预算和正式开工计划等。

2. 确定代建单位。

3. 负责实施过程中工程设计等变更的审批及重大事项的决策，安排项目年度投资计划并协调财政部门按工程进度拨付建设资金。

4. 负责协调工程建设的相关外部关系，为代建工作提供外部条件。

5. 监管代建单位履行合同。

6. 组织工程的竣工验收和移交。

（二）项目代建单位（代建方）的职责

代建单位应该是政府委托的项目建设阶段的项目法人，是项目的建设管理主体，在政府委托的职责范围内对项目建设进行全方位、全权制、全责制的管理。代建单位利用自己的专业技术力量和严密的管理经验，在项目策划、方案设计、前期准备、工程预算、施工单位的招标选定及材料设备的采购等整个建设过程中，对项目的投资、质量和工期进行专业化控制与管理，确保项目建设按合同目标顺利实现。具体包括：

1. 代建单位在前期工作中的主要职责：

（1）会同使用单位，根据已批复的项目建议书，组织编制和报批项目可行性研究报告；

（2）组织开展工程勘察、规划设计等招标活动，并将招标投标情况书面报告和中标合同文本报委托方和政府有关部门备案；

（3）组织开展项目初步设计文件编制及报批工作；

（4）办理项目土地、规划、环保、消防等有关手续报批工作；

（5）定期向委托方和使用单位报送项目前期工作进展情况；

（6）办理前期工作相关文件资料的归档和移交；

（7）主动接受监察、审计部门的监督检查。

2. 代建单位在建设实施阶段的主要职责：

（1）组织施工图设计；

（2）组织施工、监理和设备材料选购招标活动，并将招标投标情况书面报告和中标合同文本报委托方和政府有关部门备案；

（3）负责办理年度投资计划、协助办理建设工程规划许可证、施工许可证和消防、园林绿化、市政等工程施工的有关手续；

（4）负责工程合同的洽谈与签订工作，对施工和工程建设实行全过程管理；

（5）按项目进度向委托方提出投资计划申请，向财政部门报送项目进度用款报告，并按月向委托方、财政部门及使用单位报送工程进度和资金使用情况；

（6）组织工程中间验收，协助委托方、使用单位组织竣工验收；

（7）编制工程决算报告，报委托方、财政部门审批；

（8）办理项目竣工及有关技术资料整理汇编移交，并按批准的资产价值向使用单位办理资产交付手续。

（三）使用单位的职责

1．负责根据本单位的实际需要及发展规划提出项目建议书。

2．编制和报批项目可行性研究报告。

3．在项目方案设计阶段提出项目的具体使用条件和建筑物的功能要求和指标。

4．参与项目设计、概算和预算审查。

5．负责办理工程建设中相关的设计审查、招标申请、施工报建、竣工验收等审批手续，为代建工作提供必要的条件。

6．在建设过程中（包括项目的设计、施工、设备材料采购等）提出意见和建议，并监督代建单位的行为。

7．负责筹集项目总投资中政府出资额之外的建设资金，并对项目建设资金使用情况进行监督。

8．参与工程验收，负责接收竣工建筑物及其使用和维护。

二、代建制相关方的权利

（一）政府投资管理部门（委托方）的权利

1．对代建项目进行稽查，对违规行为予以纠正。

2．对因技术、水文、地质等原因造成的设计变更进行核准。

3．要求代建人赔偿因擅自变更建设内容、扩大建设规模、提高建设标准，致使工期延长、投资增加或工程质量不合格所造成的损失。

4．要求代建人更换不称职的项目部工作人员。

（二）项目代建管理公司（代建单位）的权利

代建人根据委托人和使用人的授权以及有关法律、法规的规定，享有以下项目建设的组织、管理及协调权：

1．根据初步设计的批复及有关规定选择专业工作单位，并与其签订合同。

2．管理各类承包合同，并按规定向承包人支付承包费。

3．对项目建设资金的使用进行管理。

4．与有关单位商定处理保修、返修内容和费用。

5．进行项目各参与方的协调工作。

6．有权拒绝委托人和使用人提出的本合同约定之外的要求。

7. 有权取得代建报酬，并有权按专用合同条款约定从项目投资节余额中提取奖酬金。

（三）使用单位的权利

1. 对代建项目进行监督，并向委托人反映各种问题。
2. 对工程变更内容提出意见。
3. 对委托人核准的变更结果进行申诉上报。

第三节　代建制与其他项目管理模式的比较

目前，在工程建设领域中广泛使用的工程项目管理模式既有历史悠久的传统项目管理模式，也有新发展起来的工程项目管理模式，包括工程总承包模式、项目管理服务模式（CM）、项目管理承包模式（PMC）等等。

一、项目管理模式简介

（一）传统项目管理模式

传统项目管理模式又称设计－招投标－建造方式（Design－Bid－Build Method）。这种项目管理模式在国际上最为通用，世界银行、亚洲银行贷款的项目以及采用国际咨询工程师联合会（FIDIC）工程施工合同条件的项目均采用这种模式。我国目前采用的“项目法人责任制”、“招标投标制”、“建设监理制”、“合同管理制”基本上参照世界银行、亚洲银行和 FIDIC 的这种传统模式。其管理模式如图 1-1 所示。

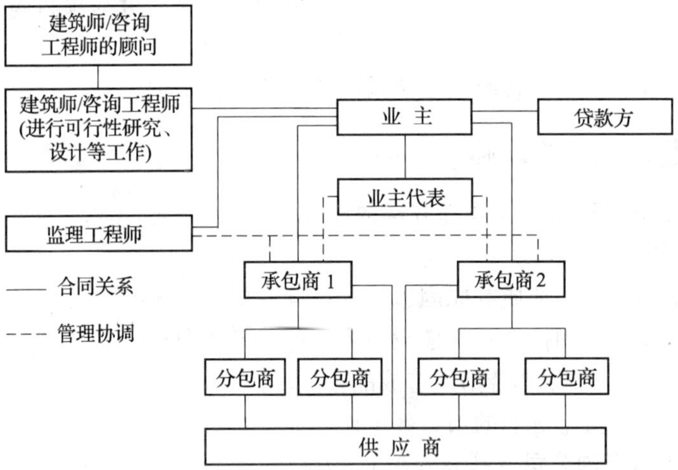

图 1-1　传统项目管理模式图

采用这种模式，首先由业主委托建筑师/咨询工程师进行项目前期的可行性研究等各项工作，项目评估通过后再进行设计，编制施工招标文件，随后通过招标选择承包商。业主与承包商签订工程施工合同，有关工程的分包和设备、材料的采购一般都由承包商与分包商和供应商单独订立合同并组织实施。业主单位一般指派业主代表（可由本单位选派，或由其他公司聘用）与咨询方和承包商联系，负责有关的项目管理工作，但在国外大部分项目实施阶段，有关项目管理工作均授权建筑师/工程师（我国称监理工程师）进行。建筑师/工程师和承包商没有合同关系，但承担业主委托的项目管理和协调工作。

（二）工程总承包模式

工程总承包是国际通行的工程建设项目组织实施形式。它是指从事工程总承包的企业受业主委托，按照合同约定对工程项目的勘察、设计、采购、施工、试运行（竣工验收）等实行全过程或若干阶段的承包。工程总承包企业按照合同约定对工程项目的质量、工期、造价等向业主负责。工程总承包企业可依法将所承包工程中的部分工作发包给具有相应资质的分包企业，分包企业按照分包合同的约定对总承包企业负责。工程总承包的具体方式、工作内容和责任等，由业主与工程总承包企业在合同中约定。工程总承包主要有如下几种方式：

1. 设计－采购－施工/交钥匙总承包（EPC/Turn Key）。EPC是指工程总承包企业按照合同约定，承担工程项目的设计、采购、施工、试运行服务等工作，并对承包工程的质量、安全、工期、造价全面负责。EPC交钥匙最终是向业主提交一个满足使用功能、具备使用条件的工程项目。EPC管理模式如图1-2所示。

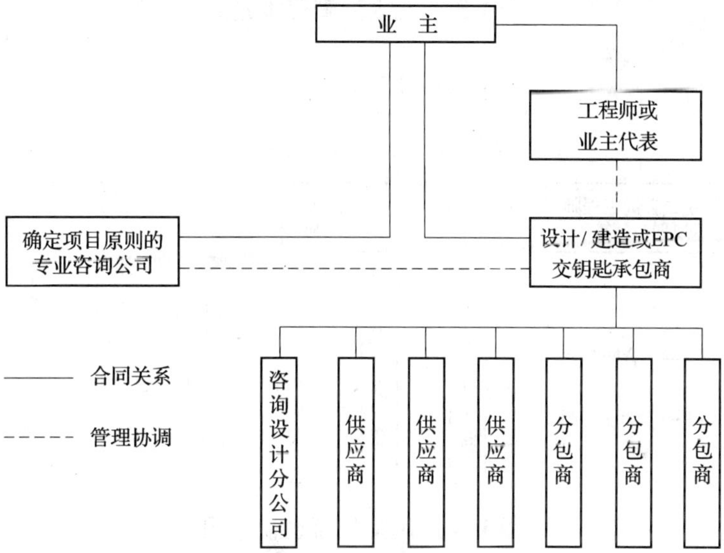

图1-2 EPC交钥匙管理模式图

2. 设计－施工总承包（D－B）。设计－施工总承包是指工程总承包企业按照合同约定，承担工程项目设计和施工，并对承包工程的质量、安全、工期、造价全面负责。

根据工程项目的不同规模、类型和业主要求，工程总承包还可采用设计－采购总承包（E－P）、采购－施工总承包（P－C）等方式。

（三）建筑工程管理模式（Construction Management Approach，简称CM模式）

CM模式又称为阶段发包方式或快速轨道方式，发源于美国。其运作流程是，由业主委托的CM方式项目公司（简称CM公司）与设计、咨询工程师组成一个联合小组共同负责组织和管理工程项目的规划、设计和施工。在总体设计方案确定后，完成一部分工程的设计，即对这一部分工程进行招标，发包给一家承包商。

CM模式通常分为代理型和风险型两种模式。其中代理型模式是真正意义上的CM模式，与我们常说的项目管理服务模式大同小异。风险型模式在英国被称为管理承包模式。它们的管理模式分别如图1-3、图1-4所示。

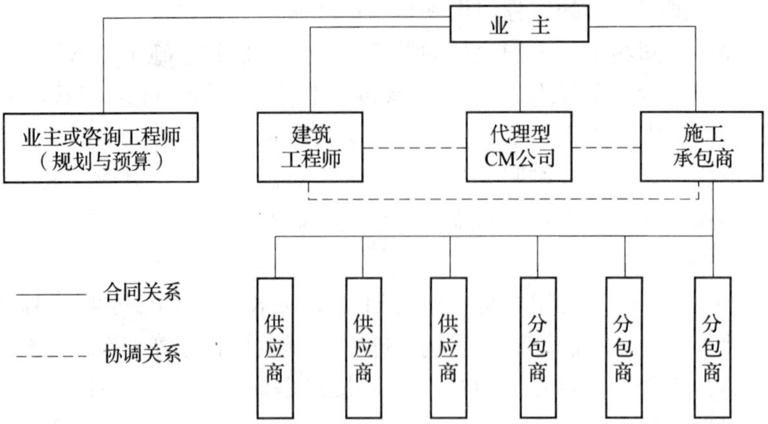

图 1-3　代理型管理模式图

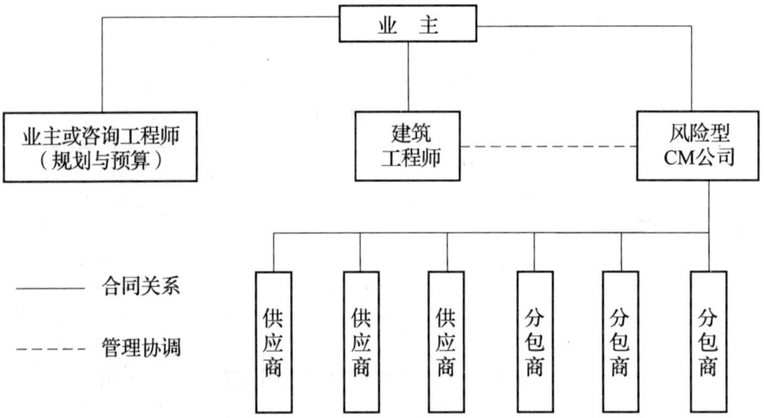

图 1-4　风险型管理模式图

采用代理型 CM 模式时，CM 公司是业主的咨询和代理，仅仅提供咨询服务，业主和 CM 公司的服务合同是以固定酬金加管理费用的方法，业主在各个施工阶段和承包商签订工程施工合同。而采用风险型 CM 模式时，CM 公司同时也担任施工总承包商的角色，一般业主要求 CM 公司提出保证最大工程费用（Guaranteed Maximum Price，GMP）以保证业主的投资控制，如果最后结算超过 GMP，则由 CM 公司赔偿，如果低于 GMP，则节约的投资由业主和承包商按约定比例分成，一般业主方分成较多。GMP 包括工程的预算总成本（包括工程的直接成本、间接成本和不可预见费）和 CM 公司的酬金（包括管理费、风险费、利润、税金等）。

（四）项目管理承包模式（Project Management Contracting，简称 PMC 模式）

项目管理承包模式（PMC）起源于英国，是指项目管理单位按照合同约定，除完成 CM 模式的全部工作内容外，还要承担包括选择设计、施工单位，组织方案设计、施工图设计和施工管理工作，实施全过程管理。PMC 模式中项目管理单位的职责范围与代建制中代建单位的职责范围很相近。其管理模式如图 1-5 所示。

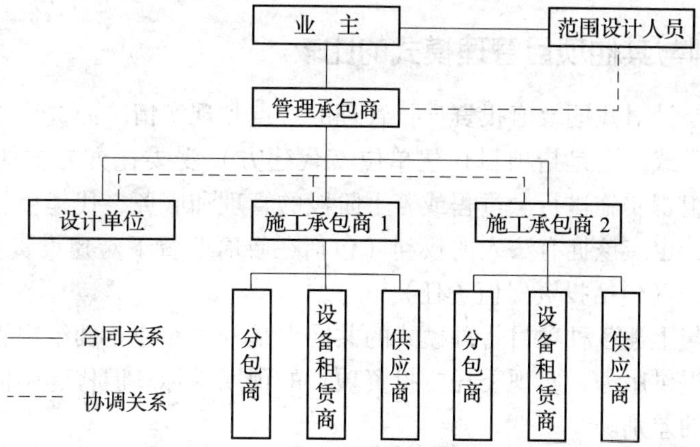

图 1-5 项目管理承包模式图

在项目管理承包模式中，业主对施工承包商的支付采取酬金加成本补偿方式，业主向管理承包商支付管理费用，如果管理承包商管理项目前期，其管理费用一般为包干；当管理承包商管理项目施工时，其管理费约为项目成本的 2% ~6% 。业主以初步设计提出的项目成本为基础，要求管理承包商在管理施工项目时控制成本。若超出，则适当扣减管理费以促使管理承包商控制成本。成本补偿主要是向施工承包商支付。除支付施工成本外，还按合同约定方式支付施工承包商本身的管理费用及利润。

在项目管理承包模式中，管理承包商不直接进行施工，无自己的施工力量，而是将承接的施工任务全部分包出去，专心致力于项目的管理工作。施工由专业分包商完成。管理承包商在进行设计时就尽可能早地参与项目，对项目设计方案的可建造性提出建议，并对多个施工方案对整个项目的影响进行技术经济评价，选择最佳方案。

（五）项目管理服务模式（Project Management，简称 PM 模式）

工程项目管理服务模式是指从事工程项目管理的企业受业主委托，按照合同约定，代表业主对工程项目的组织实施进行全过程或若干阶段的管理和服务。

项目管理企业按照合同约定，在工程项目决策阶段，协助业主进行工程项目可行性分析和策划；在工程项目准备和实施阶段，为业主提供招标代理、设计管理、采购管理、施工管理和试运行（竣工验收）等服务。项目管理企业不直接参与工程项目的具体施工。其管理模式如图 1-6 所示。

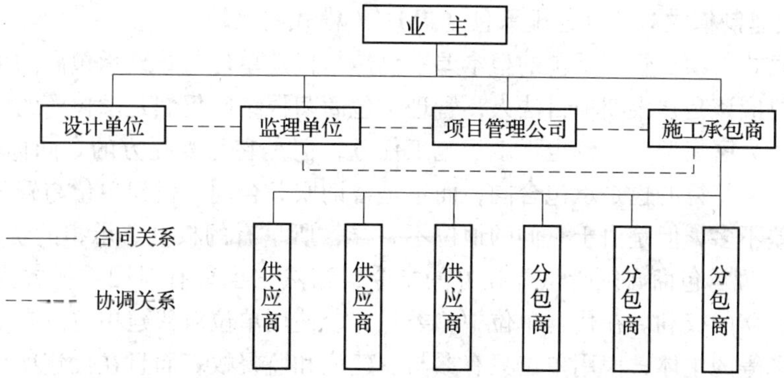

图 1-6 项目管理服务模式图

二、代建制与其他项目管理模式的比较

代建制模式是针对我国政府投资项目管理的特点和现实情况而提出来的，是具有中国特色的项目管理模式。它是指项目代建单位（代建方）受委托方的委托，代表委托方对政府投资项目的组织实施进行全过程或若干阶段的管理和服务，代建单位应该具有项目建设阶段法人地位，也应该拥有法人的权利（包括在政府监督下对建设资金的支配权），同时承担相应的责任（包括投资保值责任）。

代建制模式与上述各种项目管理模式的共同点是利用专业化的组织管理模式和方法为委托方投资项目提供服务，实现委托方投资项目的预期目标。但代建制模式与上述各种管理模式也有很大的差别。

（一）代建制模式与传统项目管理模式的比较

代建制模式与传统项目管理模式最大的差别在于代建制模式中没有单一的业主，业主的职责被进行了重新分配。在代建制模式中，通过委托方、使用单位、代建单位三方之间的市场合约关系，传统的业主职责被进行了重新分解和分配。委托方作为出资人，行使出资、选择代建单位、重大问题的决策与审批等职责，使用单位作为项目未来的所有权人，主要行使提出项目、协助和监督的职责，代建单位则要负责组织管理设计和施工，负责投资、工期、质量的控制，应该是实质意义上的建设期项目法人。

（二）代建制模式与工程总承包（EPC）模式的比较

代建制模式与工程总承包模式的根本差别在于代建制中代建单位应该是项目建设期的项目法人，实施的是业主方项目管理，而工程总承包模式中，总承包商实施的是承包商的项目管理。由于代建单位和总承包商的属性不同，代建制模式与工程总承包模式的合同关系、主要合同类型、责任分配、项目流程都有明显差异。

（三）代建制模式与建筑工程管理（CM）模式的比较

代建制模式与建筑工程管理模式的根本差别也在于代建单位与CM单位的主体地位的不同。代建单位应该是建设期项目法人，实施业主方的项目管理；而CM单位实施的是承包商的项目管理。CM承包商通常是具备丰富施工经验的施工承包商，它承担的是施工管理任务，只不过它介入项目的阶段较早，一般在施工图设计就进入，利用自身的施工经验协助优化设计，提高设计方案的可施工性。代建制模式与风险型CM模式的主要合同类型存在的差异较大。

（四）代建制模式与项目管理承包（PMC）模式的比较

代建制模式与项目管理承包的根本差别仍然是代建单位与管理承包商的主体地位的差别。代建单位应该是建设期项目法人，管理承包商归根结底仍然是承包商的一种。管理承包商虽然是智力密集型企业，也不承担施工任务，但是它与委托方的合同标底物是工程，而不是服务，所签订的也是承包合同，而不是咨询服务合同。代建单位与管理承包商的职责范围虽然差不多，但是由于它们的地位不一样，所享有的权利、承担的责任也不一样。PMC模式中管理承包商必须听从委托方的指令，当然它也享有对因委托方指令增加的工程成本进行索赔的权利。在代建单位中，委托方、使用单位对代建单位没有发出指令的权利，它们是平等的主体，使用单位只有参与、建议和监督权。而且在代建项目中，投资控制的程序比采用项目管理承包模式更严格，代建单位几乎不可能通过索赔等方式补偿增加

的工程成本。

（五）代建制模式与项目管理服务（PM）模式的比较

代建制模式与项目管理服务模式除了在主体地位上有根本不同外，在责任和风险方面也存在很大的差别。PM 模式是委托方聘请的管理顾问，是为委托方提供咨询服务的，所有重大事项的最后审定权在委托方，PM 公司只是承担一定的管理责任，风险较小，而在代建制模式下，代建单位是建设期的项目法人，拥有较大的权利，与工程建设有关的重大问题都由代建单位审定，同时代建单位也承担着很大的责任和风险。

第四节 代建制发展现状及存在的问题

一、我国代建制发展的现状

据不完全统计，目前全国 47 个副省级以上地区中，已有 45 个开始了政府投资项目代建制改革试点与推进工作，占 96%。其中，有 29 个地区不仅开展了项目代建工作，而且已出台了代建制管理规范性文件，占 62%；有 16 个地区已推行了代建项目试点，但尚未颁布规范性文件，占 34%。仅 2 个地区（吉林省、内蒙古自治区）既未颁布规范性文件也未进行试点，占 4%。从总体上看，自 20 世纪 90 年代厦门、宁波等地开始探索实行代建制以来，代建制已获得全国绝大部分地区的高度认同和有序推进。据反馈，各地结合自身具体情况开展的代建制工作均取得了积极成效。

目前，国家对代建制实施还没有统一的模式。从各地情况看，代建制实施主要采取市场化企业型代建与政府机构集中代建两种模式。在全国 45 个推行政府投资项目代建制的地区中，有 32 个地区采用市场化企业型代建模式，占 82%，仅 7 个地区采用政府机构集中代建模式，占 18%。其中采取企业型代建模式的地区中，与北京模式（政府直接委托代建单位）类似地区占 41%；与上海模式（政府性投资公司代表政府委托代建单位）类似地区占 34%；与重庆模式（政府直接组建专业代建单位）类似地区占 25%。

从目前全国代建制发展的现状来看，主要呈现以下几个特征：

（一）代建项目委托方以发展改革部门为主

在全国采用市场化企业型代建模式的 32 个地区中，发展改革部门作为代建项目委托方和负责代建项目指导协调工作的有 19 个，占 59%，发展改革部门和使用单位共同委托的有 5 个，占 16%。而采用政府机构集中代建模式的 7 个地区中，有 6 个委托方为发展改革部门，占 86%。

（二）代建单位选择以招标方式为主

目前，全国各地代建单位的选择是多种形式并存。除 7 个采用政府机构集中代建模式的地区采取行政委托方式确定代建单位外，有 21 个地区选择招标作为代建单位的选择方式，有 6 个地区采取招标与委托方式并存，可见全国各地在推行代建制实践中，代建单位的选择以招标方式为主。

（三）代建单位类型比较分散

除 7 个采用政府机构集中代建模式的地区对代建单位无资质要求外，对采用市场化企业型代建模式的，各地对代建单位的类型都做了比较明确的规定。要求代建单位的类型为工程咨询的占 20%，工程监理的占 20%，工程施工或总承包的占 25%，房地产开发企业的占 12%，勘察设计的占 11%，造价咨询的占 6%，招标代理的占 6%。从上述比例数据看，各地对代建单位的资质要求没有特别突出的，相对比较分散。

（四）代建合同签订主体不统一

除 7 个采用政府机构集中代建模式的地区通过行政委托方式，不存在委托代建合同外，其余地区的委托代建合同存在两方代建合同模式和三方代建合同模式。在选择两方代建合同模式的地区中，有由政府投资人代表（投资公司）与代建单位签订委托代建合同的，也有由政府投资主管部门选择代建单位并指定其与使用单位签订委托代建合同的。而选择三方代建合同模式的地区中，主要是由政府投资人、使用单位、代建单位三方共同签订委托代建合同，因此，全国各地代建合同签订的主体还不统一。

（五）代建服务取费偏低

目前国家尚未出台明确的代建服务取费标准，全国各地大多数是按照财政部财建【2004】300 号文的规定，比照建设单位管理费计取。而代建服务费与建设单位管理费相比存在较大差异，一是代建单位工作服务的内容、性质、责任、作用等方面与建设单位有质的区别；二是建设管理费不包括代建单位实际支出中的工资、税金及合理利润等项目，有些地方代建服务取费费率低于工程总投资的 1%。因此，代建服务取费偏低。

二、我国代建制发展存在的主要问题

作为政府投资项目管理的一项制度创新，代建制在全国范围内还处于试点和探索阶段，由于思想认识不统一，制度设计不完善，实施模式不成熟，加之传统管理体制的惯性等原因，代建制在发展过程中也遇到了一些问题和困难。归纳总结起来，目前我国代建制发展中存在的主要问题有以下几个方面：

（一）对代建制的认识和理解需要进一步加强

2004 年国务院“决定”中明确提出对非经营性政府投资项目加快推行“代建制”，即通过招标等方式，选择专业化的项目管理单位负责建设实施，严格控制项目投资、质量和工期，竣工验收后移交给使用单位。在这里，对代建制明确了两方面的内容：一是通过选择专业化的项目管理单位，提高项目管理专业化水平；二是项目管理单位负责项目的建设实施，实现建设、使用的分离。

政府投资项目推行代建制是深化我国投资体制改革的有益探索，是政府投资项目管理体制改革的重大进步。虽然《决定》和各地规范性文件对代建制的定义非常明确，但代建制参与各方，包括代建单位、使用单位、政府有关部门对代建制还缺乏统一、准确的认识和理解。代建单位未能充分理解代建制的目的，仍然沿用类似工程监理的项目管理思路，或是仅仅理解为代替使用单位来履行法律意义上的建设单位的职责；使用单位因对代建制认识不到位，对代建工作进行抵触、消极配合甚至刁难阻挠；政府有关行政管理部门对代建制认识和理解不深，对推行代建制所应做的支持和配合工作不够重视，所有这些都造成在代建制实践中出现与代建制度最初设计目标的偏差。

从各地代建制实践情况来看，通过招投标产生的代建单位实质上仍然处于弱势和从属地位，在政府有关部门或使用单位的主导下，难以独立行使真正意义上的代建职责。部分政府投资项目使用单位由于传统体制惯性，不是自觉自愿地接受项目代建，而是在项目代建过程中或是什么事情都不管，或是不愿意放弃既有权力，把自身义务强加于代建单位，过多干涉代建单位的正常工作，使代建单位无所适从或比较被动，同时也影响代建工作的实际效率。

（二）代建单位的法律地位还有待确立

当前代建制实施过程中面临的最大问题是国家有关法律法规没有明确代建单位在基本建设程序中的法律地位。从国家层面上，自“决定”颁布以来，没有及时出台相应的配套管理办法，虽然全国各地颁布了一些规范性文件，明确了代建单位在代建期间行使投资主体或建设单位的职能，但由于代建制还没有在国家基本建设法律法规层面予以明确，也缺乏相关规范性文件的支持，加之政府有关行政管理部门之间在政府投资项目管理职能的划分上不够清晰，存在一些交叉和不适应现象，遇到地方规范性文件与国家法律法规、部门规章不一致时，往往难以适从，所以代建单位的法律地位问题实质上仍未得到解决。

代建单位履行职责的法律环境不健全，地方规范性文件缺少充分的法律支持，导致代建合同上约定的权力有时超越国家法律所能赋予的范围，造成代建单位在代建合同和项目管理中有时无法有效行使相关权利、承担相应责任，比如在前期工作中，办理规划、土地、环保、消防等各项手续时，政府有关行政管理部门就不十分认可代建单位，使代建制在实际操作中遇到较大困难。

（三）有关代建制监管体系还有待建立和完善

政府投资项目必须加强政府监督和社会监督。从全国各地代建制实践情况看，对代建项目运作过程主要通过委托方（投资方、使用单位）和相关行政管理部门按照各自职责来履行监督管理职能，与传统模式下的项目监督机制基本一致。目前代建制监督体系存在的问题主要包括：一是政府监督资源的优化整合不容乐观。由于代建制法律法规依据不健全，各行政主管部门之间的权利与职责协调不统一。发展改革、财政、建设、审计、监察等部门，在代建项目建设全过程监督中如何衔接、做到分工明晰还有待研究，各地对政府投资项目监督管理的职能划分有时也有差异，导致各地行政主管部门在行使代建项目监督权力时往往“人人有权、没人负责”；二是有效的社会监督机制缺乏。在全国推行政府投资项目代建制的地区中，只有少数地方（约占15%）通过采取公开中标参建单位名单、设立公众举报电话或网站等措施，接受公众对代建项目的监督；三是在政府机构集中代建模式中，政府监督机制易流于形式。因为政府的监督职能需要通过有关部门及具体的官员来执行，与企业模式相比，政府机构的代建行为本身就具有缺乏竞争性与激励机制、非利润化、缺乏敏感性、个人影响力较大等特点，加之政府各部门对代建单位的监督属内部监督，这在很大程度上让监督成了概念化。

因此，建立一套科学、合理、符合代建制特点的监管体系，使政府各部门之间分工明确、职责清晰、相互配合，使代建市场信息披露和代建项目操作基于全社会的监督之下，这将有利于代建制的健康发展。

（四）有关代建制的配套管理办法还有待加快制定

为了建立良好的监督机制，培育良好的代建队伍，创造一个健康、公平竞争的项目代建市场，国家在研究制定政府投资项目代建制管理办法的同时，还应加快与之相配套的规定和办法的研究制定工作，比如代建机构资格审查办法、代建服务取费标准、代建合同范本、代建单位评价考核与奖惩办法以及政府监管管理办法等。拿代建服务取费来说，目前代建服务取费是影响代建项目正常开展和代建单位参与代建活动积极性的关键因素。在代建项目实施过程中，代建服务取费表现为“低、重、虚”三种特性。“低”即取费标准低。正如前面所说，目前全国各地大多数地区是按照财政部财建［2004］300号文的规定，比照建设单位管理费计取，显然是偏低的。“重”即违约责任重。按照代建制现行规定和合同约定，代建单位需对项目投资、质量、工期、安全等承担责任，达不到预期目标需承担完全责任，这责任相较取费标准实在有点太重。“虚”即节余奖励难于兑现。虽然在代建合同中设置了节余投资可对代建单位按一定比例进行奖励的条款内容，实际上代建项目很难将节余奖励措施落到实处。因此，需要加快上述与代建制相配套的规定和办法的制定，以此来规范代建市场和代建行为，充分发挥代建制在政府投资项目管理中的作用。

（五）代建市场和代建队伍还有待进一步培育

代建市场和代建单位的培育是代建制推行中需要解决的重要问题。代建市场管理目前存在的主要问题：一是缺乏代建单位选择方式的程序性规定。在代建单位选择的程序性规定方面，全国只有少数地区在规范性文件中明确要求代建单位的选择程序应根据国家相关招标投标法规进行，多数地区没有提及。这直接导致代建市场竞争不充分，不利于代建市场的培养，也容易滋生腐败。二是缺乏代建单位隐性激励机制。对于代建单位的激励，在实际运作中较多采用显性投资节余分成的方法。一个普遍担心的问题则认为节余分成会诱发代建单位机会主义行为，造成激励扭曲。而对于长效的、隐性的激励机制，如声誉、市场竞争、绩效考评等机制，虽在各地规范性文件中也有所体现，但实践中的运用普遍重视不够。三是缺乏代建单位考评信息披露机制。采用企业型代建模式的各试点地区，在有关管理办法与合同文本中均规定要对代建单位进行管理绩效、履约与违约状况考评。然而代建单位考评必须结合公开透明的信息披露机制，才能起到应有的作用。目前全国各地方都还没有建立完整的信息披露整体框架，相关管理主体、实施机制、披露内容等都不够规范。另外，目前从事项目代建的单位大多数原来是从事工程咨询、监理、造价、设计、施工等业务，在项目代建管理中，其管理思想、管理理念、管理方法、管理机制、管理手段等方面都还不能适应代建制发展的需要。因此，今后还需要大力发展和培育代建市场与代建队伍，稳步推进代建制的健康发展。

第二章　项目的承揽与基本运作流程

第一节　项目的跟踪与开发

一、项目的跟踪

2004年国务院“决定”中明确规定：对非经营性政府投资项目加快推行“代建制”，即通过招标等方式，选择专业化的项目管理单位负责建设实施，严格控制项目投资、质量和工期，竣工验收后移交给使用单位。在这里，对代建单位的产生方式作了明确规定，即招标方式。在全国各地出台的有关政府投资项目代建制管理办法中对代建单位的产生也都给予了明确的规定，如《海南省政府投资项目代建制管理办法》第七条规定：代建单位应当通过招投标择优产生。根据《中华人民共和国招标投标法》的规定，招标分为公开招标和邀请招标。

公开招标，是指招标人以招标公告的方式邀请不特定的法人或者其他组织投标。

邀请招标，是指招标人以投标邀请书的方式邀请特定的法人或者其他组织投标。

目前，各地政府投资项目在选择代建单位时主要也是通过公开招标和邀请招标两种方式进行。

招标人采用公开招标方式的，按规定应当发布招标公告。招标公告应当通过国家指定的报刊、信息网络或者其他媒介发布。招标公告应当载明招标人的名称和地址，招标项目的性质、数量、实施地点和时间以及获取招标文件的办法等事项。凡是符合投标条件的代建单位都可以进行投标。一般需要经过资格预审、投标、开标评标、公示等环节。招标公告一般格式如下：

××市政府采购公告

××招标有限公司（以下简称“采购代理机构”）受招标人××市××控股有限公司的委托，就以下项目进行国内公开招标，接受合格的投标人提交密封投标文件。有关事项如下：

1. 项目名称：××工程代建

2. 招标编号：×××××

3. 招标内容：对××市××工程项目进行验收设计文件、招标、投资以及安全、质量、环保、工期控制、组织实施、监督检查、协调等活动，参与项目的准备阶段、实施阶段和竣工验收阶段的代建管理工作。

4. 代建工期：工程项目代建期包括招标代理服务期、施工准备期、施工期。本项目施工期暂定××个月，另加一年工程缺陷责任期。

5. 服务提供地点：××市内或采购人指定地点。

6. 投标人的资质要求：

(1) 投标人必须是在中华人民共和国境内注册的法人，具有相关经营范围，注册资金不少于××万元（含××万元）人民币。

（2）投标人必须具备××甲级资质，并同时具有××甲级或××甲级资质。

（3）投标人拟定的项目经理要求为国家注册××工程师或国家注册××工程师。

（4）具有近五年来完成类似工程代建管理业绩或完成不低于本招标工程全过程项目管理或监理的业绩。

（5）近三年来，在招投标活动中有串通投标不良行为记录或涉嫌串通投标并正在接受主管部门调查或因上述原因处于处罚期的投标申请人不被接受。

（6）本项目不接受联合体投标。

7. 本招标文件规定的时间（北京时间）：

（1）报名及购买招标文件时间：20××年×月××日至20××年×月××日（节假日除外）每天上午9:00~12:00，下午2:00~5:30。

（2）递交投标文件时间：20××年×月××日上午9:00~9:30。

（3）递交投标文件截止时间和开标时间：20××年×月××日上午9:30。

8. 本招标文件规定的地点：

（1）发售招标文件地点：××招标有限公司（××市××路××大厦××室）。

（2）递交投标文件地点：××市××路××大厦××室。

（3）评标地点：××市××路××大厦××室。

9. 招标文件售价：人民币××元/套；招标文件售后不退。购买招标文件时投标人提交以下资料复印件（加盖公章）：营业执照副本；税务登记证；组织机构代码证；××甲级或××甲级资质证书；×××甲级资质证书；拟定的项目经理资质证书；近五年来完成类似工程项目代建合同或不低于本招标项目项目管理或全过程监理业绩合同。

10. 请各投标人自带U盘拷贝招标文件电子文件。

11. 本项目的投标保证金为人民币×万元整。投标保证金的有关事项按投标人须知的有关规定执行。

12. 购买了招标文件而不参加投标的投标人，请在投标截止时间×日前以书面形式通知采购代理机构。

13. 有关此次招标之事宜，可按下列联系方式向采购代理机构查询：

地址：××市××路××大厦××室　　联系人：××

联系电话：××××××××××××××　　传真：×××××××××

网址：http://www.×××.gov.cn　　Email:×××@××.gov.cn

××市××招标有限公司

20××年×月××日

邀请招标是招标人邀请具有相应条件和资格的代建单位参与某项目的代建投标。一般来说有两种方式：一是由招标人直接向具有较强实力的若干家单位直接发出邀请；二是由招标人按照预先制定的代建单位资格条件建立代建单位短名单库，每年对库内各代建单位进行资格审查，实行能进能出，动态管理。一旦有代建项目时，委托方按照一定的规则，从代建单位短名单中随机抽取4~5名代建单位，邀请他们参与代建项目的投标。

比如某地方政府在有关政府投资项目代建制管理办法中规定："代建单位名库由本地发展和改革部门商有关部门选定，且数量不得少于××家。代建单位为具有……资质和相关业绩，注册资金在×亿元及以上的国家级单位、外省单位和注册资金在×××万元及以上的本省单位，……；每年在调整更新代建单位名库时，由本地发展和改革部门组织本地效果部门，完成对代建单位的资格审查工作，在当年各个代建项目招标代建单位时不再履行资格审查程序。同时将本地有关代建规定、合同格式和本地基本建设投资项目情况等资料提供给代建单位名库中的代建单位。……"

招标人一般委托招标代理单位向受邀单位发出邀请招标，通常格式如下：

投标邀请书

____________公司：

为推动我省政府预算内投资项目试行代建制工作的深入开展，××招标公司受××省发展和改革委员会委托，就×××建设项目代建单位选定进行招标。本次招标采用邀请招标的形式。现邀请贵单位按招标文件的要求参加投标。

1. 招标内容：×××建设项目代建

2. 代建工程项目说明

2.1　代建工程名称：×××建设项目

2.2　代建工程建设地点：××市××区××路××号

2.3　代建工程建设规模：××建筑总面积××平方米，××面积××平方米，……

2.4　代建工程计划开竣工日期：20××年×月至200×年×月

2.5　资金来源：财政拨款

2.6　项目批准单位：×省发展和改革委员会

批准文号：__________________

2.7　代建工程性质：新建

3. 本项目不接受联合体投标。

4. 请凭本邀请书于20××年×月×日至20××年×月×日到××招标公司购买招标文件。招标文件每套售价人民币××元，售后不退。

5. 标前答疑会时间及地址另行通知。

6. 投标人在送交投标文件时，应按投标人须知规定提交××万元人民币的投标保证金。

7. 投标人应于20××年××月××日××时（北京时间）以前将密封的投标文件送交到__________，逾期送达或没有提交投标保证金的投标文件恕不接受。

8. 开标时间：20××年×月×日×时（北京时间），开标地点：__________

9. 请在收到本邀请书24小时（以发出时间为准）内，以书面方式回函确认：贵单位是否参与投标。

招 标 人：×省发展和改革委员会	招标代理：××招标公司
地　　址：	地　　址：
电　　话：	电　　话：
传　　真：	传　　真：
联 系 人：	联 系 人：

因此，为了获得代建业务，一是要留意报刊和有关网站的信息发布，积极参与投标；二是争取进入当地政府建立的代建单位短名单，这样就有机会参与代建项目的投标，获得代建业务。

二、参加资格预审

对于实行资格预审的招标项目，招标人在招标公告中载明了资格预审的条件和获取资格预审文件的办法。资格预审文件通常由资格预审须知和需投标人填写的资格预审表两部分构成。资格预审须知包括工程概述；对申请人的基本要求；申请人应提供的资料和有关证明材料；资格预审要求的强制性条件等。资格预审主要是对投标申请人整体资格的综合评定，包括法人地位、经济实力、商业信誉、技术能力、类似工程管理经验等。

投标人的合格条件一般包括以下内容：

1. 投标人必须具有中华人民共和国独立法人资格。

2. 承诺履行《中华人民共和国招标投标法》的有关规定，遵守国家法律、行政法规，具有良好的信誉和诚实的职业道德。

3. 注册资金在××万元及以上，且具有下列条件之一：工程招标代理甲级、工程咨询甲级、工程设计甲级资质，工程监理甲级资质，工程造价甲级资质，一级房地产开发资质，房屋建筑工程施工总承包一级资质。

4. 具有与项目代建管理相适应的工程咨询、造价、财务和管理等方面的专业人员，担任本项目代建管理的主要人员要具有相应的执业资质和技术职称。

5. 投标人必须具备一定的经济能力。

6. 投标人具有履行合同所需的财务能力和良好的履行合同的记录。

在购买资格预审文件后，应按照资格预审文件的规定和要求，组织人员认真编写资格预审申请文件。

三、购买招标文件

在通过资格预审并接到招标人通知后，应及时按通知书中载明的时间和地点购买招标文件。

四、招标文件的评审

招标文件是招投标过程中最重要的法律文件。招标文件一般包括工程概况及招标范围、招标项目的资金来源、对投标人的资格要求、标段划分、工期要求、质量标准、合同条件、技术规范、投标报价要求、承包方式等内容，同时规定了投标的截止时间和开标地点。在投标人编制投标文件之前，首先需要对招标文件进行评审，一是为了更好地编制投标文件，以响应招标文件的各项要求；二是为投标人下一步的决策提供依据。

（一）项目概况与背景的评审

在招标文件中一般会载明以下内容：

1. 代建项目的名称。

2. 代建项目的建设地点。

3. 代建项目主要建设内容，包括占地面积、建设规模、建设内容等。

4. 工期和质量要求。

5. 项目建设资金来源及构成。

6. 招标内容和范围。

通过对代建项目涉及的建设领域、建设地点、建设规模和内容、资金来源和构成、项目的背景等情况的评审，投标人可以初步拟定项目代建管理组织机构的组成、管理人员的配备、代建管理费用的初步估算等。

（二）项目实施条件和要求的评审

在对招标项目概况与背景进行评审的基础上，还要对代建项目的实施条件和要求进行评审，包括项目的审批情况、资金到位情况、项目拆迁情况、项目所在地的周围环境、招标人要求的工期和质量要求、合同条件、人员要求及履约担保条件等。

如某项目提出："中标人将作为项目代建单位，在代建过程中以项目法人身份负责项目建设全过程。包括但不限于以下主要职责：

1. 为加强项目前期和后期工作的衔接，根据项目目前进展情况，尽早接手并完成项目使用单位已经进行但未完成的工作；

2. 按照批准的初步设计确定的建设规模（建筑面积）、建设（装修）标准和概算总投资，组织施工图设计；

3. 依据使用单位出具的授权书，办理规划、土地、环保、施工等许可手续；组织施工、监理、设备材料供应等招标活动，并将招标情况和中标合同报发展和改革委员会备案；

4. 负责工程建设过程中有关合同的洽谈与签订，对工程建设实行全过程管理；按项目进度，提出年度投资计划申请，报送月度工程进度和资金使用情况；

5. 对工程质量终身负责；

6. 编制决算报告，负责竣工验收工作等。"

投标人通过对代建项目的实施条件和要求的评审，了解代建项目将来实施过程中可能遇到的困难和问题，以拟定代建管理方案和各项应对措施。

（三）项目代建风险的评估

项目代建不同于一般的项目管理和工程监理，除承担工期、质量、安全的风险外，还要承担工程投资、合同管理等风险，因此，除对项目的概况、背景及实施条件进行评审之外，还要对项目代建可能的风险进行评估。

1. 根据代建项目的建设内容，研究项目的工程投资是否足额满足项目建设内容的要求，是否有超预算的可能性。

2. 对招标文件中确定的建设工期进行评估，依据项目的复杂程度、建设内容及实施条件，确认在规定的工期内竣工的可行性。

3. 对招标文件中的合同条款和履约保函内容进行评估，研究是否有不合理的条款或无法规避的风险。

4. 对招标文件中招标人规定的其他特定要求进行评估，以确认能否满足其要求。

投标人通过上述评审，可以开始着手组织投标文件的编写或决策是否参加下一步的投标。

第二节　投标与报价

一、投标阶段

（一）投标准备

在对招标文件进行评审，并对代建风险进行评估，确定参加代建项目投标后，应着手准备投标文件的编写工作。

1．组建投标文件编写小组，确定人员分工；

2．收集编写投标文件所需的资料，包括公司简介、营业执照和资质证书、已完或在建类似工程项目情况和获奖情况、人员简历、工作业绩及资格证书、公司经营财务数据等；

3．根据各地建设工程交易中心的规定，在投标之前，还需要投标单位到当地交易中心办理相关的手续，应依其规定，在规定的时限内办理完毕。

（二）编写投标文件

在编写投标文件之前，要认真阅读和研究招标文件，了解投标文件应包括的内容，格式要求，所附表格，需注意的事项包括签注、公司标识、盖章等的规定和要求。投标文件要认真编写，做到层次清楚，表述清晰，内容符合规定要求。

投标人编写的投标文件通常分为 A、B 二册。A 册为商务文件，B 册为技术文件。各册样式如下：

A 册　商务文件（包含但不限于如下内容）

第一部分　商务文件

1．投标邀请书（复印件）

2．投标书

3．投标单位法定代表人资格证明书

4．投标单位法定代表人委托书

5．投标单位企业营业执照副本复印件

6．投标单位相关资质证书复印件

第二部分　企业组织机构及管理人员情况

1．申请人企业概况表

2．投标工期

➢ 项目前期代理工期

➢ 项目实施管理阶段工期

3．项目管理组织机构

➢ 项目管理组织形式

➢ 项目管理岗位设置及职责

➢ 项目经理情况

➢ 拟派本项目主要管理人员一览表

➢ 项目经理及主要技术、管理人员资历业绩（附相关证明材料）

第三部分 投标人业绩及综合实力

1. 投标单位在近三年内承担管理大型建设项目的业绩及相关证明

2. 质量认证情况复印件

3. 财务状况表银行资信证明

4. 近五年因投标人违约而介入的诉讼案件表

B册 技术文件（包含但不限于如下内容）

突出业主方工程项目管理的特点，重点是代建管理方案的各组成部分是否完整，应该含有项目概况，项目实施条件分析，项目招投标活动及签订设计、监理和施工合同的策略，项目管理目标，项目组织结构，质量目标、工期目标和施工总进度计划，成本目标，项目风险预测和安全目标，文明施工及环境保护等措施。

重点突出以下内容：

➢ 代建管理方案中工程结构分解图（WBS）、组织结构分解图（OBS）与本工程项目的匹配性，在此基础上本工程管理职能分工表的合理性。

➢ 代建管理方案中工程进度计划编制的规范性和合理性，关键节点的选取与工程工期的匹配性，在施工过程中对工程进度计划进行检查、控制、报告和后备措施的合理性。

➢ 工程质量目标和计划编制的合理性。

➢ 工程成本计划编制的合理性，按照分部分项工程分解的成本计划和工程结构分解图与工程进度计划的匹配性，在施工过程中对成本计划进行控制和分析的具体手段和措施；工程进度款计算和结算的方式。

➢ 工程项目在建设过程中，现场管理、安全和环境管理、合同管理和信息管理的计划和具体流程。

➢ 为本工程配备技术项目管理主要负责人的业绩、经历与其他技术人员的相关业绩。

二、投标报价

在实际投标中，投标报价会分成几种形式：一是综合价投标，即对拟投入的人力、物力、设备等进行综合考虑并结合代建工期，提出投标的报价；二是费率投标，即根据招标文件的要求，在招标文件许可的费率范围内提交代建费用的投标报价费率；三是系数投标，即按照招标文件的要求，对建安费的控制系数在许可的范围内进行报价；四是固定价投标，即招标文件规定了代建费用，投标人不再对代建费用进行报价。

（一）综合价投标

在招标文件中，通常会作如下规定：

1. 投标人的代建管理费报价应是承接本项目的全部代建费用。

2. 投标人须按照招标文件规定的格式和内容要求，填报代建费用报价表。

3. 投标人应根据所投标项目工程规模，按照招标人在合同专用条件及合同条件附件中确定的相关原则、要求，制定各阶段的人员投入计划和工作计划，核定管理机构建设和各项工作的投入，并据此计算投标报价。

4．投标人的投标报价应视为已包括管理人员和技术人员费用、现场费用、公司管理费、法定税金、利润等全部内容。同时，该标价也应视为已包括完成所投标项目施工、竣工和保修各阶段代建单位连带工作所需的全部相关费用。

5．投标人的投标价中应含的保险费按如下办理：

（1）投标人因投标本合同工程需交纳的一切税费均由投标人承担，并包含在所报的单价或总价中，不单独报价；

（2）投标人职工的（人身）事故险等由投标人自行担保，保险费由投标人承担并支付，并包含在所报的投标价总价中，不单独报价。

6．投标人若拟对投标综合报价给予调整，并且调价函非另行包封，则必须将调价函置于投标报价表的前端。调价函除指明总体报价的调整比例外，还须对报价的细节性内容进行简明描述。

表 2-1　代建费用报价表

投标人名称：

招标编号：

单位：人民币（元）

序号	项 目 名 称	投 标 报 价
1		
2		
3		
4		
…		
…		
	合　计	

投标工期：自______年______月______日至______年______月______日

共______日历日。

法人委托人签字（盖章）：

职务：　　　　　　　　　　　　　　　日期：______年______月______日

（注：此表与投标书正本一并封装在同一封包内）

（二）费率投标

有的招标文件中会提出以下要求：

1．本次报价采用固定费率报价，投标人根据总投资估算作为计算基数计算投标报价，投标人在计算报价时应考虑自身的管理水平和风险。

费率报价范围为 $m\%\sim n\%$（不包括 $m\%$ 和 $n\%$）。超出该范围的投标报价将视为未对招标文件作实质性响应。

前期代理和实施阶段代建的比例为 x:（$1-x$），前期代理费不作调整，实施阶段代建费将根据经审定批复的初步设计的工程建安费用为基数做调整，是完成本项目所支出的全部代建管理税费总和。

2. 投标报价包括直接费、间接费、不可预见费、保险费、利润和税金等费用。

3. 投标人投标报价应在唯一的报价表中逐项填写单价，依此计算确定总价。

4. 投标过程（包括签订合同）中，涉及所有资金往来的币种为人民币。

（三）系数投标

有的招标文件对投标报价作以下规定：

1. 本工程招标的评标方式采用单因素评标法，复合标底的确定采用明标暗投单因素平均法（以投标人所报系数为决标条件）。

2. 投标人在报价浮动范围内报系数（超出浮动范围的系数视为无效系数，不列入标底价计算因素）。

3. 投标人所报系数与复合标底系数最接近的为第一名，即按投标人所报系数与复合标底系数差的绝对值的大小排名，绝对值最小的为第一名，绝对值第二小的为第二名……

4. 代建工程控制价。

代建工程控制价 = 投标人对本工程的投标系数 × 建安费

（四）固定价投标

有的招标文件规定，代建单位收取的代建管理费为经政府有关部门批准的项目概算的 $n\%$，在评标细则中不再考虑代建费用因素。

综上所述，要认真研究、分析招标文件对报价的不同要求，应采取相应的对策，因为报价决定了执行该项目是否能够取得预期收益，甚至决定了履约保函能否完璧归赵，对此应给予高度重视。

三、投标文件的签署、封装与送达

通常情况下招标文件要求商务文件、技术文件应分开装订包装，并分别标记册名，为外层封套。商务文件、技术文件的正本与副本均应分别包装，并注明“正本”、“副本”标记，为内层封套。内外层封套正面应加盖企业公章及法人章各一枚，在内外层封套上都要加贴封条，并加盖骑缝密封章。未密封的投标文件将不予受理。

按招标文件要求进行封装后，应及时在规定的时间送达规定的地点。

四、递交投标保证金

投标保证金应按招标文件的规定和要求递交。

五、参加开标与接受评标结果

根据招标文件规定和要求，有关人员应携带相关的证明材料，包括授权委托书、身份证和招标文件规定的其他证明材料，在规定的时间和地点参加开标会。开标评标结束后，有关人员应根据委托授权，在相关的开标文件上签字确认评标结果。

第三节 合同谈判与签订

一、合同谈判

中标人在收到由招标人委托的招标代理机构发出的代建管理中标通知后，或者在收到由招标人直接发出的拟委托代建管理任务的通知后，应在规定的时间内与招标人进行代建合同的协商和谈判。在合同的协商和谈判中，合同各方应依据《中华人民共和国合同法》等国家法律法规和地方的有关政策规定，并遵照招投标文件的相关规定和承诺等，就合同的主要条款内容进行具体商谈，并达成一致。

目前，在国家层面上与代建制相配套的法律法规尚不健全，代建单位的法律地位尚未明确。因此，委托代建合同是代建单位与委托方之间一个重要的法律文件，是开展代建业务和未来双方责任纠纷处理的重要依据。2005 年 6 月，国家发改委在中国残疾人体育综合训练基地代建项目的招标文件中提出：本合同生效之日起至本工程竣工并移交资产和资料之前，代建单位作为本工程的项目法人，享有项目法人权利，并承担相应责任。原国家计委在《关于实行建设项目法人责任制的暂行规定》的第三条规定：实行项目法人责任制，由项目法人对项目的策划、资金筹措、建设实施、生产经营、债务偿还和资产的保值增值，实行全过程负责。

因此，在代建合同谈判中，一定要明确当事各方的权利与义务，同时也应确定代建管理范围、代建报酬的计取、履约保函比例、工程质量目标、代建工期、投资控制目标和安全生产控制目标以及处罚等。具体应注意以下几个方面：

（一）代建管理范围

若委托方除要求代建单位负责代建项目前期、施工过程或全过程的管理，还要求代建单位负责办理相关的报建手续，那么在委托代建合同有关代建管理范围条款中，需要注明报建手续的办理须以委托方或使用单位为主，代建单位协助。这主要是因为目前国家与代建制相配套的法律法规尚不健全，对于代建单位在项目建设中的法律地位尚不明确，人防、消防、环保、园林绿化、节水等主管部门对于代建单位尚不认可，因此，对于相关报批手续的办理，还得由委托方或使用单位出面办理，作为代建单位只是协助做些具体的工作。

（二）投资控制目标

一是在委托代建合同中应明确投资控制目标和具体内容。有些委托方只要求代建单位管理建安工程费用，并将建安费作为投资控制目标；或将建安费乘以如前所述的投标系数作为投资控制目标。在以上两种情况下，合同谈判时应力争在合同条款中明确施工是按照经批准的初步设计继续施工，并应要求设计单位在作施工图设计时需要进行限额设计，否则投资控制是难以实现的。而有的委托方在确定投资控制目标时，除建安工程费用外，还将设计费、监理费用、招标代理费用、预备费等一并纳入代建单位的管理控制范畴，在这种情况下进行合同谈判时，代建单位应与项目的使用单位明确项目的使用功能、规模和标准等；二是在建设过程中，发生工程设计变更是不可避免的，也是正常的，对于因设计变更（此设计变更须经委托方的核准同意）引起的投资增加和工期延长，在委托代建合同中应明确约定委托方应追加投资和延长工期，并相应调整代建投资控制目标和工期控制目标。

（三）代建工期

对于在施工许可证办理完毕之前介入代建工作的，由于在工程正式开工前尚有许多准备工作要做，包括施工、监理招标、有关报批手续的办理等，而这些工作的时间存在许多不确定性和不可控性，因此，在委托代建合同中，对代建工期，应明确从开工报告批复或总监签发开工令之日算起，以避免工期延长，引起不必要的纠纷。

（四）代建报酬计取

目前，国家在代建报酬计取方面还没有一个明确的规定，从各地情况来看，主要有两种计取办法：一是依据财政部下发的《基本建设财务管理规定》中确定的建设单位管理费，以此为基础计取；二是按照约定的基数，以代建单位中标比例计取，计取基数一般为经政府有关部门批复的概算中的建筑安装工程费用，但有些地方将监理、招标代理、预备费等工程建设其他费用也纳入代建报酬计取的基数。因此在代建合同谈判时，对代建报酬的计取办法、计取基数应具体明确，且应与代建管理工作的范围对应起来。

（五）履约保函及处罚的约定

目前，委托方普遍要求代建单位在委托代建合同签订前提供以建安费为基数的履约保函，并明确规定如果由于代建单位的管理原因在代建项目最终投资超出投资控制目标和因代建单位原因造成损失时，超出投资和损失金额从代建报酬和履约保函中扣除。这种条款对代建单位有欠公平。按照国际惯例，咨询公司是提供智力服务的，如果由于其管理的原因造成了损失，其受罚的经济上限应是合同确定的其全部服务报酬；更为严厉的处罚应是通报其工作失误，由行业主管部门或协会等组织降低或取消该单位资质以及当事人的从业资格，并在一定期限内限制该单位和当事人继续从事类似的项目。但如果因为代建单位擅自扩大规模或提高标准造成投资超过概算，则按照上述条款对代建单位进行处罚是应该的。

有的委托方遵循国际惯例，要求代建单位提供履约保函时，履约保函的计算基数是其按照合同应得的全部报酬。在这种情况下，有利于扩大代建单位的选择范围，提高了代建单位从事代建工作的积极性，有利于推行代建制。

因此，为了规避代建单位的风险，在委托代建合同谈判时，对履约保函内容格式和代建单位在责任期内失职造成损失的认定，必须明确责任并争取公平的条件。

二、合同主要内容

代建合同是指代建项目委托方为了完成代建项目，明确代建项目委托方、代建单位和使用单位之间的权利义务关系的协议。委托方一般为政府投资主管部门，但在实施过程中，也有委托方、使用单位是同一单位的情况。

目前，在国家层面上，还没有颁布委托代建合同范本，因此，委托代建合同的草拟可参考类似性质的工程项目管理合同范本。

代建合同是代建单位实施代建项目的依据，也是项目执行过程中与有关参建各方签订一系列合同的最基本的合同。代建合同是一种委托代理合同，是一种咨询服务合同。一般情况下，合同内容主要包括协议书和合同条款等两个部分；有些情况下，合同条款可以分为合同通用条款和合同专用条款，其中合同专用条款是对通用条款的修正和补充。

对于项目实施阶段的代建管理，代建合同包括下面一些主要内容。对于项目前期阶段的代建管理，其合同内容在参照下面合同内容的基础上，可以进行必要的删减或补充。

（一）协议书

1. 合同各方的名称。如果是双方合同，则应写明委托方（甲方）、代建单位（乙方）的单位名称；若为三方合同，则应写明委托方（甲方）、使用单位（乙方）、代建单位（丙方）的单位名称。

2. 项目概况。包括：项目名称、建设地点、建设规模、建设内容等。

3. 代建管理范围和内容。对委托代建管理的范围和任务予以明确，详细列明由代建单位负责管理和完成的各项工作内容。

4. 代建管理目标。主要包括：投资管理目标、质量管理目标、工期管理目标、安全管理目标、招投标管理目标、现场管理目标、合同与工程资料管理目标等。

5. 代建管理费。明确代建管理费的币种、金额以及支付方式，建设费用节余以及分成的规定，代建单位的奖励办法以及代建附加工作费用和额外工作费用的约定等。

6. 合同组成文件的说明。列出相关协议、通知、合同、中标书、投标书以及设计文件和技术文件的名称，并按由重要到次要的顺序依次排列。

7. 有效期。约定合同生效与失效的日期和（或）条款。

8. 其他。如合同的份数等。

（二）合同条款

1. 词语定义以及适用的法律法规、语言。对于合同中的专用词语进行定义，并对适用的法律法规和语言予以规定。

2. 代建管理费、工程建设费用及其支付方式。明确代建管理费的币种、金额以及支付方式，建设费用节余以及分成的规定，代建单位的奖励办法以及代建附加工作费用和额外工作费用的认定办法等；工程建设费用；列明工程建设费用所包括的各项内容及其金额，并对各项费用的支付方式作出明确的规定。

3. 委托方的权利及义务。主要包括（但不限于）：委托方对代建单位各项代建管理工作的监督和管理，对项目进行监督、检查和审查，对有关征地拆迁、工期、质量、费用和安全、变更等重大问题的决策，以及办理相关报批文件，工程验收和移交，建设资金的筹措和监管，代建费和工程进度款的支付等方面的权利和义务。

若为三方合同，应分别对委托方和使用单位的权利及义务作出相应规定。

4. 代建单位的权利及义务。主要包括（但不限于）：代建单位必须严格遵守国家以及当地的相关法律、法规、规章、规范性文件，按照批准的建设规模、建设内容和建设标准实施管理和监督，严格控制项目投资，确保工程质量和施工安全，按期交付使用；组织工程招标（包括施工、材料、设备、监理等）；签发工程进度款支付申请，获得并支配使用代建费；全面配合委托方（使用单位）所进行的检查、指导、监督和协调工作；按照委托方（使用单位）的要求选派合格、称职的管理人员，向委托方（使用单位）定期报告项目情况；组织编制各合同段工程交工验收报告等。

5. 工程变更及处理措施。充分分析并列明可能发生工程变更的各种情况，并对拟采取的措施和审批程序作出规定。

6. 违约责任。规定合同各方应全面履行合同约定的各项义务，任何未按合同约定履行或不适当履行的行为，应视为违约，并应承担相应的违约责任。

应详细列明委托方（使用单位）、代建单位可能出现违约的各种情况，以及所承担的违约责任。

7. 工程保险。对于工程保险的办理作出规定。

8. 履约担保。对代建单位提供履约保函的时间、金额以及退还方式等作出规定。

9. 合同的补充、变更与解除。对合同的补充、变更与解除的条件作出规定。

10. 解决合同纠纷的方式。对在合同执行过程中发生的而双方当事人和解或调解不成的争议，规定是采取仲裁方式还是诉讼方式。

11. 其他。

三、合同签订及履约担保

一般情况下，招标人在与中标人签订委托代建合同之前，要求中标人提交代建项目批复概算一定比例的履约担保。

履约担保的形式可以是履约保证金，银行履约保函或信用保函。

由于目前国家尚未发布统一的标准，对于履约保证金额度的计算，则是按照项目所在省市或地区自行制定的相关办法和标准执行。在这些省市或地区中，对于项目前期阶段的代建管理，一般不要求出具履约保证金；而对于工程项目实施阶段的代建管理，其履约保证金一般是以委托代建合同规定的代建单位所控制的投资额（如初步设计概算额）为基数，按照一定的比例进行计算。

目前看来，采取这一方法仅就同一个工程项目而计算出的代建管理保证金额，大大高于承担项目管理或施工监理任务所出具的履约保证金额。而对于代建管理费的收取，则是按不高于财政部《关于印发〈基本建设财务管理规定〉的通知》（财建［2002］394 号）中的项目建设单位管理费的标准进行控制。由于建设单位管理费与代建管理费在内涵方面存在较大差异，因此通过套用建设单位管理费标准所确定的代建管理费，没有客观反映代建工作的内容、责任和风险，取费标准明显偏低，致使代建单位不仅无法从代建业务中赚取合理利润，就连正常的代建管理成本也难以从代建管理费中获得足够的补偿。

在目前各地实行代建管理的政府投资项目中，履约保函一般都采取银行履约保函或银行信用保函的形式。保函又称保证书，是指保证人应被保证人的申请向受益人以书面形式出具的、凭提交与承诺条件相符的书面索款通知和其他类似单据即行付款的信用保证文件。保证在被保证人未能按双方签订的合同履行其责任或义务时，由保证人代其履行一定金额、一定期限范围内的某种支付责任或经济赔偿责任。

从性质上而言，履约保函是独立于委托代建管理合同之外的一种交易行为，即使在保函中包含对合同的援引，但担保人与其无任何关系，也不受其约束。担保人在保函项下的责任，只是在提交了在表面上与保函条款一致的书面索款通知和保函规定的其他单据时，支付保函中规定的金额。同时，履约保函自开立日起生效，同时在保函约定的有效期届满之前，除因主合同终止执行外，保证人、被保证人和受益人都不得以任何理由撤保。而且担保人对索赔的书面文件只需审核其表面是否与保函要求一致，而对索赔文件的完整性、准确性、真实性概不负责，对其他人的诚信和疏忽行为也不负责。

有些委托方在进行代建单位招标时，在招标文件中提供了银行履约保函的具体内容和格式，对此，中标人需要认真研究履约保函的内容，剔除或修改其对中标人不利的内容，以规避代建管理风险。

按照国际惯例，为了体现平等、公平的原则，委托方（或使用单位）应向代建单位提供工程款支付担保，保证委托方或使用单位按合同规定的支付条件，如期将工程款支付给代建单位或设备、材料供货单位。如果不按合同支付工程款，将由保证人代向代建单位或设备、材料供货单位履行支付责任。但目前在各地政府投资项目代建管理中并没有执行。

第四节　项目周期与基本运作流程

一、项目建设周期

一般工程项目的建设周期是指工程项目从投资意向开始到投资终结的全过程。通常情况下，可以把工程项目的建设周期划分为：策划和决策、实施准备、实施、竣工验收等四个阶段。详见图 2-1。根据工程项目复杂程度和实际管理的需要，其阶段划分还可以逐级分解展开。

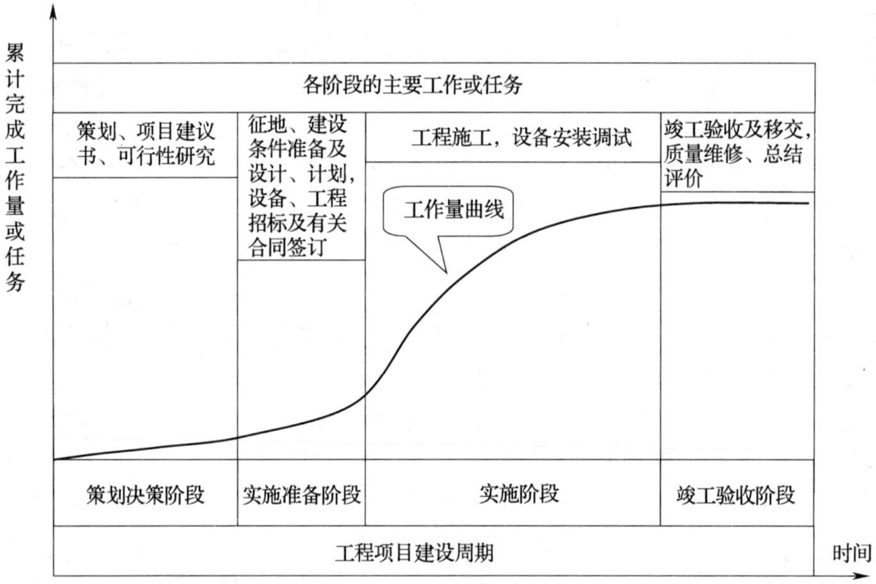

图 2-1　项目建设周期及各阶段的主要工作

（一）策划和决策阶段

主要工作包括：投资意向、投资机会分析、项目建议书和可行性研究报告的编制、评估和决策（审批）等。其成果（里程碑）为：经审批的项目建议书和可行性研究报告。

（二）实施准备阶段

主要工作包括：土地征用和建设条件落实，初步设计和施工图设计，投资准备，项目计划，设备和工程的招标等。其成果（里程碑）为：经审批的初步设计和施工图设计，土地合同以及与有关参建方签订的施工合同、施工监理合同和设备材料供应合同等。

对于土地的征用以及建设条件的落实等，视情况可以在上一阶段签订意向性协议（或合同）。

（三）实施阶段

主要工作是施工组织设计、施工准备以及工程施工和设备安装，即在规定的范围、工期、费用、质量内，依据设计完成工程项目实体建设，实现工程项目目标。其成果（里程碑）为：工程项目竣工。

（四）竣工验收阶段

主要工作包括：工程项目的联动试车、试生产、竣工验收和移交、质量维修以及总结评价等。其成果（里程碑）为：工程项目投入生产或运营。

总结评价包括委托方和代建单位自身对工程项目的总结评价以及由委托方和参建方以外的第三方承担的后评价。

2004 年《国务院关于投资体制改革的决定》颁布后，国家发展和改革委相继发布了有关投资项目管理的办法，对投资项目的报批重新进行了规定。如《国家发展改革委关于改进和完善报请国务院审批或核准的投资项目管理办法》中规定：

"对于《国家发展改革委核报国务院核准或审批的固定资产投资项目目录（试行）》（发改投资［2004］1927 号文附件，以下简称《目录》）内符合按照国家有关规定批准的行业和专项发展建设规划以及产业政策要求，有关方面意见一致的项目，由国家发展改革委会同有关部门审批或核准，报国务院备案。……对于《国务院关于投资体制改革的决定》发布之前已经国务院常务会议审议通过项目建议书的项目，原则上按上述规定办理，即对于《目录》内可行性研究报告或项目申请报告符合发展建设规划和产业政策的要求、有关方面意见一致的项目，以及《目录》外的项目，由国家发展改革委审批或核准后报国务院备案；对于《目录》内不符合上述条件或在可行性研究阶段对原方案的投资规模、土地使用、环境影响、资金来源等有较大调整的项目，由国家发展改革委核报国务院审批或核准。"

据此，我国政府投资的项目周期通常应包括以下几个阶段：

1. 行业（专项）发展规划。根据国家经济总体发展的规划，通过研究行业（或某个专项）在宏观经济中的地位和作用，分析国内外行业发展趋势及市场演变情况，合理确定行业（或某个专项）的发展目标、制定行业的发展政策、调整行业结构，安排重大建设项目等。

2. 项目建议书。通过对项目的预（初步）可行性研究，阐述拟建项目的必要性、论述拟建项目的使用功能、建设规模、技术标准、建设条件、盈利分析等。

3. 可行性研究。对项目在厂址选择是否恰当、技术上是否可行、经济上是否合理、配套实施能否满足需求、社会发展和环境影响等方面进行的进一步科学分析和研究，以确定项目能否继续深入开展工作。

4. 初步设计。根据批复的可行性研究，重点在技术和经济等方面进行详尽和具体的方案研究，为项目的实施提供依据。

5. 实施准备阶段。落实建设资金、开展招投标活动、进行合同谈判、办理开工报告等报批手续。

6. 实施阶段。按照设计要求，对项目的实体进行建设、培训人员、做好生产组织等工作。

7. 竣工验收阶段。按照设计文件的有关技术经济要求，检验工程是否达到了设计要求、是否可以投入使用。

8. 总结评价阶段。在项目投入运营后，从项目的全过程总结项目的经验和教训，分析、评价项目的效益、作用及影响等。

二、项目代建阶段的划分

根据以上对工程项目建设阶段的划分，从理论上而言，代建管理的范围可以涵盖工程项目建设周期中的策划和决策、实施准备、实施、竣工验收等全过程，或者其中若干阶段，抑或某个阶段中的部分内容。因此，根据工程项目建设阶段的划分，可以将工程项目的代建管理分为：工程项目全过程即策划和决策、实施准备、实施、竣工验收等阶段的代建管理，工程项目前期阶段即策划和决策阶段的代建管理，工程项目实施阶段即实施准备、实施、竣工验收等阶段的代建管理。

目前，国内部分省市相继出台了政府投资项目代建管理办法，对工程项目的代建管理范围（或形式）也作了相应规定。如有的地方规定：政府投资代建项目的代建工作分两阶段实施，一是项目前期工作代理，即代建单位根据批准的项目建议书，对工程的可行性研究报告、勘察直至初步设计实行阶段代理；二是建设实施代建，即代建单位根据批准的初步设计概算，对项目施工图编制、施工、监理直至竣工验收实行阶段代理。同时规定，根据项目的具体情况，政府投资项目的代建形式也可以委托一个单位进行全过程代建管理。而有些省市的规定，与其有所区别。

一般情况下，对于一些小型或专业性比较强的工程项目，宜采取委托一个单位进行全过程代建管理；而对于大中型工程项目，宜采取委托一个或一个以上单位分阶段进行代建管理。因此，对于某一具体工程项目的代建管理范围，应由委托方根据当地的有关规定以及工程项目的实际情况进行确定。

三、项目基本运作流程

根据现行的有关规定，政府投资项目代建的基本运作流程为：

1. 编制规划，对规划进行评审后上报，上级政府部门委托咨询机构对规划进行评估，上级政府对规划给予批复。

2. 委托有资质的单位编制预（初步）可行性研究报告，组织专家进行评审，按照有关规定编制项目建议书上报，通常由上级政府部门委托咨询机构对项目建议书进行评估后给予批复，如果该项目已在批复的规划内，本阶段可省略。

3. 如果在项目建议书批复中明确该项目实行全过程代建，政府有关部门或项目使用单位此时一般需要通过招标选择全过程代建单位。

4. 根据规划或批复的项目建议书由项目使用单位或代建单位委托有资质的单位按照有关规定和要求的深度编制工程可行性研究报告（如无限制，有资质的代建单位也可自行编制可行性研究报告），组织专家评审，上报可行性研究，通常由上级政府部门委托咨询机构对可行性研究报告进行评估后给予批复。

5. 项目使用单位或代建单位委托有资质的单位根据批准的可行性研究进行初步设计，

有关部门自行或委托咨询机构组织专家对初步设计进行审查，根据审查意见进行完善修编后上报，有关政府部门进行批复。

6. 如果在批复中明确该项目要实行实施阶段的代建，有关部门和项目使用单位一般要通过招标选择代建单位，代建单位必须按照批复的初步设计开展代建工作。

7. 项目使用单位或代建单位委托有资质的设计单位进行施工图设计，编制工程量清单（也有的是由招标代理编制），将施工图和预算上报政府有关部门进行审查。

8. 代建单位选择招标代理开展招标工作，选择施工监理、承包商等，与所选的监理单位和承包商进行合同谈判，开展施工前准备工作。

9. 组织承包商开工进行实体建设，监督“四控两管一协调”的有效实施，根据合同进行实施阶段的管理，确保建设目标的实现。

10. 与有关单位开展完工验收工作，整理资料，开展缺陷责任期的工作，协助有关部门进行竣工验收，进行资产移交等工作。

政府投资项目代建的基本运作流程如图 2-2 所示。

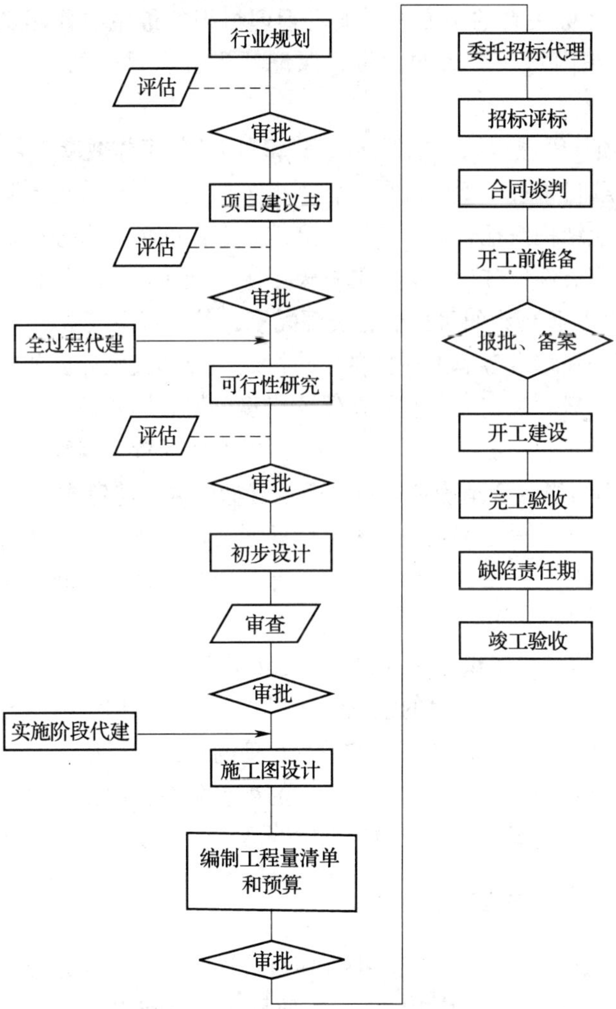

图 2-2 项目的基本运作流程

第三章　项目组织与准备

第一节　项目管理的组织

一、项目管理组织的作用

一个好的项目管理组织，其基本作用是避免组织内个体力量的相互抵消，寻求个体力量汇聚和放大的效应。组织内个人往往期望从组织中获得的利益或报酬大于其对该组织的付出和贡献，而组织则要求组织内每个人的贡献大于其为个人所做的投入，因此，组织活动的作用就应使组织内个人集合成的整体力量大于其组成人员个体力量的简单加和。从组织与项目目标关系的角度看，项目管理组织的最主要作用就是通过组织活动，汇聚和放大项目组织内每一个人的力量，保证项目各项目标的实现，具体表现在以下几个方面：

（一）合理的项目管理组织可以提高项目管理团队的工作效率

对于一个工程项目来说，不同的项目管理组织形式，项目管理团队的工作效率会有不同的结果。一个专业结构搭配合理、团结、高效、廉洁的项目管理组织将有利于提高和调动项目团队成员的积极性，减少不必要的决策层次，从而提高项目管理团队的工作效率。

（二）合理的项目管理组织可以优化资源配置，避免资源浪费

项目管理组织是在综合考虑了项目自身的特点、外部实施环境和条件以及项目代建单位的情况等各方面因素后确定的。它要在保证代建单位总体效益和保证委托方利益之间做出平衡。合理的项目管理组织将有利于各种资源的优化配置，有利于项目目标的完成。

（三）项目管理组织的合理确定有利于项目目标的分解与完成

任何一个工程项目的目标都是由若干不同的子目标构成的。合理的项目管理组织将会使项目目标得到合理分解，使各组织单元的目标与项目总目标之间相互有机协调，保证项目最终目标的实现。

（四）科学合理的项目组织工作有利于项目内外关系的协调

项目管理组织工作要求对项目的组织结构形式、权力机构、组织层次等方面进行深入的分析研究，对相互的责任、权利与义务进行合理的分配与衔接，为项目经理在组织、计划、指挥、协调、控制等各方面工作创造良好的组织条件，使项目保持高效的内外信息沟通交流，保证工程项目在积极、和谐的环境中开展，保障项目各项目标的顺利实现。

二、项目管理组织的基本形式

按照目前国际上通行的分类方式，工程项目管理组织的形式分为职能式、项目式、矩阵式以及复合式（或混合式）。其中职能式、项目式、矩阵式是基本的形式，而复合式是这三种形式中的两种或两种以上的组合形式。

（一）职能式

1. 组织形式。职能式组织形式是根据工作任务的相似性或按不同行业划分管理部门，部门内又分成不同专业处（室）。这种组织形式是最基本的，也是目前使用比较普遍的一种组织形式。如图 3-1 所示。

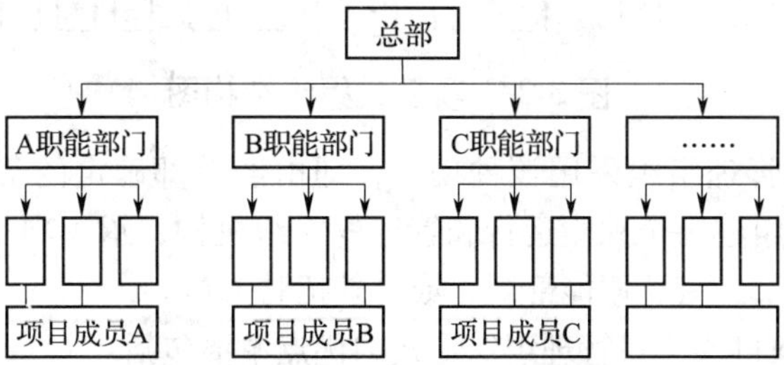

图 3-1 职能式组织结构图

若拟组建的代建项目管理组织采用该种模式，有两种形式可供选择。一是对于较大的工程项目，总部首先确定一名负责人（或协调员），按照有关职能部门的特点和职责，把项目分成若干个子项目，然后交由相应的各职能部门完成。在这种情况下，项目团队成员来自总部以及有关的职能部门。二是对于一些中小型项目，根据项目特点直接安排给某一职能部门完成，项目负责人（或协调员）可由职能部门的领导或成员担任。在这种情况下，项目团队成员主要来自该职能部门。

2. 主要优点。职能式项目管理组织形式的优点主要包括：

（1）人员安排灵活和资源利用率高。各职能部门可以根据本部门内的实际情况灵活安排相关人员，并在任务执行过程中根据情况变化重新安排其他人员进行替代以保证任务执行的连续性，同时提高了资源利用率。当某一职能部门承担某一项目的全部任务或同时承担若干个项目的部分任务时，这种灵活的人员安排方式更显其优越性。另外，由于各成员来自相关的职能部门，仍保持原来的所属关系，因此他们不会为项目结束后的去向担忧，从而客观地开展工作。

（2）可以提供技术支持。由于各职能部门是按行业（专业）划分的，相应具有一定数量的专业技术人才，因此可以为项目团队中来自本职能部门的成员提供技术支持，并且能有效地进行技术创新和工作方法的改进。

3. 主要缺点。职能式项目管理组织形式的缺点主要包括：

（1）整体性不强且缺乏约束力。由于项目团队成员隶属原来的职能部门，并且具有一定的不稳定性和流动性，因此未必能全身心地投入到项目团队中，使得项目团队的整体性不强。另外，由于各成员受职能部门与项目团队的双重领导，因此比较而言项目团队的约束力较弱。

（2）缺乏积极性和责任感。由于项目团队成员的双重身份，普遍会将项目的工作视为额外工作，因此缺乏积极性，同时也不愿意主动承担责任和风险。

（二）项目式

1. 组织形式。项目式组织形式是一种独立于各职能部门之外，具有独立且完整的组织机构和成员，自行负责项目的主要工作的管理组织模式。其运行机制与总公司的一个分公司基本相同。如图 3-2 所示。

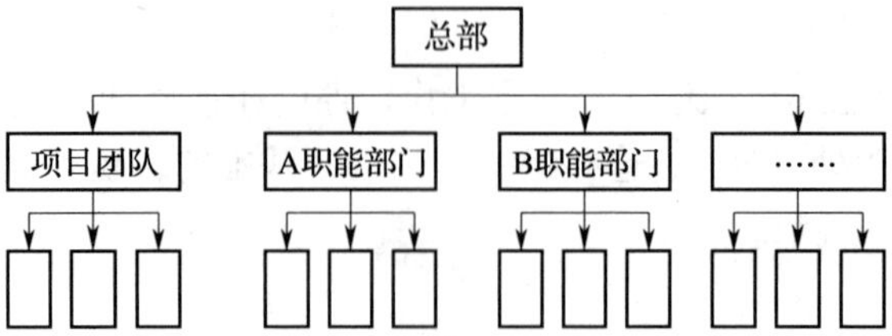

图 3-2　项目式组织结构图

若拟组建的代建管理组织采用该种模式，即由经总部确定的负责人（或项目经理）在总部授权的范围内组建一个独立运行和管理的组织机构，承担项目的主要或全部任务。项目团队成员来自总部或有关职能部门，或对外招聘人员。

2. 主要优点。项目式项目管理组织形式的优点主要包括：

（1）组织结构严谨并且管理层次分明、责权明确。采用该种组织模式，项目经理是真正意义上的项目负责人，并拥有稳定的项目团队、职责分明的职能部门。管理层次分明且相对简单，项目经理对项目及总部负责，团队成员对项目经理负责，项目管理指令一致、责权明确。

（2）团队优势明显。由于其独立性以及具有明确、统一的目标的特点，团队成员都有自己明确的权限和责任，从而可以全身心地投入到项目工作中；同时，团队内部的沟通和配合相对方便，有利于团队精神的形成和发挥。

3. 主要缺点。项目式项目管理组织形式的缺点主要包括：

（1）组织机构重复且资源配置效率低。也是由于其独立性的特点，必然导致在内部机构设置上与总部以及其他项目式组织的内部机构的重复，同时在资源的安排上也会存在利用率不高的问题。另外，团队成员也会为项目结束后的归属而担心，从而影响到项目的后期工作。

（2）组织机构封闭且整体优势弱化。项目式组织形式作为一个相对封闭的组织，容易产生小团体观念，进而会出现阻碍总部的统一指挥和战略部署的情况，同时会存在与总部以及有关职能部门之间的沟通交流不充分、相互支持配合有所保留的情况，使得总部的整体优势被削弱。

（三）矩阵式

1. 组织形式。矩阵式组织形式是一种把按职能划分部门和按项目划分部门相结合而产生的介于职能式与项目式组织结构之间的管理组织模式。该种组织形式兼具矩阵式和项目式的优点，同时又在一定程度上克服了两者的缺陷。如图 3-3 所示。

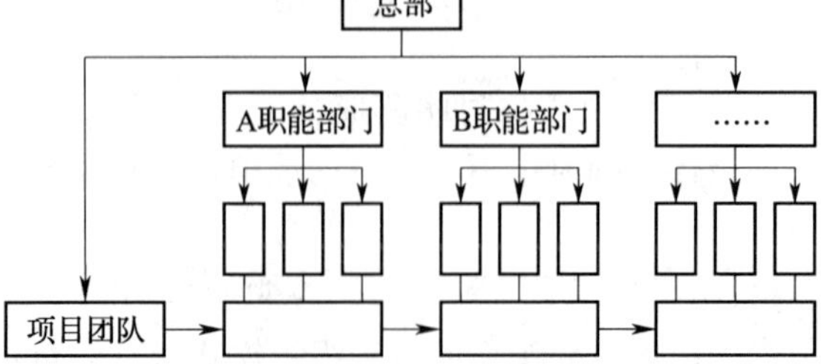

图 3-3　矩阵式组织结构图

若拟组建的代建管理组织采用该种模式，即由经总部确定的负责人（或项目经理）在总部授权的范围内，就所需要的人选同有关职能部门协商后组建项目团队，承担项目的主要或全部任务。项目团队成员主要来自总部或有关职能部门，而这些人员在项目工作期间，不独立于各自职能部门之外，但在项目工作内容上服从项目团队的安排。

按从职能式与项目式组织结构中所取的组织特征的大与小，矩阵式组织结构可以分为弱矩阵式结构、强矩阵式结构以及平衡矩阵式结构。

弱矩阵式组织结构。基本保留了职能式组织结构的大部分特征。项目团队中没有一个明确对项目目标负责的项目经理，所谓的负责人只是一个协调员。团队成员按照分配给各自职能部门的任务要求，相互协调完成工作。

强矩阵式组织结构。具有项目式组织结构的主要特征。项目团队中有一个明确对项目目标负责的项目经理，负责项目的管理与运行工作。项目经理与上级的沟通可以直接对应总部负责人或通过其所在的项目管理部门负责人进行。

平衡矩阵式组织结构。是介于弱矩阵式组织结构和强矩阵式组织结构二者之间的一种组织结构，主要特点是其项目经理由有关职能部门参与本项目工作的成员担任。这样，项目经理除项目的管理工作外，还可完全或部分承担分配给所在职能部门的项目任务。但是，项目经理作为某一职能部门的成员，必然接受本职能部门的领导，同时会受本职能部门利益的影响，因此项目经理与上级的沟通不得不在总部负责人与其所在职能部门的负责人之间进行平衡和调整，进而影响到项目的充分协调和顺利进行。

2. 主要优点。兼具职能式组织结构和项目式组织结构的优点，包括：

（1）人员安排灵活、技术支持和资源利用率高。各职能部门可以根据本部门内的实际情况灵活安排相关人员，提高了资源利用率。同时，各职能部门可以为项目团队中来自本职能部门的成员提供技术支持，并且各成员不会为项目结束后的去向担忧。

（2）组织结构严谨并且管理层次分明、责权明确。拥有相对稳定且整体性较强的项目团队，管理层次分明。团队工作目标和任务明确，并且各成员都有自己明确的权限和责任，有利于团队精神的形成和发挥。

3. 主要缺点。矩阵式项目管理组织形式的缺点主要包括：

（1）权力的平衡以及沟通、协调困难。由于项目经理和职能部门领导权力的不平衡，并且主要重视各自工作目标的实现，使得项目团队的资源配置以及与职能部门之间的沟通、协调困难。

（2）管理职能交叉和团队成员身份的双重性。项目经理和有关职能部门领导在管理职能方面会出现交叉，并且对项目团队成员的影响力也不同，而使项目经理和有关职能部门领导各自的权力、责任变得模糊；同时，对项目团队成员容易造成指令矛盾，行动无所适从。另外，在这种模式下，存在着项目团队内、职能部门内以及项目团队与职能部门之间、有关职能部门之间等多个信息渠道，比较繁琐，容易出现交流、沟通不够的问题。

（四）复合式

1. 组织形式。复合式组织形式是指，在总部的项目组织形式或者一个项目的组织形式中，包含职能式、项目式、矩阵式中的两种或两种以上的组织形式。

2. 主要优点。复合式项目管理组织形式的优点主要包括：

（1）方式灵活。可以根据总部的实际情况以及项目的具体情况，并且结合职能式、项目式、矩阵式等组织结构模式的特点而不受其限制，灵活地确定项目管理的组织形式。

（2）资源利用率高。由于复合式组织形式是在充分考虑各种因素的情况下确定的，因而在发挥资源优势等方面较为灵活，从而可以提高其利用率。

3．主要缺点。复合式项目管理组织形式的缺点主要包括：

（1）管理困难。总部的项目管理制度不能较好地得到贯彻和落实，容易造成管理混乱。

（2）交流、沟通困难。由于是两种或以上基本组织形式的组合，使得交流、沟通容易出现障碍而难以达到充分。

三、项目管理组织的建立

为了保证工程项目的顺利进行，代建单位必须按照工程项目不同阶段的实际需要以及工程项目委托代建合同的约定，依据项目的特点、性质、复杂程度、委托方的需求等，建立专门的代建项目管理组织机构，全面负责代建项目的组织管理工作，并有效发挥其作用。

（一）项目管理组织建立的依据

影响项目管理组织建立的因素很多，但在设计和确定一个工程项目管理组织结构时，最重要的依据有以下几个方面：

1．工程项目自身的特点。不同的工程项目规模、代建内容、代建工期、已有资源状况等决定项目的不同组织管理结构形式。比如，对于规模小、工期短的项目可以采取职能式的组织结构；而对于建设规模大、周期长的项目可以采取项目式的组织结构等。

2．代建单位的管理水平和对项目的管理要求。代建单位的管理水平和对项目的管理要求直接影响到项目组织结构形式的选择。比如，有些单位对哪类项目采取何种组织结构形式进行了明确的规定，有的单位把对项目管理组织形式的选择交给项目经理去决策等等。所有这些对项目管理组织形式的确定都有重大影响，但有一点必须指出，无论单位如何规定，采取的项目管理组织形式要合理，符合项目实际情况是最重要的。

3．委托方的要求。为了确保工程项目各项目标的顺利实现，有时委托方对工程项目的具体工作提出了明确的要求，指定采取何种方式，要与哪些公司合作，希望有哪些人员参与等，这些要求的满足，在一定程度上为项目管理组织结构形式的确定增加了约束。

4．项目的资源情况。项目资源包括项目的信息资源、人力资源、时间资源、财力资源等。对于一个拥有较多信息资源、人力资源、时间资源，而财力资源相对缺乏的工程项目来说，采取职能式、矩阵式项目组织结构形式即可；而对于信息资源与人力资源相对不足，而财力资源与时间资源较为充裕的项目来说，借用外部力量，采取项目式组织结构形式可能更为适宜。

（二）项目管理组织建立的原则

在项目管理组织结构建立时，应坚持以下原则：

1．坚持工作整体效率以及职能明确的原则，为工程项目提供相互协同与分工统一的全方位服务。

2．根据工程项目特点并结合委托方的要求，做到组织构架科学、合理，与所须履行的职能相适应。

3．工作人员必须具有相应的从业资格并经遴选任用，能够有效履行相应的职责。

4．组织机构应得到代建单位法人代表授予的与其职能需要相适应的权力。

5．组织机构应有明确的代建管理目标；各部门及所有工作人员应有明确的责任，且权职一致。

6．在工程项目的不同阶段，组织机构应保持相对稳定，并根据实际需要作相应调整。

（三）项目管理组织建立的步骤

1．项目目标的确定。包括建设内容、建设规模以及投资、进度、质量、安全等目标。

2．项目工作内容的确定。通过对工程项目的项目结构分解以及项目目标的分解，使项目工作内容系统化并得以确定。

3．组织目标和组织工作内容的确定。在项目目标和项目工作内容中，确定哪些目标和工作内容是属于项目组织的。

4．组织结构的设计。对于管理组织形式的选择没有一个可循的公式，只能根据项目特点、代建管理的工作范围和任务，并综合考虑各种影响因素，选择一种较为合适的管理组织形式。一般情况下，对于一些规模较小、周期短、专业面窄的项目，宜采用职能式组织形式；对于规模较大、周期长、技术复杂的项目，宜采用项目式或矩阵式组织形式。

在选择组织形式的过程中，还应对组织层次（从上到下的各管理阶层）和跨度（某一管理人员管理的人数）以及各组织单元相互之间的关系等予以明确。

另外，为加强对代建管理组织在管理和技术等方面的支持，如有必要，在总部或代建管理组织中分别可以设立不同层次的专家或顾问委员会。

5．岗位划分和职责的确定。根据以上确定的组织目标、组织工作内容以及组织机构等，合理划分工作岗位，并明确其工作职责。

6．人员配置。根据不同工作岗位的实际需要，并结合每位成员各自的特点，做好人员安排工作。

7．运行机制的确定。确定合理的运行机制，以保证工作流程和信息流程畅通，确保各级人员之间、组织单元之间协同开展工作。

对于实施全过程代建管理的工程项目，应制定的工作流程和信息流程主要包括：工程项目前期阶段咨询工作流程，初步设计（或管理）工作流程，施工图设计（或管理）工作流程，工程招投标（可以分为施工、监理以及材料、设备等招投标）工作流程，以及安全生产控制工作流程、投资控制工作流程、进度控制工作流程、质量控制工作流程、合同管理工作流程、信息管理及有关信息处理的工作流程，等等。为了更加直观地表示各项工作流程，也可以用工作流程图的形式予以描述。

8．规章制度的建立与印章的管理。建立健全各项规章制度，对代建管理组织的管理和有效运行是非常重要的。这里所提的规章制度由于管理对象的不同而包括两个方面，一是总部对现场代建组织机构的管理规章制度，二是现场代建组织机构内部的管理规章制度。

总部对现场代建组织机构的管理规章制度，主要涉及工程项目代建管理组织体系和管理制度，组织结构的建立及其职责、权限，人力、物力、财力等资源的配置和管理，安全生产，廉洁从业，考核的内容和标准等方面。现场代建组织机构内部的管理规章制度，主要涉及组织内的任务分配和管理职能分工，岗位划分及其职责、权限，工作流程和信息流程，人力、物力、财力等资源的配置和管理，安全生产，廉洁从业，考核的内容和标准等方面。

现场代建组织机构（项目经理部）提出刻制印章的申请，由代建单位的有关职能部门负责履行内部各项审批手续，经公安部门备案、审核，办理刻制证明，并到公安部门指定的刻字社刻制。

项目经理部须指定专门部门以及专人负责印章的管理，并严格遵守印章授权使用范围以及印章使用管理办法的规定，印章主要用于项目经理部对外所有与项目有关的文件、通知、业务联系单以及对内通知等。印章保管人员须将加盖印章的文本连同印章使用审批单归档保存。

9．检查与考核。该步骤的工作是在项目代建管理工作执行过程中或完成后进行。主要对各级岗位人员的工作情况进行检查和考核，目的是为了及时了解有关任务的执行和完成情况并解决出现的问题，以保证项目目标的实现和工作内容的完成。

需要说明的是，以上所述的这些步骤不是独立的，也不一定按照顺序进行，有些步骤是相互衔接、互为前提的。因此，在项目代建管理组织建立的过程中，要进行全面的分析和研究，统筹考虑各方面情况。项目代建管理组织建立流程如图 3-4。

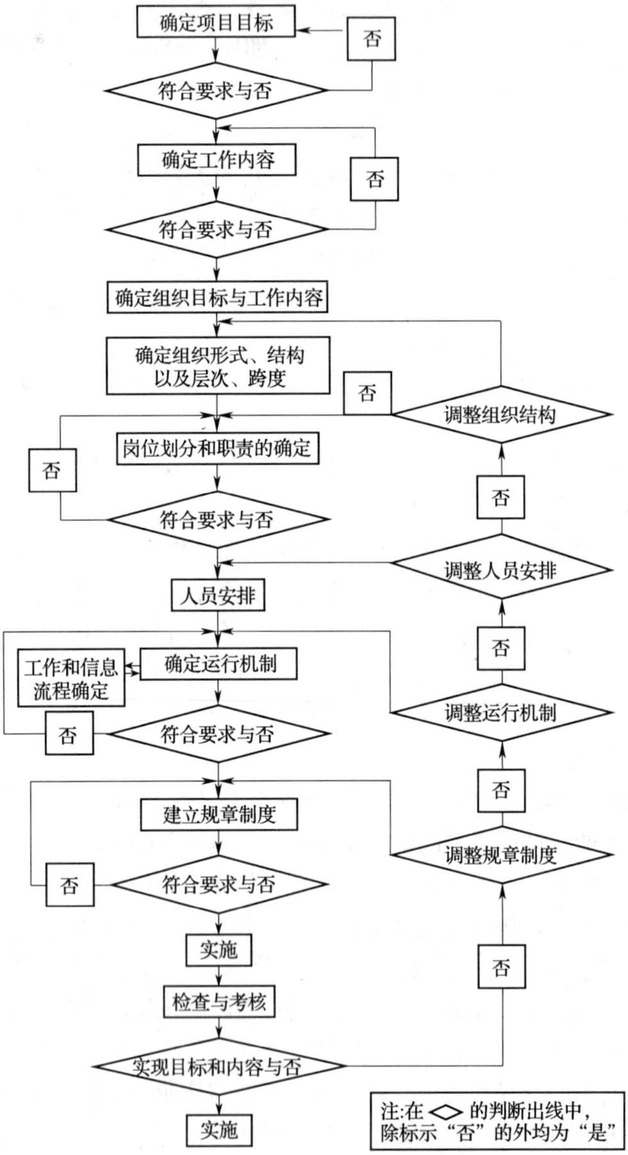

图 3-4　项目管理组织建立流程图

四、项目管理组织的变化与优化调整

（一）项目管理组织结构的变化

通过前面对职能式、项目式以及矩阵式组织形式的介绍，可以看出，矩阵式是介于职能式和项目式之间一种组织模式，其与职能式或与项目式之间没有绝对明显的分界线。该种组织机构（职能式或项目式）的特点，随项目团队中某种组织结构的人员（职能部门人员或专职人员）所占比重的增加或减少而增加或降低。如图 3-5 所示。

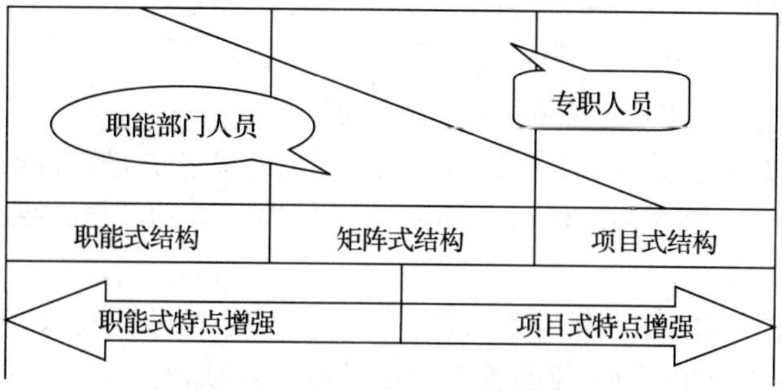

图 3-5　管理组织结构变化图

由于每一种组织结构都有各自的优缺点，因此对于代建管理组织形式的选择，只有综合考虑项目的特点和各种组织机构、代建管理范围、委托方、代建单位等各方面的特点，以及项目所处的环境等因素，然后做出较为合适的选择。代建管理范围的特点是指委托方委托的是前期阶段的代建管理还是实施阶段的代建管理；项目特点是指项目建设规模的大小、建设内容的多少、专业技术的复杂程度以及周期的长短等；委托方和代建单位的特点是指企业性质、现有机构的设置和运行机制、资源配置情况、代建管理组织与总部的关系等；项目所处环境，要分析影响项目的内、外部因素等。

（二）项目管理组织的调整优化

一般情况下，为确保代建项目管理工作的连续性、稳定性，使项目得以顺利进行，因此不宜轻易调整项目的管理组织结构。

但是，若项目本身和外部环境发生较大变化，或者随着项目阶段性的进展使得管理内容出现改变，或者通过实践验证了现有的组织机构难以适应管理工作的开展，等等。在这些情况下，对管理组织进行调整和优化就十分必要了。

第二节　项目的人力资源管理

一、项目经理

工程代建项目的项目经理是代建单位的法定代表在该工程项目上的全权委托代理人，是负责工程项目组织、计划及实施过程，处理有关内外关系，保证项目各项目标实现的项目负责人，是工程项目现场的直接领导和组织者。严格意义上说，只负责沟通、传递指令，而不能或无权对项目制定计划、进行组织实施的负责人不能称为项目经理，只能称为协调人。

代建单位应按照项目经理责任制的要求，选派具有相应执业资格的专业人员担任项目经理，建立与代建管理业务相适应的管理体系，配备满足项目管理需要的专业技术管理人员，向委托方提供全过程或分阶段的专业化管理和服务。

同时，代建管理组织机构与项目其他各参与方必须为实现工程项目的共同目标，形成一支和谐配合、沟通顺畅、高效运行的项目团队。应建立起协同工作的机制与和谐的工作模式，保证工程项目的顺利进行。建立畅通的信息沟通渠道，保证工程项目的有关信息得以准确、及时、有效传递。

（一）项目经理的作用

1. 保证项目各项目标的实现。项目经理是项目的第一责任人。在工程项目代建管理过程中，项目经理要根据项目进度及具体情况，及时与委托方进行沟通，调整项目的各阶段的工作重点、进度计划等，确保项目的实施满足委托方的需要，保证项目各项目标的实现。

2. 对项目现场日常工作进行有效管理。项目经理是经过授权的项目负责人，对项目的各项事务进行全面、细致而有效的管理。项目经理对项目的工作必须进行周密的筹划，对其工作时间要进行认真的计划。在现场日常管理中，项目经理要充分发挥项目团队成员的主观能动性和积极性。同时，要加强对成员在项目管理工作中的指导，对项目实施过程中可能出现的问题和矛盾冲突作出准确的预测与判断。

3. 进行项目具体事务的决策。工程项目在实施过程中，经常会有许多问题需要项目经理当机做出判断，决定在何时、采取何种具体行动以及行动的具体方案。项目经理是项目的具体决策者与指挥者，在一定程度上相当于代建单位法人代表在项目中的代理人。对于在项目实施过程中出现的计划进度的调整、工作方案的变更、项目团队成员分工的改变、项目技术方案的修改以及现场出现的各种矛盾与冲突等，项目经理都要及时进行决策和处理，必要时还要请示上级决策者。

（二）项目经理的能力与素质

1. 项目经理的能力。项目经理的能力主要表现在以下几个方面：

（1）决策能力。较好的决策能力是项目经理任职所必需的，因为，在工程项目代建管理过程中，会遇到许多事情，往往因没有足够的时间进行讨论、征求意见，需要项目经理当机立断，即刻作出决策。

（2）领导能力。项目经理是整个团队的负责人，基本需要独立地领导团队完成工程项目建设管理任务。项目的计划、组织、实施、检查、调整等都要由项目经理去领导完成，因此，项目经理在组织、指挥、协调、监督、激励等方面表现出的领导能力就成为项目经理必须具备的能力之一。

（3）沟通协调能力。在工程项目代建管理中，涉及的参加单位和政府有关部门很多，由于各单位、部门在项目建设中的目标、任务、职责、经济利益以及所处的角度和位置不同，使得各单位、各部门在工程项目实施过程中不可避免会出现矛盾和冲突。这时需要项目经理从中进行协调，以确保工程项目的顺利实施，这就要求项目经理具备较强的沟通协调能力。

（4）应变能力。在工程项目代建管理过程中，出现一些突发事件是常有的，也是不可避免的，也有可能在没有备选方案的情况下要求项目经理立即做出应对，所有这些都要求项目经理具有较强的应对和处置突发事件的能力。

（5）业务技术能力。这是项目经理应具备的基本能力。项目经理要有一定的技术能力，但并不一定是技术权威，因为在项目团队中往往会有一些技术专家专门负责有关技术方面的问题，因此，对于项目经理往往不一定要求其技术能力特别强，但必须有一定的技术基础。

（6）综合分析能力。对问题和资料进行处理、综合分析，并将分析结果通过文字清楚、完整地表达出来，准确地传递给委托方是对项目经理的重要要求，因此，作为一个合格的项目经理还要具备相应的综合分析能力和较强写作能力。

2. 项目经理的素质。项目经理的素质主要表现在知识与品质两个方面：

（1）知识素质。具有承担项目代建管理任务的专业技术、管理、经济、法律和法规知识。

（2）品质素质。具有良好的职业道德、社会道德、学习与思维素质以及性格品质。

（三）项目经理的选任

项目经理的选任可以来自单位内部，也可以从单位外部招聘。

1. 内部产生。根据代建单位内部制定的项目经理选拔聘用制度和办法，运用组织机制或竞争机制选任项目经理。

在一些大型的工程咨询和管理单位，对于项目经理的选拔和管理已逐步规范化，如定期开展项目经理资格的确认工作，以作为项目经理人选的储备。通常的做法是，单位内部自行制定项目经理任职标准，并组织相关的考试（或认可国家有关部门组织的相关考试）。对符合标准并通过考试的项目经理候选人，确认其项目经理资格，作为项目经理人选的储备。而当需要选任某一具体项目经理时，则根据项目特点和代建管理工作的要求，采取组织选定、自荐或内部招聘的办法，从项目经理人选的储备中选任。如果某些单位没有项目经理人选的储备，则可从经审核符合单位自行制定的项目经理标准的人选中选任。

项目经理产生后，所在单位与项目经理签订《项目代建管理目标责任书》，并办理有关授权事项，同时组织考核和奖罚。

2. 外部招聘。一般情况下，项目经理最好由单位内部产生。如果单位内部确实没有合适的人选，则根据项目特点和代建管理工作的要求，可以从单位自行建立的专家库（如有）中直接选任，或者采取对外招聘的方式进行选任。

对外招聘可以采取公开招聘或者邀请招聘的方式，主要工作内容包括：

（1）公开发布招聘信息，或向特定人员发送邀请函；

（2）成立选聘机构；

（3）制定选聘程序和规章；

（4）规定聘用条件和标准；

（5）制定项目经理的管理办法和聘用合同；

（6）按照选聘程序并根据聘用条件和标准进行审议、评价；

（7）经批准确定项目经理。

项目经理产生后，招聘单位与项目经理签订《项目代建管理目标责任书》及相关聘用合同等，并办理有关授权事项，同时组织考核和奖罚。

（四）项目经理的责、权、利

代建单位应建立健全项目代建管理制度，确定项目经理的责任、权限和利益，建立项目经理的激励和约束机制。通过与项目经理签订的《项目代建管理目标责任书》具体落实到项目上，并严格履行各自职责，确保工程项目目标的实现以及工作任务的完成。

1. 项目代建管理目标责任书。鉴于工程项目前期阶段代建管理工作的特点，视情况可以不签订《项目代建管理目标责任书》，而是以由项目经理组织编制的《项目代建管理工作大纲》作为检查、管理和考核的依据。

制定《项目代建管理目标责任书》应遵循以下原则：

（1）项目经理部必须承担管理风险和技术风险，可不承担投标风险和市场风险；

（2）应满足合同中约定的工期、质量、安全和文明施工等要求；

（3）项目经理部的成本目标应是其可控责任成本；

（4）代建单位管理层与项目经理部应在公平讨论和协商一致后确定项目目标。

《项目代建管理目标责任书》的内容主要包括：

（1）应达到的项目进度、质量、安全和成本目标；

（2）代建单位各职能部门与项目经理部之间的责任、权限和利益的分配；

（3）代建管理工作需用人力、材料和机械设备的供应方式；

（4）在有关制度规定以外的、由法定代表人向项目经理委托的特殊事项；

（5）项目经理部应承担的风险；

（6）代建单位对项目经理部人员进行奖惩的依据、标准、办法；

（7）项目经理解职和项目经理部解体的条件及办法。

《项目代建管理目标责任书》应在项目准备阶段签订，代建单位法定代表人或其委托人与项目经理共同签字后生效。

代建单位（或有关职能部门）应对《项目代建管理目标责任书》的完成情况进行考核，编写考核报告，提出奖惩意见。根据考核结果和奖惩规定，对项目经理及相关人员进行奖励或处罚。

2. 项目经理的主要职责

（1）工程项目前期阶段的代建管理

➢ 受企业法定代表人或其授权人的委托或授权，实施项目代建管理

➢ 应合理分配项目代建管理人员的职责，组织开展各种项目代建管理活动，加强项目团队建设，不断改进工作

➢ 应做好项目资源的优化配置和动态管理，接受代建单位（或有关职能部门）对项目代建管理工作的指导、监督和检查

➢ 组织编制《项目代建管理工作大纲》

➢ 履行《项目代建管理工作大纲》和有关合同规定的任务

➢ 定期向委托方以及代建单位的主管领导和有关职能部门汇报工作进展情况以及存在的主要问题，以便及时处理和解决

➢ 负责代建管理工作成果的总结与报送

➢ 负责代建管理工作相关资料的整理与归档

➢ 按《项目代建管理工作大纲》的要求进行利益分配

➢ 处理项目经理部（或项目团队）的善后工作

➢ 协助委托方和代建单位进行项目的检查、鉴定和评奖申报

(2) 工程项目实施阶段的代建管理

➢ 受企业法定代表人或其授权人的委托或授权，实施项目代建管理

➢ 应合理分配项目代建管理人员的职责，组织开展各种项目代建管理活动，加强项目团队建设，不断改进工作

➢ 应做好项目资源的优化配置和动态管理，接受代建单位（或有关职能部门）对项目代建管理工作的指导、监督和检查

➢ 组织编制《工程项目代建管理规划》

➢ 履行《项目代建管理目标责任书》和《工程项目代建管理规划》及有关合同规定的任务

➢ 建立质量管理体系和安全管理体系并组织实施

➢ 进行现场文明施工管理，发现和处理突发事件

➢ 定期向委托方以及代建单位的主管领导和有关职能部门汇报工作进展情况以及存在的主要问题，以便及时处理和解决

➢ 参与工程竣工验收，准备结算资料和总结资料，接受审计

➢ 按《项目代建管理目标责任书》的要求进行利益分配

➢ 处理项目经理部的善后工作

➢ 协助委托方和代建单位进行项目的检查、鉴定和评奖申报

3．项目经理的主要权限

(1) 工程项目前期阶段的代建管理

➢ 参与企业进行的项目投标与合同签订

➢ 经授权组建项目经理部（或项目团队）

➢ 主持项目经理部（或项目团队）的工作

➢ 根据授权，签发职责范围内的有关通知、指令、报告、会议纪要等文件

➢ 根据授权和项目代建管理的需要，决定费用使用计划和办法

➢ 根据授权，协调和处理与其他有关参与方的关系

➢ 企业法定代表人授予的其他特别权力

(2) 工程项目实施阶段的代建管理

➢ 参与企业进行的项目投标与合同签订

➢ 经授权组建项目经理部

➢ 主持项目经理部工作

➢ 根据授权，签发职责范围内的有关通知、指令、报告、会议纪要、工程款支付凭证等文件

➢ 根据授权和项目代建管理的需要，决定资金的投入、使用和计酬办法

➢ 根据授权进行物资采购

➢ 根据授权使用作业队伍

➢ 根据授权，协调和处理与其他有关参建方的关系

➢ 企业法定代表人授予的其他特别权力

4．项目经理的利益

（1）获得基本工资、岗位工资和绩效工资；

（2）按照相关规定，除获得物质奖励外，还可获得表彰、记功、优秀项目经理等荣誉称号；

（3）经考核和审计，未完成规定的项目代建管理责任目标和任务或者造成亏损的，应按其中有关条款承担责任，并接受经济或行政处罚。

（五）项目经理责任制下的企业职责

1．为满足实行项目经理责任制的要求必须进行配套改革，建立和完善项目代建管理组织体系，制定和推行项目代建管理制度，营造项目代建管理的环境，创造项目代建管理的条件，规范项目代建管理工作的管理和实施。

2．应处理好代建单位管理层（或职能部门）与项目经理部的关系，根据企业的实际情况，合理地分配企业管理层和项目经理部的责任、权限和利益。

3．协助项目经理组建项目经理部，并配置项目代建管理人员。

4．测算项目成本，与项目经理签订《项目代建管理目标责任书》。

5．根据项目代建管理计划，及时调配人员、资金、材料、机械设备等资源。

6．对项目经理部的工作进行指导、监督和检查，并负责不同项目经理部之间的沟通和协调，提供相应服务。

7．应对项目经理进行培训，提高项目经理的素质。

8．不得随意撤换项目经理。当项目发生重大安全、质量事故，项目经理违法、违纪或项目成本和工期管理失控时，可撤换项目经理。

9．在项目结束阶段，根据《项目代建管理目标责任书》的规定，对项目经理以及项目经理部进行考核和奖罚。

10．当项目已经中止或项目经理的职责已经完成，应解除项目经理职务。对于单位内部产生的项目经理，另行安排工作；而外聘的项目经理，在终止聘用合同后视情况确定是否续聘。

11．负责项目的回访和保修工作。

二、项目团队

项目团队的建立和管理一般包括组织规划、人员获取与任用、团队发展、绩效考核等过程。

（一）组织规划

主要是分析并分配职位的角色和职能，提出人力资源需求和配备计划，明确组织关系和工作报告关系等。这项工作在代建管理组织机构的建立过程中或更早就已经开始了，在此只是将其加以规范，并以职能描述书的形式表现出来。

作为组织规划的基础工作，是对每一项工作的要求、职责、工作环境及任职条件等予以充分的分析，进而论述各个职位设置的目的和必要性。然后，可以采用职能安排矩阵的形式（如表3-1）对每一职位的角色和职能与其工作范围和目标的关系进行描述；同时，对项目团队内各组织单元以及各岗位之间的相互关系即相互之间的组织关系和工作报告关系予以明确。在此基础上，按照人员配备计划与需求一致的原则，提出人力资源需求和配备计划。

表 3-1 职能安排矩阵表

序号	项目团队 / 工作内容	项目经理	岗位 A	岗位 B	岗位 C
1	项目代建管理规划制定	☆	⌛	△	
…	……	☆		△	⌛
…	合同管理	☆	△	⌛	
…	……	☆	⌛		△

注：表中符号的含义：☆—主办；⌛—协办；△—配合。

在表 3-1 中，岗位 A 或是某一项目副经理（或总工），或是某一组织单元的负责人，或是某一专业工程师，或是某一项目成员，其他岗位类推。因此，在组织规划过程中，应根据工作内容和各个岗位的实际需求情况，将职能安排矩阵表具体化。

（二）人员获取与任用

项目经理应根据各项工作任务（或每个岗位）的需要，对可供获取的来自单位内部或外部的潜在任职人员的能力和条件进行充分的分析和对比；然后，采取协商、选拔或招聘的方式，并按照职能符合、人尽其才、各得其所以及质量相近以费用低者优先与费用相近以质量优先的原则，选择并任用合适的人选。

（三）团队发展

团队发展即团队能力开发，其目的一是提高团队成员的能力，二是开发和提升团队的整体实力。具体措施主要有：

1．营造和谐的工作环境，使团队成员心情舒畅地投入工作。

2．及时的沟通和协调，使各组织单元或团队成员之间相互理解和支持，增强团队的凝聚力。

3．建立健全各项规章制度，规范团队成员的各种行为；同时，建立合理、高效的运行机制，使团队成员既有明确的分工又有默契的相互协作，充分发挥团队的整体实力。

4．采取灵活多样的培训，提高团队成员的能力。

5．制定合适的评价及其奖励和表彰制度，调动团队成员的积极性。

6．针对性地调整团队成员或者工作分工，使团队更加适应代建管理工作的要求。

（四）薪酬管理与绩效考核

在项目团队建立之初，项目经理应组织制定较为完善的薪酬管理制度以及绩效考核制度，并在管理工作中严格遵照执行，以作为人力资源管理的重要手段。

1．薪酬管理。对于薪酬管理制度或管理办法的制定，应在综合考虑项目特点、岗位分工以及团队成员条件等的基础上，遵循以下原则要求：

（1）遵守国家和项目当地的有关法律法规以及代建单位的有关规章制度；

（2）遵循职责利益一致的原则，即所制定的一系列薪酬标准应较为充分地“回报”各岗位成员的“付出”；

（3）体现竞争性和激励性的原则，即所制定的一系列薪酬标准与社会上同类人员的薪酬水平以及与同类项目中相同岗位人员的薪酬水平相比，保持一定的吸引力；同时，在薪酬管理制度中，应包括奖励和处罚的有关规定，以激励团队成员的积极性；

（4）兼顾经济性的原则，即所制定的薪酬标准应充分考虑代建管理组织在经济上的承受能力，若一味地强调竞争性和激励性，势必会给代建管理组织造成难以承受的压力。

2. 绩效考核。对于绩效考核制度或管理办法的制定，应对考核的内容及其评价标准、考核的方式（或程序）以及考核的管理等作出详细、明确且具有可操作性的规定，以规范绩效考核工作的实施。

（1）考核内容，主要包括德、能、勤、绩等内容，并可分为定性考核和定量考核两个方面分别细化考核内容，同时客观地制定评价标准（或计分标准）；

（2）考核的方式，主要是对考核的阶段（或时间）、组织形式、方法或程序等作出具体的规定；

（3）考核的管理，主要是对考核结果的处理措施作出规定。处理措施包括：考核结果的分析、问题原因的查找、意见的反馈、人员的调整、奖惩的兑现以及存档管理等。

第三节　项目代建管理规划

《工程项目代建管理规划》作为指导并便于检查和监督项目代建管理工作的纲领性文件，应对工程项目代建管理的目标、内容、组织、资源、方法和步骤进行预测和决策；同时，应随项目的实际进展情况进行动态调整。

当委托方（或使用单位）采取招投标方式确定代建单位时，投标单位应根据项目特点以及招标文件的规定和要求，组织编制《工程项目代建管理规划》或《工程项目代建管理规划方案》，并作为投标文件的一部分。若委托方（或使用单位）采取直接委托方式确定代建单位时，在正式开展代建管理工作之前，代建单位的项目经理应根据项目特点以及委托方的要求，组织编制《工程项目代建管理规划》或《工程项目代建管理规划方案》。

考虑到工程项目前期阶段的代建管理与实施阶段的代建管理有着本质的不同，因此其代建管理规划也应有较大区别。为此，以下按照两个不同阶段对代建管理规划的编制进行说明。

一、前期阶段代建管理规划

鉴于工程项目前期阶段的代建管理主要是围绕项目策划、项目建议书、可行性研究报告以及相关的送审（报批）等开展工作，侧重于工程项目的咨询论证及其组织、管理等方面，因此在此阶段所编制的代建管理规划具体为《工程项目代建管理工作大纲》。主要包括以下内容：

（一）工程项目基本情况

主要包括委托方概况以及对工程项目的背景、范围、建设内容和目标等的简要概述。

（二）工作任务及其目标要求

首先对全部的工作任务以及总体目标进行概述，然后将任务分解，再对各项工作任务的内容及其目标要求等进行准确、具体的阐述，并逐一列出。

（三）工作进度计划

对工程项目的进度进行阶段划分并提出进度计划，必要时应绘制进度横道图。

（四）人员安排计划及分工

根据工作任务的内容及其目标要求等，提出人员安排及其分工计划。

（五）费用预算计划

根据工程项目的具体情况，并按照有关规定对完成各项工作任务的费用进行初步测算，提出费用预算计划。

（六）工作成果的形式以及交付数量和方式

工作完成后，对于代建单位交付给委托方的工作成果的形式、数量，以及委托方的接受方式等，作出约定和说明。

（七）评价与奖惩

明确评价与奖惩办法，即工程项目代建管理组织在接受代建单位的评价与奖惩的同时，按照代建单位现行的评价与奖惩规章，或者按照由工程项目代建管理组织依据代建单位现行规章自行制定的评价与奖惩办法，对项目成员进行评价和奖惩。

二、实施阶段代建管理规划

对于实施阶段的代建管理，代建单位除在投标阶段或直接委托阶段编制《工程项目代建管理规划》或《工程项目代建管理规划方案》外，还应在中标后或接受直接委托后编制《工程项目代建管理实施方案》或《工程项目代建管理实施手册》。

根据工程项目代建管理的特点，并参照原建设部颁布的《建设工程项目管理规范》，现将《工程项目代建管理规划》和《工程项目代建管理实施方案》的主要内容以及编制要求等说明如下。

（一）代建管理规划

《工程项目代建管理规划》应对工程项目代建管理具有战略性的、全面的和宏观的规定性，同时对委托方、使用单位和代建单位均具有约束性。

1．编制依据。主要包括：

（1）可行性研究报告与相关批文；

（2）有关标准、规范与规定性文件；

（3）招标文件及委托方对招标文件的解释；

（4）委托方与代建单位、委托方（或代建单位）与招标代理机构、委托方（或代建单位）与施工单位、委托方（或代建单位）与监理单位等签订的合同；

（5）其他信息资料。

2．主要内容。包括：

（1）项目概况；

（2）项目实施条件分析；

（3）项目招标文件分析；

（4）项目代建管理目标规划；

（5）项目代建管理组织规划；

（6）项目投资控制规划；

（7）项目进度控制规划；

（8）项目质量控制规划；

（9）项目安全、健康与环境管理规划；

（10）信息管理规划；

（11）设计过程的管理规划；

（12）施工过程的管理规划；

（13）风险管理规划。

（二）代建管理实施方案

《项目代建管理实施方案》应对《项目代建管理规划》进行细化，使之具有可操作性。由代建单位项目经理在工程项目实施之前或在每个分阶段之前进行编制。

在编制《项目代建管理实施方案》时，应做的准备工作包括：项目前期准备、技术准备、物资准备、劳动组织准备、施工准备、资金准备、工程实施准备。《项目代建管理实施方案》应与施工单位、监理机构的工作协调一致，同时在执行过程中应不断检查和调整；在工程项目代建管理工作结束后，代建单位应对工程项目代建管理实施方案的执行情况进行分析总结，并将分析总结报告归档保存。

1．编制程序。《项目代建管理实施方案》编制程序为：

（1）了解委托方和项目相关方的要求；

（2）对合同条款和项目条件进行分析；

（3）对项目代建管理目标进行分析；

（4）编制方案；

（5）审批。

2．编制依据。《工程项目代建管理实施方案》编制依据包括：

（1）工程项目代建管理规划；

（2）工程项目代建管理目标责任书；

（3）工程合同及相关文件；

（4）同类工程经验。

3．主要内容。《项目代建管理实施方案》主要内容包括：

（1）工程项目概况。包括以下内容：方案决策与市场需求分析；项目规划与特点；场地环境分析；项目功能要求与设计标准；施工条件；项目代建管理特点与总体要求。

（2）工作部署。包括项目阶段划分；项目的质量，进度，费用，安全目标；资源使用计划；专业分包计划；设计与施工程序；项目代建管理工作总体安排。

（3）设计、采购、施工的实施方案。包括项目总体实施方案；设计、采购、施工的项目组织形式与实施要点；设计代建管理，包括组织方案竞赛与设计招标、限额设计、投资、进度、质量目标控制、初步设计及施工图审查、设计与施工分工与配合、设计与采购的接口处理等；物资采购代建管理；施工代建管理，包括施工部署、施工流向和施工顺序、施工单位法、工艺与选比以及健康、安全、文明施工内容与监控和环境保护内容及方法。

（4）进度计划。包括项目总进度计划；规划设计进度计划；物资采购计划；施工进度计划；单项工程进度计划；设备验收和试运行计划。

（5）质量计划。包括质量目标；质量体系；影响质量的因素分析；设计、施工与采购质量控制；质量统计与分析。

（6）资源需求计划。包括规划与设计计划；资金需求计划；劳动力需求计划；主要材料和周转材料需求计划；机械设备需求计划；预制品订货和需求计划；大型工具、器具需求计划；机电设备需求计划；采购计划。

（7）项目现场平面布置图。包括现场环境设施与项目的接口关系图；现场平面布置图说明；现场平面布置图；现场平面管理规划。

（8）各项目标的控制措施，包括技术路线与总体措施；保证进度目标的措施；保证质量目标的措施；保证成本目标的措施；保证季节施工的措施；安全、健康与环境保护措施；文明施工措施。

（9）风险管理计划。包括编制风险类型与因素识别一览表；风险评估；风险管理重点；风险防范对策；风险管理责任。

（10）信息管理计划。包括项目信息分类与编码；与项目组织相适应的信息流通系统；信息中心的建立计划；项目代建管理软件选择与应用计划；建立协同工作平台。

（11）技术经济指标评价。包括评价体系与方法；规划指标与实际值分析；规划指标水平高低的分析和评价；实施难点对策。

第四节　内部控制管理

一、项目组织的内部控制

内部控制是代建管理组织通过一套完整且有效的政策和程序，监督和保障代建管理组织遵守国家法律法规和内部规章制度、确保资产安全完整、保证财务会计和其他信息资料真实可靠、实现组织目标、提高工作效率和效果的一种运行机制。内部控制贯穿代建管理工作的全过程，其监控由代建管理组织的项目经理负责组织实施，并且全体成员在承担实施内部控制责任的同时，其行为受到内部控制的约束。

（一）内部控制的主要方面

内部控制主要包括管理控制、运作控制、财务控制以及行为控制等四个方面，它们之间既各有侧重，又相互关联、制约。

1. 管理控制。主要目的是协调各项管理职能，保证工程项目以及代建管理组织目标的实现和任务的完成。包括工程项目及代建管理组织的目标和计划的制定，代建管理组织的建立及其职责划分、权限规定，完整且有效的政策和程序的制定等。

2. 运作控制。主要目的是在合理使用有关资源的情况下，使各项工作的运行规范化。包括人力资源管理，采购控制，信息管理，各项具体管理工作计划及其运作监控等。

3. 财务控制。主要目的是确保资产安全完整、费用开支合理，并保证财务会计和其他信息资料真实可靠。包括财务会计制度，银行业务和现金的管理，工程款支付控制，固定资产、有关费用和工资的管理，会计凭证的管理等。

4. 行为控制。主要目的是约束和规范员工的行为。包括员工行为守则，职业道德准则，奖罚规定，廉洁从业规定等。

（二）建立内部控制的原则和任务

1. 明确代建管理组织的组织目标，并经层层分解后安排给下属的有关组织单元。同时制定各项工作任务的具体目标、计划和预算。

2. 代建管理组织机构的设置和职责的划分，应确保不相容职务的分离，即应使任何一个职能部门或成员，不能单独掌控某项重要事项的全过程。同时建立权利、决策、执行、监督相互制约的机制。

3. 按照权责统一的原则，明确各职能部门和各岗位的权利和责任。

4. 按照凡事有章可循、有章必循、违章必纠的原则，就管理控制、运作控制、财务控制以及行为控制等方面，制定一套完整、合理的政策、制度、规定、运作程序以及工作流程等控制程序，使代建管理工作规范化。

5. 对代建管理工作中的风险进行识别、分析，并且按照风险程度制定相应的风险管理机制。

6. 建立安全可靠的信息管理系统，并且对有关文件、资料、记录妥善保存，确保完整、准确，以作为内部控制监督和审查的依据。

7. 建立监督机制。代建管理组织可以根据实际情况，确定是否设立内部审计机构，其作用是独立客观地审查和评价代建管理组织的各项管理工作情况以及内部控制的适当性、合法性和有效性，目的是促进代建管理组织目标的实现。

（三）内部控制责任的划分

1. 项目经理负责建立健全内部控制系统，并负责组织实施和整体监控。

2. 各职能部门及其负责人和所有员工应当遵守并贯彻执行相关政策和程序，对于不符合或需要改进的情况，有责任和义务提出改正意见和完善建议。

3. 财务部门是负责财务和会计控制的职能部门，应严格执行经批准的有关财务方面的各项规章制度，并对代建管理组织的各项经济运作进行监控。

4. 代建管理组织可以适时聘请外部审计机构，或者配合代建单位总部的内审机构（如有）开展审计工作。对于所发现的代建管理组织在经济业务以及与资产相关的会计控制环节的问题，外部审计机构和总部的内审机构有义务和责任作出报告并提出改进建议。

二、代建费的管理

（一）代建费的构成

代建费即代建管理费，是指代建单位为承担某一工程项目的代建管理工作而收取的费用，具体的金额和支付方式等，应在委托代建管理合同中予以明确。

对于工程项目实施阶段的代建管理，根据《关于印发〈基本建设财务管理规定〉的通知》（财建［2002］394号）中关于建设单位管理费的有关规定，并结合代建单位的实际管理支出情况，其代建管理费的构成主要包括人工费、办公场所费、日常办公费、设备使用费、通信费、交通费、差旅费、业务招待费、企业管理费、规费、税费、保函费用、利润以及其他费用等。与其相比，工程项目前期阶段代建管理费的构成有所不同，具体的构成可参照上述构成内容并结合实际情况确定。

（二）代建费的管理

在代建管理工作开始前，项目经理应负责组织人员根据项目特点、代建管理的任务情况以及代建单位的有关成本和财务管理的规章制度，细化各项工作任务和费用标准，编制完成代建费的预算及说明，并按相关的规定或程序进行审批。在预算执行中，应严格执行标准以保证其严肃性；若确需调整时，则应按原规定或程序进行审批和调整。

同时，项目经理应负责组织人员就代建费的使用及其审核、支付、报销、记账等程序制定一套完善的财务管理制度或管理办法，其中包括针对代建费的各项构成相应制定的标准和管理程序等，规范各项费用支出的管理。在代建工作实施中，各级人员应严格遵守并执行有关费用或开支的标准和管理程序，确保代建费的使用合规、合理且有效。

在代建管理工作完成后，项目经理应负责组织人员对代建费的收支情况等进行总结，并与代建费的预算进行比较后做出说明，作为代建管理工作总结的一项内容。必要时，代建单位的有关职能部门可以对代建费的使用情况进行专项检查和审核。

三、工程资金支付管理

（一）工程资金账户的设立

根据《财政部关于解释〈基本建设财务管理规定〉执行中有关问题的通知》（财建［2003］724号）的规定，每个基本建设项目都必须单独建账、单独核算；同一个建设项目，不论其建设资金来源性质，原则上必须在同一账户核算和管理。因此，为加强项目资金的使用管理，应按规定设立项目资金专项账户，统一存储和支付，专款专用。

对于专项账户的设立，如果项目所在地有相应的规定，则按规定执行；否则，可以委托当地的财政部门或委托方（或使用单位）开设，也可以由代建单位自行开设。

在专项账户的开设过程中，无论采取何种方式开设，项目经理均应与当地的财政部门、主管部门以及委托方、使用单位和有关银行进行充分的协商并且按照有关规定，分别就各项资金的到账和支付制定具体的管理办法和工作程序，同时对参与项目资金管理各方的职责和权力作出明确的规定。

（二）工程资金的支付方式

在项目资金的使用过程中，有关各方应严格遵守国家和地方的有关法规和规定，并严格执行项目资金的申请、审核（审批）以及支付等程序，确保各项资金合理合规并且及时、足额用于工程建设。

在项目经理部内部，各相关岗位人员应严格执行业已制定的有关项目资金使用的审核办法和程序，各司其职，认真进行审核。经审核无误后，交由项目经理（或由项目经理授权的负责人）签署意见、盖章并报出。

以下根据有关财务制度和规定，并结合一些省市制定的管理办法，简要概述了各项资金的支付方式，供参考。对于某一具体的工程项目而言，其资金的支付方式应根据项目情况以及有关规定制定具体的管理办法。

1. 建筑安装工程投资。承建单位（施工单位）根据《建设工程价款结算暂行办法》（财建［2004］369号）以及工程项目施工合同规定的条款与实际完成的工作量等，向建设单位（使用单位）提出申请，并先行送交监理单位、代建单位进行审核并签署意见，然后由建设单位进行审核后报送主管部门、委托方、财政部门（或有关银行）审批。经各方审核、审批同意后，在项目批复的资金预算内将款项由专项账户支付给承建单位。

对于建设工程的预付款，应在承建单位提交了合法且有效的履约担保后，按照施工合同规定的条款，将款项由专项账户支付给承建单位。

2. 设备投资。建设单位凭供货（劳务）合同提出申请，经监理单位、代建单位签署意见后，连同合法票据等报送主管部门、委托方、财政部门（或有关银行）审批。经各方审核、审批同意后，在项目批复的资金预算内将款项由专项账户支付给商品或劳务的提供者。

对于设备、材料采购的预付款，应在供货单位提交了合法且有效的履约担保后，按照供货（劳务）合同规定的条款，将款项由专项账户支付给商品或劳务的提供者。

3. 待摊投资和其他投资。对于项目立项前发生的待摊投资和其他投资，如项目规划费、项目建议书编制费等，由建设单位根据与有关咨询服务单位签订的合同，并核实后提出申请（如实行了项目代建管理，则还需代建单位进行审核并签署意见），连同合法票据等报送主管部门（如实行了项目代建管理，则还需委托方进行审核）、财政部门审批。经审批同意后，由主管部门（或委托方）或财政部门支付给咨询服务单位。

对于项目概算内容发生的待摊投资和其他投资，其中有些是必须签订有关合同才能发生的，如可研报告编制、勘察设计、土地征用、招投标等费用；有些是无需签订有关合同而按规定所发生的，如建设单位管理费等。为此，建设单位根据与有关单位签订的合同或根据有关规定，以及实际发生的情况，并经核实后提出申请，连同合法票据等送交监理单位、代建单位进行审核并签署意见，然后报送主管部门、委托方、财政部门（或有关银行）审批。经各方审核、审批同意后，在项目批复的资金预算内将款项由专项账户支付给有关服务的提供者或建设单位。

第四章　项目前期管理

政府投资项目是指使用财政性资金以及使用财政性资金作为还款来源或担保的借贷型资金投资项目的基础性和公益性项目，主要涉及交通、电力、水利、教育、文化、卫生、科技等行业和部门。但是，并不是所有的政府投资项目都必须和可能纳入代建制范畴。哪些项目能纳入代建制的范围，在各省、市、自治区出台的有关政府投资项目代建制管理办法中都作了规定，比如《北京市政府投资建设项目代建制管理办法（试行）》中提出，在北京市行政区域内，政府投资占项目总投资60%以上的公益性建设项目实行代建制。公益性建设项目主要包括：党政工团、人大、政协、公检法司、人民团体机关的办公业务用房及培训教育中心等；科教文卫体、民政及社会福利等社会事业项目；看守所、劳教所、监狱、消防设施、审判用房、技术侦察用房等政法设施；环境保护、市政道路、水利设施、风沙治理等公用事业项目；其他公用事业项目。

代建单位是政府投资主管部门委托的项目建设阶段的管理主体。在委托范围内对项目建设进行全方位的管理。代建单位主要对政府投资主管部门负责，利用自身专业的技术力量和丰富的管理经验，在项目策划、方案设计、前期准备、工程预算、施工单位的招标选定及材料设备的采购等整个建设过程中，对项目的投资、质量和工期等进行专业化的控制与管理，确保项目建设各项目标的实现，并负责对建设资金进行管理，保证建设资金专款专用，并接受政府有关部门的审查和监督。

代建单位前期代建工作主要包括会同使用单位组织编制项目建议书、可行性研究报告，办理各项报建手续以及协助有关部门进行初步设计审查等工作。

第一节　项目建议书

项目建议书是国家选择建设项目和进行可行性研究的依据，虽然这一阶段的工作对量化的精度要求不太高，但是从定性的角度看，这一阶段的工作是十分重要的，要从总体上、宏观上对项目做出选择。

一、项目建议书的定义

项目建议书是指有关机构根据国民经济和社会发展的长期规划、产业政策、地区规划、经济建设方针和技术经济政策等，结合资源情况，建设布局等条件和要求，经过调查预测和分析，提出某一项目，着重论述其建设的必要性，供国家有关部门选择并确定是否进行下一步可行性研究的建议性文件。按照国家有关规定，大中型以及限额以上拟建项目或者关系重大项目的项目建议书，应附初步可行性研究报告。

另外，如果有必要进一步弄清楚项目中的某些特定内容时，还需作辅助（或称为专题）的研究。初步可行性研究报告和专题研究报告应由有资质的工程咨询单位或设计单位编制。根据现行规定，建设项目是指在一个总体设计或初步设计方案范围内，由一个或几个单项工程组成，经济上独立核算、行政上统一管理的建设工程单位。因此，凡在一个总体设计规划范围内，经济上统一核算的主体工程、配套工程及附属设施，应编制统一的项目建议书；在一个总体设计规划范围内，经济上独立核算的，各工程项目，应分别编制项目建议书；在一个总体设计规划范围内的分期建设项目，也应分别编制项目建议书。

二、项目建议书的作用

项目建议书的提出和编制是建设程序的第一个阶段，它为建设项目提出一个轮廓和设想，为下一阶段的可行性研究工作提供前提条件。项目建议书主要由项目的投资者提出，实行代建制的公益性项目也可由行业主管部门、各地方政府有关部门提出，例如一些社会公益性项目或对国计民生有重大影响的项目，如医院、体育场馆、展览馆、博物馆、城市市政道路等等。

一般来说，项目建议书的主要作用，一是国家选择建设项目的依据，项目建议书批准后即为立项；二是批准立项的项目，可以列入项目的前期工作计划，开展可行性研究。

三、项目建议书的主要内容

编制项目建议书是基本建设程序中最初阶段的工作，是国家选择建设项目和有计划地进行可行性研究的依据。公益性项目的项目建议书主要内容包括：

1. 建设项目提出的必要性和依据。
2. 建设地点的初步设想。
3. 建设条件的初步分析。
4. 投资估算和资金筹措分析。
5. 项目的进度安排。
6. 经济效益和社会效益的初步估算。

下面分别介绍国家有关部门对二类不同建设项目规定的项目建议书的基本内容：

（一）新建公益性项目的项目建议书

按照原国家计委《关于简化基本建设项目的审批手续》的通知（计资［1984］1684号），项目建议书应包括如下内容：

1. 项目提出的目的、必要性和依据。
2. 建设地点的初步设想
3. 建设条件初步分析。
4. 投资估算和资金筹措设想。

（1）根据掌握数据的情况，投资估算可进行详细估算，也可以按类似项目情况进行估算，投资估算中应考虑一定时期内的涨价因素；

（2）资金筹措计划中应说明资金来源，利用贷款还需附贷款意向书，分析贷款条件及利率，说明偿还方式，测算偿还能力。

5. 项目的进度安排。

（1）建设前期工作安排；

（2）项目建设需要的时间。

6. 经济效益和社会效益的初步分析，包括初步的财务评价和国民经济评价。

公益性项目主要进行社会效益和社会影响的初步分析。

（二）公益性项目改造的建议书

原国家计委《关于简化限额以上技术改造项目审批程序的规定》（计工［1985］949号）中规定项目建议书应包括的主要内容为：

1. 项目提出的目的、必要性和依据，需改造项目现状。
2. 改造规模的初步意见。
3. 建设条件初步分析。
4. 投资估算和资金筹措方法。
5. 改造进度的初步安排。
6. 经济效果和社会效益的初步估算。

四、建议书与可行性研究报告的区别

通过多年的实践，国家有关部门对项目建议书与可行性研究报告的内容划分是清楚的，其不同点大致可分为以下四个方面：

（一）目的与作用不同

项目建议书是选择建设项目的依据。项目建议书经批准后，方可进行下阶段的可行性研究，列入国家长期计划和建设前期工作计划。涉及利用外资和有引进内容的项目，方可进行对外的初步询价。项目可行性研究报告是项目投资决策的依据。项目可行性研究报告经有资格的工程咨询单位评估，认为符合行业（或地区）发展规划和国家产业结构政策并经主管部门批准后，才允许进行下阶段的初步设计，列入国家（地区）年度计划，审批开工报告，对于涉及利用外资的项目，才能进行正式的谈判，正式签订合同或有关协议。

（二）研究论证的重点不同

项目建议书阶段是从宏观上提出项目的必要性。对项目是否要进行一下阶段可行性研究、能否生存和有无风险作出评估，即主要论证项目建设的必要性。在我国现行情况下，项目建议书一经批准，一般较难在决策时予以否定。因此，在客观上要求编制项目建议书应慎重，应对项目建设条件的可能性和经济（社会）效益及基本状况进行初步的分析研究。因此，项目建议书论证的重点，是要从国民经济和社会发展的宏观角度出发，分析研究项目投资是否符合国家（地区）长远规划和行业发展规划；是否符合产业政策的要求；建设地点是否符合规划布局；结合建设地点和项目特点，对影响项目建议书批复的条件，如建设条件、外部运输、能源消耗和环境治理等，初步分析项目建设条件的可能性；初步匡算建设投资，提出资金筹措的设想方案及建设期限；初步评价项目建成后的社会效益和经济效益。

项目可行性研究除了从宏观到微观全面论证项目建设的必要性和可行性，为项目的决策提供依据外，还应通过技术经济比较，优化建设方案，为下阶段进行初步设计提供依据。项目可行性研究的重点是从国民经济和社会发展要求的角度进一步分析项目建设的必要性；是否符合国家长远规划、地区和行业发展规划、产业政策和产品结构的要求、生产力布局的合理性；对项目的社会需求进行预测；通过项目的社会需求量，确定项目的建设规模和建设方案；通过必要的勘察（或调查），根据项目所在地区的工程地质、水文地质，生产、生活环境，进行技术经济比较和可行性分析；择优确定项目的厂址；对投资项目（包括各单项工程）采用的建筑标准、主要工程建设方案、建设工程的总图布置等进行比较优化；根据初步选择的项目建设总图布置（包括公共工程、辅助工程）、环境保护和“三废”治理等，估算项目的总工程量和总投资；对资金来源和资金筹措方式等进行系统全面分析和评价；要对建设项目的实施进度提出要求；要对项目建成后的企业组织、机构定员等作出初步安排并进行全面的社会效益、经济效益分析，要对项目造成的影响（例如职工就业、地区发展、技术进步等）进行全面评价。

（三）工作依据和深度不同

在项目建议书阶段，一般只做初步勘察（探）和调查，不具备为深入开展技术经济论证或进行全面预测提供系统材料的条件和基础。项目建议书主要是对国民经济和社会发展的长远规划、国土规划、行业和地区规划、产业政策和技术经济政策等方面做初步分析。除对影响项目建议书批复的重大方案作必要的勘察调查外，所依据的资料较少，这就决定了项目建议书阶段的工作深度较浅，分析内容比较简略，其计算精度也有一定的局限性。如对建设地点及其环境影响只进行初步评价；对配套工程和外部协作条件分析比较粗浅等。一般情况下，项目建议书阶段不进行项目工程量估算；对项目投资的分析，只能采用类比法进行估算，或采用已建成项目的数据库作为参考，故与将来实际发生的投资误差较大。据统计，项目建议书提出的投资估算有时比概算差20%左右。

项目可行性研究阶段，按规定是投资项目前期决策的最终依据。在这一阶段，由于要对项目进行比较全面的论证或勘察调查工作，因此，可行性研究应具备进行较全面的技术经济分析和市场调查预测的条件。项目可行性研究阶段可以通过多方案的比较，择优确定项目建设规模、建设地址、建筑标准、主要工艺技术、路线等初步结论。在项目可行性研究阶段要求工作依据可靠，基础资料论证内容系统全面，计算精度较高。因此，编制项目可行性研究报告要有国家（和地区）及行业的发展规划；有用地、资源开发利用和环境治理等政策性文件为依据；有项目主管部门、政府机关或有关管理部门对建设地点、用地、用水、用电、交通运输、资源供给的审批意见或协作协议等程序性依据；有工程地质、水文地质、地震、防洪、气象、矿产、水、电、运输等自然条件和交通运输及社会经济等方面资料的依据。对工作的深度和计算精度也要求较高；投资项目的总投资要按估算的工程量进行测算，计算精确度与初步设计概算相比，一般不应超过10%，如果超过10%，应重新编制可行性研究报告，并报原审批部门审批。对于可行性研究报告的投资估算，1998年原国家计委《关于控制建设工程造价的若干规定》（计标［1998］30号）曾作出规定：“建设项目设计任务书（即可行性研究报告）的投资估算是项目决策的重要依据之一，设计任务书一经批准，其投资估算应作为工程造价的最高限额，不得任意突破，使其真正起到控制建设项目总造价的作用”。

（四）要求的成果标准和深度不同

根据国家对建设项目前期工作的要求，在项目建议书阶段，如果建设项目规模较大、工艺技术复杂或关系重大，企业或有关部门在向上级主管部门报送项目建议书时，应附有内容比较简单、符合规定深度的初步（预）可行性研究报告，其中应包含市场初步调查报告、建设地点初选报告、初步勘察报告等文件和资料。其研究成果涉及面宽广而不深。

由于可行性研究阶段要对建设项目进行最终决策，有关部门（地区）和单位向上级主管部门报送项目可行性研究报告时，如有必要还应附有符合规定深度要求的厂址选择报告、地质勘察报告、水资源情况及资源调查报告、环境影响评价报告、自然灾害预测等文件和资料。其工作成果深度应能满足以后编制初步设计的需要。

项目可行性研究作为投资决策和筹措资金的依据，投资决策机构和资金供应机构必须对它进行评估论证。我国建设项目（含新建、改建和技术改造工程）按国家有关部门规定必须委托有资格的工程咨询公司对项目可行性研究报告进行评估。

五、项目建议书的编制

（一）项目建设的必要性和依据

1．项目建设的主要理由和建设的必要性。主要说明：什么要建？建设的目标是什么（满足哪种需要，还是获得经济效益）？

2．项目提出的主要依据文件。一般包括：国民经济和社会发展的长远计划、国家产业政策、投资政策和技术经济政策，行业与地区、发展规划，生产力布局规划等。

（二）建设地址的初步设想

公益性项目多为非生产性项目，对于非生产项目比较简单，应包括：项目的总建筑面积，项目拟建的位置（地点）；对单项工程来讲，应包括：建筑物面积、层数、结构类型、拟建位置。

（三）建设条件的初步分析

对于公益非生产性项目，主要说明资源条件、建设条件、环保条件等方面内容。

（四）项目建设所需投资和资金筹措设想

主要包括项目建设所需投资总额，以及项目中各主要工程所需投资的估算。各主要单项工程投资估算是项目投资估算的基础，单位工程投资估算准确与否，直接影响着整个项目投资总额的准确性、可靠性。

实行代建制的项目多为公益性项目，应为政府投资项目。

（五）项目进度安排

包括整个项目建设总进度计划和各单项工程进度计划安排。各单项进度计划安排应与项目总进度安排相一致，各单项工程进度安排必须服从总进度计划安排；相邻单项工程进度相互衔接。项目进度计划安排应考虑相关外部条件的要求和影响，单项工程进度计划采用图表形式比较方便且直观。

（六）项目经济效益和社会效益的初步分析

公益性项目为非经营性项目，主要进行社会效益分析，包括：项目为国家、地区解决多少职工就业；能满足社会需要情况。

第二节　项目可行性研究

可行性研究是建设项目确定之前先对拟建项目的一些主要问题进行调查研究，在进行充分的技术经济论证和方案比较后，提出这个项目是否可行的研究报告。

一、可行性研究的概念和作用

（一）基本概念

可行性研究是指对投资建设项目作出是否投资的决策之前，先对与该项目有关的技术、经济、社会、环境等所有方面进行调查研究，对项目各种可能的拟建方案进行技术经济分析论证，研究项目在技术上的先进与适用性、经济上的合理与可行性以及建设上的可能性，对项目建成投产后的经济效益、社会效益、环境效益等进行科学的预测和评价，据此提出该项目是否应该投资建设，以及选择何种投资建设方案等结论性意见，为项目投资决策部门提供决策的依据。

在项目投资决策之前，通过可行性研究和评估，使项目的投资决策工作建立在科学性和可靠性的基础之上，从而实现项目投资决策科学化，减少和避免投资决策的失误，提高项目投资的经济效益。

（二）可行性研究的作用

1. 作为建设项目投资决策的依据。由于可行性研究对与建设项目有关的各个方面都进行了非常详细的调查研究和分析，并以大量数据论证了项目的先进性、合理性、经济性以及其他方面的可行性。这是建设项目投资建设的首要环节，国家投资主管部门主要是根据项目可行性研究的评价结果，并结合国家的财政经济条件和国民经济发展的需要，作出项目是否应该投资和如何进行投资的决定。

2. 作为该项目的机构设置、职工培训、生产组织的依据。根据批准的可行性研究报告，设置相应的组织机构，进行职工培训以及合理的组织生产等工作安排。

3. 作为向当地政府、规划部门、环境保护部门申请建设执照的依据。可行性研究报告经过审查，并符合市政当局的规定或经济立法，对污染处理得当，不造成环境污染时，方能发给建设执照。

4. 作为该项目建设的基础资料。建设项目的可行性研究报告是项目建设的重要基础资料。项目建设过程中的技术性变更，应认真分析其对项目经济和社会效益的影响程度。

5. 作为对该项目考核的依据。建设项目竣工后的技术考核，应以可行性研究报告确定的技术标准和经济效益指标作为考核标准。

二、可行性研究的目的

1. 避免错误的项目投资决策。由于科学技术、经济和管理科学的迅速发展，客观上要求在进行项目投资决策之前应作出准确无误的判断，避免错误的项目投资。

2. 减小项目的风险性。建设项目规模大、投资额巨大，如果轻易作出投资决策，一旦遇到风险，将损失巨大。

3. 避免项目方案多变。建设项目方案的可靠性、稳定性是非常重要的。因为项目方案的多变无疑会造成人力、物力、财力的巨大浪费和时间的延误，这将大大影响建设项目的经济效益。

4. 保证项目不超支、不延误。确保项目在估算的投资额范围和预定的建设期限内按时竣工并交付使用。

5. 对影响项目的各种因素做到心中有数。对项目在建设过程中或项目竣工后，可能出现的某些相关因素的变化后果，做到心中有数。

如果不作可行性研究，或者虽作了但深度不够，则不能达到以上目的。

三、可行性研究的工作程序

通常，项目可行性研究的工作程序如图 4-1 所示。

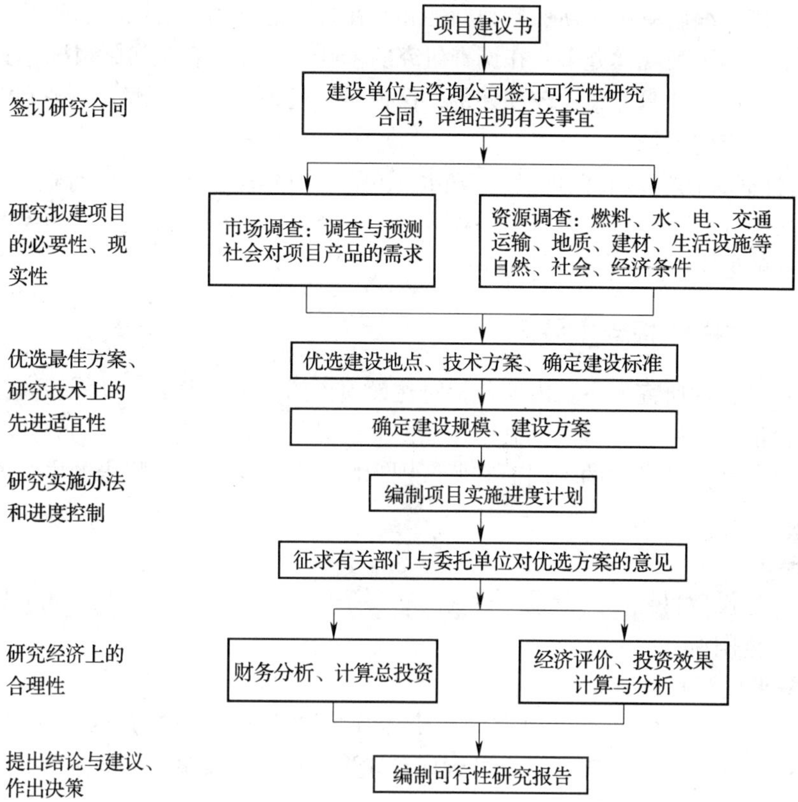

图 4-1　项目可行性研究的工作程序

四、可行性研究编制依据和要求

（一）可行性研究的编制依据

1. 国民经济发展的长远规划、经济建设的方针、任务和技术经济政策。按照国民经济发展的长远规划和经济建设方针确定的基本建设的投资方向和规模，符合我国经济建设的要求。

2. 项目建议书和委托单位的要求。项目建议书是做好各项准备工作和进行可行性研究的重要依据，只有在项目建议书经政府投资主管部门和相关行业部门审查同意，并经汇总平衡纳入建设前期工作计划后，方可进行可行性研究的各项工作。建设单位在委托可行性研究任务时，应向承担可行性研究工作的单位，提出对建设项目的目标和其他要求等。

3. 有关的基础资料。进行场址选择、工程设计、技术经济分析需要可靠的地理、气象、地质等自然和经济、社会等基础资料和数据。

4. 有关的技术经济方面的规范、标准、定额等指标。

5. 有关项目经济评价的基本参数和指标。这些参数和指标都是进行项目经济评价的基准和依据。

（二）可行性研究报告的编制要求

1. 确保可行性研究报告的真实性和科学性。可行性研究是一项技术性、经济性、政策性很强的工作。编制单位必须保持独立性和站在公正的立场，遵照事物的客观经济规律和科学研究工作的客观规律办事，在调查研究的基础上，按照客观实际情况，实事求是地进行技术经济论证、技术方案比较和评价，保证可行性研究的客观性、科学性和可靠性，以确保可行性研究的质量。

2. 可行性研究的内容和深度及计算指标必须达到标准要求。不同行业、不同性质、不同特点的建设项目，其可行性研究的内容和深度及计算指标，必须满足作为项目投资决策和进行设计的要求。

五、可行性研究报告主要内容

建设项目可行性研究的主要内容包括对建设项目的技术、财务、经济、商业、管理等方面的分析论证，研究其可行性，其中任一方面的可行性，都有其特定的具体内容，并根据项目的性质、特点和条件的不同而有所区别和侧重。可行性研究报告的主要内容包括以下几方面：

（一）总论

主要说明建设项目提出的背景，投资的必要条件和经济意义以及开展此项目研究工作的依据和研究范围。

（二）需求预测和拟建规模

需求预测是建设项目可行性研究的重要环节。如对项目需求情况不作调查和趋势分析，或调查分析不当、不准确，就会导致项目建设规模的错误决策。通过调查和预测，了解对项目的需求程度和发展趋势。

通过调查和预测，确定该项目的目前和将来的需求量。

（三）项目场址方案

对项目拟建场址的地理位置和交通、运输、电力、水、气等基础资料以及气象、水文、地质、地形条件、废弃物处理、劳动力供应等社会经济自然条件的现状和发展趋势进行分析。对拟建场址进行多方案的技术经济分析和比较，并提出选择意见。

（四）项目的工程设计方案

项目的工程设计方案包括确定项目建设方案、建设标准等；项目总平面布置和交通运输的设计、拟建场址土建工程量估算等。

（五）环境保护

调查环境现状，预测项目对环境的影响。

（六）项目的实施进度计划

建设项目实施中的每一阶段都必须与时间表相关联。复杂的项目实施则应采用网络图表示。

（七）投资估算和资金筹措

投资估算包括主体工程及与其有关的外部协作配套工程的投资，建设项目所需投资总额。资金筹措应说明资金来源、筹措方式等。

（八）招投标情况

项目招标方案及计划，如设计、施工、监理、设备采购等均需进行公开招标。

（九）项目的经济评价

项目的经济评价包括财务评价和国民经济评价，得出评价结论，公益性项目主要进行国民经济评价。

六、可行性研究报告评估要点

（一）需求分析及建设规模

可行性研究报告需求分析部分的评估重点是项目的社会需求。项目社会需求分为现状社会需求及社会需求预测，社会需求预测应根据相应的计算方法及数学模型进行推算。

（二）工程建设方案

工程建设方案的选择是项目能否达到预期目标的关键，工程建设方案是否可行，是否优化，决定着项目建设的成败。工程建设方案的确定，要根据项目规模，项目建设场址的条件，项目工程条件、项目的功能需求等多方面因素，经过多次比选、优化确定。

（三）项目场址选择、辅助及配套设施

项目拟建场址的选择、公用工程及辅助设施是项目建设的主要内容之一。项目场址方案选择要进行地理位置、气象、水文地质、地形条件和社会经济状况、交通运输及水、电、气的现状和发展趋势的分析，评估场址所在地的自然地理、社会经济、交通运输、电力通信状况对项目建设是否有利；厂址选择是否符合国土规划、地区（城市）规划、土地管理、环境保护、文物保护的要求和规定，有无有关方面的批准文件。

对工厂平面和立面布置方案进行多方案比较，评估总图布置方案的合理性、厂内外运输方式和能力规划的合理性。

土建工程是否与工程地质、气象条件、抗震设防、生产要求相适应。要估算土建工程投资是否准确，除了进行技术分析外，还要进行投资分析。

此外，还要看有无环境影响报告书或环境影响报告表，有无相关行业部门的审查意见。“三废”治理措施是否符合保护生态环境的要求。

（四）投资估算及资金筹措

投资估算评估重点是估算方法是否正确，各项费用和费率的选取是否合理。应重点关注第一部分工程费用估算的正确性，其中设备费和建筑安装工程费用是估算的核心，它们的取值影响到第二和第三部分的费用取值。而设备费所占的比重一般较大，因此其取值的准确性对总投资的影响较大，这在评估中应特别引起重视。资金筹措主要评估资金来源是否可靠，筹资方式是否可行，筹集数量能否满足要求。

（五）效益分析

公益性项目的效益分析主要是进行社会效益分析，应从解决多少社会需求量，带来多少直接或间接的社会经济拉动，解决多少劳动力就业，对整个地区经济协调发展的带动作用等方面进行分析。同时，还要对各项技术经济指标的计算是否正确，分析结论是否实事求是进行评估。

建设项目可行性研究报告的五大部分之间既独立成章又存在必然的内在联系，掌握其间的逻辑关系，对做好评估工作是十分有益的。项目社会需求决定了项目的建设规模，是项目建设的必要条件。

优化的建设方案是工程建设成功的保证，对环境影响分析，是使整个环境不被破坏的重要保证。因此，在进行评估工作时，应重点对以上几个方面的问题进行论证分析，为决策者提供真实、客观的咨询意见，保证决策的正确性。

第三节 勘察设计管理

在2004年颁布的《国务院关于投资体制改革的决定》（国发［2004］20号）中，合理界定了政府投资的职能。明确提出政府投资将主要用于关系国家安全和市场不能有效配置资源的经济社会领域。用于加强公益性和公共基础设施建设、保护和改善生态环境、促进欠发达地区的经济社会发展、推进科技进步和高技术产业化。同时，强调要建立政府投资责任追究制度，工程咨询、投资项目决策、设计等部门和单位，都应有相应的责任约束，对不遵守法律法规给国家造成重大损失的，要依法追究有关责任人的行政和法律责任。由此可以看出，国务院有关部门在进一步加强宏观调控、规范政府投资行为的背景下，把对中介服务机构加强监管、加强法律责任的工作提到重要议程。初步设计阶段是政府投资项目必须经历的重要程序，初步设计编制工作直接为政府控制基本建设投资规模提供决策依据，也是各级工程咨询中介机构服务政府的主要业务之一。因此，如何做好初步设计管理工作具有重要意义。

一、初步设计阶段对项目投资的作用和影响

根据资料统计分析，对项目投资影响最大的是项目技术设计结束前的各工作阶段。其中，初步设计阶段影响项目投资的幅度达到75%～95%；技术设计阶段影响的幅度是35%～75%；施工设计阶段影响幅度达到5%～35%。很显然，项目投资控制的重点应该放在设计阶段。

（一）建设前期应该慎重论证是项目投资控制的基础

根据主客观条件对拟建的项目进行技术经济分析，对经济效果进行预测，可行性研究的论证直接制约着初步设计的概算和施工图设计的预算。

（二）选择优秀的设计方案是项目投资控制的关键

设计是工程项目实施的前期工作，先有了设计才能着手进行项目的建设。在项目设计中做好方案的比较、选择最优方案是非常重要的。长期以来，普遍忽视工程建设项目在设计阶段的作用，忽视投资控制，把精力主要放在施工阶段，这样尽管有一定的效果，但是没有抓住关键。

（三）抓好设计全过程的管理是项目投资控制的保证

工程项目的造价形成是一个复杂的动态过程，涉及的因素很多，一方面要采取有效措施控制工程造价，另一方面要加强内部管理，降低工程造价，提高资源的效率。按照基本的建设程序和设计工作的深度，设计全过程可以分为可行性研究、初步设计、技术设计和施工图纸设计等四个阶段。根据有关的规定，各个阶段对项目造价的计算准确程度要求不一样。可行性研究的阶段的估算误差程度不大于10%，初步设计阶段的误差不大于5%。必须做好各阶段的管理工作，确保整体的效益。

二、初步设计阶段管理注意把握的问题

（一）关于设计单位的使用资质问题

在编制政府投资项目设计文件时，首先要把握初步设计文件必须由具有相应资质的设计单位编制的原则。这是一条硬性原则，违反它任何设计文件都是不合格的。要正确认定资质是否合格，应从以下几个方面入手：

1. 设计单位的设计资质所属行业。目前我国勘测设计业实行行业准入制，设计单位必须取得设计资质方可从事设计工作。根据《建设工程勘察设计企业资质管理规定》，按照行业划分，目前全国勘察设计行业共设置有 21 个行业资质。原则上相应行业建设项目都应该由具有对应行业设计资质的设计单位承担。

2. 设计单位的级别。除了设计资质按照行业设定以外，还按照设计单位的资历与信誉、技术力量与水平、装备与管理、业务成果等划分甲级、乙级、丙级。甲级单位承担本行业建设项目的设计范围和地区不受限制；乙级单位承担本行业的中、小型业务，地区不受限制；丙级单位承担本行业小型设计任务，而且只能在本省、自治区、直辖市范围内。

3. 工程规模要与设计单位资质所属行业和级别相适应。建筑建设项目设计规模划分标准应按照《工程设计资质分级标准》中“建筑行业建设项目设计规模划分表”执行。对于标准中没有的工程项目，可以根据实际情况，参照执行标准中类似工程确定。

4. 要了解目前建筑工程设计单位分布情况。目前，建筑行业具有建筑工程设计资质的甲级、乙级设计单位 40 余家，外行业的有建筑行业资质的设计单位 20 余家，它们分布在全国各地。

5. 要区分民用建筑工程和农业建筑行业。农业建设项目具有鲜明的农业工程特点，一般应包括田间工程建设内容，具有较强的工艺要求。但是有些建设单位管理人员对一些建设单位中的单项工程具体属于农业建筑还是民用建筑难以判别，在委托设计时出现失误。这里我们主张重点看该项目是否需要工艺设计人员进行工艺设计，一般认为如果只需由建筑设计人员进行建筑设计就能完成工程的使用功能设计，这样的工程一般属于建筑工程，不需要委托农业行业工程设计单位。

6. 应当注意具有工程资质的中介机构，如果其服务范围内没有该行业工程设计内容时，是不能从事相应行业工程设计的。

（二）关于设计内容的问题

建设项目初步设计文件包括的设计是否完整，是衡量一个建设项目设计工作质量的重要方面，我们这里所说的设计内容完整性，主要是指应该通过初步设计文件，反映出经过上级主管部门批复的建设项目全部内容。也就是通过初步设计这一基本建设程序，将建设项目在可行性研究工作阶段确定的工程方案、建设内容、建设规模、建设标准等重大问题，通过设计图纸、说明书、概算书等形式进一步具体化。因此，初步设计文件首先应该全面深化可行性研究报告的内容。目前，在初步设计内容方面常见的问题主要表现在以下方面：

1. 初步设计只反映房屋类建筑物建设内容，不反映其他工程内容，这与大多数设计单位以从事民用建筑工程设计为主有关系，也与其他有些行业目前还没有出台相应的工程设计文件编制规定有关。

2. 房屋类建筑中，反映建筑、结构、给排水等建筑工程的内容多，反映工艺设计、工艺流程的内容少。比如在污水处理厂等项目中许多项目虽然也是要建造房屋，但这些房屋多是有专门用途的，有的是实验室建筑，有的是污水处理设施。这些用房除了具有工艺方面的工艺专业要求，而且工艺设计的优劣直接关系到整个工程建设的成败。因此，在初步设计阶段必须重视工艺设计，重视对工艺流程的深入研究。

3. 设计说明一般内容多，专业性说明或针对性说明少。我们应该特别强调在前期工作的各个阶段，针对项目特点开展针对性的工作，在初步设计阶段也是如此。初步设计说明是初步设计文件的重要组成部分，许多无法用图纸表达的内容，或用文字语言表达更清楚准确的内容，或是涉及重大技术问题调整、变化的内容，必须用文字说明形式表达。但现实中，设计单位大多数不擅长这部分工作，使得初步设计说明经常流于形式，特别是缺少针对工程特点的说明。

4. 初步设计偏离可行性研究报告、可行性研究批复，对可研报告遵守不够。初步设计必须严格按照批复的可行性研究报告编制，这是设计单位编制初步设计文件要遵守的重要原则，更是衡量一个初步设计文件是否合格的重要方面。但实际工作中，初步设计文件偏离可行性研究报告批复文件的现象在大多数项目中或多或少存在。评审中这方面的问题经常被提出，属于重大修改的内容，必须提出变更的理由、咨询的意见，报告主管部门研究决策。因此，设计单位应了解有关部门的规定，对涉及重大变更的内容在初步设计文件中必须针对这些问题作出专门说明，表达原因和理由，其深度应达到或超过可行性研究报告。

（三）关于建设标准问题

建设项目建设标准涉及建设规模与项目构成、选址与建设条件、工艺与设备、建筑与建设用地、配套工程、防疫设施、环境保护、劳动定员等方面的要求及主要技术指标，目前，各行业部门均颁发了有关建设标准，在编制各类建设项目初步设计文件时应当正确使用。

有些建设项目除了生产设施外，还有非生产设施、配套管理及生活服务设施等，对于这些设施在编制中也应重点把握建设标准。对于明显与生产设施规模、标准不配套的，编制时一定要注意规模配套，要特别注意避免扩大生活服务设施用房规模、提高装修标准的倾向。对于确需提高标准的，应根据可研报告、可研报告批复及初步设计文件有关内容慎重把握，经严格论证后，向主管部门提出建议。

（四）关于设计深度的问题

初步设计深度不够是目前建设项目初步设计存在的一个普遍问题。产生原因是多方面的，其中包括设计人员经验和业务水平的问题、设计单位管理问题、建设项目规模小的设计取费少的问题、设计时间短等原因。设计深度不足直接导致初步设计文件不能真实反映项目建设的实际，使项目建设的不确定因素增加，使项目在后续实施中增加投资、改变内容、延缓建设工期，甚至影响实现建设目标等。目前，有一些项目没有初步设计文件编制方面的具体规定，但根据多年的实践经验，笔者认为应当按照以下原则把握初步设计文件的深度：

首先，在工艺设计方面应做到工艺方案落实，工艺路线明确，工艺流程全面、具体。涉及工艺设计的具体内容应非常确定，工艺流程图、设备布置图、工艺剖面绘制、主要技术问题的解决方案均应落实。

其次，在建筑物、构筑物设计方面，厂区总平面布置图、建筑平面、立面设计应确定，完成结构选型，确定主要结构构件的尺寸、水暖电等专业系统、布管及走线方式、设备选型及数量等。

（五）关于设计概算的问题

初步设计概算是初步设计文件的主要组成部分，是政府投资主管部门批复投资、下达投资计划的重要依据，设计概算应该完整反映设计范围内建设项目从筹建到竣工交付使用所需要的全部费用。一般基本建设项目初步设计概算应包括建设工程费用、安装工程费用、设备及工器具购置费、工程建设其他费、预备费等。编制时应重点把握以下几点：

1. 费用完整。凡是批复的可行性研究报告中的各项建设内容都应列入，建筑工程应包括各类房屋建筑、附属各专业工程、场区、围墙、道路、绿化工程，设备基础、构筑物等工程费用。工程建设其他费用应按规定计取，取费基数、费率均应准确无误。

2. 要提供单项工程概算、单位工程概算表。当一个项目由多个单项工程组成时应编制单项工程概算表，并以其所辖的建筑工程、设备安装工程为基础汇总编制。单位工程概算表分为建筑工程概算表、设备安装工程概算表，每部分都由直接费、间接费、计划利润和税金组成。

3. 单位工程、单项工程单方造价、技术经济指标、占总投资比例等数据应控制在合理范围。

4. 注意工程量和取费。工程量要力求准确，不得重复计取有关费用。

5. 注意核定主要仪器设备、建筑装修、主要建材价格。

（六）关于设计质量的问题

设计质量问题是一个综合性问题，上面反映的各方面问题都是设计质量在某一方面的体现，除此之外还有施工图存在的"错、漏、碰、缺"等问题，某一方面设计不合理的问题，某一具体设计环节不完善的问题，工艺方案设计不能满足要求和设备选型不合适问题等。同时，编制中还要特别注意是否存在不严格执行国家强制性法规的问题，是否有结构、消防、生产、环保等安全隐患的问题等。后者是关系设计质量的根本，也是衡量一个设计文件是否符合要求的关键。

（七）关于设计中使用新材料新技术的问题

在建设项目中使用新技术、新工艺、新材料必须建立在安全、可靠的基础上，因此，建设项目初步设计编制中对于使用先进技术、工艺、材料也应遵循这一原则。

（八）关于制定生产厂家的问题

《建筑法》第五十七条、《建设工程勘察设计管理条例》第二十七条均有类似规定：设计文件中选用的材料、构配件、设备，应当注明其规格、型号、性能等技术指标，其质量要求必须符合国家规定的标准。除有特殊要求的建筑材料、专用设备和生产线外，设计单位不得指定生产厂、供应商。

三、初步设计阶段进行投资控制的具体措施

（一）在初步设计阶段推进限额设计

限额设计，就是按照批准的设计任务书和投资估算，在保证功能要求的前提下，控制

初步设计以及按照批准的初步设计总概算，控制施工图设计。同时，各专业在保证达到使用功能的前提下，按分配的投资限额控制设计，严格控制技术设计和施工图设计中不合理的设计变更，保证工程竣工结算不突破总投资限额。限额设计的关键是投资分解和工程量控制。

项目建议书或可行性研究报告中的投资估算，是控制工程造价的重要依据和前提，应实事求是地反映设计内容，保证投资估算的准确性。

（二）加强对可行性研究报告和初步设计文件的审核工作

可行性研究报告的任务是研究立项的科学性、经济性、适用性，它立足于调查研究及在现状的基础上对多种方案进行严谨的科学论证，使项目技术先进、经济合理、实施可行，而其中规模的确定、工艺的筛选、场址的选择、环境的影响、地基处理方案的确定，无不牵涉投资的变化。可行性研究的深度不够、方案选择缺乏科学性、估算不准确都将使造价控制的总目标难以确定，且由于缺乏可操作性，造成概算突破原估算。因此认真做好项目可研审核工作，对减少决策的盲目性，合理确定设计限额总值，合理控制项目的投资是十分重要的。如采取委托有资质的可行性研究审核单位完成对原可行性研究的审核、制定详细的控制指标、建立专家库聘请专家审核等方法，加强可行性研究报告审核工作。

完善的工程设计文件是编制项目总体建设经济指标的充分依据，是决定工程造价合理性的必要条件，因此加强对建设项目初步设计文件的审核，对合理控制项目总造价是十分重要的。控制工程造价的关键在于初步设计阶段，初步设计质量的好坏对整个工程建设的效益至关重要，必须加强对初步设计文件的审核工作。

（三）加强对限额设计质量监督和造价监督的力度

长期以来，对初步设计或施工图的审查，多注重技术性，而忽视其经济性。有的初步设计，送审时没有超标，审完后，在施工图设计或施工过程中变更修改时投资严重超标，对设计变更缺乏监督机制。因此，应重视初步设计审查，不仅要审查技术性，还要审查其经济性。要求设计单位对初步设计文件的审核，不仅要包括各专业负责人的审查、签字，还应考虑投资控制负责人的审查和签字，要求主要工程量应由工程造价人员签字确认，并在图纸上增列工程数量表，并要求设计人员对工程量的准确性负责。同时强化初步设计审批制度，要求初步设计图的变更要有一套严格的审查制度，以杜绝设计人员为迁就各方面不合理要求轻率变更初步设计或任意增加内容，提高设计标准，造成工程造价和投资失控的现象。

（四）建立规范化的设计审核标准

限额设计的审核标准主要包括如下内容：

1. 技术性标准：初步设计内容是否符合国家的有关技术规范标准，是否采用了可以节省造价的国内外成熟的、先进的技术。

2. 经济性标准：初步设计各工种采用的技术方案、构造措施及技术参数是否科学适用、经济合理。

3. 计算的合理性标准：初步设计的计算方法、计算模型、取值范围、数据调整是否科学、经济有效。

4. 安全饱和度：在已满足国家设计规范的条件下，是否进一步提高了安全系数，造成不必要的资金浪费。

5. 设计的其他失误：影响项目投资额不必要增多的其他技术和非技术等因素。

（五）加强初步设计阶段各专业的方案比选

初步设计阶段是工程建设的重要环节，它决定整个工程项目的规模、方案、结构形式等。初步设计优化与否，直接影响着工程总造价，影响着工程建设的综合效益。对初步设计方案进行评价优选时，可以采用价值工程法、综合评分法等进行分析。如对土建建筑工程初步设计可从平面布置、空间组合、构造措施、安全性等几方面进行综合评价和分析。

初步设计阶段的投资控制是从源头和内在本质上对投资额进行科学有效的控制，在具体的工作中，将上述方法和措施紧密结合，协调好各方面，实行综合治理，必能达到投资控制的目的。

四、设计阶段的投资控制

（一）设计阶段投资控制的重要性

通过工程项目的资金构成可以看出投资控制的重要性。项目投资额的确定与控制贯穿于整个项目的全过程，包括投资决策阶段、设计阶段、实施阶段。在项目投资决策确立之后，投资额的大小主要由设计阶段来确定，尽管可能通过施工招标、加强合同管理等措施尽可能使投资控制在预计投资额之内，却不能从根本上调整投资的大小。在设计阶段，特别是在方案及初步设计阶段，影响项目投资的可能性是最大的，如建设地区、厂址的选择，建设规模，建设标准，装备水平，产品方案，工艺流程等都将直接影响到工程的投资额度，在施工图设计阶段，影响项目投资大小的可能性相对于方案及初步设计阶段则小得多。因为，各项技术条件在前一阶段的设计中均已确定。显然，投资控制的关键在于项目投资的设计阶段，特别是项目的可行性和初步设计阶段。而设计质量的优劣，包括投资额大小的确定与控制的好坏，将严重影响到施工周期、投资效益，投资的控制和管理。长期以来，我国普遍存在投资失控现象，尤其是国有企业的建设项目更为严重。其主要原因之一是忽视工程建设前期的投资控制。

在我国，设计单位往往是按项目总投资的一定百分比收取设计费用。因此，对如何有效的控制投资，提高项目的效益缺乏积极性，而往往是对项目的技术问题比较重视。即使是对项目的总投资有一些粗略的控制，往往也是由业主提出总投资的控制额度，设计单位力争将投资控制在此额度之内，因此，往往不能正确地反映实际情况，使设计不能最优化，同时，设计单位，包括咨询单位普遍缺乏投资控制的意识和方法。

（二）设计阶段投资控制的途径和方法

1. 提高设计人员投资控制意识，改进投资控制的方法。长期以来，我国设计人员普遍只重视技术问题，轻视经济问题，缺乏对投资控制的意识与方法。而造价管理人员缺乏对设计阶段投资控制的有效方法和途径，其主要任务大多只是事后算账，即根据设计方案和图纸，依照定额进行概预算。这样就很难控制投资额，更不能对设计过程中投资额的控制予以事先的指导。

投资决策是项目投资成败的关键。投资估算的准确与否，对项目的经济效益分析结果影响很大。因此，如何合理的对投资额做出预测并用于指导设计非常必要。国外非常重视投资估算工作，例如，埃克森石油公司从20世纪60年代开始从事造价的研究与开发，开发出了各种工程的函数和曲线，现在已经有能力在设计以前即提出控制造价的意见。而我国在这方面做得还很不够，无论是设计单位，还是咨询单位都缺乏各类工程的投资数据的积累与分析，更缺乏造价管理技术，因此，加强对设计人员有关工程经济知识的培训，特别是对提高项目总工程师和造价管理人员的经济意识。同时还需要长期的积累和分析工程造价数据。

2. 实行设计阶段的监理。工程监理在我国实行的时间还不长，其作用还远未发挥出来，现在通常只在施工阶段采用监理。如果在设计阶段就引入监理，由于监理工程师与设计师的职责与角度不同，监理工程师的职责之一就是控制投资，因此，必定会促使设计工程师反复进行方案比较，得到最优方案，从而使投资得到优化。

（三）推行工程设计招标和限额设计

设计招标有利于设计方案的选择和竞争，设计单位为了使项目中标，必然千方百计地完善它的设计，设计招标同时有利于控制项目的建设投资。设计招标中往往有明确的投资额度控制指标要求，如果评标过程中，把投资额和投资控制的措施和方法作为一个评标条件，必定有利于设计单位不断积累经验，改进技术，从而最大限度地保证项目的经济效益，降低投资项目的风险。

在工程项目设计阶段采用限额设计，是我国工程建设领域控制投资支出，有效使用建设资金，保证投资一直处于监控中的有力措施。所谓限额设计就是按照批准的设计任务书及投资估算控制初步设计，按照批准的初步设计总概算，控制施工图设计，同时各专业在保证达到使用功能的条件下，按分配的投资限额控制设计。

投资分解和工程量控制是实行限额设计的有效途径和方法。因此，要推行限额设计，必须积累丰富的工程造价数据，采用科学的分析方法，否则，推行限额设计很难取得好的效果。

（四）改革项目投资管理模式，使设计和施工紧密结合，控制工程投资

长期以来，我国的设计和施工分离，项目管理呈现出阶段性，不利于投资的全过程控制。随着建设工程项目管理的发展，国外越来越多的项目采用了一些新的管理模式。例如，交钥匙项目，即设计、施工均由总承包单位完成，这种设计与施工结合在一起的管理模式，可使施工单位在设计阶段就参与进来，从而可获得投资最佳的方案。同时，也可使业主从自己不太擅长的工程管理过程中解放出来，集中精力进行生产营运。

五、初步设计概算评审

工程建设项目概算是初步设计阶段，由设计单位按照设计要求编制拟建工程所需费用的文件，是设计文件的重要组成部分。设计概算的编制应包括编制期的静态投资和编制期到竣工验收前的动态投资两部分。概算编制在初步设计阶段，并作为向国家和地区报批投资的文件，经审批后用以编制固定资产计划，是控制建设项目投资的依据，经批准的建设项目设计总概算的投资额，是该工程建设投资的最高限额。政府投资项目初步设计审查的根本目的是要提高政府投资项目的管理水平，最大限度地发挥财政投资效益。

（一）评审前的准备工作

1. 评审会开始前，评审会的组织部门要准备好资料供评审专家使用，要求编制单位提供概算编制依据图纸、概算指标、参考的定额依据、询价单、工程建设其他费用的取费标准，有关材料设备的询价单，参考类似工程的材料、设备价格等等；充分的准备工作和完整的参考资料能够保证评审工作的顺利进行。

2. 评审会前，尤其要落实概算的编制人员要到场，以解释概算编制中的模糊问题，因为概算评审的时间较短，工程费用、工程量都很大，各地区的概算编制要求、费用计取的依据都会有一些地区性的特点，编制人员配合专家评审，提供费用计取依据，能够提高专家评审的速度。在实际评审中，往往因编制人员没有到场，相关人员又解释不清计取费用的依据，评审专家只能把问题汇总到专家个人意见中，不能及时解决问题。

项目总投资包括建设投资、建设期利息和流动资金组成。建设投资是指在项目筹建和建设期内所花费的全部建设费用，包括工程费用，工程建设其他费用和预备费。概算的审查主要也是从工程费用、工程建设其他费用、预备费三个方面来审查。

（二）审查工程费用

1. 审查设计概算的编制依据。

（1）审查编制依据的合法性。采用的各种编制依据必须经过国家和授权机关的批准，符合国家的编制规定，未经批准的不能采用。有些地区颁布了本地区的概算定额，比如北京市、重庆市，有些地区没有概算定额，比如武汉。有概算定额的要执行概算定额，没有概算定额的可以参考执行预算定额、计价方法等本地区的计价方法。在审查中，出现该地区颁布了概算定额，编制单位却执行了预算定额，又没有什么特殊情况，这是必须要求编制单位重新编制的。

（2）审查编制依据的适用范围。各种编制依据都有规定的适用范围，如民用机场工程预算定额适用于新建、扩建、改建的民用机场场区内的场道工程、助航灯光工程、通信导航设备安装工程。各主管部门规定的各种专业定额及其取费标准，只适用于该部门的专业工程；各地区规定的各种定额及其取费标准，只适用于该地区范围内。在审查过程中，要特别注意概算编制依据的适用范围。

（3）审查编制依据的时效性。各种依据，如定额、指标、价格、取费标准等，都应根据国家和部门的现行有关规定，注意有无调整和新的规定，如有应按新的调整办法和规定执行。例如：民航总局《民航建设工程概算编制办法》2008 年 4 月 1 日起施行，本办法自发布之日起民航总局《关于印发民用机场建设工程概算编制办法的通知》（民航机发［2001］88 号）同时废止。概算的编制人员和评审专家都要及时掌握各主管部门发布的相关规定和编制办法。避免发生新的办法和规定已经出台，却还继续沿用旧办法、旧规定。

2. 审查概算的编制深度。

（1）审查编制说明。审查编制说明可以检查概算的编制方法、深度、编制依据等重大原则问题，若编制说明有差错，具体概算必有差错。如在评审中发现编制的概算以暂估价列项，这是概算编制所不允许的，必须以相应的市场价、当地的价格信息的价格计入。

（2）审查概算编制的完整性。一般大中型项目的设计概算，应有完整的编制说明和“三级概算”（即总概算表、单项工程综合概算表、单位工程概算表），并按有关规定的深度进行编制。关于概算是采用“三级概算”还是“二级概算”，概算的编制办法都有相应的规定，如《民航建设工程概算编制办法》第三章第 18 条就规定了“新建机场工程或者机场飞行区、航站区整体改扩建工程，应采用三级概算编制形式。建设内容单一的项目可以采用二级概算编制形式。”既然有规定，有要求，就要按规定来执行，不可擅自简化。

（3）审查概算的编制范围。审查概算编制范围及具体内容是否与主管部门批准的建设项目范围及具体工程内容一致；审查分期建设项目的建筑范围及具体工程内容有无重复交叉，是否重复计算、漏算；审查其他费用应列的项目是否符合规定、静态投资、动态投资和经营性项目铺底流动资金是否分别列出。概算的编制单位一般都认为专家评审概算就是要审减额，其实不是的，专家评审的目的不是审减，而是投资的把关，是对概算中的主要经济指标与设计人员进行探讨，使之更加合理。

3．审查工程概算的内容。

（1）审查建设规模、建设标准、配套工程、是否符合原批准的可行性研究报告或立项批文的标准。对总概算投资超过批准投资估算10%以上的，应查明原因，重新上报审批。对于建设工程的建筑面积的核定，要严格依据国家关于建筑面积的计算规则来审查。

（2）审查工程量。概算评审中工程量的计算需要时间较长，在几天内完成不切实际，这就要求专家要有“量”的意识，查看图纸，最好使用算量软件核实工程量，控制较大的工程量偏差。设备的工程量一般在设计图纸的材料、设备表中有列项，要仔细核对。概算评审会，设计单位都要汇报工程设计情况和概算的编制情况，开会时要认真听取汇报意见，对主要、重大的工程量一般在报告中都会提及，评审专家要仔细记录，以便能够着重核实概算书中的工程量与汇报的内容是否一致。

（3）审查材料、设备价格。随着市场竞争，建筑材料、设备的价格趋于市场化、透明化，评审专家基本上都积累了一些材料、设备的价格信息，尤其是一些类似工程的合同价，更是市场价的一种反映。但要特别注意国家的政策因素、地区因素、时间因素、供求因素的影响，不可完全凭经验，而要及时了解新材料的价格水平。

（4）审查编制深度。在评审过程中，经常会出现概算编制的深度不能满足要求，以“项”列出费用，比如管道、阀门、保温一项合计多少元，没有列出具体明细，这是不可以的。概算图纸的深度必须能够满足概算人员编制概算的深度，一些编制单位也会提出，图纸未标明管线的走向，无法计算工程量，需要求设计人员完善设计。

（三）审查工程建设的其他费用

在概算评审中，我们通常所说的二类费用的评审，就是指工程建设其他费用的评审。工程建设其他费用是指建设投资中除建筑工程费、设备购置费、安装工程费以外的，为保证工程建设顺利完成和交付使用后正常发挥效用而发生的各项费用。二类费用的评审各地区的计取都不太一致，但要注意的是，工程建设的其他费用主要包括三个方面的内容：第一个是建设用地费用，第二个是与项目建设有关的费用，第三个是与项目运营有关的费用。这些内容是对二类费用的总体把握，具体的内容及计算依据根据国家、地区、主管部门发布的概算编制方法中有关二类费用计取的规定。

（四）审查工程建设的预备费用

预备费用的审查比较容易，但要注意预备费的内容不能与工程费用的内容重复计取。某工程的概算编制在前面的工程费用中考虑了变更洽商的费用，后面的二类费用又计取了预备费，这就是没有弄清楚预备费的真正含义。预备费分为基本预备费和涨价预备费。基本预备费是指在项目实施中可能发生、但在项目决策阶段难以预料的支出，需要事先预留的费用，又称工程建设不可预见费，一般由下列三项内容构成：一是在批准的设计范围、技术设计、施工图设计及施工过程中所增加的工程费，经批准的设计变更、工程变更、材料代用、局部地基处理等增加的费用；二是一般自然灾害造成的损失和预防自然灾害所采取的措施费用；三是竣工验收时为鉴定工程质量对隐蔽工程进行必要的挖掘和修复费用。涨价预备费是对建设工期较长的项目，由于建设期内可能发生材料、设备、人工等价格上涨引起投资增加而需要事先预留的费用，亦称价格变动不可预见费用。

第五章　项目招标管理

在项目招标阶段，代建单位一项非常重要的工作就是受委托方的委托直接组织有关招标活动，并与相关参与方直接签订合同，而这也是与项目管理、工程监理最明显的区别。虽然项目管理和工程监理也多少涉及这方面的工作，但都是协助委托方进行，其工作范围和内容也是由委托方确定，自身没有决定权，也没有任何责任。

代建单位作为代建项目建设阶段的法人，在招标的过程中既有非代建项目中业主的权利，同时又承担着相应的责任，并且这部分工作内容直接影响工程的实体建造，也直接影响项目代建单位的经济利益，因此必须给予足够的重视。从目前实际情况来看，在招标管理中主要涉及施工、监理和设备材料采购。

第一节　招标及其工作程序

所谓“招标”就是招标人（或招标单位）在购买大宗物资、发包工程项目或进行某个有目的的业务活动前，按照公布的招标条件，公开或书面邀请投标人（或投标单位）前来投标，以便从中择优选择的一种交易行为。根据《中华人民共和国招标投标法》，工程项目进行监理、施工、材料设备采购招标应符合相应的条件，这些条件主要涵盖工程项目和招标人两个方面。

一、项目招标与招标人应具备的条件

（一）项目招标应具备的条件

1. 项目概算已获批准，招标范围内所需资金已经落实。
2. 建设项目已获国家或省市相关部门批准。
3. 已经依法取得建设用地的使用权。
4. 招标所需的设计图纸和技术资料已经编制完成，并经过审批。
5. 建设资金、主要建筑材料和设备的来源已经基本落实。
6. 已经向招标投标管理机构办理报批登记。
7. 其他条件。

（二）招标人自行招标应具备的条件

1. 是法人或依法成立的其他组织。
2. 有与招标工程相适应的经济、技术管理人员。
2. 有组织编制招标文件的能力。
4. 有审查投标单位资质的能力。
5. 有组织开标、评标和定标的能力。

不具备上述 2 ~ 5 项条件的招标人，须委托具有相应资质的中介服务机构代理招标。

二、招标的方式

（一）公开招标

公开招标是指招标人以招标公告的方式，邀请不特定的法人或者其他组织参加投标的一种方式。也就是招标人在国家指定的报刊、电子网络或其他媒体上发布招标公告，吸引众多的潜在投标人参加投标竞争，招标人按规定的程序和办法从中择优选择中标人的招标方式。

（二）邀请招标

邀请招标是指招标人以投标邀请书的方式，邀请特定的法人或者其他组织参加投标的一种招标方式。也称选择性招标，也就是由招标人通过市场调查，根据供应商或承包商的资信和业绩，选择一定数目的法人或者其他组织（不能少于 3 家），向其发出投标邀请书，邀请他们参加投标竞争，招标人按规定的程序和办法从中择优选择中标人的招标方式。

三、招标的组织形式

（一）招标人自行招标

《中华人民共和国招标投标法》规定“招标人具有编制招标文件和组织评标能力的，可以自行办理招标事宜”。为了规范工程建设项目招标人自行招标行为，加强对招标投标活动的监督，原国家计委于 2000 年 7 月 1 日发布了《工程建设项目自行招标试行办法》（第 5 号令），对招标人自行招标作出了规定。

（二）招标代理机构

工程招标代理机构是独立于政府和企业之外，为市场主体提供招标服务的专业机构，属于社会中介组织。在组织招标的过程中，招标代理机构不仅要接受招标人和投标人的监督，还要接受政府和社会的监督，以及执业资格考核和职业道德的约束。同时，招标代理机构还是招标人与投标人之间联系的桥梁，是政府管理招标人招标行为的纽带。

1. 招标代理机构应具备的条件。根据招投标法，招标代理机构应具备下列条件：

（1）有从事招标代理业务的营业场所和相应资金；

（2）有能够编制招标文件和组织评标的相应专业力量；

（3）有符合招投标法规定条件、可以作为评标委员会成员人选的技术、经济等方面的专家库。

招标代理机构与行政机关和其他国家机关不得有隶属关系或者其他利益关系。

2. 招标代理的委托。工程招标代理业务的委托，一类是招标人认为社会中介机构的专业技术水平有利于提高投资效益而自愿委托代理机构提供咨询服务；另一类是招标人不具备编制招标文件和组织评标能力，强制性规定必须委托招标代理机构。但对代理机构的选择是招标人的权利，根据招投标法，任何单位和个人不得以任何方式作为招标人指定招标代理机构，招标代理机构应当在招标人委托的范围内办理招标事宜，并恪守招标人的委托事项。

（三）招标代理机构的选择

根据目前的经验，大部分代建项目的招标采取委托招标代理机构的模式。因此，招标代理机构的选择非常重要，特别是在代建单位是非本地企业的情况下，招标中许多重要工作要依靠招标代理机构。而如果选择的招标代理机构与施工单位串通，将给招标工作造成很大的困难。除了资质、业绩、人员等常规条件外，在选择招标代理机构时，第一要求招标代理机构能全心全意地为招标人服务，第二要有一定的实力，特别是要具备编制工程量清单和预算控制价的能力，工程量清单和预算控制价的准确与否直接关系到招标人对造价的有效控制，也就直接关系到招标人的切身利益。第三要与当地建设主管部门有良好的关系，从而有利于招标工作的顺利开展。

四、招标的范围

招标投标的适用范围，从广义上讲，只要是采购人需要的、数额较大的项目，除一些特殊情况外，一般来说，都是可以通过招标的方式进行的。按照我国《招标投标法》的规定，凡是在中国境内进行的招标投标活动，不论招标主体的性质、招标采购的资金性质和招标采购项目的性质如何，都要按《招标投标法》的有关规定进行招标，既包括法定的必须招标的项目（强制招标项目）和招标对象，也包括由当事人自愿采用招标方式进行采购的项目和招标对象。从招标主体上讲，包括政府机构、国有企事业单位、集体企业、私人企业、外商投资企业以及其他非法人组织等进行的招标；从项目资金来源与性质上讲，包括利用国有资金、国际组织或外国政府贷款及援助资金，企业自有资金，商业性或政策性贷款，政府机关或事业单位列入财政预算的消费性资金进行的招标；从采购项目和采购对象上讲，包括工程（建造、改建、拆除、修缮或翻新以及管线敷设、装饰装修等）、货物（设备、材料、产品、电力等）、服务类（咨询、勘察、设计、监理、维修、保险、选点等）的各种类别的招标采购。

（一）工程项目必须进行招标的项目范围和招标限额标准

1．必须招标的项目范围。按《招标投标法》规定：在中华人民共和国境内进行下列工程建设项目包括项目的勘察、设计、施工、监理以及与工程建设有关的重要设备、材料等的采购必须进行招标。

（1）大型基础设施、公用事业等关系社会公共利益、公众安全的项目；

（2）全部或者部分使用国有资金投资或者国家融资的项目；

（3）使用国际组织或者外国政府贷款、援助资金的项目。

根据《招标投标法》的上述规定，原国家计委于2000年5月发布了《工程建设项目招标范围和规模标准》，对《招标投标法》中有关工程建设项目必须进行招标的项目范围作出了具体的规定。

2．必须招标的限额标准。上述规定范围内的各类工程建设项目，包括项目的勘察设计、施工、监理以及与工程建设有关的重要设备、材料等的采购，达到下列标准之一的，必须进行招标：

（1）施工单项合同估算价在200万元人民币以上的；

（2）重要设备、材料等货物的采购，单项合同估算价在100万元人民币以上的；

（3）勘察、设计、监理等服务的采购，单项合同估算价在50万元人民币以上的；

（4）单项合同估算价低于前三项规定的标准，但项目总投资额在3000万元人民币以上的。

3. 可不招标的项目。建设项目的勘察、设计，采用特定专利或者专用技术的，或者其建筑艺术造型有特殊要求的，经项目主管部门批准，可以不进行招标。

除此之外，建设部还规定房屋建筑与市政工程项目有下列情况之一的，经县级以上人民政府建设行政主管部门批准，可不进行施工招标：

（1）自建或缓建后恢复建设的单位工程，且承包人未发生变更的；

（2）施工企业自建自用的工程，且该施工企业资质等级符合工程要求的；

（3）在建工程追加的附属小型工程或主体加层工程，且承包人未发生变更的；

（4）法律、法规、规章规定的其他情形。

（二）机电产品国际招标的范围

1. 下列机电产品需要进行国际招标：

（1）国家规定进行国际招标采购的机电产品，有89种；

（2）基础设施项目或公用事业项目中进行国际招标采购的机电产品；

（3）使用国有资金或国家融资资金进行国际招标采购的机电产品；

（4）使用国际组织或者外国政府贷款、援助资金（以下称国外贷款）进行国际招标采购的机电产品；

（5）政府采购项下规定进行国际招标采购的机电产品；

（6）其他需要进行国际招标采购的机电产品。

2. 属下列情况之一者可不招标：

（1）对外不需支付外汇；

（2）供生产配套用零部件；

（3）旧机电产品；

（4）一次进口金额少于10万美元；

（5）其他不适于进行国际招标采购的机电产品。

除了原国家计委和外经贸部对其所管辖的范围作出规定外，国务院其他一些部门也有类似的决定。必须注意的是，这些目录并不是一成不变的，有一些目录往往在年度或遇有重大经济政策调整时，会有所增减和调整。因此，应当经常注意和掌握这些变化的情况与资料。

五、招标方案的核定

《中华人民共和国招标投标法》发布后，国务院办公厅在国办发（2000）34号文件通知中已经作出了如下明确要求：今后项目审批部门在审批必须进行招标的项目可行性研究报告时，要核准招标的方式（委托招标或自行招标）以及国家出资项目的招标范围（发包初步方案）。

为此，原国家计委第9号令规定：依法必须进行招标的工程建设项目，要按工程建设项目审批管理规定，凡应报送项目审批部门审批的，必须在报送的研究报告中增加有关招标的内容。这些增加的内容主要就是招标方案，而且要按规定的表格（见表5-1）作为可行性研究报告的附件与可行性研究报告一并报送。项目审批部门在批准项目可行性研究报告时，依据法律、法规规定，对项目建设单位拟定的招标方案等内容提出核准或者不予核准的意见（见表5-2）。

表5-1 招标基本情况表

	招标范围		组织形式		招标方式		不采用招标方式	招标估算金额	备注
	全部	部分	自行	委托	公开	邀请			
勘察									
设计									
建筑工程									
安装工程									
监理									
重要材料									
其他									

情况说明：

建设单位盖章：　　　　年　　月　　日

表5-2 审批部门核准意见

	招标范围		组织形式		招标方式		不采用招标方式	招标估算金额	备注
	全部	部分	自行	委托	公开	邀请			
勘察									
设计									
建筑工程									
安装工程									
监理									
重要材料									
其他									

审批部门意见说明：（注：审批部门在空格注明“核准”或者“不予核准”）

建设单位盖章：　　　　年　　月　　日

六、招投标基本工作程序

招标投标的基本程序是由招标、投标、开标、评标、定标、签订合同六大部分组成的。工程建设项目的勘察、设计、施工、监理以及与其有关的重要设备、材料的招标，尽管标的不同，招标类型不一，程序流程有长有短、内容有多有少，具体要求与操作方式也有所差别，但招标投标工作基本程序基本都是由这六大部分构成的。公开招标、投标、评标一般工作流程分别如图5-1、图5-2、图5-3所示。

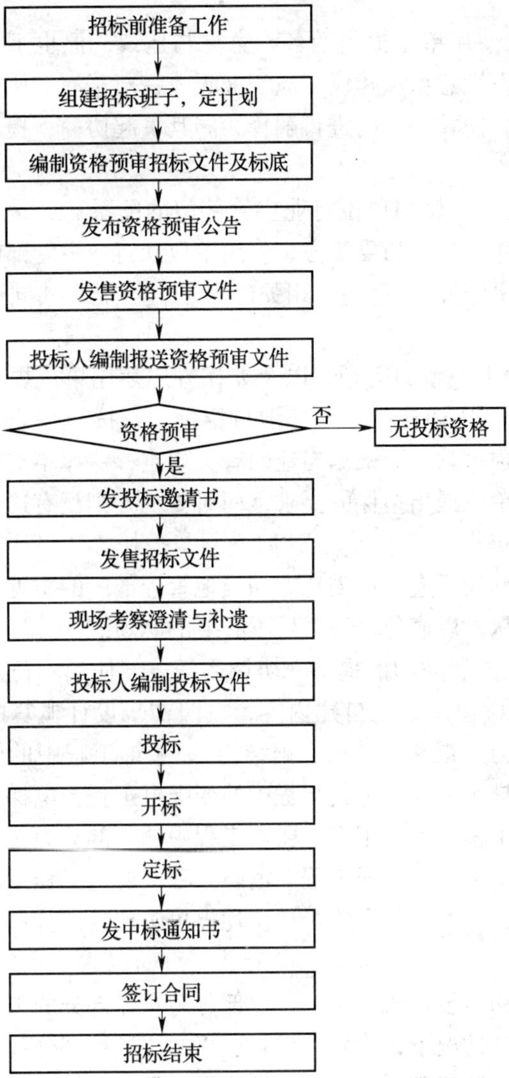

图 5-1　公开招标流程示意图
（进行资格预审时）

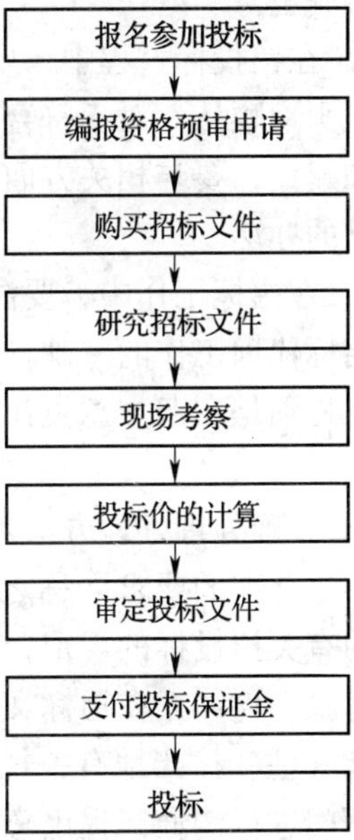

图 5-2　投标程序流程示意图

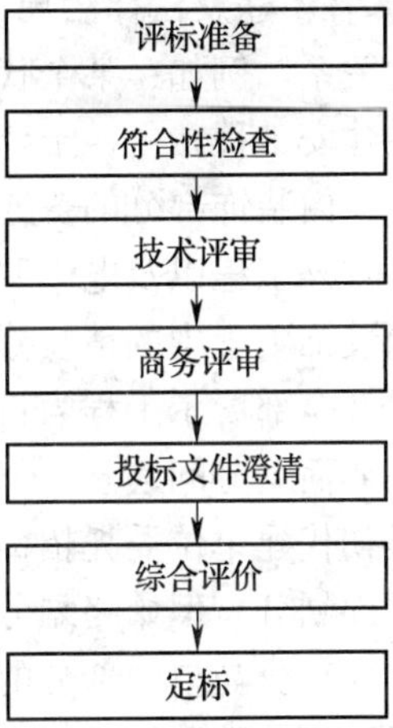

图 5-3　评标流程示意图

七、招投标过程中需要注意的事项

1. 在开展招标工作之前，一定要了解国家和当地有关招投标方面的法律、法规和管理办法，以及其他一些与招投标工作有关的规定，这是代建开展招投标工作的前提，也是编制招标文件的重要依据。

2. 在招标过程中，代建单位的每一步工作必须按国家和当地的有关规定确定的程序和要求进行，这是开展招投标工作的原则，必须坚持。比如，按照国家有关规定，在开展招投标工作前，项目的初步设计文件应已被批准。在某项目的招标中，由于在项目初步设计文件得到国家有关部门的批复之前就开始进行，最后出现了不必要的反复。因此，在开展招标工作之前，一定要求委托方或使用单位提供开展项目招标所需的有关批复文件，审查是否齐全。

3. 在招投标过程中，要重视委托方与使用单位提出的各种意见与建议，但也不能一味无原则地顺从。对于符合有关规定的建设性意见和建议，应积极吸收，对于有悖原则的意见和建议，要与相关方面进行沟通交流，向相关部门进行解释，同其一起协商，提出解决问题的办法。

4. 在招标工作中，要注意搞好与委托方、使用单位行业主管部门的关系，这是顺利完成招标代理工作的基础。要做好沟通工作，包括与委托方、使用单位和行业主管部门的沟通，特别是在双方意见出现不一致的情况下，一定要与相关部门进行沟通，共同研究协商。

5. 正确处理好地方法规与国家法规中不一致的问题，以及委托方或使用单位提出的一些不尽合理的要求（称之“霸王条款”）。比如在某个代建项目招标中，按照行业主管部门的有关招投标的规定，应该支付工程预付款，而根据当地的有关规定，一律不支付工程预付款。再如，在招标文件中，对投标单位提出担保的要求，而对委托方则没有这方面的要求（注：按当地有关规定，委托方应提供对等担保），这时必须与委托方和当地有关主管部门进行沟通，提出意见与建议，虽然最后应尊重委托方和当地管理部门的意见，但仍需要委托方出具相应的文字材料予以确认，以避免今后产生不必要的麻烦。

6. 在不违反法律法规，不损害代建单位利益的前提下，协调委托方、使用单位与参建方的关系。例如：某个代建项目中，包含使用单位自建内容，按照初步设计概算的划分，在建安工程费中，土建工程（包括土方、混凝土结构、钢结构）、装饰工程中的外装饰部分、内装饰部分的普通装饰工程、给排水工程、电气工程中的变配电工程、电梯安装工程、室外工程以及电气照明工程、暖通工程、消防工程、弱电工程中的一部分为代建工程，而装饰工程中的精装修部分和电气照明工程、暖通工程、消防工程、弱电工程中的一部分以及全部展示工程为自建工程。于是，使用单位和施工单位均提出了代建部分和自建部分的界面划分问题。

最初代建单位委托招标代理机构依据初步设计概算中的代建部分与自建部分的工程量进行界面划分，但始终划分不出来。在这种情况下，代建单位自己想办法进行划分：首先确定代建部分与自建部分的装修部位，因为装修部位在施工图上是最容易区分的，经过对初步设计概算的分析并与设计院沟通，最终确定了代建部分与自建部分装修的准确部位。在明确装修部位的基础上，根据初步设计概算给出的各专业工程的工作内容和造价，进一步确定了涉及代建与自建的各专业工程的界面的划分。对这一划分原则和具体划分内容，设计院和使用单位均无异议，该项工作也得到了委托方的肯定。

第二节　施工招标管理

控制代建风险，施工招标是非常重要的一个阶段。在这一阶段，一般代建单位是发包单位，握有主动权，处于有利位置。因此，通过招标，既要选择一个理想的承包单位，又需要将承发包单位双方的权利、责任、义务界定清楚，明确各类问题的解决处理办法，规避在施工过程中或结算时发生较大的争议，同时，又要尽可能地合理转移风险。所以，在施工招标阶段的工作，将为其后控制代建单位风险奠定基础。

一、施工招标准备

对于代建招标管理而言，招标准备是把招标人的建设意图转化成定义明确、系统清晰、目标具体且富有策略性运作思路的系统活动。若委托方或使用单位委托招标代理机构，代建单位则应督促招标代理机构在开展招标工作之前，针对项目的不同特点、投资性质、设计进度，充分作好筹划的准备工作。重点筹划：施工招标的标段划分，发包模式及总、分包界定，合同形式的确定，计价模式的选择，以及设备材料的采购供应方法等内容。

（一）施工标段的划分

建设工程有时为了缩短工期需要多个标段同时进行施工，有时根据资金的筹措情况需要分期施工，因此，合理划分标段，并确定各个标段工期与开竣工日期，成为施工招标需重点考虑的内容。根据需要，各个标段可一次性完成招标工作，也可以分期完成招标工作，一般工程施工标段的划分应满足下列要求：

1．标段划分的大小。标段的划分以施工单位可以独立施工为原则，但还应考虑到标段划分的大小。标段过小，有较强实力的大型施工企业来参加投标的可能性就小，而且现场每个标段的施工企业都必须有自己的临时设施，造成不必要的财力浪费，且标段过多，现场管理协调也相对困难。标段过大，一般中小型施工企业将没有能力实施，造成少数几个大型企业之间的竞争，容易引起较高的投标报价。因此，标段划分的大小，既要有利于竞争，又要有利于管理。

2．资金情况。根据建设工程的资金到位情况及各个标段资金预计使用情况来确定各个标段的资金来源及划分，逐段开工建设，逐渐形成效益。如道路工程可逐段施工逐段通车；住宅小区可分期建设；大型工厂的主要生产厂房，先完工投产产生效益后，再逐步完善辅助车间及生活区等。

3．工期需要。工程的规模一般比较大而且要求建设的周期相对短，因此，若由一个施工企业承担施工任务，会受到施工机械、劳力及管理力量等的限制，明显影响施工工期和工程质量。此时，可以考虑分为多个标段同时施工，以缩短工期。

4．工程质量要求。划分施工标段以后，由于施工的先后顺序和由此产生的时间间隔等原因，可能影响到工程的质量，因此，必须在工程设计允许的部位或者采取一定的技术措施后不会产生质量隐患的部位划分标段。

5．施工现场条件。应该充分考虑到几个独立的施工企业在现场的施工情况，尽量避免或减少交叉干扰。每个施工企业所必需的生产和生活临时设施的搭建，现场供水、供电的位置，生产、生活临时污水的排放，施工道路，以及大型施工机械的合理有效使用和各个施工企业能在自己的标段内组织流水施工等因素，在划分标段时，均应作统一的规划。

6．专业工程特点。建设项目，一般都可以划分为一般土建工程和专业工程两大部分。如果施工现场允许，当专业工程技术复杂且工程量又大时，可考虑作为一个标段单独招标，如桩基工程、幕墙工程、室内二次装修工程等。在一般情况下，应该由工程总承包下的可作专业为业分包主来的施指定工分。对工程量较大且比较特殊的专业工程，在另行招标发包后，可作为代建单位的指定分包工程，纳入施工总承包单位的管理之中。

（二）发包模式

1. 平行发包。把施工任务按标段分别发包给多个施工单位，各施工单位是独立、平行的，这种发包方式称为平行发包或称分别发包方式。

采用平行发包方式较灵活。但招标人要组织多次招标，招标工作量大，而且在施工过程中的组织协调工作繁重。从进度、质量、控制的角度看，平行发包方式要求招标人有很强的技术与管理能力。

2. 施工总承包。把一个项目的全部施工任务发包给一家资质符合要求的施工单位作为总承包商，再由总承包单位将专业施工任务发包给其他施工单位。这种方式称施工总承包。

总承包单位通常被要求在投标书中明确其专业分包的项目和专业分包单位，以获得认可。各专业承包单位直接就其专业承包的工程内容对总承包单位负责，与代建单位不直接发生经济关系。因此，代建单位一般不直接干预专业分包单位的生产活动，各分包单位因过失造成的经济责任也应由总承包单位承担。

3. 总包及专业分包。把一个项目发包给一家施工单位作为总承包，其中部分专业工程由总承包进行分包，部分专业工程由委托方或使用单位，也可以由代建单位指定分包或单独招标。指定或通过单独招标中标的分包单位与总承包签约，纳入总承包管理范畴，整个项目的质量、进度由总包负责，但主体结构工程施工必须由总承包独立完成。

4. 相关案例。在工程招标方面，按照国家的有关规定和通常惯例，一个工程都要先招一个总承包单位，同时将一些专业工程以暂定价的方式列入分包的范围。这样做从招标工作的角度，由于工程的内容已包含在总承包的范围内，以后所有的分包都不再需要走正规招标的程序了，也不用再到建设行政主管部门办理招标的手续，从而节省了大量的时间和精力，使工程可以顺利进行。如果开始没有招总承包单位，则后续的招标很难将各专业工程捆在一起进行集中招标，通常只能以专业工程的形式分别招标，结果造成每一次招标都要走一遍正规的招标程序，会浪费大量的时间和精力。比如某代建项目由于项目前期工作启动比较晚，时间紧迫，因此初期的招标工作是在施工图纸没有经过审查的情况下进行的。正是由于当时没有正式的施工图纸，所以将整个工程进行了分解，首先进行了土建工程的招标，后又从土建工程招标中将土方工程分离出来单独进行了招标。这种招标方式虽然暂时解决了施工图纸缺乏的问题，但是也给后续招标工作和施工现场的管理工作造成了很大的困难。

由于开始没有总承包单位，只分别招了土方施工单位和土建结构施工单位，当再进行专业工程的招标时，为了节省时间，避免在招标备案过程中与建设行政主管部门发生矛盾，开始设想将所有剩余专业工程打包一次招完，但在备案的过程中遇到困难，招标办以没有先例为由不予备案，为此协调了近两个月仍没有结果，后由招标代理公司代为起草了招标申请报告，送招标办，同时抄送有关部门。在这种情况下，招标办将报告转自治区建设厅，后由建设厅复函同意以总承包的形式将剩余工程全部纳入招标范围，才解决了一次招标的问题，但前后已延误了两个多月的时间。本来是想加快招标工作的进度，结果反而拖延了时间。

（三）合同形式的选择

合同的形式一般可分为总价合同、单价合同和成本加酬金合同。

1. 总价合同。总价合同是支付给承包商一个规定金额的一种契约形式。

（1）固定总价合同：是以详尽的工程项目施工图纸、明确的技术规范和标准等为基础，按规定的工程承包范围和内容，确定一个固定总价的施工承发包合同形式。固定总价合同由于不考虑任何市场涨跌因素或其他相关因素的影响，适用于合同工期较短（一般一年之内），设计图纸详细准确，材料设备的规格、型号、产地等明确且市场行情已充分掌握的项目。

（2）调值总价合同：订立合同总价时，以招标文件的要求及当时的物价计算出相对固定的总价，在合同履行过程中，由于通货膨胀等因素引起成本增大或减少达到某一限度时，按调值总价合同约定的调价办法调整总价。在这种合同形式下，委托方承担了通货膨胀的风险，承包商承担其他风险，一般适用于工期较长（一年以上）的项目。

（3）固定工程量总价合同。承包商按固定工程量分别填取工程单价，从而计算出工程总价，据之签订合同。原定工程项目全部完成，按合同总价结算。如果改变设计或增加新项目，则用合同中已确定的单价来计算新的工程量并调整总价，这种方式适用于工程量变化不大的项目。

2. 单价合同。单价合同是由发包方承担标的物数量变化的风险，承包人仅承担单价/价款变化风险的合同形式。在施工图不完整或当准备发包的工程项目内容、技术规范一时尚不能明确予以规定时，往往要采用单价合同形式。这样，在不能比较精确地计算工程量的情况下，可以避免使发包方或承包方任何一方承担过大的风险。

（1）暂估工程单价合同：以工程量清单和招标图纸为基础来计算合同价格，亦称为计量估价合同。通常是由发包方提出暂估工程量清单，列出分部分项工程量，由投标者按照统一的暂定工程量为基础填报单价。签订承包合同时的合同总价其实是一个暂定的总价，最后，工程的总价须按标书规定的工程量计算规则计量实际完成的工程量，由合同中分部分项工程单价乘以实际工程量，得出工程结算的总价。

（2）纯单价合同：采用这种形式的合同，发包方只向承包方给出发包工程的有关分部分项工程项目名称及工程内容，不需对工程量作任何规定。承包方在投标时，只需要对这种给定范围的分部分项工程报出单价即可，而工程量则按实际完成的数量结算。

（3）最终产品单价合同：这种形式的合同一般适用于采用标准设计的住宅、校舍和通用厂房等建筑工程，与分部分项工程单价方式基本一样，但采用的单价是以最终产品为计量单位的综合单价。

3. 成本+酬金合同。这种合同形式主要适用于以下两种情况，一是在工程内容及其技术经济指标尚未全面确定、投标报价的依据尚不充分的情况下，发包方因工期要求紧迫，必须发包；二是发包方与承包方之间具有高度的信任，承包方在某些方面具有独特的技术、特长和经验。

以这种形式签订的合同有两个明显的缺点：一是发包方对工程总价不能实施实际的控制；二是承包方对降低成本不太感兴趣。因此，采用这种合同形式，其条款必须非常严格。

（1）成本加固定百分率酬金合同。根据这种合同，发包方对承包方支付的直接费、间接费等直接成本全部据实补偿，同时按照直接成本的固定百分率付给承包方一笔酬金，作为承包方的利润。这种合同形式，工程造价及付给承包方的酬金随工程成本而水涨船高，不利于鼓励承包方降低成本。

（2）成本加固定金额酬金合同。这种合同形式与成本加固定百分率酬金合同相似，其不同之处仅在于酬金是一笔固定的金额。酬金一般是按估算的工程成本的一定百分率事先确定，固定不变。

采用上述两种合同方式时，为了避免承包方企图获得更多的酬金而对工程成本不加控制，往往在承包合同中规定一些"补充条款"，以鼓励承包方节约资金，降低成本。

（3）成本加奖罚合同。采用这种形式的合同，首先估算一个目标成本，再根据目标成本确定酬金的数额，可以是百分率的形式，也可以是一笔固定酬金。然后，根据工程实际成本支出情况，确定奖罚。当实际成本低于目标成本时，承包方除从发包方获得实际成本、酬金补偿外，还可根据成本降低额得到一笔奖金。当实际成本高于目标成本时，承包方仅能从发包方得到成本和酬金的补偿，并视实际成本高出目标成本的情况，处以一笔罚金。除此之外，还可设工期奖罚。

（4）最高限额成本加固定最大酬金合同。在这种形式的合同中，事先要确定限额成本、报价成本和最低成本，当实际成本没有超过最低成本时，承包方花费的成本费用及应得酬金都可得到发包方的支付，并与发包方分享节约额；如果实际工程成本在最低成本和报价成本之间，承包方只能得到成本和酬金；如果实际工程成本在报价成本与最高限额成本之间，则只有全部成本可以得到；如果实际工程成本超过最高限额成本时，则超过部分发包方不予支付。

4．合同类型的选择。合同类型的选择要根据项目复杂程度、设计具体深度、工期要求、技术要求等因素来确定。选择合同类型时应综合考虑以下因素：

（1）项目的复杂程度。规模大且技术复杂的工程项目，承包风险较大，各项费用不易准确估算，因而不宜采用固定总价合同。最好是有把握的部分采用固定价合同，估算不准的部分采用单价合同或成本加酬金合同。有时，在同一工程中采用不同的合同形式，是委托方和承包单位合理分担施工风险因素的有效办法。

（2）项目的设计深度。施工招标时所依据的项目设计深度，经常是选择合同类型的重要因素。招标图纸和工程量清单的详细程度能否让投标人进行合理报价，决定于已完成的设计深度。

（3）施工技术的先进程度。如果施工中有较大部分采用新技术和新工艺，当委托方和承包单位在这方面都没有经验，且在国家颁布的标准、规范、定额中又没有可作为依据的标准时，为了避免投标人盲目地提高承包价款，或由于对施工难度估计不足而导致承包亏损，不宜采用固定价合同，而应选用成本＋酬金合同。

（4）施工工期的紧迫程度。公开招标和邀请招标对工程设计虽有一定的要求，但在招标过程中，一些紧急工程（如灾后恢复工程等）要求尽快开工且工期较紧，此时可能仅有实施方案，还没有施工图纸，因此，不可能让承包单位报出合理的价格，宜采用成本＋酬金合同。

一个工程项目究竟采用何种合同形式不是固定不变的。在一个项目中各个不同的工程部分或不同阶段，可以采用不同形式的合同。制定施工标段划分、合同形式规划时，必须依据实际情况，权衡各种利弊，作出最佳决策。

（四）计价模式的确定

工程投标报价的方法可分为以下两种：

1. 工料单价法。分部分项工程量的单价为直接费。直接费以人工、材料、机械的消耗量及其相应价格确定。间接费、利润、税金，按照有关规定另行计算。

2. 综合单价法。分部分项工程量的单价为全费用单价。全费用单价综合计算完成分部分项工程所发生的直接费、间接费、利润、税金，按《建设工程工程量清单计价规范》编制工程量清单招标的，只能采用综合单价法，当采用定额编制工程量清单招标时，才可以选用工料单价法。

（五）材料、设备供应方式的选定

材料、设备的采购供应是工程建设中一个重要组成部分，材料、设备的采购供应方式及其质量的好坏、价格的高低，对项目建设的进度、质量和经济效益都有着直接、重大的影响。因此，在工程施工招标筹划时，必须对材料、设备的供应方式作充分的考虑，下面几种是可供选择的方式。

1. 承包方采购。工程施工承包，一般均采用包工包料，即“双包”的形式，所以，在材料、设备采购上，应尽量考虑由施工承包商采购。因为在施工招投标过程中，承包商对绝大部分承包方采购材料、设备按招标文件的技术要求作了承包报价，并经过评标委员会的评审，由其采购能充分调动承包单位的积极性。让其在采购、运输、保管及以后的产品保护上采取措施，力行节约、降低成本。在材料质量的保障、供应时间和施工进度的协调方面也能得到保证。

2. 代建单位或使用单位采购。机电设备、大型工程设备，有的在工程设计时就需要事先确定技术性能、型号规格，有的需要进口，如电梯、空调系统的冷水机组等，发包方事先订货，在施工中提供给施工总承包方安装，或由设备生产厂商安装，施工总承包配合安装。工程中的主要装饰材料，由于数量多，影响面广，一些发包方也往往自己采购。有的发包方对某些方面的材料、设备供应方面，有较强的能力，如发包方自己有混凝土搅拌采购供应站、自己生产某种设备或材料等，在招标时，发包方就可以明确这方面的设备、材料由发包方供应，且明确其价格。材料、设备由发包方自己采购供应，虽然能直接了解产品的性能、价格等资料，但是在价格上并不能像施工承包单位由于经常与供货商有业务往来而得到最大的优惠，同时，在运输、保管、移交过程中以及与施工进度的配合上，发包方必须投入相应的人力物力及承担自己的责任，同时也不利于调动施工承包方节约使用材料的积极性。

3. 代建单位或使用单位指定，承包方采购。在工程施工招标时明确某些设备、材料的品牌或供应商，施工承包商必须采购指定的品牌或由指定的供应商供应这些材料设备，这样，发包方可免去许多不必要的麻烦，减少被施工承包方索赔的机会，又有利于调动承包方的积极性。但必须防止这些供应商因此而哄抬供货价格，增加施工承包方不必要的成本。

4. 承包方采购，代建单位或使用单位认可。在工程施工招标阶段，设计图纸不可能把所有材料、设备的品牌、规格、型号等均一一确定，因此其价格一时也难以确定。有的发包方对前述的某些材料、设备不想投入大量的人力进行采购，在施工招标时，事先对这些材料、设备暂定一个价格，要求承包方全部按此暂定价报价，在施工阶段，由承包方采购，代建单位或使用单位参与，其品牌、规格或型号及其价格必须经认可后，承包方才实施采购。这种方式既调动了施工企业的积极性，发包方也能及时对这些材料的品牌、质量与价格方面进行把关。

除了按国家有关要求，对各分部分项工程逐级报验、检查外，在主要材料和设备采购方面，为防止施工单位以次充好，影响工程质量，可以在合同中明确规定，对工程主要材料和设备实行甲控。要求承包人在材料和设备采购前，应至少提前 15 个工作日提供至少三家正规供应商（包括产品性能参数、质量合格证书和报价等）供审查，需提供样品的，同时应按要求提供样品。经审定认可后，承包人方可在审定的材料和设备供应商范围内选择一家进行采购。

二、资格审查

根据《招标投标法》第十八条规定，招标人可以根据招标项目本身的要求，在招标公告或者投标邀请书中，要求潜在投标人提供有关证明文件和业绩情况，并对潜在投标人进行资格审查；国家对投标人的资格条件有规定的，依照其规定。为此，招标人有权并且应当对投标人的投标资格进行审查，以确认其是否具备胜任招标项目的能力。

招标人对投标人资格审查的权利包括两个方面：一是要求投标人提供资质信息的权利；二是对投标人能力进行实际审查的权利。

资格审查可以分为资格预审和资格后审两种。

资格预审是指在投标前对潜在投标人进行的资格审查。招标人在发出招标公告或者招标邀请后，要求潜在投标人提交预审的申请和有关证明资料，经资格预审合格的，方可领取招标文件，参加正式的投标竞争。

资格后审是指在开标后对投标人进行的资格审查。投标人在提交投标文件开标后或者经过评标已成为中标候选人，再对其是否有能力履行合同义务进行审查。对于大型或者复杂的建筑工程施工项目，一般采用资格预审来筛选投标人，确定工程的潜在投标人，从而可以大大减轻招标的工作量，有利于提高招标工作效率，降低招标成本，同时可以了解潜在投标人对本工程的态度。

下面主要介绍资格预审：

资格预审大致分招标公告（或投标邀请书）、资格预审文件、资格预审申请、资格审查、资格预审合格通知书几个阶段。

（一）资格预审的招标公告（或投标邀请书）

采用资格预审的招标公告（或投标邀请书），应该载明招标项目名称，工程的规模、结构类型，招标范围，建设地点，质量要求，计划开/竣工日期以及投标人的资质要求，获取资格预审文件的时间及地点，提交资格预审申请文件的方式及截止日期，预计发出资格预审合格通知书的时间。

（二）资格预审文件

资格预审文件主要围绕资格预审评审标准，作出相关要求和程序性的规定。资格预审文件主要包括申请须知和资格预审申请书。

1. 申请须知是告知投标申请人参加资格预审的规则，一般包括总则、工程概况、资格预审申请、资格预审、评审标准、申请书递交、资格预审材料的更新、通知书和确认以及附件等部分。

2. 资格预审申请书主要包括申请书和附表两部分内容。申请书是申请人对申请须知的全面承诺，附表是对资格预审所须提供的资料文件用附表形式表述。附表一般包括以下内容：

（1）投标申请人的一般情况；

（2）年营业额数据表；

（3）近三年已完工程业绩；

（4）目前在建工程一览表；

（5）财务状况表；

（6）联合体情况；

（7）类似工程经验；

（8）现场条件类似的工程施工经验；

（9）拟派往本工程的人员及主要人员的简历、业绩及资质证明；

（10）拟派用于本工程的主要施工设备；

（11）现场组织机构；

（12）拟定分包人；

（13）其他资料。

（三）资格预审申请

资格预审申请是投标人仔细阅读申请须知后，按照提供的资格申请文件，如实地填写申请书和所有附表内容。

（四）评审

主要按资格预审文件中提出的评审标准，对所有投标人的资格预审申请文件逐一进行评审。评审由招标人或委托的招标代理机构组成评审组进行评审。评审内容由以下几项组成：

1. 法人地位。审查企业的资质等级、批准的营业范围、机构及组织等是否与招标工程相适应。若为联合体投标，对合伙人也要审查。

2. 商业信誉。主要审查在建设承包活动中完成过哪些工程项目、资信如何、是否发生过严重违约行为、施工质量是否达到代建单位满意的程度、获得过多少施工荣誉证书等。

3. 财务能力。财务审查主要为确保投标方能顺利地履行合同，另外，通过财务审查也可以看出该企业经营管理水平的高低。财务审查除了要关注投标人的注册资本、总资产之外，重点应放在近三年经过审计的报表中所反映的实有资金、流动资产、总负债和流动负债，以及正在实施而尚未完成的工程的总投资额、年均完成投资额等。而且在其总收入中还应区分承包工程施工的收入和三产等方面其他收入所占的比例，以便考察投标人实际承包工程的能力。这些审查内容主要通过经审查的损益表、资产负债表以及其他财务资料来反映。此外，由于工程预付款不一定能满足承包商顺利开展施工的全部需要，往往要求其有一定的流动资金或获得银行贷款。因此，还要评价其可能获得银行贷款的能力，或要求其提供银行出具的信贷证明文件。总之，财务能力的审查着重看其可用于本工程的纯流动资金能否满足要求，或施工期间资金不足的解决办法。

4．技术能力。这方面的评审主要是评价投标人实施工程项目的潜在技术水平，包括人员能力和设备能力两方面。在人员能力方面，又可以进一步划分为管理人员和技术人员的能力评价两个方面。管理人员能力主要评定管理的组织机构、管理施工的计划、与本项目相适应的工作经验等因素；技术能力主要评审技术负责人的施工经验、组成人员的专业覆盖面等是否满足工程要求。

5．施工经验。不仅要看投标人最近几年已完成工程的数量、规模，更要看与招标项目相类似的工程的施工经验。因此，在资格预审须知中往往规定强制性合格标准，但要注意施工经验的强制性标准应合理、分寸适当。

（五）资格预审的方法

资格预审一般采用评分法进行审评，步骤如下：

1．淘汰资格预审文件达不到要求的公司。

2．对各投标者进行综合评分。选定用于资格预审的评价因素，确定各因素在评价中所占比例从而得到权重估算，对每项分别打分，用分值乘以权重得到每个投标者的综合得分。

3．淘汰总分低于及格线的投标者。

4．对总分达到及格线以上的投标者进行分项审查。为了将施工任务交给可靠的承包商完成，不仅要对它的综合能力进行评分，还要评审每项是否满足最低要求。

资格预审的评分标准需考虑到评标的标准，一般凡属评标时考虑的因素，资格预审评审时可不必考虑。反过来，也不应该把资格预审中包括的标准再列入评标的标准。

（六）评审结果公告

经过评审，对每个投标者统一打分得出综合评审汇总表，然后从高分向低分按预计数目确定合格投标单位名单。评审结果要由委托方或上级主管部门批准，批准后按名单发出通过资格预审合格通知。投标者在规定时间内回函，确认参加投标，如不愿参加，可由候补投标人替补。通知所有通过评审的投标人在规定时间、地点购买招标文件。

资格预审合格通知书是通知预审合格的投标人领取（或购买）招标文件的凭证。通知书包括领取（或购买）招标文件的地点、方式及时限。设有投标保证金的，也应在通知书中一起载明。

三、编制招标文件

（一）招标文件的组成内容

招标文件是由招标人或受其委托的招标代理机构编制，并提供给投标人的重要文件。招标文件的主要作用在于阐明所要承建的工程项目的性质、范围和要求，指导投标人了解招投标程序，告知评标定标标准以及订立合同的条件等。一般由下列部分组成：

（1）投标须知及投标须知前附表；

（2）合同条款；
（3）合同文件格式；
（4）工程建设标准；
（5）图纸；
（6）工程量清单；
（7）投标文件投标函部分格式；
（8）投标文件商务部分格式；
（9）投标文件技术部分格式；
（10）评标标准与方法；
（11）资格审查申请书格式（资格后审）。

（二）编制过程中需重点注意的方面

施工招标文件向投标人提供拟建工程有关的一切情况，投标人应注意的一切事项和评标的具体标准。它还规定了招标人与投标人之间的权利和义务，并提出授予合同后发包人与承包商之间的权利和义务关系，作为今后签订施工合同的基础。

1. 熟悉工程情况、设计图纸及说明。熟悉招标工程情况，了解设计图纸及有关技术资料，踏勘工程现场，确定标段的划分、发包的模式、合同的形式、计价模式及材料（设备）的供应方式，是编制招标文件的基础。

2. 计算工程量，编制工程量清单。工程量清单是投标报价的重要依据，工程量清单编制的质量好坏直接影响投标单位的报价。无论是各分部分项项目的开列，还是具体工程量计算的准确程度，都对投标报价乃至工程合同价的最终确定有直接影响。这部分工作是整个招标文件编制的重要环节，因此，从代建管理的角度，最好能委托一个具有相应技术编制能力和相关业绩经验的招标代理公司承担招标代理工作；如代建单位无此决策权，且所委托招标代理公司编制工程量清单和核算工程量方面达不到要求，则需向委托方或使用单位说明，建议将此工作单独列出，专门委托其他单位进行。

3. 确定开/竣工日期和总工期。根据项目的需求，科学地计算工程建设总工期，并从现场施工条件的实际情况确定开、竣工日期。工程复杂的项目，必要时，还可以同时确定关键节点的完工时间要求。

4. 确定工程的技术要求和质量标准。对工程的技术要求，可以根据规范要求，也可以施工图纸及文字加以明确说明。若根据规范要求的，要明确具体规范名称及规范代码。质量标准包括两层含义，第一是质量等级，第二是质量验收标准。质量标准同样要明确，有国家强制性标准的，必须严格执行除了达到上述标准外，招标人提出特殊要求的，可以加以明确。没有国家、部颁、行业、地方的技术规范、规程和标准的，招标文件应对施工的方法和程序和应达到的质量要求详细加以描述。

5. 拟定主要合同条款。一般施工合同均分为协议书、通用条款和专用条款三部分，招标文件应对专用条款中的主要内容作出规定，以便投标人响应，为日后正式签订施工合同做好准备。

6. 确定招标工作日程。发标、投标、开标、评标、定标日期的确定既要合理，又要符合有关规定。相互之间的时间间隔，应根据项目具体情况、评标决标方式而定。工程较为复杂或采用固定总价合同形式等，需要用较长时间准备投标书的，发标与投标之间的时间间隔稍长；反之，则可稍短，但不得低于《招标投标法》规定的天数。工程项目技术要求较高且较为复杂的，评标时间应当充分。

7. 文字编纂。招标文件的编制最终要落实的文字编撰，既要使文件的内容完整，又要使文件的用词严密、规范，正确表述招标人的意愿。

（三）合同主要条款

合同主要条款及合同格式可采用多种表现形式，如可采用合同示范文本，采用国际上通用合同文本，也可以根据项目情况采用文字形式加以规范等。

1. 采用合同示范文本形式。合同示范文本通常包括协议书、通用条款和专用条款三部分，协议书作为合同文本的第一部分，是发包人与承包人就合同内容协商达成一致意见后，向对方承诺履行合同而签署的正式协议；通用条款是通用于各类建设工程施工的基础性合同条款，具有较强的普遍性和通用性；专用条款供发包人和承包人结合具体工程情况经双方充分协商一致约定的条款，是对通用条款的修正和补充。在招标阶段，由于承包人（中标人）尚未最终选定，因此，招标文件合同内容中的专用条款只能涉及一些实质性的主要内容，有些条款细节，一般需要在选定承包人后，才能谈判约定。

2. 采用其他合同文本形式。除采用合同示范文本形式外，境外投资的项目施工，一般较多采用 FIDIC 条件的合同文本。有的大型施工企业和经验比较丰富的委托方或使用单位，一般也有自己专用的合同文本。

四、开标、评标和定标

（一）开标

根据招标投标法规定，开标应当在招标文件确定的提交投标文件截止时间的同一时间公开进行，并邀请所有投标人参加，开标地点应当为招标文件中确定的地点。遇有特殊情况，例如购买招标文件的单位数量太少，招标人可以推迟开标，但须事先（在招标文件要求提交投标文件截止时间至少 15 日前）书面通知各投标人。

开标由招标人主持，在招标人委托招标代理机构代理招标时，开标也可由该代理机构主持。主持人按照规定的程序负责开标的全过程。开标需根据当地标办规定，邀请上级主管部门和有关单位及监督部门或公证机关派员参加。

开标人员至少由主持人、监标人、开标人、唱标人、记录人组成，上述人员对开标负责。

1. 一般程序。按照惯例，开标一般按以下程序进行：

（1）主持人在招标文件确定的时间停止接收投标文件，开始开标；

（2）宣布开标人员名单开标的一般程序；

（3）确认投标人法定代表人或授权代表人是否在场；

（4）宣布投标文件开启顺序；

（5）依开标顺序，先检查投标文件密封是否完好，再启封投标文件；

（6）宣布投标要素，并作记录，同时由投标人代表签字确认；

（7）对上述工作进行记录，存档备查。

开标时，由招标人和投标人或者其推选的代表共同检查投标文件的密封情况，也可以由招标人委托的公证机关检查并公证。

2. 唱标。经检查密封情况完好的投标文件，由工作人员当众按序逐一启封，当场高声宣读各投标人的名称、投标价格和投标文件的其他主要内容，是为唱标。这主要是为了保证投标人及其他参加人了解所有投标人的投标情况，增加开标程序的透明度。

3. 无效的投标。一般情况下，在开标时，招标人对有下列情况之一的投标文件，可以拒绝或按无效标处理，并告知评标委员会：

(1) 逾期送达的或者未送达指定地点的；

(2) 未按招标文件要求密封的。

被认定为无效的投标，应不予宣读。被拒绝或按规定提交合格撤回通知的投标文件，不予开封，并原封退回。

4. 初步判定为存在重大偏差的投标。开标时，发现投标文件有下列情况之一的，可初步判定为重大偏差，提交评标委员会确认后按废标处理，不再进入下一步评审：

(1) 无单位盖章并无法定代表人或法定代表人授权的代理人签字或盖章的；

(2) 未按规定的格式填写，内容不全或关键字迹模糊、无法辨认的；

(3) 投标人递交两份或多份内容不同的投标文件，或在一份投标文件中对同一招标项目报有两个或多个报价，且未声明哪一个有效，但按招标文件规定提交备选投标方案的除外；

(4) 投标人名称或组织结构与资格预审时不一致的；

(5) 未按招标文件要求提交投标保证金的；

(6) 联合体投标未附联合体各方共同投标协议的；

(7) 投标人以不正当手段从事投标活动；

(8) 招标文件规定的其他作为废标处理的。

有些情况可能还会导致招标人在开标时宣布此次投标无效。如为了保证招标投标活动的竞争性，我国招标投标法规定一个标段少于三个投标人，该次招标无效，应重新组织招标等。

(二) 评标和定标

1. 评标委员会。根据《招标投标法》第 37 条规定，评标应由招标人依法组建的评标委员会负责。对于依法必须进行招标的项目，评标委员会由招标人代表和有关技术、经济等方面的专家组成。成员人数为 5 人以上单数，其中技术、经济方面的专家不得少于成员总数的 2/3。对法定招标项目以外的自愿招标项目的评标委员会组成，招标投标法未做规定。为了保证评标工作的科学性和公正性，评标委员会必须有权威性，根据招标投标法规定，评标委员会专家应该从事相关领域工作满 8 年，并具有高级职称或同等专业水平。从目前实际情况来看，评委会专家由招标人从国家部属当地专家库内选择，一般招标项目可采取随机抽取方式，特殊项目由招标人直接确定。

2. 评标的主要任务：

(1) 投标文件的符合性鉴定。所谓符合性鉴定是检查投标文件是否实质上响应招标文件的要求。实质上响应的含义是投标文件与招标文件的所有条件、规定相符，无显著差异或保留。

（2）投标书的完整性。投标文件是否包括了招标文件规定的应该递交的全部文件，例如除报价单外，是否按要求提交了工作进度计划表、施工方案、合同付款计划表、主要施工设备清单等其他材料。如果缺少其中某一项内容，则无法进行客观、公正的评价，只能按废标处理。

（3）投标书与招标文件的一致性。招标文件中要求填写的栏目是否全部填写、做出明确的回答，如投标书及其附录是否完全按照要求填写。

（4）商务分析。主要包含：资质、业绩、人员、组织结构、价格等多项分析，尤其是报价分析，不仅要求对各标书进行报价数额的比较，还要对主要工作内容及主要工程量的单价进行分析，并对价格组成各部分比例的合理性进行评价。分析投标价的目的在于鉴定各投标价的合理性，并找出报价高低的主要原因。

（5）技术分析。技术分析的目的是确认和比较投标人完成本工程的技术能力以及他们的施工方案的可靠性。

（6）投标文件的澄清。为了有助于投标文件的审查、评价和比较，评标委员会可以在必要时约见投标人对其投标文件进行澄清。评委会以口头或书面形式提出问题，投标人在规定的时间内以书面形式正式答复。澄清和确认的问题必须由授权代表正式签字，并声明将其作为投标文件的组成部分，但澄清问题的文件不允许变更投标价格或对原投标文件进行实质性修改。

澄清的内容包括要求投标人补充报送某些标价计算的细节资料；对其具有某些特点的施工方案做出进一步的解释；补充说明其施工能力和经验；对其提出的建议方案做出详细的说明等。

（7）综合评价与比较。综合评价与比较是在以上的工作基础之上，根据事先拟定好的评标原则、评标指标和评标办法，对筛选出来的若干个具有实质性响应的投标文件进行综合评价与比较，最后选定中标人。中标人应当符合以下条件之一：一是能最大限度地满足招标文件中规定的各项综合评价标准；二是能满足招标文件各项要求，并且经评审的投标价格最低，但是投标价格低于成本的除外。

3. 评标的方法。对于通过资格预审的投标者，他们的财务状况、技术能力、经验及信誉在评标时可不必再评审。评标时主要考虑报价、工期、施工方案、施工组织、质量保证措施、主要材料用量等方面的条件。如果在投标过程中未经过资格预审，在评标中首先进行资格预审，剔除在财务、技术和经验方面不能胜任的投标者，在招标文件中应加入资格审查的内容，投标者在递交投标书的同时递交资格审查的资料。

评标的标准和方法，应预先制定并随招标文件一起发出。评标方法的科学性对于实现平等的竞争、公正合理地选择中标者是极其重要的。评标涉及的因素很多，应分门别类，在有主、有次的基础上结合工程的特点确定科学的评标方法。现行常用的评标方法如下：

（1）经评审的最低投标价法。该方法是一种能够满足招标文件的实质性要求并且经评审的投标价格最低的评判方法。一般适用于具有通用技术、性能标准或者招标人对其技术、性能没有特殊要求的招标项目，采用经评审的最低投标价法时，在实质性响应招标文件（包括技术标合格）的投标文件中，经评审的投标价最低者即为中标人或应当推荐为第一中标候选人。

（2）综合评估法。该方法是一种能够最大限度地满足招标文件中规定的各项评价标准的评判方法。当采用综合评估法时，由于工程项目的不同、工程所在地的环境不同、招标人的要求不同，因此，评标办法也是灵活多样的。

当采用综合评估法时，评标一般分为两种方式：第一种方式是开标后对商务和技术同时展开评审；第二种方式是所谓“两阶段评标法”，“两阶段评标法”一般适用于有一定施工难度的项目。这种评标法要求投标文件的技术标部分不能有投标人的任何名称、记号和暗示，开标后，即对技术标作保密处理，由评标委员会对技术标评审后，再当众开商务标，同时公布技术标的评审结果，再对商务标进行评审。

4．评标。评标委员会必须严格按照招标文件中规定的评标标准和方法对各投标文件进行评审，招标文件中没有规定的标准和方法不得作为评标的依据。

评标委员会成员应当编制供评标使用的相应表格，认真研究招标文件，至少应了解和熟悉以下内容：招标的目标；招标项目的范围和性质；招标文件中规定的主要技术要求、标准和商务条款；招标文件规定的评标标准、评标方法和在评标过程中考虑的相关因素。招标人设有标底的，标底应当保密，并在评标时作为参考。

（1）确认存在重大偏差的投标文件按废标处理，不再进行下一步的评审。

（2）工程量清单报价的评审。投标人的投标价并不是评标价，应对其产生的细微偏差进行修正后方可作为评标价按评标办法评标。细微偏差的修正原则，应根据澄清、说明和补正的情况，按招标文件的规定作出最不利于投标人的量化。

①投标报价以投标文件的投标函中报价为准，当投标函中数字表示的金额与文字表达的金额不一致时，以文字表达的金额为准。

②对工程量清单中细微偏差的纠正。用数字表示的数额与用文字表示的数额不一致时，以文字数额为准；单价与工程量的乘积与总价不一致时，以单价为准，若单价有明显的小数点错位，应以总价为准，并修改单价。

③对漏项的处理。评标委员会认为产生的漏项不会使整个投标报价低于成本，投标人在澄清、说明和补正中已承认并承诺由其承担该漏项费用，可将该项所有报价中的最高报价计入其评标价中，但如中标，该费用不予增加。如投标人在澄清、说明和补正中认为该漏项的费用已包含在其他项目报价中，评标委员会也予以认可（可能因招标文件的原因引起误解），则评标价中不予增加。

④对缺项（少报）的处理。评标委员会认为产生的缺项或其中少报部分不会使整个投标报价低于成本的，对其按漏项处理。

⑤对明显偏低的项目报价的处理。与其他投标报价相比，该项目明显偏低；与指定（暂定）单价对照，该项目报价明显偏低或不合理；与其所报的材料（设备）单价对照，该项目综合单价明显不合理；与其工、料、机报价对照，该项目综合单价明显不合理等，评标委员会认为上述情况不会使整个报价低于成本，且不认为有明显的不平衡报价并不严重损害招标人利益的，在澄清、说明、补正过程中投标人又予以承认时，可按照该项目所有报价中的最高报价计入其评标价，但如中标，该费用不予增加。

细微偏差的处理办法应在评标办法中事先规定，评标办法也可事先明确漏项、缺项及明显偏低的项目报价达到一定的数量或金额时按低于成本报价的规定。在澄清、说明和补正过程中，投标人不接受或不按要求进行澄清、说明、补正的（如投标人拒不承认上述问题并说明原因，或不作出相应的承诺），经评标委员会认可，可拒绝该投标人的投标。

投标人作出的优惠、让利应在投标文件中说明并提供相应的证明。没有列入投标文件，而在澄清、说明和评标时不予考虑。

经过细微偏差纠正后的投标报价，即为评标价，按评标办法予以评审。

（3）投标文件中技术部分的评审。当采用“经评审的最低投标价法”时，只要未产生重大偏差，其技术部分不再评审。当采用“综合评估法”时，对技术部分的细微偏差，经过投标人的澄清、说明和补正后作相应的修正。

投标文件的技术部分应按招标文件规定的评标办法进行评审，评审的重点是针对招标项目的主要施工方案和措施，对承诺性的操作规程等部分可作一般评审，评审时，应注意到技术评分和其相应的经济价值。

（4）评标报告。根据招标过程相应的资料、评标委员会评标结果，评标结束后应撰写评标报告。

评标报告应如实记载以下内容：①基本情况和数据表；②评标委员会成员名单；③开标记录；④符合要求的投标一览表；⑤废标情况说明；⑥评标标准、评标方法或者评标因素一览表；⑦经评审的价格或者评分比较一览表；⑧经评审的投标人排序；⑨推荐的中标候选人名单与签订合同前要处理的事宜；⑩澄清、说明、补正事项纪要。

（5）报备。根据地方有关规定，向相关部门报备评标报告。

（6）定标。定标，也称决标，是指评标小组对投标书按既定的评标方法和程序得出评标结论。

①确定中标人。招标单位根据评委会提供的评标报告，确定中标人。

②核发中标通知书。中标人确定后，招标人应向中标人发出中标通知书，中标通知书的实质内容应当与中标单位投标文件的内容相一致。

招标人应自确定中标之日起15日内，向有关行政监督部门提交招投标情况的书面报告。中标通知书具有法律效力，通知书发出后，中标人改变中标结果或放弃中标项目的，应当承担法律责任。招标单位拒绝与中标单位签订合同的，应当双倍返还其投标保证金，并赔偿相应损失。

③授标。中标人接到中标通知书后，应在中标通知书发出之日起30日内与招标单位签订施工合同，合同自双方签字盖章之日起成立。签约前招标单位与中标人还要进行合同谈判，但不得再行订立违背合同实质性内容的其他协议。如果中标人提出不能履行合同，或者招标文件规定应当提交履约保证金而在规定的期限内未能提交的，招标人可以确定评标结果排名第二位的中标候选人为中标人，以此类推。

招标单位与中标人签署合同后，对未中标的投标人也应当发出通知书，并退还他们的投标保证金。

五、施工招标主要流程

施工招标的主要流程如图5-4所示。

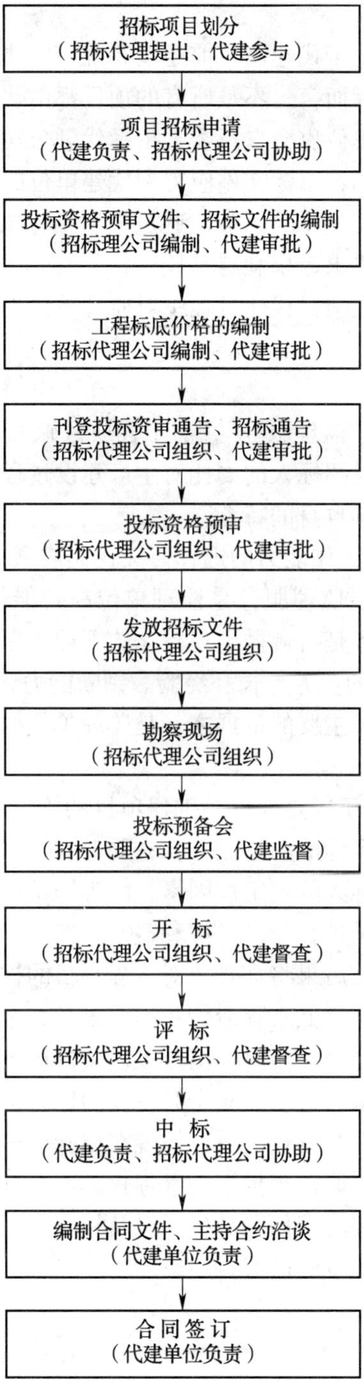
招标项目划分
（招标代理提出、代建参与）
项目招标申请
（代建负责、招标代理公司协助）
投标资格预审文件、招标文件的编制
（招标理公司编制、代建审批）
工程标底价格的编制
（招标代理公司编制、代建审批）
刊登投标资审通告、招标通告
（招标代理公司组织、代建审批）
投标资格预审
（招标代理公司组织、代建审批）
发放招标文件
（招标代理公司组织）
勘察现场
（招标代理公司组织）
投标预备会
（招标代理公司组织、代建监督）
开 标
（招标代理公司组织、代建督查）
评 标
（招标代理公司组织、代建督查）
中 标
（代建负责、招标代理公司协助）
编制合同文件、主持合约洽谈
（代建单位负责）
合同签订
（代建单位负责）

图 5-4　施工招标流程图

第三节 监理招标管理

从目前实际情况来看，由于代建制目前还没有统一的法规与制度，各省市及地方均有自己的管理办法，就监理招标而言，不是所有的项目都由代建单位作为招标人，并签订监理合同，有时委托方或使用单位也会自行委托招标代理公司进行监理招标。如果由委托方或使用单位直接组织监理招标，招标文件应得到代建单位的认可，因为为了对监理单位进行有效管理，招标阶段是极其重要的环节，通过编制招标文件，特别通过将监理的责任、人员和检测仪器的到位时间要求、权利与责任、相关的处罚细则等在招标文件合同条款中加以明确，这将为代建单位在项目代建过程中对监理单位进行监督管理获得主动权。

一、监理招标的特点

由于监理招标的标的是“监理服务”，与工程项目施工招标的最大区别在于监理单位不承担物质生产任务，只是受招标人的委托对生产建设过程提供监督、管理、协调、咨询等服务，因此，监理招标有其自身的特点：

1. 招标的宗旨是对监理工作能力的选择。无论是在我国还是在国际上，建设监理都是属于高智能型的第三产业。监理服务是监理单位高智能的投入，其服务工作完成得好坏，不仅依赖于执行监理业务是否遵循了规范化的管理程序和方法，更多地取决于参与监理工作专业人员（如总监）的业务专长、经验、判断能力、创新精神及风险意识，因此，监理招标过程中确定中标人最主要的依据之一是监理单位派出的监理工作班子的技术和协调能力。

2. 报价在招标选择中处于次要地位。工程项目的施工、材料设备采购招标选择中标人的原则是，在技术上能达到标准的前提下，主要考虑价格的高低。而监理招标过程中监理报价一般不会成为确定中标人的决定性因素，因为当价格过低时，监理单位很难把招标人的利益放在第一位，为了维护自身的经济利益，必然会减少监理单位人员数量或者派业务水平低、工资低的人员，其后果将会导致对工程项目的损害。另外，监理单位提供高质量的服务，往往能使建设单位降低工程造价和提前投产，过多考虑价格因素，则会得不偿失。因此，只有当投标人的能力相当时，招标人才会进行价格比较。

监理单位是对工程的质量、进度、安全第一线的监管责任者，如何发挥监理单位主观能动性作用是代建管理的重点与难点之一，体现在招标层面的具体情况就是，代建单位尽可能地从委托方或使用单位争取监理招标的管理权，实在有难度也要争取参与监理合同的签订，在监理合同中明确监理的责任和义务，以及相应的奖惩措施，以便有效地发挥监理单位的作用，并有利于监理单位的监管。

二、监理招标的范围

国务院颁布的《建设工程质量管理条例》明确指出，应当实施建设监理的工程包括：国家重点建设工程，大、中型公用事业工程，成片开发建设的住宅小区工程，利用外国政府或者国际组织贷款、援助资金的工程，国家规定必须实行监理的其他工程。

国家重点建设工程是指依据《国家重点建设项目管理办法》所确定的对国民经济和

社会发展有重大影响的骨干项目。

大中型公用事业工程，是指项目总投资额在3000万元以上的下列工程项目：①供水、供电、供气、供热等市政工程项目；②科技、教育、文化等项目；③体育、旅游、商业等项目；④卫生、社会福利等项目；⑤其他公用事业项目。

成片开发建设的住宅小区工程，建筑面积在5万平方米以上的住宅建设工程必须实行监理；5万平方米以下的住宅建设工程，可以实行监理，具体范围和规模标准，由省、自治区、直辖市人民政府建设行政主管部门规定。为了保证住宅质量，对高层住宅及地基、结构复杂的多层住宅应当实行监理。

利用外国政府或者国际组织贷款、援助资金的工程范围包括：①使用世界银行、亚洲开发银行等国际组织贷款资金的项目；②使用国外政府及其机构贷款资金的项目；③使用国际组织或者国外政府援助资金的项目。

国家规定必须实行监理的其他工程是指：

1. 项目总投资额在3000万元以上关系社会公共利益、公众安全的下列基础设施项目：

（1）煤炭、石油、化工、天然气、电力、新能源等项目；

（2）铁路、公路、管道、水运、民航以及其他交通运输业等项目；

（3）邮政、电信枢纽、通信、信息网络等项目；

（4）防洪、灌溉、排涝、发电、引（供）水、滩涂治理、水资源保护、水土保持等水利建设项目；

（5）道路、桥梁、地铁和轻轨交通、污水排放及处理、垃圾处理、地下管道、公共停车场等城市基础设施项目；

（6）生态环境保护项目；

（7）其他基础设施项目。

2. 学校、影剧院、体育场馆项目。

三、监理招标的方式

监理招标一般实行公开招标或邀请招标两种方式。招标人采用公开招标方式的，由招标人在国家指定的报刊、互联网络或其他媒体上向社会公开发布招标公告的方式邀请资质条件相符的特定的法人或者其他组织投标。招标人采用邀请招标方式的，应当向三个以上（含三个）具备资质条件的特定监理单位发出邀标通知书。

四、监理招标基本程序

监理招标的基本程序如下：

1. 招标人组建项目管理班子，确定委托监理的范围，自行办理招标事宜的，应在当地招标投标办事机构办理备案手续。

2. 编制招标文件，发布招标公告或发出邀标通知书。

3. 向投标人发出投标资格预审书，对投标人进行资格预审。

4. 招标人向投标人发出招标文件，投标人组织编写投标文件。

5. 招标人组织必要的答疑、现场勘察，解答投标人提出的问题，编写答疑文件或补充招标文件等。

6. 组成评标委员会。

7. 招标人组织开标、评标、定标。

8. 招标人确定中标单位后向招标投标办事机构提交招标投标情况的书面报告。

9. 招标人向投标人发出中标或者未中标通知书。

10. 招标人与中标单位进行谈判，订立委托监理书面合同。

五、招标公告与资格预审

监理招标公告（或投标邀请书）是指具备监理招标条件的工程项目招标人在向相应的市或区县招投标管理部门办理招标登记手续后向社会监理单位发布公开的信息（或邀请书）。投标资格预审是指对于大型、复杂工程项目的监理招标在发出招标文件之前应该对投标人的资格进行审查，剔除不符合资格条件的投标单位。对于中、小型或一般性工程，不一定都进行资格预审。

（一）招标登记

招标项目具备招标条件后，在发布招标公告或者发出投标邀请书之前，应到相应的招投标管理部门办理必要的备案登记手续。登记备案资料一般有以下内容：

1. 项目的具体情况：工程名称、工程地点、工程规模、项目建设前期工作完成情况及目前所处建设阶段、项目资金到位情况等。

2. 招标人的具体情况：招标人名称、法定代表人、专业技术人员的名单、职称证书或者执业资格证书及其工程经历的证明材料。

3. 如委托招标代理机构代理，还应提供委托代理协议书、代理机构的代理资质或资格证明材料。

4. 拟发布的招标公告或者拟发出的投标邀请书。

（二）招标公告或投标邀请书

采用公开招标方式的，其公告的发布应当按2000年7月1日原国家计委第4号令《招标公告发布暂行办法》的规定，通过国家指定的报刊、信息网络或者其他媒介发布。招标人或其委托的招标代理机构须保证招标公告内容的真实、准确和完整。

采用邀请招标方式的，招标人应当向三个以上具备承担招标项目监理能力、资信良好的特定的监理单位发出投标邀请书。

招标公告和投标邀请书应当载明招标人的名称和地址、招标项目的性质、建设地点和时间、工程规模、招标范围、招标方式、投标人应具备的资格条件以及获取资格预审文件或者招标文件的办法等事项。

（三）投标资格预审

资格预审的目的是对投标申请人承担该项目监理的能力进行预审和评估，确定合格投标人的名单，减少评标工作量，降低招标投标成本，提高招标效率。

1. 预审程序。监理招标的资格预审一般按照下列程序进行：

（1）招标人准备资格预审文件；

（2）发布招标公告或者资格预审公告，载明资格预审的条件或要求，吸引有资格并愿意参加投标的监理单位领取或者购买资格预审文件；

(3) 发放或者出售资格预审文件;

(4) 投标申请人编制资格申请文件,递交资格申请文件;

(5) 对投标申请人进行必要的调查,对资格申请文件进行评审;

(6) 向资格预审合格的投标申请人发出投标邀请,并将资格预审结果通知其他投标申请人。

2. 资格预审文件。资格预审文件通常包括以下内容:

(1) 工程项目名称、建设地点、建设规模;

(2) 对投标申请人的要求,主要写明投标申请人应具备的资质等级和监理业务范围,应具备的类似工程监理的经验,以及技术人员、测试设备配备情况等;

(3) 工程监理服务招标范围;

(4) 监理工作的起止日期、工作周期;

(5) 资格预审文件发放的日期、时间和地址;

(6) 投标资格申请文件递交的日期、时间、地址,以及联系方法;

(7) 投标申请人递送投标资格申请文件的内容与格式等;

(8) 如有联合体申请参加投标的,应具备哪些条件并有何要求。

3. 资格预审申请。资格申请文件是由投标申请人根据资格预审文件编制的并提供给招标人的有关材料、文件,其格式和内容都由资格预审文件规定。资格申请文件一般包括以下内容:

(1) 投标申请人的营业执照及监理资质证书;

(2) 投标申请人的组织机构,包括监理单位名称、注册地址、注册时间、资质等级、公司机构、职工总数、管理人员和监理工程师及其他专业资质人数等;

(3) 投标申请人的近几年的工程业绩和信誉,包括已完成类似工程项目的工程项目名称、规模、建设地址、监理范围、监理时间、监理单位数、监理成效等;

(4) 拟投入到本项目中的主要监理单位人员组成,试验检测能力、技术水平等资料;

(5) 正在实施工程项目管理情况。

此外,如果以联合体的组织形式投标,还应编制联合体各成员单位情况表。

4. 投标资格评审。主要按资格预审文件中提出的评审标准,对所有投标人的资格预审申请文件逐一进行评审。评审由招标人或委托的招标代理机构或委托的评审组进行评审。

(1) 商务合格:

①申请人必须属于规定的合格投标人范围;

②申请人必须是法律上、财务上独立,且依法运作的企事业或其联合体,并且不得与为本投标项目提供施工承包的公司有隶属关系;

③申请人申请投标的内容应在其经营范围内;

(2) 技术合格:

①申请人应具备完成类似规模工程监理的相应经验;

②申请人参与本项目监理的关键人员应具备相应的经历与能力;

③投标联合体合格。

六、招标文件的编制

招标文件的基本内容

1. 投标人须知：

（1）工程概况；

（2）投标人资质要求；

（3）招标文件说明；

（4）投标文件的编制要求；

（5）监理费报价；

（6）开标、评标、定标原则与方法；

（7）投标费用；

（8）招标日程安排。

2. 监理任务大纲：

（1）项目的建设目标；

（2）项目的工程范围；

（3）项目建设工作的进展情况；

（4）项目培训的要求；

（5）监理的工作范围；

（6）监理的工作内容；

（7）对监理服务的工作要求；

（8）有必要提供的设计图纸和其他技术资料。

3. 监理评标办法与标准。

4. 监理合同主要条件。

原建设部、国家工商行政管理局于2000年2月17日发布了《建设工程委托监理合同（示范文本）》（GF－2000－0202），工程招标实践中，可以参考其中的条款和格式。

七、开标、评标和定标

监理招标开标、评标和定标的基本内容与上一节施工招标的内容基本类似，下面仅就评标方法与程序做出说明。

（一）评标办法与标准

1. 综合评议推荐法是经过评标委员会各成员对每份投标书按照规定的评审要素进行充分的讨论、评议和比较，并提出书面评标意见。评标委员会综合各评委的意见形成一份推荐意见书，将最大限度地满足招标文件中规定的各项综合评价标准的投标，推荐为中标候选人。其评标一般要考虑以下因素：

（1）总监理工程师；

（2）监理组成员的基本情况；

（3）工程监理大纲与管理措施；

（4）测量与试验的措施；

（5）监理费用的报价；

（6）监理单位的业绩与信誉；

（7）监理单位近期承接的监理任务情况。

此种评标的方法较为简单，对于工程技术要求不高、难度低、规模较小的项目较为简捷，对工程设计工作尚未完成的项目较为适用。

2. 评分法是对招标文件中所载明的各项评审要素按其重要性分别确定其各项分值，由评委按各投标文件对每个评审要素的阐述情况相比较作逐项打分，并计算出各评委评定的总分，然后综合各评委所打出的分值取其平均值，将算出的平均分数自大到小排列名次，应当由高分者中标。

评分法的评标工作量较大，但评审工作较为仔细。对工程设计完成程度较深的项目尤为适用，对评审的各项较为直观，作出定性定量的评估，更能体现公平、公正的原则。对于使用国有资金或国家融资的项目，重大项目应尽可能采用百分制评标法进行评标。

（二）评标程序

1. 评标准备。评标活动开始以前，评标委员会成员应当认真研究招标文件，了解招标的目标、监理的任务范围和内容、主要的技术要求与标准、评审要素等。招标人应向评标委员会提供有关招标的重要信息和数据，如该项目的周边情况、项目开发的预期目标、项目建设进展情况等。

2. 初步评审。为了减少详细评审的工作量，评审委员会一般先对各投标文件进行初评，即进行符合性检查，淘汰那些基本不合格的投标文件。对于未实质性响应招标要求的投标文件，作为不合格投标，不进入详细评审。未实质性响应招标的情形主要有以下几种：

（1）投标文件的内容不全的；

（2）资格评审不合格的投标；

（3）联合体参加投标，但其成员组成发生实质性改变且未征得招标人同意的；

（4）未按招标文件规定提供投标保证及其他保证的，或者提供的保证不符合要求的；

（5）监理报价浮动率超过招标文件规定的；

（6）对总监理工程师中所持有的证书不符合招标文件要求的；

（7）评标委员会要求投标人予以补正细微偏差而投标人不响应的。

3. 投标澄清。评标委员会可以要求投标人对投标文件中含义不明确、不一致或者有明显文字和计算错误的内容作必要的澄清、说明或者补正。澄清、说明或者补遗应以书面方式进行，并且不得超出投标文件的范围或者改变投标文件的实质性内容。

4. 详细评审。对所有初审合格的投标文件，评标委员会应综合考虑各种因素，根据招标文件确定的评标方法和标准，对其技术部分和商务部分作进一步的评审和比较。在评标过程中应考虑的评审要素及评判标准，在评标细则中应载明。

当采用两阶段评标法时，评标委员会先对投标文件中技术部分进行评审，得出各投标文件的技术标的评价，技术标评审结束后，然后再开启商务标，对商务标进行评审，最后将评标委员会技术标和商务标的评价进行综合，得出每个投标的最终评价。

5. 答辩。这是目前针对监理招标的特点，部分项目采用的招标形式。由于对投标书上所表述的要点进行评审是一种平面的评标方式，对投标单位对工程的工作和它的业绩、派出的人员情况和投标人的基本情况的了解只限于书面的表述，其水平的高低，对工程的认识，措施、能力等主要凭所写内容。而经过总监答辩就使评标走向了立体，这种立体化的评标是很直观、很真实的，能看出派出的总监人员的工作能力、专业知识的深度和宽度，实际考察了总监的协调能力，能使评委看到一个真实的投标人。在答辩过程中，专家也经常会给总监提出建设性的建议，有利于总监队伍业务水平的提高，有利于中标单位对监理大纲的完善、合理、科学。这种方式的评标尽管多了个程序，却进一步验证了投标的实质性响应，具有了真正实质性的意义，对挑选一个最佳的监理队伍起到了极大的作用。

施工监理招标的主要流程与施工招标相同。

第四节 设备材料采购招标管理

与项目管理和监理比较，设备材料的采购与控制是项目代建所独有的。首先设备材料的采购与控制的权力是项目代建所独有的，事实上，作为项目管理或监理在设备材料的采购与控制方面是没有什么发言权的，除非项目委托方把一部分建议权赋予项目管理或监理。原因是设备材料的采购与控制直接涉及建设单位的经济利益。其次设备材料的采购与控制直接与工程造价相关，而且设备材料的造价占了建安工程费的很大一部分。因此，作为项目代建来说，设备材料的采购与控制是控制工程造价的非常重要的一个环节。其次，设备材料的使用直接关系到建筑物的结构安全、使用寿命、节能环保、外在观感等。

一、采购的主要内容

工程材料、设备的采购，即采购主体就其所需要的工程设备、材料向供货商询价，或通过招标的方式，邀请若干供货商通过投标报价进行竞争，采购主体从中选择优胜者并与其达成交易协议，随后按合同实现标的。物资采购不仅包括单纯采购大型建筑材料和定型生产的中小型设备等机电设备，还包括按照工程项目的要求进行设备、材料的综合采购、运输、安装、调试等以及交钥匙工程，即指工程设计、土建施工、设备采购、安装调试等实施阶段全过程的工作。

建设工程物资采购主要是指建筑材料、设备的采购，其采购范围主要包括建设工程所需要的大量建材、工具、用具、机械设备、电气设备等，其采购范围和内容包括以下几类：

1. 工程用料。包括土建、水电设施及一切其他专业工程的用料。

2. 施工用料。包括一切周转使用的模板、脚手架、工具、安全防护网等，以及消耗性用料，如焊条、电石、氧气、铁丝、钉类等。

3. 暂设工程用料。包括工地的活动房屋或固定房屋的材料、临时水电和道路工程及临时生产加工设施的用料。

4. 工程机械。包括各类土方机械、打桩机械、混凝土搅拌机械、起重机械、钢筋焊接机械、吊塔及其维护备件等。

5. 正式工程中的机电设备。包括一般建筑工程中常用电梯、自动扶梯、备用电机、空气调节设备、水泵等。生产性的机械设备，例如加工生产线等，则必须根据专门的工艺设计组织成套设备供应、安装、调试、投产和培训等。

其他辅助办公和试验设备。包括办公家具、器具和昂贵仪器等。

二、采购的方式

采购建设工程材料、设备时，选择供应商并与其签订物资购销合同或加工定购合同的方法有以下几种：

（一）招标选择供应商

这种方式适用于大批材料、较重要或较昂贵的大型机具设备、工程项目中的生产设备和辅助设备。承包商或使用单位根据项目的要求，详细列出采购物资的品名、规格、数量、技术性能要求，承包商或使用单位自己选定的交货方式、交货时间、支付货币和支付条件，以及产品质量保证、检验、罚则、索赔和争议解决等合同条款作为招标文件，邀请有资格的制造厂家或供应商参加投标，通过竞争择优签订购货合同。

1．公开招标。公开招标，又称无限制竞争性招标，是指招标人通过公告方式，公开发布招标信息，招请符合条件的物资（设备、材料）制造商、供应商参加投标，以确定中标人的一种招标方式。

按照国家发改委和六部门联合发布的《工程建设项目货物招标投标办法》的规定，以下情况的货物（设备、材料）采购的招标，应当采用公开招标的方式：国务院、发政委确定的国家重点建设项目；各省、自治区、直辖市人民政府确定的地方重点建设项目；《工程建设项目招标范围和规模标准规定》确定的范围。

2．邀请招标。邀请招标也称有限竞争性招标或选择性招标，即由招标人选择一定数目的企业，向其发出投标邀请书，邀请参加招标竞争。一般视具体招标项目的规模大小，选择3～5个投标人。

按照国家发改委和六部门联合发布的《工程建设项目货物招标投标办法》的规定，有下列情形之一的，可以进行邀请招标：货物技术复杂或有特殊要求，只有少量几家潜在投标人可供选择的；涉及国家安全、国家秘密或者抢险救灾，适宜招标但不宜公开招标的；拟公开招标的费用与拟公开招标的节支相比，得不偿失的。

3．国际招标。国际招标可分为国际竞争性招标和国际邀请招标，其实质性含义与公开招标、邀请招标基本相同。之所以存在国际招标和国内招标之分，是因为在招投标实践中，根据国际惯例和我国自身具有的招技标特点，而逐渐形成的招标分类，以符合我国的国情。国际招标和国内招标已经成为招标中的常用术语。

国际竞争性招标又称国际公开招标，是指通过国内外公开媒介向中国及其境外发布招标公告，任何制造商、供应商，只要是符合招标公告所要求的投标条件，不受国家或地域限制，均可参加竞标的招标方式。国际竞争性招标与一般的国内公开招标不同的是，既需要遵循我国加入的相关国际条约、公约或国际惯例的要求，又需要遵循国内的相关规定和操作程序。

建设工程设备、材料招标采购的货物，如果涉及原产地在中国境外的机电产品，则应当按照商务部《机电产品国际招标投标实施办法》所规定的程序和要求进行国际招标，不得以国内招标或其他方式规避国际招标。

国际邀请招标即有限国际招标。国际邀请招标不公开登载招标公告，招标人可直接邀请符合招标文件条件的制造商、供应商参加投标，投标人不受国家或地域限制，它是一种在有限范围内进行的竞争性招标。

4. 两阶段招标。两阶段招标是一种与一般公开招标程序有所区别的招标方式。前阶段采用公开招标方式，产生结果后，剔除招标文件规定的不符合条件者，将剩余合格者纳入次阶段再行进行招标的一种招标方式，其适用有比较严格的规定。

根据国家发改委和六部门联合发布的《工程建设项目货物招标投标办法》的规定，对无法精确拟定技术规格的招标货物，招标人可采用两阶段招标程序。

（二）竞争性谈判

竞争性谈判，是指采购方与供应商通过谈判、协商一致来促成采购交易的方法。竞争性谈判具有以下特点。

1. 通过谈判来达成协议，竞争性不强，国外通常称之为非竞争性招标。

2. 被邀请对象，无需交纳投标保证金，也不受任何招标规则的约束。

3. 竞争性谈判是在非公开的场合下的买卖谈判，缺乏透明度。

竞争性谈判与邀请招标的区别：

1. 性质不同。邀请招标属招标范畴，其性质是以竞标方式进行采购，而竞争性谈判其性质上属于谈判协商。

2. 程序不同。邀请招标必须严格按照《招标投标法》规定的程序进行招标，而竞争性谈判虽具有一定的竞争性，整个采购过程不受《招标投标法》规定的程序限制。

竞争性谈判适用于不适合采用招标方式进行采购的货物。如国防建设所需的高科技应用产品或服务的采购等。

（三）询价选择供应商

这种方式是采用询价—报价—签订合同的程序，即采购方对三家以上的供货商就采购的标的物进行询价，对报价经过比较后选择其中一家与其签订供货合同。这种方式实际上是一种议标的方式，无需采用复杂的招标程序，又可以保证价格有一定的竞争性，一般适用于采购建筑材料或价值小的标准规格产品。

（四）直接订购

直接订购方式不能进行产品的质量和价格比较，因此，是一种非竞争性物资采购方式，一般适用于以下几种情况：

1. 为了使设备或零配件标准化，向经过招标或询价选择的原供货商增加购货，以便适应现有设备。

2. 所需设备具有专卖性质，只能从一家制造商获得。

3. 负责工艺设计的承包单位要求从指定供货商处采购关键性部件，并以此作为保证工程质量的条件。

4. 在特殊情况下，需要某些特定机电设备早日交货，也可直接签订合同，以免由于时间延误而增加开支。

（五）采购方式的选择

设备材料的采购在策划招标阶段的主要工作内容就是要根据工程的特点和工程建设当地的实际情况确定设备材料的控制策略，比如要确定对设备材料的控制范围和控制方式。设备材料的控制范围就是确定对哪些设备材料进行控制，如果选择对所有主要设备材料均采取甲供或甲控，则施工单位基本就是包清工了，这样做的好处是工程造价可以控制的非常好，因为所有采购的利润和管理费都留下了，但同时也存在代建单位要有许多专业人员做这件事，经济上是否能够承受（节省的费用代建单位得不到）。另一方面施工单位在设备材料的采购上没有好处，他们的施工积极性要受到影响，同时他们对设备材料也不会节约使用，在施工中可能会有很大的浪费。如果完全包工包料，则对代建单位的好处是省人省事，但同时必须把采购的利润和有关费用留给施工单位，对工程造价的控制有影响。另一方面如何防止施工单位采购最低价的设备材料（不是质量不合格产品，但比报价低得多）也是要解决的问题。

对设备材料的控制方式就是对设备材料进行甲供还是甲控，或结合进行。甲供就是由代建单位直接采购设备材料供施工单位安装或使用，甲控就是由代建单位或与施工单位一起通过招标的方式进行采购，最后由施工单位与供应商签订合同。对设备材料进行甲供的利弊前面已经讲到，而对设备材料进行甲控情况比较复杂。从理论上说，似乎进行甲控即可以控制工程造价又可以节省人力，同时承担的风险也小，但是在实际操作上确有一些问题。比如既然对设备材料进行甲控，那么对甲控的设备材料是否在招标文件中要公布价格，如果不公布价格，投标单位的报价如何填写，如果公布价格，则该价格必然要作为暂定价由投标单位填入总报价中，这样就成为不可竞争的价格了，那么在将来的采购过程中，如果采购的价格超出了暂定价，必然要由代建单位补足差价，而如果低于暂定价，是否能由代建单位拿回差价也不一定。这样实际上就与甲供差别不大了，区别只是由谁与供货商签订合同。

（六）设备材料采购应注意的事项

1. 为了更好地有针对性地进行询价，应要求招标公司尽早提供工程量清单，然后以工程量清单为依据进行询价。询价工作开始基本上是以初步设计概算中的量进行询价的，虽然请当地监理公司的专业工程师依据施工图进行了核对和补充，但是不准确。只是到后来招标公司提供了工程量清单后，才又补充询价，这样就造成时间上不够充分，有一些材料没有来得及询价。一定要用招标公司提供的工程量清单进行询价的原因首先是，工程量清单给出的内容是很详细的，肯定包括了所有的设备材料的品种、规格，而初步设计概算则非常粗糙，除了部分设备外，尚缺少很多规格型号，特别是材料缺的更多，比如，拿电缆来说，初步设计概算中的电缆规格要比施工图中的电缆规格差将近 1 倍。另外，初步设计概算给出的设备材料的规格，在施工图中可能已经改变了。

2. 要依据工程量清单进行全面的询价。也就是对所有的设备材料均进行询价。因为有时候看似不起眼的材料当实际上用量非常大时，其造价是很高的。例如，某项工程给排水和暖通专业的保温材料超细玻璃棉，在分部分项工程量清单的每一个单项中所占造价很少，但实际上总的用量是很大的，原招标公司给出的超细玻璃棉为每立方米 1200 元，后根据信息价调为 828 元，仅此一项使造价降低 20 余万。由于开始没有对各种线槽、各种管材进行询价，所以不能断定招标公司给出的单价是否合理，只能承认该价格。

3. 在询价时，要针对不同的档次，进行多品牌、多厂家询价。由于初步设计概算与施工图差异较大，而代建单位必须以不突破初步设计概算为造价控制目标，因此，只能在单价方面进行控制。这样必然涉及选用什么档次、品牌、厂家的产品的问题，只有掌握了不同档次的多个品牌、厂家的价格信息，才能有效地控制设备材料的单价，从而控制总造价。

三、采购招标程序

凡应报送项目管理部门审批的项目，必须在报送的项目可行性研究报告中增加有关招标的内容，包括建设项目的重要设备、材料等采购活动的具体招标范围（全部或部分招标）和拟采用的招标组织形式。国家重点项目和省、自治区、直辖市人民政府确定的地方重点项目，拟采用邀请招标的，应对采用邀请招标的理由作出说明。基本采购招标的程序如下：

1. 工程建设部门同招标单位办理委托手续。
2. 招标单位编制招标文件。
3. 发出招标公告或邀请投标意向书。
4. 对投标单位进行资格审查。
5. 发放招标文件和有关技术资料，进行技术交底，解释投标单位提出的有关招标文件的疑问。
6. 组成评标组织，制定评标原则、办法、程序。
7. 开标，一般采用公开方式开标。
8. 评标、定标。
9. 发出中标通知书，物资需求方和中标单位签订供货合同。

四、招标文件的编制

（一）工程项目货物招标文件的内容

工程建设项目中，对于原产地在中国境内的设备、材料的招标采购，在编制工程项目货物招标文件时，应当按照国家发改委和六部门联合发布的《工程建设项目货物招标投标办法》的规定进行编制。招标文件应包括下列内容：

1. 投标邀请书。
2. 投标人须知。
3. 投标文件格式。
4. 技术规格、参数及其他要求。
5. 评标标准和方法。
6. 合同主要条款。

（二）政府采购项目货物招标文件的内容

政府采购货物招标的招标文件，其内容按照国家财政部《政府采购货物和服务招标投标管理办法》的规定，包括以下内容：

1. 投标邀请。
2. 投标人须知（包括密封、签署、盖章要求等）。
3. 投标人应当提交的资质、资信证明文件。
4. 投标报价要求、投标文件编制要求和投标保证金交纳方式。
5. 招标项目的技术规格、要求和数量，包括附件、图纸等。
6. 合同主要条款和合同签订方式。
7. 交货和提供服务的时间。

8. 评标方法、评标标准和废标条款。

9. 投标截止时间、开标时间和地点。

10. 省级以上财政部门规定的其他事项。

（三）机电产品国际招标文件的内容

机电产品的国际采购，由于涉及的操作程序比较复杂，其招标程序既有国际惯例的要求，又有相应的部门规章予以规定。因此，其招标文件的编制，应当按照商务部《机电产品国际招标投标实施办法》的规定和国际招标的操作程序进行招标文件的编制，编制招标文件时，可使用或参照《机电产品采购国际竞争性招标文件》范本。机电产品国际招标文件主要包括下列内容：

1. 投标邀请书。

2. 投标人须知。

3. 招标产品的名称、数量、技术规格。

4. 合同条款。

5. 合同格式。

6. 附件。

五、评标

（一）评标机构

评标由评标委员会负责。工程建设项目设备、材料招标采购的评标工作，如果不采用国际招标方式的，应当按照《招标投标法》的规定，以2001年8月由原国家计委等七个部门联合发布的《评标委员会和评标办法暂行规定》的相关规定以及国家发改委和六部门联合发布的《工程建设项目货物招标投标办法》规定进行评标。采用国际招标方式的，应当按照商务部《机电产品国际招标投标实施办法》的规定进行评标。

评标委员会应由招标人代表或其委托的招标代理机构的代表和有关技术、经济等专家5人以上单数组成，并且，技术、经济等专家不得少于成员总数的2/3。评审专家组成员须从省级以上人民政府有关部门提供的专家名册或专家数据库内的相关专家名单中确定。机电产品国际招标评审专家组成员的确定，须在招标网上采用随机抽取的方式予以确定。

（二）评标程序

1. 机电产品国际招标的评标。首先对投标文件进行了符合性检查后，继而进入商务评标阶段，对于通过商务评标的，再进一步进行技术评标。

2. 政府采购项目的货物招标的评标。

（1）初审。包括资格性检查和符合性检查。资格性检查是对投标文件中的资格证明、投标保证金等进行审查，以确定投标供应商是否具备投标资格；符合性检查是对投标文件的有效性、完整性和对招标文件的响应程度进行审查，以确定是否对招标文件的实质性要求作出响应。

（2）澄清。对投标文件中含义不明确、对同类问题表述不一致或者有明显文字和计算错误的内容作必要的澄清、说明或补正。

（3）比较与评价。按招标文件规定的评标方法和标准，对资格性检查和符合性检查合格的投标文件进行商务评估和技术评估，综合比较与评价。

（4）推荐中标候选人。中标候选供应商数量应当根据采购需要确定，但必须按顺序排列中标候选供应商。

3. 其他非政府采购项目或非采用国际招标方式进行的设备、材料的招标采购。

（1）评标准备。评标准备阶段的主要任务在于研究、熟悉和了解以下几点：

①招标的目的；

②招标项目的范围和性质；

③招标文件中规定的主要技术要求、标准和商务条款；

④招标文件规定的评标标准、评标方法和其他在评标中应考虑的因素。

从而编制供评标使用的相应表格，制定符合本项目评标的工作纲要。

（2）初步评审。初评一般包括两方面内容：一是对投标文件的完整性、编排的合理性、签署的合格性以及投标保证金是否提交、计算有无误差等基本项目进行审查，也称符合性审查。二是对投标文件是否实质上响应了招标文件所要求的全部条款、条件和规格进行审查，如无实质性偏差，则视为审查通过，反之投标将被拒绝。

评标委员会应当根据招标文件规定的评标标准和评标方法，对投标文件进行系统评审和比较，审查并列出投标文件的全部投标偏差。对于属于重大偏差的投标文件，应认定为没有对招标文件作出实质性响应，作废标处理。

（3）详细评审。即对经过初步评审的投标文件，进行商务、技术各部分的详细评审，具体评标方法在招标文件中应予以明确规定。详细评审的内容包括按招标文件规定的计算方法，纠正计算上的误差，调整不构成导致废标的细微偏差。在评标过程中，如有投标人报价明显低于其他投标报价或在设有标底时明显低于标底的，可要求投标人提供证明材料并予以书面澄清，不能合理说明或者不能提供相关证明材料的，由评标委员会认定该投标人以低于成本报价竞标，其投标应作废标处理。

（4）编制评标报告。评标结束后，评标委员会应当推荐按顺序排列的中标候选人1～3人，并标明排列顺序。评标委员会应当编制书面评标报告并提交招标人，评标报告须由全体评委会成员签字。评标报告应包括以下内容：

①基本情况和数据表；

②评标委员会成员名单；

③开标记录；

④符合要求的投标一览表；

⑤废标情况说明；

⑥评标标准、评标方法或者评标因素一览表；

⑦经评审的投标人排序；

⑧推荐中标候选人名单与签订合同前须处理的事宜；

⑨澄清、说明、补正事项纪要。

（三）评标方法

机电产品的国际招标，一般采用经评审的最低投标价法进行评标，在有特殊原因时，才能采用综合评分法进行评标。政府采购项目的货物招标，其评标方法主要有最低评标价法、综合评分法和性价比法可供选用。工程建设项目货物招标主要采用经评审的最低评标价法和综合评分法等方法进行评标。

1. 经评审的最低投标价法经评审的最低投标价法即最低评标价法，是以价格因素为主导的评标方法。当投标文件在技术条件和商务条件上能够最大限度满足招标文件中规定的各项评价标准和能够满足招标文件的实质性要求的前提下，将投标人的报价以货币形式表现出来，经评审后，以提出最低报价的投标人作为中标人或中标候选人。

2. 综合评分法。综合评分法是指在最大限度满足招标文件实质性要求的前提下，按照招标文件中规定的各项评价因素进行综合评审，以评标总得分最高的投标人作为中标人或中标候选人。

六、设备材料招标的主要流程

设备材料招标的主要流程如图 5-5 所示。

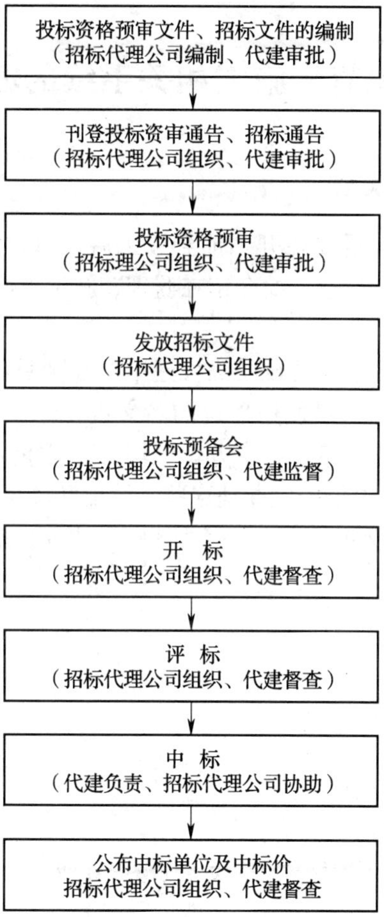

图 5-5　设备材料招标流程图

第六章　项目施工准备管理

在通过招投标方式确定了工程监理单位和施工单位，并与这些单位签订了相关合同，合同关系确立之后，应尽快建立项目的组织机构。代建单位建立的机构名称为代建经理部或代建管理部，在组织机构建立后，各参建单位应尽快地做好施工准备，以利于项目能按计划如期开工。施工准备与施工、竣工验收是建设项目实施阶段三个必不可少又相互影响的环节。施工准备是保证建设项目具备开工和连续施工的基本条件，施工准备工作做的充分与否，直接影响到项目的建设能否按预期的工期目标、较好的工程质量及较低的投资额度实施和完成。如果说项目实施阶段施工占 50% 的比例的话，那施工准备和竣工验收阶段基本各占 25%，因而代建单位在此阶段应当认真对待，在此阶段有很多工作是由项目使用单位直接与上级主管部门接洽办理的，代建单位是否协助项目使用单位、协助的范围和深度将在代建合同中具体约定。

第一节　施工相关手续的办理

一、相关施工手续的种类

由于建设工程的特殊性，需要在开工前到竣工后，向政府有关部门办理各种登记手续，并按规定支付相应费用。这里主要介绍在监理、施工单位招标后开工前需要办理的相关手续。

目前，由于还没有相应的法律法规明确代建单位在项目施工阶段的法律地位，因此，在办理相关手续时，还只能以项目使用单位的名义进行办理（注：目前在国家规定的基本建设有关报建手续的标准化表格中，申办单位均为建设单位，在代建项目中，使用单位亦即建设单位，下同），代建单位提供办理这些手续的相关资料并协助其办理。施工相关手续（因建设项目所属行业或部门不同而有所区别）主要包括：

1. 招投标文件备案。
2. 建设项目的用地许可。
3. 建设工程规划许可。
4. 质量、安全监督登记。
5. 施工许可证。
6. 建设项目相关专业专项审查。
7. 建设项目配套建设申请（如有）。

各项施工手续办理的先后次序、前后关系如图 6-1 所示。

二、相关施工手续的办理

（一）招投标文件备案的办理

1. 招标资格预审备案。备案应提交的材料包括：

（1）向有关行政主管部门递交的招标资格预审报告备案申请；
（2）代建单位发布的资格预审文件；
（3）由评标委员会编制的资格预审评审报告；
（4）项目所在地需要的其他相关文件。

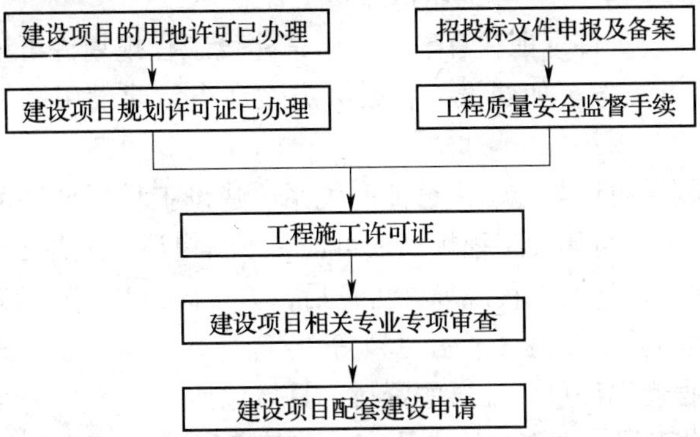

图 6-1 各项施工手续办理的程序图

2. 招标文件备案。备案应提交的材料包括：
（1）向有关行政主管部门递交的项目施工（监理）招标文件备案申请；
（2）代建单位发布的项目施工（监理）招标文件；
（3）代建单位向施工（监理）单位发布的施工招标答疑补遗书；
（4）项目所在地需要的其他相关文件。例如向有关行政监督部门提交招标投标情况书面报告，包括招标范围、招标方式和发布招标公告的媒介，招标文件中投标人须知、技术条款、评标标准和方法、合同主要条款等内容，评标委员会的组成和评标报告，中标结果等内容。

3. 评标报告备案。包括：
（1）向有关行政主管部门递交的项目评标报告备案申请；
（2）由评标委员会编制的评标报告文件；
（3）由建设工程交易中心向施工（监理）单位发出的中标通知书；
（4）项目所在地需要的其他相关文件。

（二）建设项目用地规划许可的办理

1. 建设用地规模范围。建设用地是指建造建筑物、构筑物的用地，包括城乡住宅和公共设施用地、工矿用地、交通水利设施用地、旅游用地、军事设施用地等。

2. 建设用地使用条件：
（1）依法申请使用国有土地；
（2）招标拍卖以有偿使用方式取得土地使用权；
（3）以租赁形式取得一定年限的土地使用权。

（三）建设工程规划许可的办理

1. 申请建设工程规划许可证的范围。根据国家有关规定，申请建设工程规划许可证的范围包括：
（1）新建、改建、扩建的建筑工程；

（2）新建、改建城市道路、公路、桥梁、管线、隧道、轨道交通工程；

（3）文物保护单位和优秀近代建筑的大修工程，以及改变原有外貌或者结构体系或者基本平面的装修工程；

（4）需要变动主体承重结构的建筑大修工程；

（5）沿城市道路或在广场设置的城市雕塑工程。

2．申请建设工程规划许可证注意事项。申请建设工程规划许可证，应根据规划管理要求送审建设工程设计方案。如建设工程设计方案在申请建设用地规划许可证时已经核定，则可免送。

3．建设工程规划许可证与施工许可证的关系。建设工程规划许可证是申请办理施工许可证的前提条件，未取得建设工程规划许可证，不得申请办理开工手续。例如，市政交通及管线工程项目在取得建设工程规划许可证后，方可向市政工程管理部门申请掘路，向交通管理部门申请封闭城市交通（或占道）等手续。

4．申请建设工程规划许可证报送的资料。具体包括：

（1）填报《建设工程规划许可证申请表（建筑工程）》；

（2）地形图（如向市一级测绘院晒印，比例一般为1:500或1:1000，地形图上需按总平面设计图要求划示新建建筑物位置及有关尺寸）；

（3）总平面设计图（比例一般为1:500或1:1000，应标明建筑基地界限、新建建筑物的外轮廓尺寸和层数、新建建筑物与基地界限、道路规划红线、相邻建筑物、河道规划蓝线、高压线的间距尺寸）；

（4）建筑施工图（平、立、剖面图及图纸目录），建筑分层面积表（应按国家有关建筑面积规定计算），绿地布置图；

（5）建设项目土地使用权属证件（复印件）；如属新增用地，应提供国土资源部门核发的建设用地批准书（复印件）；

（6）原有基地拆房，需提供拟拆房屋的权属证明（复印件）；

（7）基础施工平面图，基础详图及桩位平面布置图；

（8）建设项目可行性研究报告批准文件；

（9）建筑工程施工图预算；

（10）消防、环保、卫生和交通等有关部门的审核意见；

（11）园林部门的审核意见；

（12）民防办和新型墙体材料办的审核意见（如有）；

（13）若涉及保护建筑及文物的建筑工程，须取得文物管理部门的审核意见；

（14）要求附送的其他有关文件、资料。

5．建设工程规划许可审核结果与注意事项。

（1）经审核同意的，由规划管理部门发给项目使用单位下列审批文件：

①《建设工程规划许可证》；

②建设工程项目表；

③盖有项目所在地城市规划管理部门规划管理专用章或规划管理业务专用章的总平面设计图和地形图；

④盖有核发建设工程规划许可证编号的建筑施工图（平、立、剖面图）和基础结构图；

⑤建设工程开工复验灰线（或红线征地桩）和建设工程竣工规划验收申请表；

⑥如建设工程需要订立道路规划红线界桩的，加发《订界通知单》；

（2）注意事项。项目使用单位在领取《建设工程规划许可证》时，应注意下列事项：

①属应缴纳建设工程执照费的工程，应凭缴费单据领取《建设工程规划许可证》；

②项目使用单位在取得《建设工程规划许可证》后，应在6个月内申请开工，逾期末开工又未申请延期或者申请延期未经批准的，建设工程规划许可证自行失效。

（四）质量、安全监督登记的办理

1．按照国家基本建设程序的规定，在办理施工许可证之前应当到行业或部门规定的工程安全质量监督机构办理工程安全质量监督手续。办理安全质量监督手续时需提供下列资料：

（1）施工图设计文件审查报告和批准书；

（2）中标通知书和施工、监理合同；

（3）使用单位、代建单位、施工单位和监理单位的项目负责人和机构组成；

（4）总体施工计划、施工组织设计和监理规划（监理实施细则）；

（5）其他需要的文件资料。

2．安全、质量监督手续的办理程序。

（1）准备相关资料（建设工程安全、质量监督手续申报表格式一般如表6-1、表6-2）；

（2）递交资料：向建设行政主管部门委托的安全质量监督机构递交有关工程安全质量监督项目监理与安全质量监督注册的相关资料；

（3）安全质量监督机构受理：建设行政主管部门委托的安全质量监督机构接收申报的资料，按照受理标准查验申办材料，符合标准时将予以办理，并转注册人员；

（4）安全质量监督机构注册：建设行政主管部门委托的安全质量监督机构注册人员按照注册标准进行审核，符合标准的，准予注册，并告知申办人到指定银行缴纳建设工程安全质量监督费；

（5）交费：按有关规定到指定银行缴纳建设工程安全质量监督费；

（6）安全质量监督机构备案：建设行政主管部门委托的安全质量监督机构备案人员按照备案标准进行审核，符合标准的，在施工许可申请表上加盖注册专用章；

（7）领取相关审批文件。

（五）施工许可证的办理

为了加强对建筑活动的监督管理，维护建筑市场秩序，保护建筑工程质量和安全，根据我国《建筑工程施工许可管理办法》规定，建筑工程在开工前应当向工程所在地的县级以上人民政府建设行政主管部门申请领取施工许可证。必须申请领取施工许可证的建筑工程未取得施工许可证的，一律不得开工（工程投资额在30万元以下或者建筑面积在300平方米以下的建筑工程，可以不申请办理施工许可证）。

1．申请领取施工许可证的条件。申请领取施工许可证，应当具备下列条件，并提交相应的证明文件：

（1）已经办理该建筑工程用地批准手续；

（2）在城市规划区内的建筑工程，已经取得建设工程规划许可证；

表 6-1　建筑工程安全质量监督申报表（正表）

<table>
<tr><td>项目名称</td><td colspan="2"></td><td>报建编码</td><td></td></tr>
<tr><td>建设地点</td><td colspan="2"></td><td>所在区县</td><td></td></tr>
<tr><td>建筑总面积</td><td colspan="2">m^2</td><td>建安工作量</td><td>万元</td></tr>
<tr><td>项目内容</td><td colspan="4"></td></tr>
<tr><td colspan="5">请在以下项目内（□）打“√”</td></tr>
<tr><td>建设性质</td><td colspan="4">□新建　□扩建　□改建　□装修　□复工　□其他</td></tr>
<tr><td>立项级别</td><td colspan="4">□国务院（各部委）　□市　□区（县）　□其他</td></tr>
<tr><td>参建单位</td><td colspan="4">□勘察　□设计　□施工　□总承包　□施工　□监理</td></tr>
<tr><td>工程性质</td><td>□单体工程　□群体工程</td><td colspan="2">是否重大工程</td><td>是□　否□</td></tr>
<tr><td>其他说明事项</td><td colspan="4">有：□电梯　□民防</td></tr>
<tr><td>建设单位名称</td><td colspan="4"></td></tr>
<tr><td>建设单位地址</td><td colspan="2"></td><td>邮政编码</td><td></td></tr>
<tr><td>联系人</td><td colspan="2"></td><td>联系电话</td><td></td></tr>
<tr><td>代建单位名称</td><td colspan="4"></td></tr>
<tr><td>代建单位地址</td><td colspan="2"></td><td>邮政编码</td><td></td></tr>
<tr><td>联系人</td><td colspan="2"></td><td>联系电话</td><td></td></tr>
<tr><td>申报单位</td><td>建设单位公章：
法人代表人签章：
____年____月____日</td><td>监督机构</td><td colspan="2">监督受理专用章：
经办人：
____年____月____日</td></tr>
<tr><td>备注</td><td colspan="4"></td></tr>
</table>

说明：1. 本表一个项目（报建项目）填写一张，一式三份（监督机构一份，建设单位一份，代建单位一份）。
2. 建筑面积保留到个位数，建安工作量为施工合同总造价。
3. 项目内容为建安工作量所包括的范围、内容、数量。

表 6-2 建筑工程安全质量监督申报表（附表）

报建编号：

<table>
<tr><td>项目名称</td><td colspan="5"></td></tr>
<tr><td>工程地点</td><td colspan="5"></td></tr>
<tr><td>所在区县</td><td colspan="3"></td><td>合同价</td><td>万元</td></tr>
<tr><td>建设单位</td><td colspan="5"></td></tr>
<tr><td>建设单位地址</td><td></td><td colspan="2">邮政编码</td><td colspan="2"></td></tr>
<tr><td>联系人</td><td></td><td colspan="2">联系电话</td><td colspan="2"></td></tr>
<tr><td colspan="6">管理单位</td></tr>
<tr><td>代建单位</td><td colspan="5"></td></tr>
<tr><td>代建单位地址</td><td></td><td colspan="2">邮政编码</td><td colspan="2"></td></tr>
<tr><td>联系人</td><td></td><td colspan="2">联系电话</td><td colspan="2"></td></tr>
<tr><td colspan="6">参建单位</td></tr>
<tr><td>勘察单位</td><td></td><td>项目负责人</td><td></td><td>联系电话</td><td></td></tr>
<tr><td>设计单位</td><td></td><td>项目负责人</td><td></td><td>联系电话</td><td></td></tr>
<tr><td>施工总包单位</td><td></td><td>项目负责人</td><td></td><td>联系电话</td><td></td></tr>
<tr><td>施工单位</td><td></td><td>项目经理</td><td></td><td>联系电话</td><td></td></tr>
<tr><td>监理单位</td><td></td><td>项目总监</td><td></td><td>联系电话</td><td></td></tr>
<tr><td colspan="6">申报单位</td></tr>
<tr><td colspan="6">法定代表人签章：

建设单位公章：

____年____月____日</td></tr>
<tr><td colspan="6">监督机构</td></tr>
<tr><td colspan="6">监督受理专用章：　　　　经办人：

____年____月____日</td></tr>
</table>

说明：1. 本表一式二份（监督机构一份，建设单位一份，代建单位一份）。

2. 工程地点、参建单位相同的工程，逐一填在“工程明细表”中；工程地点、参建单位不同的工程需分别填表。（根据工程情况的不同，每次报监可能有多张附表）。

（3）施工现场已基本具备施工单位进场施工条件，需要拆迁的，其拆迁进度符合施工要求；

（4）已经确定施工需要的施工图纸及技术资料，施工图阶段设计文件已经按照规定通过了审查；

（5）已按照规定向质监部门办理好质量、安全监督手续（建筑工程安全质量监督申报表格式如表6-2、表6-3）；

（6）有保证工程质量和安全的具体措施：施工企业需要编制的施工组织总设计中有根据项目实际情况制定的相应质量、安全技术方案，专业性较强的施工项目制定了专项质量、安全施工组织设计；

（7）建设资金已落实。建设工期不足一年的，到位资金原则上不得少于工程合同价款的50%，建设工期超过一年的，到位资金原则上不得少于工程合同价款的30%；

（8）法律、行政法规规定的其他条件，例如建设部颁发的建质安函［2007］23号《建设工程开工安全审查规定》（征求意见稿）第3条“建设单位申请领取建设工程施工许可证，必须具备建设行政主管部门规定的开工安全生产条件。不具备安全生产条件的，不予颁发施工许可证”；

（9）需要由代建单位协助使用单位提供的有关工程管理的资料：

①项目工程管理人员名册，包含姓名、学历、职称等人员资质证明材料；

②委托有关单位对项目施工工程中的安全分析评估报告，其中应有工程项目工程特点、安全作业环境、安全生产和文明施工的管理目标等内容；

③设计单位在设计文件中对安全施工提出的要求及建议；

④施工合同中约定的安全防护、文明施工措施费用的支付计划（如公路工程一般为合同总价的1%）；

⑤向施工单位提供施工现场及毗邻区域内的供水、排水、供电、通信、供气、供热等地下、地上管线资料，并经施工单位调查确认；

（10）代建单位需要求监理单位提供的资料：

①监理单位资质证书；

②项目专业监理单位员配备情况及相应资质证明；

③监理对项目安全生产的实行方案；

（11）代建单位需要求施工单位提供的资料：

①施工企业安全生产许可证；

②施工企业安全生产责任制和安全生产保证体系资料；

③项目负责人、专职安全员配备情况是否符合合同要求，以及这些人员的安全生产考核合格证书；

④危险性较大的分部分项工程编制的安全生产方案，以及安全生产事故紧急救援预案；

⑤为项目施工人员购买的人身安全意外伤害保险相关凭证；

⑥安全生产专项资金详细使用计划和制定的保障措施。

2. 申请建筑工程施工许可证应报送的资料。具体包括：

（1）建设工程具备施工条件后，项目使用单位应当按工程的管理范围向管理部门领取《建筑工程施工许可申请表》，并如实填报相关内容（交通工程项目施工许可证格式一般如表6-3～表6-6）；

表 6-3　公路工程施工许可证（表 1）

×××××公路项目

施工许可申请书

<table>
<tr><td>申请人（项目法人）名称</td><td colspan="4"></td></tr>
<tr><td>申请人（项目法人）地址及邮政编码</td><td colspan="4"></td></tr>
<tr><td rowspan="5">法定代表人姓名及联系方式</td><td>姓名</td><td></td><td rowspan="5">委托代理人姓名及联系方式</td><td>姓名</td><td></td></tr>
<tr><td>电话</td><td></td><td>电话</td><td></td></tr>
<tr><td>手机</td><td></td><td>手机</td><td></td></tr>
<tr><td>传真</td><td></td><td>传真</td><td></td></tr>
<tr><td>E－mail</td><td></td><td>E－mail</td><td></td></tr>
<tr><td>申请材料目录</td><td colspan="5"></td></tr>
<tr><td>申请日期</td><td colspan="2">年　月　日</td><td>法定代表人（委托代理人）签字或盖章</td><td colspan="2"></td></tr>
</table>

注：1. 本申请书由交通行政许可的实施机关负责先免费提供。
2. 申请人应当如实向实施机关提交有关材料和反映情况，并对申请材料实质内容的真实性负责。

表 6-4　公路工程施工许可证（表 2）

×××××公路项目

施工许可申请书

<table>
<tr><td rowspan="3">项目基本情况</td><td>项目名称：</td></tr>
<tr><td>路线起讫点：</td></tr>
<tr><td>建设规模及主要技术指标：</td></tr>
<tr><td rowspan="4">建设依据</td><td>工程可行报告批准机关：　　文号：　　日期：
项目申请报告核准机关：　　日期：</td></tr>
<tr><td>初步设计批准机关：　　文号：　　日期：</td></tr>
<tr><td>施工图设计批准机关：　　文号：　　日期：</td></tr>
<tr><td>批准总概算：　万元　　其中部投资：　万元</td></tr>
<tr><td>土地征用办理情况</td><td>建设用地批准机关：　　文号：　　日期：</td></tr>
<tr><td>交通主管部门对建设资金的设计意见</td><td>（章）
年　月　日</td></tr>
</table>

表 6-5　公路工程施工许可证（表 3）

×××××公路项目

施工许可申请书

<table>
<tr><td rowspan="2">项目法人基本情况</td><td>项目法人名称（章）：　　　　　　法定代表人：</td></tr>
<tr><td>委托的项目建设管理单位（如有）：</td></tr>
<tr><td colspan="2">质量监督单位：</td></tr>
<tr><td colspan="2">设计单位：　　　　　　　　　　资质等级：</td></tr>
<tr><td colspan="2">申请开工日期：　　　计划竣工日期：　　　计划工期：　个月</td></tr>
<tr><td colspan="2">该项目施工许可实施机关的下一级地方人民政府交通主管部门初审意见（如有）：

签字：　　　　（章）
年　　月　　日</td></tr>
<tr><td colspan="2">该项目施工许可实施机关审批意见：

（章）
年　　月　　日</td></tr>
</table>

表 6-6　公路工程施工许可证（表 4）

×××××公路项目

施工许可申请书（附表）

合同段	里程桩号	施工单位				监理单位			
		单位名称	资质等级	合同价（万元）	承建内容	单位名称	资质等级	合同价（万元）	监理人员数量
1									
2									
3									
4									
5									
6									
7									
8									
9									
10									

（2）建设工程用地许可证原件及复印件；

（3）建设工程规划许可证原件及复印件；

（4）拆迁许可证或施工现场是否具备施工条件，一般应由施工企业主要技术负责人签署是否已经具备施工条件的意见，报发证机关审查；

（5）用地批准手续（国有土地使用证或有关批准文件）原件及复印件；

（6）中标通知书及施工合同原件（或直接发包登记表）；

（7）施工图纸及技术资料原件，使用单位应提供施工图设计文件审查部门的审查报告或审查意见（即审查通知书）；

（8）施工组织设计，一般应由监理单位或使用单位对施工企业的施工组织设计进行审查，并由总监理工程师或使用单位的主要技术负责人在本栏内签署意见；

（9）委托监理合同原件及监理单位中标通知书原件（或直接委托登记表），部分地区需要代建单位工程技术人员情况登记表；

（10）质量、安全监督登记手续；

（11）银行付款保函或其他第三方担保证明，工程材料预付款按各地要求所不同（一般为15% ~20%）；

（12）其他资料：如项目建设资金落实证明原件，人防部门出具的人防施工图备案回执，法人委托书（附被委托人身份证并盖章），廉政协议等。

3. 施工许可证的办理程序。具体包括：

（1）报送资料：向当地建设行政主管部门报送相关资料；

（2）受理：建设行政主管部门按照受理标准查验申请资料，符合标准的，即时给予受理，并向申请人开具行政许可受理通知书，并将有关材料转审查人员；

（3）审查：审查人员按照审查标准对受理人员移送的申请材料进行审查，符合标准的，在规定的时限内进行施工现场踏勘，对施工场地基本具备施工条件的，提出审查意见，并送有关材料转决定人员；

（4）决定：决定人员按照审定标准对施工许可申请做出行政许可决定。同意审查意见的，签署意见，转告知人员；

（5）告知：对准予批准的，告知人员向申请人出具行政许可事项批准通知书，并在决定之日起规定的时限内向申请人颁发、送达《建筑工程施工许可证》。

表6-7 某地区施工许可证相关手续办理程序表

<table>
<tr><th>主要程序</th><th>序号</th><th>办理事项</th><th>需提交材料和依据</th><th>承办单位</th></tr>
<tr><td rowspan="5">招标投标手续</td><td>1</td><td>工程报建和登记</td><td>建设工程项目立项文件；图纸审查合格书；规划许可证；土地证</td><td>交易中心</td></tr>
<tr><td>2</td><td>招标公告审查备案</td><td rowspan="2">招标公告（或资格预审公告）</td><td>招标办</td></tr>
<tr><td>3</td><td>发布招标公告</td><td>交易中心</td></tr>
<tr><td>4</td><td>资格预审文件备案</td><td>资格预审文件</td><td rowspan="2">招标办</td></tr>
<tr><td>5</td><td>招标文件审查备案</td><td>招标人编制的招标文件</td></tr>
</table>

续表6－7

主要程序	序号	办理事项	需提交材料和依据	承办单位
招标投标手续	6	安排交易时间	招标文件	交易中心
	7	招标答疑备案	招标答疑纪要	招标办
	8	投标文件的接收	投标人编制的投标文件	交易中心
	9	中标公示手续	评标专家委员会的评标报告	
	10	暂停招标程序通知	对公示结果出现的异议	招标办
	11	中标通知书打印	中标公示无异议	交易中心
	12	中标通知书备案	交易中心出具的联系单	招标办
	13	合同审查备案	中标通知书；招标文件；施工合同原件	定额站
窗口受理	14	表格领取	中标通知书原件，复印件	便民中心
质量监督	15	质量监督手续	施工图设计文件审查报告和合格书；中标通知书和施工，监理合同；建设，施工，监理单位工程项目负责人和机构组成；其他需要的文件资料	质监站
安全监督	16	安全监督手续	建设工程安全施工措施备案审查表；安全施工措施备案资料；施工企业项目经理及安全员安全生产考核证；施工企业特种作业人员特殊工种证；购买建工险凭证，其他需要提供的资料	安全站
企业管理	17	流动人口计划生育	计划生育责任书，合同书，流动人口计生证明，流动人口登记表	企管处
	18	不拖欠工资承诺书	民工工资保障金交款通知单	企管处
	19	外地企业进安备案	领取诚信手册	
开发手续	20	房地产开发建设项目手册	房地产开发项目备案资料；资本金监管协议；价格调节基金缴付凭证	开发办
许可审批	21	施工许可证	规划许可证，土地证，中标通知书，图纸审查批准书，施工许可审批表	建管科

续表 6－7

主要程序	序号	办理事项	需提交材料和依据	承办单位
费用交纳	22	招标交易费	中标结果无异议	交易中心
	23	质量监督费	中标通知书，图纸审查合格书	质监站
	24	定额测定费	中标通知书，图纸审查合格书	建管科
	25	施工企业社保基金		
	26	农民工工资保障金		
	27	档案服务费		
	28	建工险		
	29	散装水泥费	如有	便民中心
	30	墙改费		
	31	绿化费		
窗口办结	32	证书发放	建委行政许可申请表，施工许可审批表	

4．注意事项：

（1）使用单位申请领取施工许可证的工程名称、地点、规模，应当与依法签订的施工承包合同一致。建筑工程在施工过程中，使用单位或者施工单位发生变更，应当重新申请领取施工许可证。

（2）使用单位应当自领取施工许可证之日起三个月内开工。因故不能按期开工的，应当在期满前向发证机关申请延期，并说明理由；延期以两次为限，每次不超过三个月。既不开工又不申请延期或者超过延期次数、时限，施工许可证自行废止。

（3）在建的建筑工程因故中止施工的，使用单位应当在自中止施工之日起一个月内向发证机关报告，报告内容包括中止施工的时间、原因、在施部位、维修管理措施等，并按照规定做好建筑工程的维护管理工作。

（4）建筑工程恢复施工时，应当向发证机关报告；中止施工满一年的工程恢复施工前，使用单位应当报发证机关核验施工许可证。

（5）使用单位未取得施工许可证，擅自施工的，主管部门除责令停止施工，限期整改，一般还会处以罚款或通报（如交通部交公路发［2007］565《关于进一步加强公路工程施工许可管理工作的通知》第五条：严格执行施工许可制度，加强许可管理工作。各地交通主管部门要切实加强施工许可管理工作，完善审查制度，建立施工许可动态工作档案，督促项目法人严格执行施工许可制度，对未经许可擅自开工的项目要及时予以制止，并依法追究责任。今后凡未取得施工许可的项目，除一律不得申报公路交通优质工程奖外，部还将在全国进行通报）。

（六）建设项目相关专业专项审查内容（部分地区有所不同）

1. 建设项目环境保护审查。为了加强建设项目的环境保护管理，防止废水、废气、废渣、粉尘、烟雾、恶臭、热污染、放射性物质、电磁辐射、噪声、振动等引起的环境污染，对人体健康、周围环境和自然资源造成有害或者不良影响（包括潜在影响），政府对新建、改建、扩建的建设项目（包括区域开发项目）和技术改造项目（包括不含土建的设备更新）以及可能受到环境影响的住宅建设项目的环境保护建设，规定都必须执行环境影响评价和环境保护设施与主体工程同时设计、同时施工、同时投入生产和使用。

2. 建设项目卫生防疫审查。为了使使用单位生产性项目和非生产性项目的规划、设计的功能分区合理布局，工业企业的劳动卫生防护设施，工业企业与居住区的卫生防护隔离区、饮食业防止食品污染和变质的设施均应符合卫生原则，为此，有关行政主管部门对建设项目实行卫生防疫审查制度。

3. 建设项目消防审核。为了预防火灾和减少火灾危害，保护公民人身、公共财产和公民财产的安全，维护公共安全，国家和工程所在地政府有关部门明确了使用单位应当将建筑工程消防设计图纸及有关资料报送公安消防机构审核；经公安消防机构审核的建筑工程消防设计需要变更的，应当报经原审核的公安消防机构核准；按照国家工程建筑消防技术标准进行消防设计的建筑工程竣工时，必须经公安消防机构进行消防验收。

4. 建设项目民防审查。为了加强民防工程的维护管理和开发利用，国家和工程所在地政府有关部门对具有防范自然灾害、城市工业事故灾害和战争灾害等功能的地下、半地下防护设施的民防工程（含等级民防工程和简易民防工程），实施监督管理，明确了民防主管部门在项目建筑设计方案、初步设计、施工图设计及竣工验收各阶段对民防工程的要求及管理程序。

5. 建设项目绿化审查。为了促进植树造林绿化工作，加强树（林）木、绿（林）地建设和管理，保护和改善城乡生态环境，实施可持续发展战略，国家和工程所在地政府有关部门明确规定所有建设项目的绿化配套方案应当按照有关技术标准预留耕植位置和面积，应符合规划绿线要求；建设项目绿化经费由使用单位承担，列入建设项目总投资；绿化建设工程设计须报送绿化管理部门审核，并办理相关手续，建设工程竣工后，绿化管理部门应当参与绿化工程验收。

6. 建设项目劳动安全卫生监察。为了贯彻“安全第一、预防为主”的方针，确保建设项目（工程）符合国家规定的劳动安全卫生标准，保障劳动者在生产过程中的安全与健康，国家和工程所在地政府有关部门明确规定了建设项目中的劳动安全卫生设施必须符合国家规定的标准，必须与主体工程同时设计、同时施工、同时投入生产和使用。

7. 建设项目道路交通审查。为了加强道路交通管理，维护交通秩序，保障交通安全和畅通，国家和工程所在地政府有关部门明确了城市道路建设和工程项目建设应当适应道路交通的发展要求，为此对部分建设项目的道路交通内容进行审查。

8. 建设项目市容环境卫生审查。为了加强城市环境卫生设施的规划、建设，提高城市环境卫生水平，保障人民的身体健康，国家和工程所在地政府有关部门明确了建设项目的环卫公共设施、公共厕所、化粪池、垃圾管道、垃圾容器和垃圾容器间、废物箱及环卫车辆通道等，应符合其相应标准。使用单位在其项目规划、方案设计、施工图设计、施工及竣工验收各阶段到政府环境卫生管理部门办理有关手续。

9. 建筑节能审查。为节约能源、保护环境、促进经济社会可持续发展，有利于提高人民生活质量和改善建筑条件，国家对建筑工程从规划方案、可行性研究报告、初步设计方案、施工图设计文件、竣工验收提出一系列要求，需要按照公共建筑节能设计标准，进行规划、设计、施工和竣工验收。

10. 建设项目抗震设防审查。为了防御与减轻地震灾害，保护人民生命和财产安全，保障社会主义建设顺利进行，有关规定建设项目从可行性研究、初步设计、施工图设计、施工直至竣工验收均提出一系列要求和规定，以提高建设项目抗御地震的能力，保障人民生命和财产的安全，维护经济的持续、快速、健康发展。

11. 河道管理范围内建设项目审核。为了加强河道管理范围内建设项目的管理工作，充分发挥河道的综合效益，保障河道防汛排涝安全，改善城乡水环境，对工程所在地政府有关部门河道管理范围内建设项目以及临时使用河道管理范围内水域或者陆域的，按照河道专业规划和防洪排涝的标准进行审核，以维护河道水质和堤防安全，保持河势稳定和行洪排涝通畅。

（七）建设项目配套建设申请内容（部分地区实施不同）

1. 建设项目供电申请。为了保障和促进电力建设事业的发展，建立正常的供电用电秩序，维护电力投资者、经营者的合法权益，保障电力安全运行，电力供应与使用双方应当根据平等自愿、协商一致的原则，签订供用电合同，确定双方的权利和义务。国家对电力供应和使用，实行安全用电、节约用电、计划用电的管理原则，因此申请新装用电、临时用电、增加用电容量、变更用电和终止用电应当依照有关规定的程序办理手续。电力设施是建设项目的重要配套条件，建设项目的用电，从可行性研究、设计、施工、验收、使用各阶段均需按有关程序办理相关的手续。

2. 建设项目给水申请。建设项目在施工、交付使用和生产时，都需自来水供水系统供应生产用水和生活用水，进行配套建设。

使用单位在申请给水供应时，应向自来水公司提供接水业务申请书、建设征用土地批准书、可行性研究报告批复、建设区域地形图、给水系统设计图、给排水总平面图和透视图、水处理设施平面图和透视图；消防接水，应向公安消防部门提出申请，并取得同意。

建设项目建成后的用水量特别巨大或远离市区，供水、排管困难的，原则上由使用单位自建水厂或供水设施。如需使用地下水资源，应首先向计划用水部门提出申请，经批准后才能凿井施工。

3. 建设项目排水申请。城市排水设施是建设项目的重要配套工程之一，对于较大区域内没有排水设施而需新建排水设施的，一般由国家及地方政府投资；对于工程项目规划红线范围内的排水设施，一般由使用单位投资建设。

建设项目在建成投产、使用后的工业废水、生活污水和大气降水无论是纳入公共排水系统，还是自建排水设施，均为城市排水的体系。为此，使用单位在可行性研究时，应及时向排水行政主管部门征询意见，提出申请，报告排放的污水、废水的质量和数量，建设区外排水管线设计图，化粪池、泵站和各种污水、废水处理装置，建设区域内排水管线设计图。

排水行政主管部门按照国家关于污水排放的标准和城市排水系统的接纳能力，规定建设工程投产、使用后排放污水的质量和数量，规定建设区域内与城市排水系统衔接的出口。道路和排水设施配套工程竣工后，使用单位应组织设计、施工和排水行政主管部门进行工程验收。办理设备养护、维护的交接手续。

4．建设项目燃气申请。

（1）燃气设备配套建设。工程项目中的燃气设施建设，应征得燃气公司的同意。有关室内燃气管道管径、走向、出户点及燃气设备布局设计必须符合设计、施工检验技术规范，与室外燃气管道正确衔接。

（2）单位（工业、商业、事业、团体）客户新装业务需提供资料：

①加盖申请单位公章的申请报告；

②一般为当年市区 1∶500、郊区 1∶1000 地形图；

③一般为当年市区 1∶500、郊区 1∶1000 地下综合管线图；

④客户工程项目总平面图（包括给排水图）；

⑤房屋单体平面图；

⑥房屋建筑设计计算机盘片。

（3）住宅公房燃气配套业务需提供资料：

①如××市住宅建设配套费专用收据复印件；

②一般为当年市区 1∶500 城建局地形图，郊区 1∶1000 地形图；

③一般为当年市区 1∶500、郊区 1∶1000 地下综合管线图；

④一般为 1∶500 给排水总平面图（标明门号或房号）；

⑤一般为 1∶100 建筑、结构、给排水图；

⑥一般为 1∶100 燃气施工图。

5．建设项目道路管线掘路申请。为了合理组织城市道路、地下管线的施工，提高工程质量，缩短施工周期，避免管线损坏，明确市政工程建设部门、使用单位与各施工单位之间就施工项目计划、施工工期、施工质量、地下管线（包括连管）的保护、双方的职责及经济责任，政府有关规定对综合性工程，特别是市区主要交通干道和××平方公里范围内的道路与地下管线施工，进一步明确了施工准备、施工、竣工验收各阶段工作条件；工程执照、施工许可证及竣工验收工程技术资料归档程序要求和相关手续。申请一般由道路管线监察部门具体负责实施。

6．建设项目电信申请。为了规范电信市场秩序，维护电信用户和电信业务经营者的合法权益，保障电信网络和信息的安全，促进电信业的健康发展，电信用户申请安装、移装电信终端设备的，电信业务经营者应当在其公布的时限内保证装机开通，为电信用户交费和查询提供方便。电信用户应当按照约定时间和方式及时足额地向电信业务经营者缴纳电信费用。

建筑物内的电信管线和配线设施以及建设项目用地范围内的电信管道，应当纳入建设项目的设计文件，并随建设项目同时施工与验收。所需经费应当纳入建设项目概算。

7．住宅项目的专业配套。由于社会城市化进程的加快，一般城市的政府为了加强新建住宅配套建设及交付使用的管理，保障居民入住后的基本生活条件，根据“谁开发，谁配套”的原则，新建住宅应当按照规划设计要求和住宅建设投资、施工、竣工配套计划，配建满足入住居民基本生活条件的市政、公用和公共建筑设施。新建住宅经审核合格取得《住宅交付使用许可证》后，方可交付使用。

住宅配套建设的内容基本上分为市政设施、公用设施、公共建筑和环境建设四大类。市政设施包括雨水管网系统、污水管网系统和市政道路工程；公用设施包括给水系统工程、电力系统工程、燃气系统工程、通信系统工程和电视广播工程；公共建筑包括行政管理用房、教育文化用房和卫生民政用房等；环境建设包括绿化环境建设和垃圾收集处理等。

××市住宅项目配套建设条件审核申请手续：

(1) 需要办理住宅项目配套建设条件审核的对象和范围：××市新建住宅项目（含商住楼、商品住宅）；

(2) 申请所需提交的资料。使用单位除填报《住宅项目配套建设条件审核申请表》外，应根据项目已办手续的情况，提交相应的资料；

(3) 项目在选址手续批复之前须提交的资料：建设项目建议书及批复或上报的可行性研究报告或其他上报计划文件；标明项目用地位置的1:500或1:1000地形图、周边道路地下管线图；如管线图能反映用地范围的，不必再提交地形图；其他需说明的有关证明文件、资料；

(4) 项目选址手续批复后至可行性研究报告批复阶段需提交的资料：项目选址意见书和项目选址意见通知单；建设项目可行性研究报告及批复；其他资料同上阶段需提交资料的第2、3项；

(5) 项目在可行性研究报告批复至初步（或扩初）设计批复阶段需提交的资料：建设项目可行性研究报告；立项批复；建筑设计方案、总平面图及批复；经批准的道路排水系统、自来水、燃气、电力、电话、公交、交通等专业规划（大型基地）或上述各专业配套方案征询回复（小基地）；其他资料同上阶段需提交资料的第3项；

(6) 项目在初步（或扩初）设计批复至住宅竣工配套计划编制前须提交的资料：初步（或扩初）设计方案及批复；其他资料同上阶段需提交资料的第3、4、5项。

8. 建设项目的智能化申请。

(1) 建筑项目立项阶段：建筑项目立项申报时，使用单位应在立项报告（方案说明，项目论证，可行性报告等）中，说明拟建项目中的建筑智能化系统工程的内容，拟达到的功能要求和标准，投资及能耗以及解决的措施；立项报告经有关部门批准后，方可委托设计；有关建筑智能化系统的要求将作为项目内容下达；

(2) 建筑项目设计阶段：建筑智能化系统工程的设计方案应纳入整个建筑工程初步设计审批的范围；设计方案报批前，使用单位应委托当地建筑委员会科学技术委员会或其他经当地建委认定的机构对设计方案进行技术评审；

(3) 建设项目实施阶段：智能建筑开工前或建筑智能化系统开工前，使用单位应就智能化系统的施工向当地建设工程质量监督站报监并接受监督检查；

(4) 建设项目竣工阶段：使用单位申请建筑智能化系统竣工核验时，应向当地建设工程质量监督总站提交经当地建委认定的检测机构出具的各智能化系统的检测报告。

第二节 施工图纸会审和设计技术交底

一、依据、组织形式及各方职责

（一）法律依据

施工图纸会审和设计技术交底不仅是工程建设中的惯例，而且是法律、法规规定的相关各方的义务。《中华人民共和国建筑法》、《建设工程质量管理条例》、《建设工程勘察设计管理条例》以及国家有关部门和各地方政府的相关配套法规、规章均对此有明文规定和要求。例如《建设工程勘察设计管理条例》第二十八条、第三十条规定：

"施工单位、监理单位发现建设工程勘察、设计文件不符合工程建设强制性标准、合同约定的质量要求，应当报告建设单位，建设单位有权要求建设工程勘察、设计单位对建设勘察设计文件进行补充、修改。"

"建设工程勘察、设计单位应当在建设工程施工前，向施工单位和监理单位说明建设工程勘察、设计，解释建设工程的勘察、设计文件。并应及时解决施工中出现的勘察、设计问题。"

（二）组织形式及各方职责

在实行代建制的项目中，施工图纸会审与设计技术交底通常做法是，阶段设计文件完成后，设计单位将设计图纸移交给使用单位和代建单位，报有关部门批准后，由代建单位下发给监理单位和施工单位。再由监理单位组织参建各方进行施工图纸会审，并整理成会审问题清单，在设计交底前一周交设计单位。监理单位组织设计单位做交底准备，并对会审问题清单拟定解答。设计交底一般以会议形式进行，先进行设计交底，后转入施工图纸会审问题解释，通过代建单位组织使用单位、设计单位、监理单位、施工单位四方或参建方（例如质量监督管理部门、材料设备供应商、审计监察部门）多方研究协商，确定存在的图纸和各种技术问题的解决方案。设计交底应在施工开始前完成。

其中，设计技术交底由代建单位负责组织，设计单位向施工单位和监理单位等相关参建方进行交底，使用单位参加。施工图纸会审由监理单位负责组织使用单位、代建单位、施工单位、设计单位等相关参建单位参加。

设计技术交底应由设计单位整理会议纪要，施工图纸会审应由施工单位整理会议纪要，与会各方会签。设计技术交底与施工图纸会审中涉及设计变更的应按监理程序办理设计变更手续（在公路工程建设中一般称为"0#变更"或"0#台账"）。设计技术交底会议纪要、施工图纸会审会议纪要一经各方签认，即成为将来施工和监理的依据。

二、施工图纸会审

（一）施工图纸会审的基本内容及要求

施工图纸会审是项目施工前的一项重要准备工作。施工设计图纸是对构造物、设备、管线等将要施工的工程对象的尺寸、外形、布置、选用材料、相互关系、施工及安装质量要求的详细图纸和说明，是指导施工的直接依据，也是施工阶段质量控制的一个重点。施工图会审是指经施工单位、监理单位对施工图的审核完毕后，由代建单位组织使用单位、设计单位、监理单位、施工单位共同参与对施工图纸审核发现问题的一个总结。其目的是使施工单位、监理单位熟悉设计图纸，了解工程项目特点和设计意图，找出需要解决的技术问题和施工工艺，也是为了解决图纸中存在的问题，减少图纸的差错，将施工图中的质量隐患消灭在"腹中"。

1. 施工图纸会审的基本内容。通过施工图纸会审，重点应解决以下问题：

（1）理解设计意图、建筑艺术要求与构思、使用单位对工程建设要求和使用要求；

(2) 审查设计深度是否能满足指导施工的要求，采用新技术、新工艺、新材料、新设备的情况，工程结构是否满足规定的抗震烈度、等级要求等安全合理性；

(3) 审查设计方案及技术措施中，贯彻执行国家及行业规范、标准的情况；

(4) 根据设计图纸要求，审查施工承包单位组织施工的条件是否具备，施工现场的地形地貌条件、工程条件与水文地质条件等能否满足施工需要；

(5) 审查图纸上的工程部位、高程、尺寸及材料标准等数据是否准确一致，各类图纸在结构、管线、设备标注上有无矛盾，各种管线走向布局是否合理，与地上建筑、地下构筑物的交叉有无冲突等（此点在及时提出后可有效避免工期延长及减少投资）；

(6) 审查图纸上标明的工作范围与合同中明确的内容有无差异，如差异较大将影响工期及造价时，应及时向使用单位提出；

(7) 施工图纸会审时要有专人做好记录，并在会后做出施工图纸会审纪要；对于会审中提出的问题，要着重说明处理意见和解决办法，以及相应的责任单位；

(8) 施工图纸会审纪要经参加会审的单位签字确认后，分别送交各单位执行及存档，同时将作为施工过程中相关问题的处理依据和竣工验收文件的组成部分。

2. 施工图纸会审要求。在施工图纸会审之前，应将施工图纸发送到相关单位，并要求参加施工图纸会审的各方都应充分准备、认真对待，要理会设计意图及技术要求，并能从中发现问题，提出建议与意见。代建单位应先组织内部各专业技术人员进行图纸预审，汇总所发现的问题并提出初步处理意见，做到在会审前对设计心中有数。

(二) 施工图纸审核的重点

施工图纸会审的重点是使用功能及质量要求是否得到满足，是否符合国家和地方有关验收标准及设计任务书、设计合同的约定质量标准。具体包括：

1. 是否符合有关部门对初步设计的审批要求。

2. 是否对初步设计进行了全面、合理的优化。

3. 安全可靠性、经济合理性是否有保证，是否符合工程总造价的要求。

4. 设计深度是否符合设计阶段的要求。

5. 是否满足使用功能和施工工艺的要求。

6. 是否经过了监理工程师的认真审核，细节的处理是否到位。

(三) 施工图纸会审问题及处理方法

1. 施工图纸会审中每个单位提出的问题或优化建议在会审会议上必须经过讨论做出明确结论；对需要再次讨论的问题，在会审记录上明确最终答复日期。

2. 各个参建单位对施工图、工程联系单及施工图纸会审记录做好归档工作。

3. 作废和进行更改的设计图纸以书面形式通知，各个施工单位自行处理，不得影响施工。

4. 如发现图纸上标明的施工内容与合同中差异较大，并将影响工期及造价时，在费用和工期上应及时上报使用单位组织另行讨论。

三、设计技术交底

(一) 设计技术交底的目的

设计技术交底是指施工图纸在经过有关单位审查合格后，设计单位在设计文件交付施工使用前，按有关法律的规定就设计文件中的内容向代建单位、监理单位、施工单位做出详细的说明。其目的是：

1. 使各参建单位正确贯彻设计意图。

2. 通过前期各参建单位对设计图纸的掌握情况，加深对设计文件特点、难点、疑点的理解。

3. 对于一些关键部位的质量要求重点进行说明、讲解，确保施工时的质量管理。

4. 把设计要求、施工技术要求和质量标准贯彻到基层以至现场工作人员。

5. 对于施工难度大、技术要求高以及首次采用新技术、新工艺、新材料的工程，通过设计技术交底，要求施工单位制定相应的技术保障措施，做好技术培训工作，必要时应先行试点，取得经验并经监理单位批准后推广。

（二）设计技术交底的要求

代建单位组织的设计技术交底是为了让各参建单位领会设计意图，贯彻和执行上级技术部门的要求，执行和满足施工规范、技术规程、工艺标准和质量评定标准，特别是项目使用单位对于项目建设的要求。技术交底也是项目工程施工过程中的重要技术资料，所有技术交底均需列入工程技术档案。设计技术交底的基本要求是：

1. 设计技术交底必须满足现行施工规范、技术规程的要求。施工质量必须达到规范要求，不得任意修改、删减规范中的内容，不得降低施工质量标准。

2. 在设计技术交底前，各单位要先熟悉施工图纸和设计文件（包括说明）项目所采用的规范、工艺标准、质量标准等。

3. 设计交底必须满足设计图纸的技术要求，凡施工单位提出要修改设计的地方均应通过设计单位和代建单位的审查。

4. 对项目关键工程部位、特殊和隐蔽工程的质量要求，在进行交底时，要求设计单位专门做出详细的设计方案阐述，将设计要求交代清楚。

5. 对容易发生工程质量事故与工伤事故的特殊工种和工程项目，在技术交底时，要着重强调，让施工单位做到心中有数，预防施工时发生事故。

6. 代建单位应重视施工单位和监理单位内部传达交底精神的重要性，要求其内部交底必须是书面形式，且有相关人员的签字。

（三）设计技术交底的程序

设计单位的设计图纸经有关部门审查后，由设计代表向各参建单位就设计意图、图纸要求、技术性能、施工要求及关键部位的特殊要求详细进行交底。

（四）设计技术交底的组织

设计技术交底与施工图纸会审可一并组织进行。代建单位需要组织设计单位对于图纸的设计意图、工程技术与质量要求等向施工单位做出明确的技术交底。

施工单位应按施工技术管理程序，在单位工程、分部分项工程施工前逐级进行技术交底。对施工组织设计中涉及的工艺要求、质量标准、技术安全措施、规范要求、施工单位法、施工图纸会审中涉及的要求及变更等内容应向有关的施工人员进行交底。

代建单位组织设计交底工作流程如图 6-2 所示。

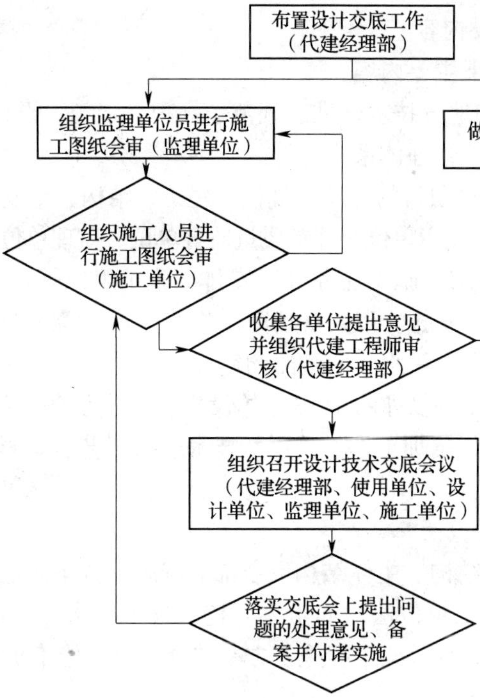

图 6-2　代建单位组织设计交底工作流程图

第三节　施工组织设计审查

一、概述

施工组织设计是以一个建设项目或建筑群体为编制对象，用以指导施工全过程各项活动的技术、经济的综合性文件，是整个建设项目施工的战略部署。凡新建、扩建、改建和复建的工业与民用建筑、港口码头工程、水利工程、铁路、公路交通工程、石油化工工程、市政工程、电力通信等工程类别，均应编制相应的施工组织设计。

施工组织设计从概略上可以解释为：从工程项目施工的全局出发，根据每种工程所具有的特点，按照客观的施工规律和当时当地的具体施工条件和工期要求等，统筹考虑施工活动中的人工、材料、机械、资金和施工方这五个主要因素，对整个工程的施工进度和相应的资源分配、消耗等作出的科学而合理的安排，最后形成一个有条理的书面文件用来合理安排整个施工过程。

（一）施工组织设计的划分

施工组织设计根据建设工程规模、结构特点、技术难易程度、施工条件的差异和所处阶段的不同可分为：

1. 工程投标施工组织设计（简称投标施组）。
2. 施工组织总设计（简称总体施组）。
3. 单位工程施工组织设计（简称施组）。
4. 分部分项工程施工方案。

（二）施工组织设计的主要内容

施工组织设计一般包括以下主要内容：

1. 编制依据。包括国家和地方技术标准、规范、规程、定额，设计文件、各类合同，以及企业内部的各项规章制度、管理体系文件等。

2. 工程概况。主要包括建设项目的性质、规模，建筑、结构、专业特点，水文地质条件，建筑所处地区的特殊条件，使用单位、施工质量监督单位、监理单位、设计单位等。

3. 施工部署。包括施工要求、施工任务分工安排、施工组织管理体制的设置、施工顺序流向或分期分阶段施工计划安排。以及现场障碍物的清除、场地平整、道路围墙、排水系统的位置及走向，施工用电、用水管网线路的铺设、架设，现场各种临时房屋的搭设数量、位置，现场测量平面控制网及水准高程点的设立，拟进设备、材料的报监（理）、送检（验）有关技术准备、岗位培训工作，采用新技术、新工艺、新材料等项目的科研、试验、应用计划。

4. 主要施工单位法。主要包括：

（1）重点单位工程的基础结构、主体结构、装饰装修施工方案的选择。

（2）主要分部分项工程施工单位法。如土方开挖，施工降水，边坡支护型式，钢筋工程、模板工程、混凝土工程、脚手架工程施工方案选择，大型施工机械设备的确定、流水段划分等。

5. 施工总进度计划（施工总控制网络计划）。

6. 各项资源需要量计划：由技术部门会同工程、材料等相关部门共同编制。主要内容包括：材料、劳动力、施工机具、构件、加工半成品等需用量和需用时间计划。其中特殊材料应单独列报。

7. 施工总平面布置：由技术部门会同工程部门组织相关人员共同编制。

8. 主要经济技术指标：由技术部门会同工程部门组织相关人员共同编制。

9. 主要施工管理措施：由各相应主管部门（或人员）负责编制，并应征求公司相关主管部门的意见。主要内容包括质量、安全、消防保卫、环保、计量、技术资料等措施，冬雨期施工技术措施及现场文明施工措施。

（三）施工组织设计审查的意义

施工组织设计是组织工程施工总体性的规划，是施工单位组织施工的指导性文件，对施工组织设计审查主要是为了合理地组织施工，科学地进行管理，有效地使用人力、物力，安排好时间和空间，使工程施工能够顺利地进行。

各参建单位认真审查并监督执行施工组织设计（方案），有助于增强对施工组织设计（方案）的认识和了解，有助于施工过程的“四控制、两管理、一协调”，有利于监督施工单位更好地实施施工组织设计（方案），有利于监理单位加强质量、安全监督管理，防患于未然。

在以往的建设模式中，审查施工组织设计的主要是监理单位，使用单位基本只是审查项目总体施工组织设计，其余的分部、分项工程施工组织设计大多都是由监理审核。但在监理的实际操作中，或流于形式，或报而不审，或审而不深，或审而不行（监督执行），有的根本就不审，没有充分认识到审查并监督执行施工组织设计（方案）的重要性和必要性、现实性和紧迫性。在引入代建制后，因为有了更专业的管理人员，他们熟悉现场管理，也熟悉施工技术，具备一定的现场施工技能和管理能力，对于施工组织设计审查能起到把握要点，突出重点的审核作用。

二、施工组织设计的审查

在项目施工前，施工单位应按要求，向监理单位报送项目施工组织设计方案，在监理单位审查后，报代建单位进行审批，由代建单位报委托方备案。

施工组织设计的审查内容主要包括施工方案、施工进度计划、施工平面图、资源计划等。

1. 施工方案的审查。施工方案是施工组织设计的核心，方案确定的优劣直接影响到现场的施工组织及工期。施工方案的审查重点包括以下内容：

（1）施工单位方法和施工机械的确定。对主要施工过程选择施工单位方法和施工机械时，应考虑工程特点、结构性质、工程量和施工要求，气候与地形、地貌、地质，现场及周围的施工环境，工期，施工承包单位的技术装备和管理水平等；

（2）施工流向的确定。施工流向是指在工程立体空间及平面位置施工开始的部位及其流动方向；施工流向的确定应满足施工组织及工程分期分批竣工投产的要求；

（3）施工顺序的确定。施工顺序应符合施工技术和施工工艺的要求，应与所选择的施工单位法和施工机械相适应，应满足施工组织与施工进度的要求，应符合施工质量和安全施工的要求，应考虑现场不利条件造成的影响；

（4）各项施工技术组织措施的确定。应重点审查施工方案中为保证工程质量和工期、降低成本、现场安全施工与文明施工所采取的技术组织措施。

2. 施工进度计划的审查。施工进度计划中的工期安排应当符合施工承包合同中对工期的要求，施工进度计划必须具有可行性和科学性。可行性要求施工承包单位应根据现场施工条件和自身组织管理能力编制计划，真实反映其按进度计划组织施工的可能性；科学性要求施工进度计划安排得既合理、又符合施工合同的要求，确保工程项目质量。为此，项目监理单位应认真、细致地审查施工承包单位提交的施工进度计划。施工进度计划审查要点包括：

（1）工期。总工期和阶段工期目标是否符合合同规定的要求；计划工期完成的可能性，计划是否留有余地；

（2）施工顺序。各个施工过程的施工顺序是否符合施工技术与组织的要求；

（3）持续时间。主导施工过程的起止时间及持续时间的安排是否正确合理；

（4）技术间歇，应有的技术间歇时间和组织间歇时间的安排是否符合有关规定的要求。

（5）交叉作业，从施工工艺、质量控制、安全生产的要求，审查平行、搭接、立体交叉作业的施工工序安排是否科学、合理；

（6）场地与交通。使用单位提供的施工场地与进度计划所需要的场地是否一致，各承包单位施工场地的利用是否会产生相互影响，运输路线的数量、距离、路况是否满足进度计划的要求；

（7）资源配置。劳动力、材料、机械及水、电、气等需用量是否落实和在计划中均衡利用。

3. 施工平面图的审查。施工平面图是施工现场的统筹布局，关系到施工现场组织与管理的综合效率。施工平面图的审查内容主要包括：

（1）内容是否全面，施工平面图的内容应包括：在施工用地范围内，一切已建及拟建的建筑物、构筑物和各管线的平面位置及尺寸，移动式起重机行进路线及轨道铺设，固定式垂直运输设施的平面位置以及各类起重机的工作面幅度，拟建工程的定位桩、测量基桩及取弃土方地点，为施工服务的生产、生活临时设施的位置、大小及相互关系；

（2）空间利用是否合理，应本着节约用地、统筹兼顾的原则布置临时设施，既要有利于生产和管理、方便生活，也要减少临时设施的费用；

（3）料场、取弃土方地点、路线等安排是否合理，应尽量缩短运输距离，减少现场二次搬运；

（4）安全、消防、环保等方面要求是否满足，劳动保护、技术安全、防火条例、市容卫生和环境保护等应遵守国家的有关法规。

4. 资源计划的审查。资源计划主要是指材料、劳动力、设备需用计划。应当审查工程项目所需的材料、劳动力和设备是否能及时得到供应，主要建筑材料的规格型号、性能、技术参数、质量标准能否满足工程需求，材料、劳动力、设备供应计划是否与施工进度计划相协调，能否保证施工进度计划的顺利实施。

施工组织总设计报审表、单位（分部）工程组织设计/专业/重大施工技术方案报审表格式分别如表6-8、表6-9所示。

表6-8 施工组织总设计报审表

工程名称： 编号：

<table>
<tr><td>主送</td><td colspan="3"></td><td>合同编号</td><td></td></tr>
<tr><td colspan="6">____________：施工组织总设计已由我单位编制和审查完毕，现报上，请予审批。

附件：《施工组织总设计》及附图。

年 月 日</td></tr>
<tr><td>技术负责人</td><td></td><td>经办人</td><td></td><td colspan="2">总包单位 （章）</td></tr>
<tr><td colspan="6">监理部审查意见：

年 月 日</td></tr>
<tr><td>总（副总）监理师</td><td></td><td>监理工程师</td><td></td><td colspan="2">项目监理部 （章）</td></tr>
<tr><td colspan="6">代建单位审批意见：

年 月 日</td></tr>
<tr><td>负责人</td><td></td><td>总工程师</td><td></td><td colspan="2">代建单位 （章）</td></tr>
</table>

本表一式四份，由总包单位填报，使用单位、代建单位、监理单位及总承包商各存一份。

表6-9 单位（分部）工程施工组织设计/专业/重大施工方案报审表

工程名称： 编号：

<table>
<tr><td>主送</td><td colspan="2"></td><td colspan="2">合同编号</td><td></td></tr>
<tr><td colspan="6">现上报________单位（分部）工程施工组织设计/专业/重大施工技术方案，请予审查。
附件：

年 月 日</td></tr>
<tr><td>技术负责人</td><td></td><td>经办人</td><td></td><td colspan="2">分包单位 （章）</td></tr>
<tr><td colspan="6">总承包单位审核意见：

年 月 日</td></tr>
<tr><td>技术负责人</td><td></td><td>经办人</td><td></td><td colspan="2">总包单位 （章）</td></tr>
<tr><td colspan="6">监理部审查意见：

年 月 日</td></tr>
<tr><td>总（副总）监理师</td><td></td><td>监理工程师</td><td></td><td colspan="2">项目监理部 （章）</td></tr>
<tr><td colspan="6">代建单位审批意见：

年 月 日</td></tr>
<tr><td>负责人</td><td></td><td>总工程师</td><td></td><td colspan="2">代建单位 （章）</td></tr>
</table>

本表一式五份，由施工单位填报，使用单位、代建单位、监理单位及总包单位、施工单位各存一份。

第四节　分包单位资格和开工报审表的审查

一、分包单位资格审查

在实行总承包的建设项目中，总承包单位不一定具备总承包合同工程范围内的所有专业工程的施工能力，所以通过分包的形式可以弥补总承包单位在技术、人力、设备、资金等方面的不足，因此，在工程项目建设中存在分包是很正常的。根据《中华人民共和国建筑法》第二十九条的规定：

"建筑工程总承包单位可以将承包工程中的部分工程发包给具有相应资质条件的分包单位；但是，除总承包合同中约定的分包外，必须经建设单位认可。施工总承包的，建筑工程主体结构的施工必须由总承包单位自行完成。

建筑工程总承包单位按照总承包合同的约定对建设单位负责；分包单位按照分包合同的约定对总承包单位负责。总承包单位和分包单位就分包工程对建设单位承担连带责任。

禁止总承包单位将工程分包给不具备相应资质条件的单位。禁止分包单位将其承包的工程再分包。"

作为代建单位，关键是把好分包单位的审查关，以确保分包单位的资质、管理和技术能力等满足各专业工程施工的需要。

（一）分包单位资格审查的内容和程序

分包工程开工前，监理单位应审查施工单位报送的分包单位资格报审表和分包单位有关资质资料，符合有关规定后，由总监理工程师予以签认，并报代建单位复审，代建单位在复审后，对于认为不符合要求的分包单位，有权指示监理单位重新审查。分包单位资格报审表格式如表6-10所示，资格审查程序如图6-3所示，分包单位资格审查的内容主要包括：

1. 分包单位的基本情况，包括该分包单位的营业执照、企业资质等级证书、特殊行业施工许可证、国外（境外）企业在国内承包工程许可证。

2. 分包单位的业绩与过去的工程经验、生产技术实力，特别是该分包单位的财务资本运行现状等。

3. 拟分包工程的内容和范围，分包工程价值占合同总价的比例。

4. 专职管理人员和特种作业人员的资格证、上岗证。

代建单位重点复核拟选择的分包单位是否具有按总合同规定的条件，接受分包工程任务的能力，技术实力和过去分包工程的业绩是否满足项目要求。

（二）分包管理中应注意事项

1. 督促施工单位加强对分包单位的选择和管理协调工作，要防止由于分包单位的能力不足，或对项目没有足够的重视而造成工程的拖延，进而影响整个项目的实施。

2. 作为代建单位，要对分包单位提出较高的要求，对分包单位的资格审查应严格把关。没有代建单位的同意，施工单位不得随便分包工程。明确规定分包单位出现的任何问题都由总包单位负责。

3. 分包工程不能过多过细。如果专业分包工程过多过细、多级分包，会造成管理层次增加和协调的困难，对工程进度、质量、投资、安全控制极为不利。

表 6-10 分包单位资格报审表

工程名称：　　　　　　　　　　　　　　　　　　　　　　　　　　编号：

<table>
<tr><td colspan="4">致：　　　　　　　　　　（监理单位）
经考察，(总包单位) 认为拟选择的(分包单位) 具有承担下列工程的施工资质和施工能力，可以保证本工程项目按合同的规定进行施工。分包后，(总包单位) 仍承担总包单位的全部责任。请予以审查和批准。
附：1. 分包单位资质资料；
2. 分包单位业绩材料。</td></tr>
<tr><td>分包工程名称（部位）</td><td>工程数量</td><td>拟分包工程合同额</td><td>分包工程占全部工程比重</td></tr>
<tr><td></td><td></td><td></td><td></td></tr>
<tr><td colspan="2">合　计</td><td></td><td></td></tr>
<tr><td colspan="4">总包单位项目经理__________
年　月　日</td></tr>
<tr><td colspan="4">专业监理工程师审查意见：
专业监理工程师__________
年　月　日</td></tr>
<tr><td colspan="4">总监理工程师审核意见：
项目监理单位__________
总监理工程师__________
年　月　日</td></tr>
<tr><td colspan="4">项目代建单位意见：
代建项目经理__________
年　月　日</td></tr>
</table>

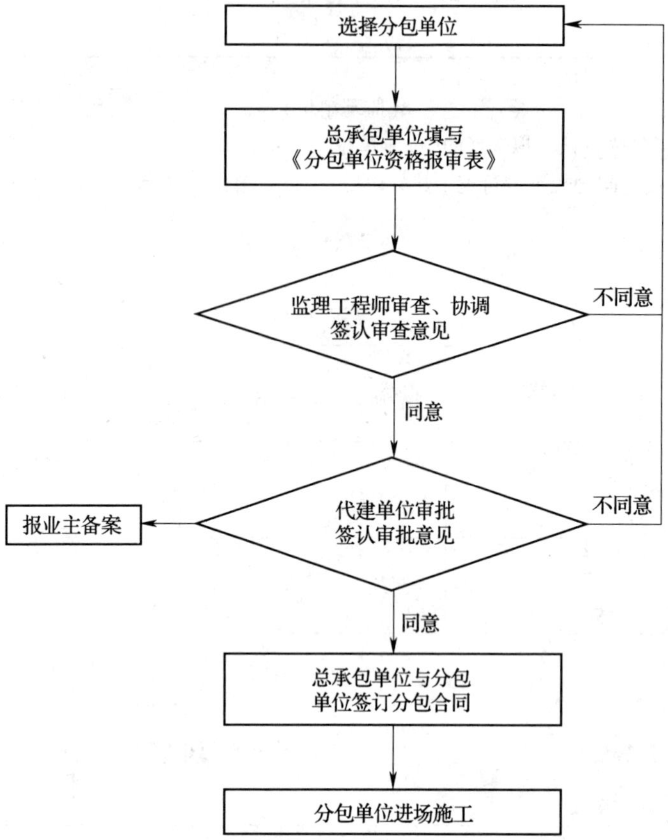

图 6-3　分包单位资格审查基本程序图

二、开工报审表的审查

（一）审查的主要内容

监理单位应审查施工单位报送的工程开工报审表及相关资料，具备以下条件时由总监理工程师签发，并报代建单位备案。

1. 施工许可证已获政府主管部门批准。

2. 征地拆迁工作能满足工程进度的需要。

3. 施工组织设计已获项目监理单位和代建单位的批准。

4. 承包单位现场管理人员已到位，机具、施工人员已进场，主要工程材料已落实。

5. 进场道路及水、电、通信等已满足开工要求。

6. 特殊工种的资格证和上岗证齐全。

工程开工/复工报审表格式如表 6-11。由于变更设计等通知停工后，报审复工时亦应填写此表。监理单位应注意保存开工/复工报审表，将作为工程施工过程中处理相关问题的依据和竣工资料的组成部分。

表 6-11 工程开工/复工报审表

工程名称： 编号：

致：（监理单位） 我单位承担的________工程已完成以下各项工作，具备了开工/复工条件，特申请施工，请核查并签发工程开工/复工指令。 附：(证明文件) 施工单位（章）________ 项 目 经 理 ________ 年 月 日
监理单位审查意见： 项目监理单位________ 总监理工程师________ 年 月 日
代建单位审批意见： 项目代建单位________ 项目代建经理________ 年 月 日

（二）审查的程序

审查程序见图 6-4 所示。

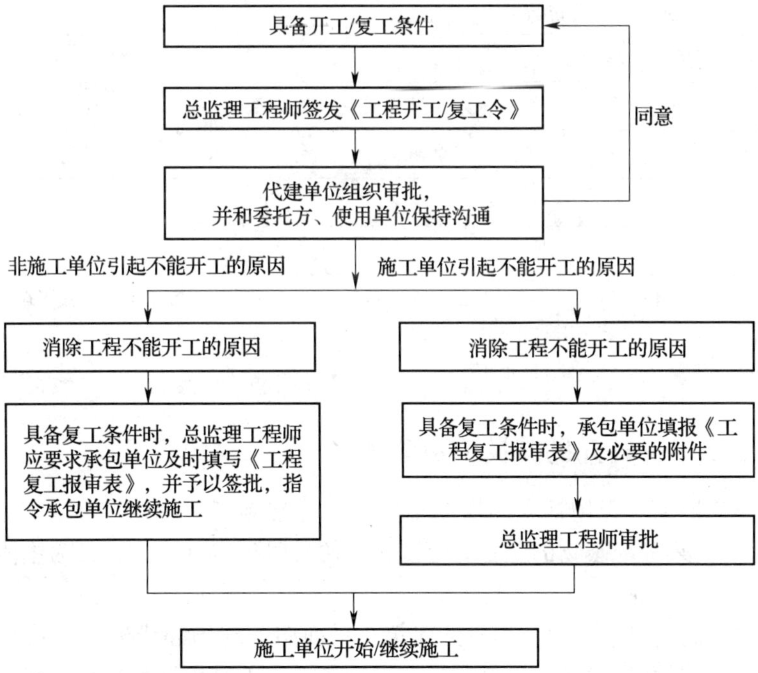

图 6-4 工程开工及复工审查程序

第五节　施工单位现场准备工作的检查

施工单位在接到中标通知书后，与代建单位进行合同签订的同时，就应开始施工现场准备工作。经验表明，工程施工能否按计划顺利进行，与准备工作的好坏有直接关系。因忽视施工准备工作而造成施工后管理混乱、顾此失彼，甚至有时被迫停工补做准备工作的现象在以往的工程项目管理中经常出现，因此必须认真督促施工单位做好现场准备工作。施工现场准备一般包括恢复定线测量、建造临时设施、修筑临时交通便道、工地临时用水、用电、安全设施等。代建单位要及时要求监理单位对施工单位的施工现场准备工作进行监督和指导，代建单位做好检查和督促。检查的内容主要有以下几方面：

一、施工现场场地的交接

检查对施工现场场地情况是否有不清楚之处，以及施工现场未完成工作的落实情况。应督促施工单位办理施工现场场地交接手续，并填写场地交接单。场地交接单格式如表6-12所示。

表6-12　施工场地交接单

工程名称		交接时间	
主要交接内容		情况描述（可增加附件）	
1	红线范围及红线与建筑物轮廓线的关系		
2	红线桩、水准点、位置及有关数据		
3	水源、电源及施工道路的位置		
4	场地平整情况		
5	场内障碍物情况（原有建筑物、树木、地下管线、人防等）		
6			
7			
8			
委托方代表（代建单位）	监理单位	施工单位	

二、施工现场的补充勘探及测量放线

1. 现场补充勘探。现场补充勘探的主要目的是在施工范围内寻找枯井、地下管道、旧河道、暗沟、古墓等隐蔽物的位置和范围，以便及时拟定处理方案，为主体工程施工创造有利条件。

2. 现场的控制网测量。按照提供的建筑总平面图、现场红线标桩、基准高程标桩和经纬坐标控制网，对全场做进一步的测量，设置各类施工基桩及测量控制网。

3. 建筑物定位放线。根据场地平面控制网或设计给定的作为建筑物定位放线依据的

建筑物及构筑物的平面图，进行建筑物的定位和放线，测量放线必须保证准确度，杜绝出现偏差和错误。

三、施工道路及管线

对已经完成“四通一平”的施工现场，进一步检查以下内容：

1. 施工道路是否满足主要材料、设备及劳动力进场需要。

2. 施工给水与排水设施的能力及管网的铺设是否合理及满足施工需要。

3. 施工供电设施是否做到合理安排供电，能够满足施工进度需求。施工道路、各种管线及其他设施应尽量利用已有的永久性设施。

四、施工临时设施的建设

对施工临时设施的检查主要包括以下内容：

1. 根据工程规模、特点、施工管理要求，对施工临时设施进行平面布置规划，并报主管部门审批。

2. 临时设施的规划与建设应尽量利用原有的建筑物和设施，以降低成本。

3. 对于水平与垂直运输设施、搅拌站、原材料堆场、库存设施、加工车间等生产临时设施应满足施工生产需要。

4. 对用于施工管理的各类办公室、休息室、宿舍、食堂等办公与生活临时设施应以方便管理为原则。

5. 施工临时设施规模与布置还应满足防火、安全用电与施工安全的要求。

五、施工队伍的准备

按照施工组织劳动人员使用计划调配人员，安排劳动人员进场，并对参与工程的人员进行劳动安全、文明施工、施工技术教育后，检查施工队伍的准备，包括对施工力量的集结、调配、施工人员的培训、施工计划、技术方案、安全措施的层层交底等准备工作是否已做完。

六、施工安全与环保措施

要通过对施工安全与环保措施的检查，使施工现场各级人员认识到安全生产、文明施工的重要性，检查的主要内容包括：

1. 安全施工的宣传与教育措施和有关的规章制度。

2. 易燃、易爆、有毒、腐蚀等危险物品管理和使用的安全技术措施。

3. 土方与高空作业、上下立体交叉作业、土建与设备安装作业等的施工安全措施。

4. 现场临时设施是否达到安全和防火的要求。

5. 施工与生活垃圾、废弃水的处理是否符合当地环境保护的要求。

七、施工现场材料设备的准备

施工现场的材料设备应在开工之前完全落实，主要应检查建筑材料、施工机具、永久设备三个方面的准备工作。

1．建筑材料与构件。建筑材料、构件能否按阶段施工的需要量和质量要求如期送到现场，并保证正常施工时的最经济的储量。

2．施工机械与模具。应根据施工进度计划，及时组织所需类型和数量的施工机械和模具进场，并完成安装与调试。

3．永久设备与金属结构。对于永久设备和金属结构是否落实加工厂家，并按施工进度组织进场安装。

八、施工扰民问题的解决方案

应审查施工过程中可能发生的扰民问题的解决方案，主要包括：

1．依据地方人民政府的相关规定，签订施工扰民补偿协议。

2．施工单位应与工程所在地区的建设行政主管部门、公安交通管理部门、环境保护部门、街道办事机构、公安派出所等单位建立友好关系，共同创建文明工地。

3．工程需要连续施工时，应向工程周围的居民做好解释工作。

4．需要在23时至次日6时进行超过国家标准噪声限值的作业时，必须向工程所在地建设行政主管部门提出申请，经审查批准后到工程所在地环境保护部门备案。

九、应急预案和施工措施的制定

施工单位针对各类突发事件是否已制定应急预案，应急措施是否可行、是否有相应的物质保障和组织保障；是否做好季节性工作准备，在冬季、雨季、高温、农忙季节等是否有完善的施工措施和相应的准备工作。

第七章　项目质量管理

项目质量管理是项目代建管理的核心内容之一，是决定项目代建管理成败的关键。没有质量，就没有投资效益和社会信誉。因此，项目质量管理要贯穿整个项目代建管理的全过程。在项目代建管理过程中，代建单位要通过质量策划、质量控制、质量保证和质量改进等措施，依据《建筑法》、《建设工程质量管理条例》等法律、法规、规章和各类合同，明确项目各参建方的质量责任和义务，充分发挥施工、监理等单位的主观能动性，加强监督管理，确保项目代建质量管理目标的实现。

第一节　质量管理的依据与原则

一、质量管理的依据

我国在建设工程质量管理方面已经颁布了许多法律法规及规范性文件，各行业主管部门也针对性地颁发了各行业工程建设质量管理部门规章、标准和规范性文件，所有这些法律法规、规章和标准、规范性文件是我们进行项目质量管理的重要依据。参见表7-1。

表7-1　建筑工程质量管理法律法规与标准规范（房屋建筑）

类　别	名　称
法律法规	中华人民共和国产品质量法
	中华人民共和国建筑法
	建设工程质量管理条例
部门规章	实施工程建设强制性标准监督规定
	建设工程质量检测管理办法
	房屋建筑工程质量保修办法
	建设工程质量保证金管理暂行办法
	建筑企业施工许可证管理办法
规范文件	工程质量监督工作导则
	房屋建筑工程和市政基础设施工程实行见证取样和送检规定
	房屋建筑工程施工旁站监理管理办法
	建设工程质量责任主体和有关机构不良记录管理办法
标准与规范	建筑工程施工质量验收统一标准
	建筑地基基础工程施工质量验收规范
	砌体工程施工质量验收规范
	混凝土结构工程施工质量验收规范

续表 7-1

类　别	名　称
标准与规范	钢结构工程施工质量验收规范
	屋面工程质量验收规范
	地下防水工程质量验收规范
	建筑装饰装修工程质量验收规范
	建筑地面工程施工质量验收规范
	建筑给水排水及采暖工程施工质量验收规范
	通风与空调工程施工质量验收规范
	建筑电气工程施工质量验收规范
	电梯工程施工质量验收规范
	建设工程文件归档整理规范
	建设工程监理规范

质量管理依据还包括签订的各类合同、补充协议和工程设计文件，以及现场签发的各种指令、设计变更和工地例会形成的联席会议纪要等。

二、质量管理的原则

“百年大计，质量第一”，代建单位要把质量管理作为项目管理的重点。质量管理的原则是“以人为本、质量预控、过程精品、数据控制、标准化管理”。

（一）以人为本原则

充分调动人的积极性、创造性，增强人的责任感，强化“质量第一”的观念，提高专业水平，避免人为失误，以人的工作质量带动工序质量进而提高工程质量。

（二）质量预控原则

在项目管理过程中，通过完善各种质量管理措施，达到对施工过程中“人、机、料、法、环”和“图纸、方案”等方面的有效控制和管理，以确保项目质量管理目标的实现。

（三）过程精品原则

最终质量目标的实现，是大量的分项、分部工程质量目标实现后的综合结果。对项目整体而言，将按照实施的不同阶段、不同专业和不同工序的特点，对项目目标进行分解，制定相应的措施，通过对过程中的产品质量的精品化管理，来保证各分解目标的实现。

（四）数据控制原则

在质量控制中，建立一套质量检测数据库，通过计算机数据分析系统，对工程质量状况实施量化管理。

（五）标准化管理原则

通过建立包括各参建单位在内的项目质量综合管理体系，在项目的各个层面全面开展项目质量保证活动。

第二节 质量管理的程序、内容与措施

一、质量管理的程序

（一）质量管理的一般要求

1. 代建单位应根据国家颁布的《建设工程质量管理条例》以及合同、协议及有关文件的规定，配备相应的质量管理人员，对代建项目履行相应的质量管理职责并承担相应责任。

2. 代建单位在质量管理工作中的重点是监督、督促落实各参与方的质量管理体系，包括它的合宜性、有效性、充分性和效率，并按照各参与方的相应质量控制系统和质量计划，监视和验证各过程的主要控制点、重要不合格的处理和质量数据的收集、整理和分析。配合并支持监理单位对工程质量的把关工作。

3. 在工程施工阶段，代建单位应要求监理单位对工程质量进行全过程、全方位的监督、检查与控制，不仅要检查和验收最终产品，而且还要监督、检查和验收施工过程中的各个环节及中间产品。代建单位对监理单位的质量行为进行监督，巡视和抽查过程产品质量。参与并监督监理单位对工程的关键部位和工序、隐蔽工程、重要的检验批和分项工程的验收。

4. 在分项工程施工过程中，监理单位应督促施工单位加强内部质量管理，严格质量控制，按规定工艺和技术要求进行施工作业。在每道工序完成后，施工单位应在自检合格的基础上填写报验申请表，如表 7-2 所示。监理单位在收到报验申请表后，应在合同规定的时间内到现场进行检验，检验合格后予以确认。

表 7-2　×××报验申请表

工程名称：　　　　　　　　　　　　　　　　　　　　　　　　　　编号：

致：　　　　　　（监理单位） 我单位已完成______________工作，现报上该工程报验申请表，请予以审查和验收。 附： 施工单位（章）____________ 项　目　经　理____________ 年　　月　　日
审查意见： 监　理　单　位：____________ 总监理工程师：____________ 年　　月　　日

5. 只有上一道工序被确认质量合格后，方能准许下一道工序开始施工。当一个检验批、分项工程、分部工程完成后，施工单位首先需要自检并填写相应的质量验收记录表。待确认质量符合要求后，再向监理单位提交报验申请表及自检相关资料。经监理单位现场检查及对相关资料审核后，符合要求时予以签认验收。否则，责令施工单位进行整改或返工处理。

6. 在验收施工质量时，涉及结构安全的试块、试件以及有关材料，应按规定进行见证取样检测；对涉及结构安全和使用功能的重要分部工程，应进行抽样检测。承担见证取样检测及有关结构安全检测的单位应具有相应资质。

7. 由于代建单位质量管理的地位完全是以合同的约定来体现，在质量文件的签认上尚无国家统一的标准格式。因此，日常的管理手段之一主要是通过下发代建通知、指令、联系单、通报、会议纪要等的形式进行管理。为实现代建单位和代建单位项目参建人员的质量履约责任，强化对项目质量的管理，凡是在国标有关质量管理检验表格中需“建设单位”签字认可的，均应由代建单位相关质量管理人员签字认可。代建单位相关质量管理人员签字权限参照监理单位的相应职位，即总监理工程师←→代建单位项目负责人或项目技术负责人，专业监理工程师←→代建单位专业工程师。

（二）质量管理的一般程序

在工程项目代建管理过程中，代建单位要做好施工前各项准备工作的质量控制，施工过程中的质量控制，以及各单项工程及整个工程项目最终完成后，对施工和安装产品质量的事后控制。具体包括：

1. 监督检查监理单位的质量组织机构和人员情况，是否按监理合同约定配置到位，是否已制定了具有针对性、可行性的监理规划和专项实施细则。

2. 审核监理单位对施工单位报送的质量组织机构和人员，质量管理体系的审批情况。

3. 审核监理单位对施工单位上报的施工组织设计（方案）的审批情况。

4. 监督检查监理单位、施工单位在质量管理体系运转过程中的主体行为。

5. 组织监理单位监督检查施工单位严格按设计图纸施工，并符合国家规范、标准；对重要分项工程要督促施工单位制订切实可行的施工方案，并监督实施。

6. 依据国家相关规范、标准和合同文件以及项目制定的材料设备管理制度规定，参加或组织监理和施工单位对进场材料设备的质量进行检查验收。

7. 督促监理单位做好施工中的质量检查，并与监理单位共同检查施工单位对质量问题的处理情况。发生质量事故时，代建单位参与由监理单位组织进行的调查处理工作，并按项目建设管理办法中有关工程质量事故处理程序办理。

8. 组织代建管理人员进行现场巡视，及时处理施工中存在的质量问题，并做好记录，通知监理督促施工单位进行整改（可采用经济手段进行控制）。

9. 在每周、每月的工程例会上，由监理单位对工程施工质量情况进行总结，代建单位提出在质量管理中还存在的其他问题，共同研究制订措施，并监督施工单位进行改进。

10. 对工程施工过程中的设计变更全过程进行参与，执行经委托方批准的设计变更管理办法。

11．督促施工、监理单位及时报送有关工程建设中质量方面的各种文件资料，依据所执行的工程建设档案管理程序，由代建经理部办公室做好档案文件的收集、整理、移交等工作。

12．对关键的施工部位、特殊工程项目、设备安装和施工工序，及时要求监理单位进行重点控制，代建单位加强监督检查的力度，采取有效的措施，从施工组织设计开始对各个环节实施连续的监控。

13．工程质量管理流程图、工程质量控制流程图、工程质量问题处理程序控制流程图、分项工程质量程序检查图分别如图7-1～图7-4所示。

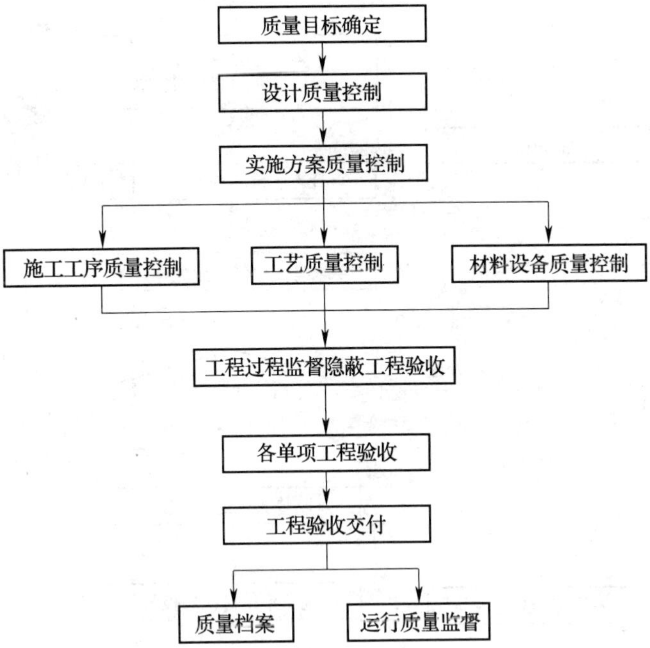

图7-1　工程质量管理流程图

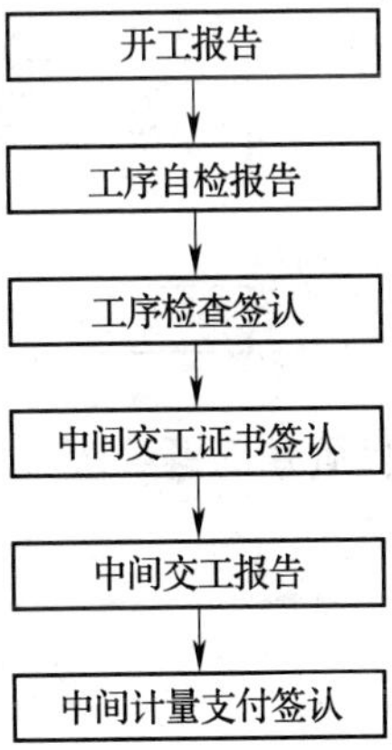

图7-2　工程质量控制流程图

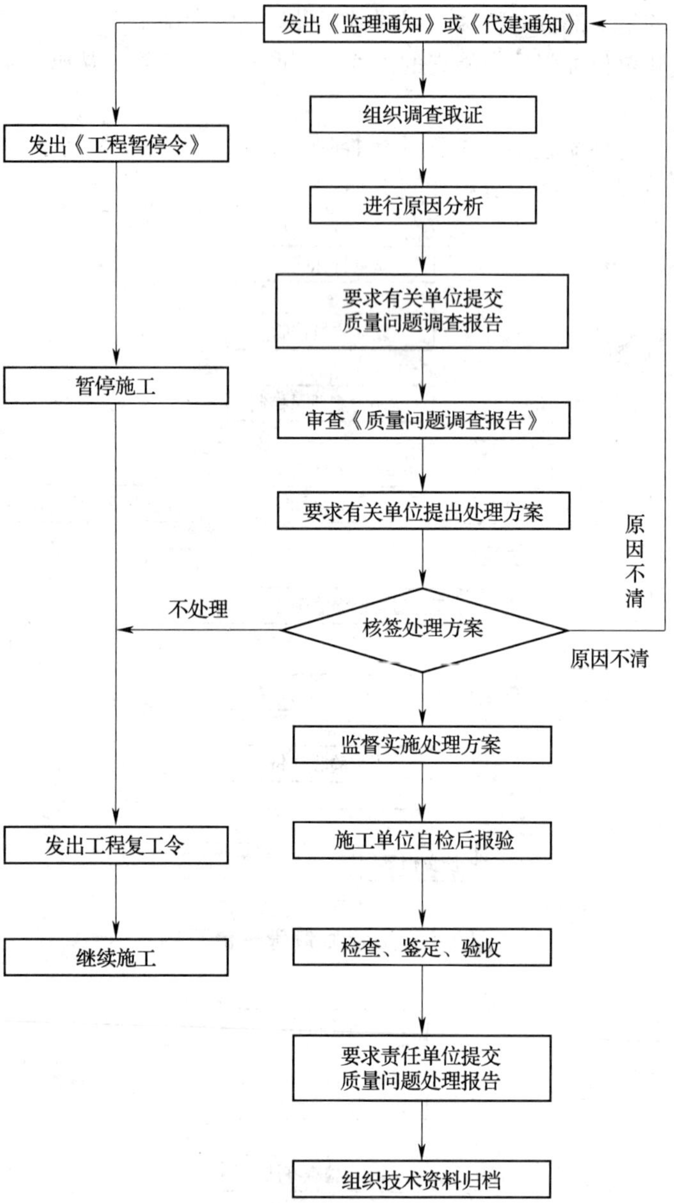

图 7-3　工程质量问题处理程序控制流程图

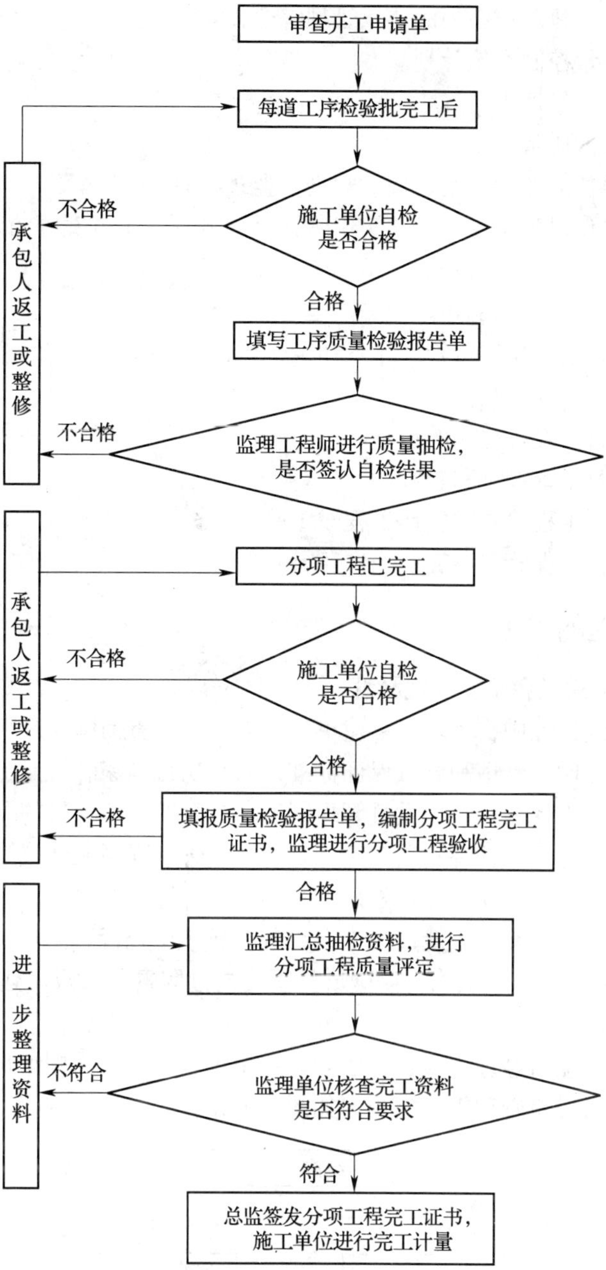

图 7-4　分项工程质量程序检查控制流程图

二、质量管理的内容

项目质量管理是委托代建合同中各项管理工作的重要组成部分，代建单位要依据国家和当地政府颁布的建设工程质量管理方面的法律、法规、规范、质量标准以及各类合同、设计文件，根据代建项目质量管理目标，逐级分解细化质量管理目标，落实各项管理措施和项目各参建单位的质量管理责任。质量管理内容主要包括：

1. 制订项目质量目标分解任务。

2. 建立包括各参建单位在内的质量管理综合体系。
3. 编制初步质量控制实施计划。
4. 设计方案的质量评审。
5. 施工图设计的质量会审。
6. 审核监理单位的监理大纲、监理规划、监理细则。
7. 审核监理单位对施工单位的施工组织设计、专项施工方案等的审查意见。
8. 现场施工质量的巡视检查。
9. 重点施工工序、部位的跟踪检查。
10. 对监理、施工单位质量管理体系和工作质量的检查。
11. 参加分部工程的验收。
12. 参加对材料、设备进场的检查。
13. 参加设备及系统调试和验收。
14. 参加各专项工程验收和整体工程竣工验收。
15. 资料的归档、保管与移交。

三、质量管理的措施

（一）加强质量意识和法律法规教育

在项目代建管理过程中，要求各参建单位认真领会和贯彻国家及行政主管部门有关质量工作的方针政策、质量管理和质量保证标准，认真执行国家和行业主管部门颁发的技术标准、行业规范、施工规程和各项质量管理制度；结合所代建项目的具体情况，制定详细的质量管理计划和工艺标准，特别是在施工合同中、管理程序文件或管理制度中没有明确的质量管理方面的内容，在项目质量管理计划中要做出详细的要求，如原材料检验、文件和质检资料的管理等，并在施工全过程中组织各参建单位施行。

（二）组建质量管理组织机构，明确质量管理岗位职责、权限，建立包括各参建单位在内的项目质量管理综合体系

成立以代建单位项目经理为组长，各参建单位现场负责人为副组长，各有关单位技术负责人为成员的项目质量管理组织机构，如图 7-5 所示。

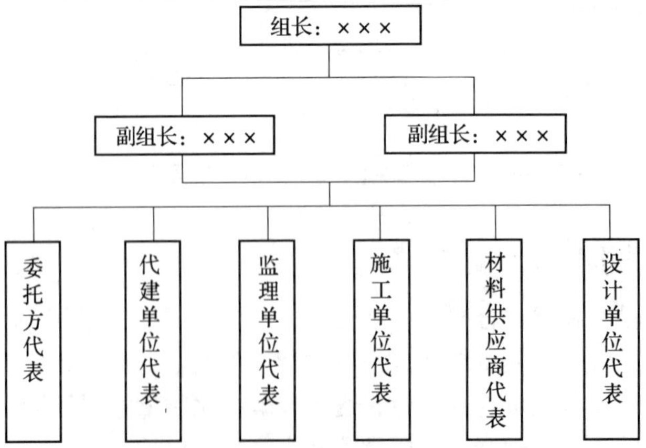

图 7-5　项目质量管理组织机构框图

建立包括各参建单位在内的项目质量管理综合体系，如图7-6所示。按照对质量方针及目标的影响层次分为三层：

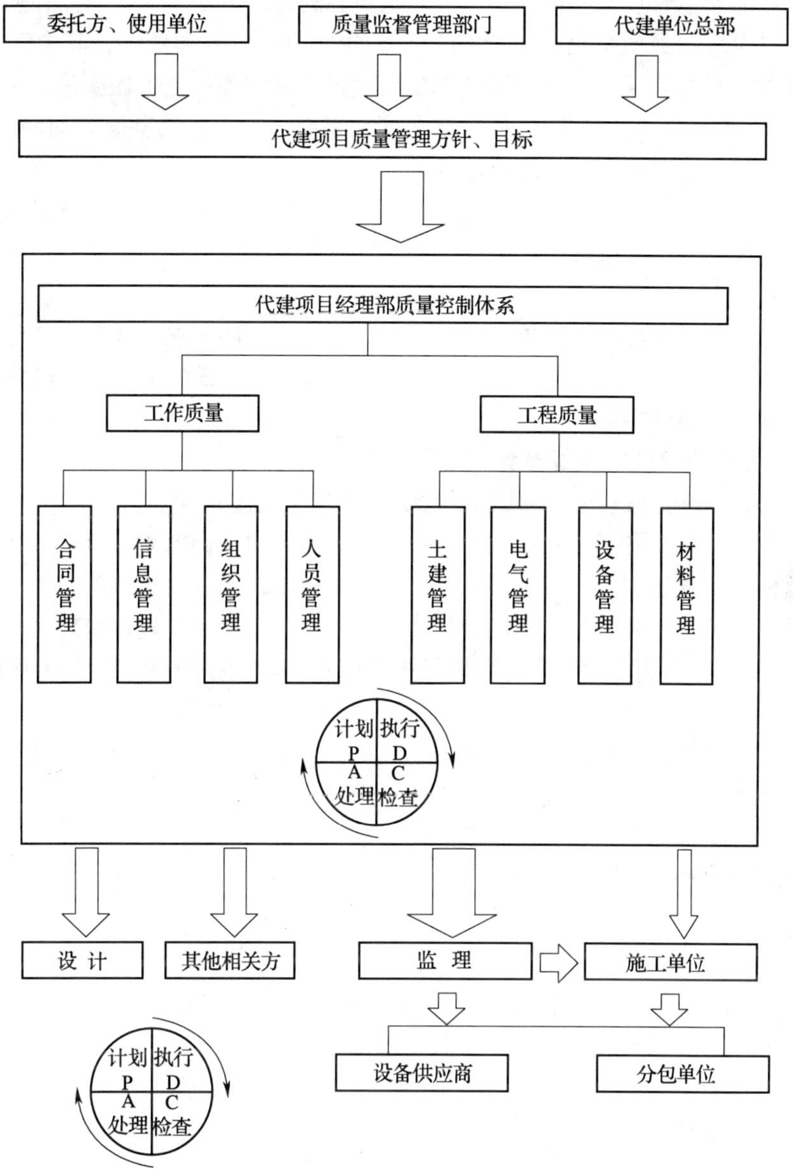

注：图中箭头的大小表示该过程中质量管理工作的重要程度。

图7-6　项目质量管理综合体系框图

在质量管理体系上层，是委托方、使用单位、质量监督管理部门、代建单位总部以及质量方针、目标。而其中对质量方针、目标有着直接影响力的即是委托方，其可以直接通过合同变更进而改变质量目标甚至方针，而由于使用单位可以将其对项目的有关意见、要求反馈给委托方，从而间接影响到质量目标和方针；代建单位总部根据质量目标和方针对代建项目经理部提供支持以及必要的管理，即将代建项目经理部纳入到公司质量管理体系中进行管理。

在质量管理体系的中间层，亦是核心层，即代建项目经理部。代建项目经理部是质量目标的实现层，针对质量目标的实现设置了代建项目经理部质量管理架构。

项目经理部质量管理架构体现了实现质量目标的管理方法，主要从工作质量、工程质量两大方面对实现项目质量目标进行全方位、全过程的控制和保证，其中工程质量从土建、机电设备、材料、绿化、市政等方面控制代建项目中各单位工程质量；工作质量：根据工程质量管理情况对质量控制过程进行合同、组织、人力、信息等方面的支持与控制。代建项目经理部通过 PDCA 循环进行质量改进。

在质量管理体系的基层，是设计、监理、施工单位、分包单位、设备供应商以及其他相关方。他们在项目实施过程中的不同阶段陆续参与进来，并承担经分解后的质量子目标的实现工作。

作为实现质量子目标的执行单位，代建单位将通过合同要求以及日常工作检查，实现基层执行单位的 PDCA 循环改进，并将其纳入代建项目经理部的 PDCA 大循环中，以保证整个质量体系能够得到持续改进，并最终实现项目质量目标。

（三）加强质量管理的监督检查

1. 在项目代建管理过程中，代建单位每季度组织监理单位、施工单位及相关参建方对项目质量管理目标及各子项质量目标进行一次评审。对于偏离质量目标的各项工程，要采用因果分析图的方法进行分析、评审，对发现的问题，由施工单位负责提出纠正或改进方案，监理单位负责监督实施，以确保代建项目质量管理目标的最终实现。

2. 代建单位应不定期对工程施工质量进行巡视，特别是对施工单位工作质量的监督检查。代建单位应重点督促检查施工单位落实质量措施和质量管理体系；审核由监理单位对施工单位提交的施工组织设计或施工方案的审查意见，确保工程施工质量有可靠的技术保障措施；施工单位日常质量管理工作等，对不符合要求的施工单位，通过监理单位督促施工单位按投标文件的承诺和合同条款的约定予以落实。

3. 加强对监理单位的监督管理，充分发挥监理单位在质量管理中的作用。对监理单位的监督管理包括：

（1）检查监理单位的质量保证体系，落实质量控制人员；

（2）检查监理单位的质量控制手段，落实质量检测仪器设备；

（3）检查监理单位的监理程序、监理方法的可行性；

（4）督促、配合监理单位检查各工序施工过程中人员、施工机械、方法、材料等的工作状态，使之满足工程质量的要求；

（5）审批有关应用新工艺、新技术、新材料、新结构等的情况；

（6）检查施工单位提交给监理单位审核的反映工序施工质量的动态统计资料和管理图表的处理情况；

（7）抽检施工单位提交给监理单位审核的有关工序产品质量的证明文件（检验记录及试验报告）、隐蔽等记录；

（8）在施工单位自检，互检的基础上，要求监理单位员及时进行检查与验收；

（9）对于重要的、特殊工程结构的或对工程质量有重大影响的工序，督促监理单位予以特别关注；

（10）在项目施工过程中，还应要求监理单位采用旁站、巡视和平行检验等方式对施工质量进行控制；

(11) 参与并监督监理单位对重要部位及关键节点、工序和隐蔽工程的验收等措施，将施工过程中的质量隐患消灭在萌芽状态。

4. 严格工序产品的验收程序。对于各工序的产出品，严格规定在施工单位按规定进行自检，自检合格后再由监理单位检查确认其质量合格并签发质量报验单后，方可进行下道工序的施工。督促施工单位、监理单位认真进行工程质量检查。要求施工单位认真对待内部质量控制，加强自检、互检、交接检，做好自检数据的积累和分析工作。代建工程师协同监理单位做好预检、特殊和隐蔽工程的验收工作。通过层层的质量检查行为，及时发现质量问题，及时处理，不留质量隐患。

5. 建立质量报告制度。施工单位每月向监理单位报告质量情况，监理单位每月向代建单位报告质量情况。遇重大质量问题要及时按管理程序逐级上报。若隐瞒不报，造成重大损失的，按照国家有关规定，追究相关单位和人员的责任，并负责赔偿损失。

6. 代建单位要协调质监部门、设计（勘察）单位、监理单位、施工单位做好工程质量的检验验收评定工作。按照国家和行业主管部门有关的施工及验收规范、工程质量检验评定标准、施工设计图纸和合同中的相关要求，对已完工的分部、分项工程及单位工程组织进行质量检验验收工作，不符合要求的工程要及时组织进行返工处理。

7. 做好项目质量管理的回访工作。在工程交付使用后的缺陷保修期过程中，要组织代建工程师进行回访，听取使用单位意见，做好记录，并要求监理单位督促施工单位做好质量缺陷的修复工作。

（四）合同与经济措施

对于施工质量的保证，在管理上除依据国家的法律、法规外，还要充分依据与施工单位合同中有关质量约定的条款进行管理，尤其是要采取奖罚措施和控制支付手段。其中最为有效直接的通常是以计量支付控制权为保障手段的，各项付款的重要条件之一就是质量要达到规定的要求和标准。如工程质量达不到要求，代建单位有权拒付部分或全部工程款，由此造成的损失由相关单位负责，并要依据合同规定对相关单位进行处罚。

（五）利用行政干预手段

行政干预是中国国情特有的一种模式，即将工程中存在的质量问题和相关参建单位的主体违约行为，及时向政府行业主管部门进行汇（通）报，借助政府的行政通报、处罚来促进工程质量改进，这种做法往往非常有效。

第三节　施工过程质量管理

一、概述

施工是形成工程项目实体的过程，也是形成最终产品质量的重要阶段。所以，施工阶段的质量管理是代建项目质量管理的重点。

由于工程项目施工涉及面广，影响施工质量的因素多，诸如地形、地质、水文、气象、设计、材料、机械、施工工艺、人员素质、操作方法、技术措施、工期造价、管理制度等，均直接影响到工程施工质量。因此，代建单位应从工程施工准备阶段开始直至施工结束的全过程，始终把工程质量放在首位，依据有关法律、法规、合同、设计文件等，扎实做好质量管理工作。从施工单位的原材料进场，分部、分项、检验批、隐蔽工程的报验等进行重点预控和严格的管理；强化各参建单位的质量意识和程序管理，认真审核监理单位的验收情况。施工阶段的质量管理从对投入的资源质量控制开始，到对生产过程及各环节的质量控制，直至最后对所完成的工程产品的质量检验评定与控制为止，可划分为三个环节，即施工前、施工中、施工后的质量控制，如图 7-7 所示。

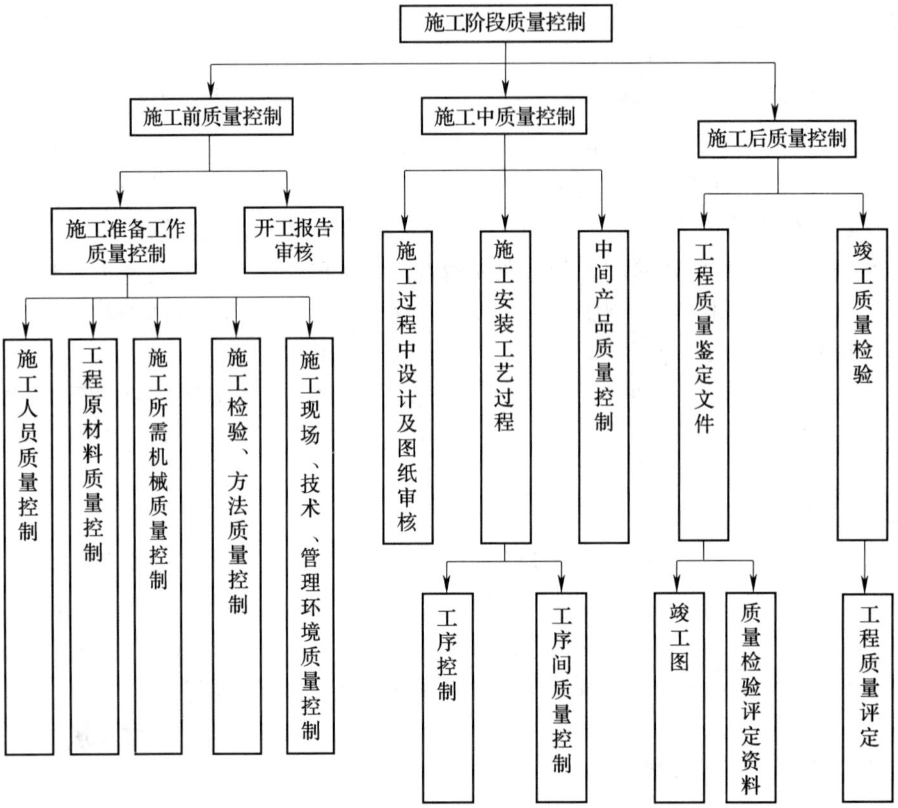

图 7-7　施工质量控制过程图

（一）施工前质量控制

做好施工前控制，可以减少问题的出现，提高工作效率。代建单位应当督促有关单位做好施工组织设计（方案）技术交底工作，事前将施工中可能出现的各种问题，与施工单位技术人员交换意见，提请他们提前做好各种预防措施，避免质量问题的出现。

（二）施工过程中质量控制

在施工过程中，代建单位要狠抓质量管理措施的落实，做到分工清晰，职责明确，措施到位。首先把好施工材料、设备进场关，不合格材料不准进场，已进场的限期清理出场；其次严格执行有关法律法规、规范、规章和设计文件的规定和要求；第三，加强对监理单位的监督管理，严格要求监理单位按巡视、平行检查、旁站等方法对施工质量进行监督检查，严格按质量控制程序，对单位、分部、分项、检验批工程进行检查验收、签认，及时做好质量管理资料的收集、整理和归档工作。

（三）施工后质量控制

各分部分项工程和工程主体结构完工后，督促施工单位按国家或行业规定整理好有关资料，分部分项工程根据合同约定由监理主持组织验收，单位和整体工程验收由代建单位组织各参建单位参与共同验收，确证工程质量符合国家验收标准。

二、施工过程质量管理

（一）作业技术交底的质量控制

1. 施工单位做好技术交底工作，是确保工程施工质量的重要条件。在每一个分项工程开始实施前均要进行技术交底。施工单位需要由技术主管人员编制技术交底文件，内容包括施工方法、质量要求和验收标准，施工过程中需要注意的问题，可能出现的意外情况及应急措施等。技术交底文件经监理单位审查通过并报代建单位备案后才能执行。

2. 对于关键部位或技术复杂、施工难度大的检验批、分项工程，要重点跟踪检查监理单位审查情况。代建单位要重点审查其施工方法、施工工艺、机械选择、施工顺序、进度安排以及质量保证措施等是否切实可行。没有做好技术交底的工序或分项工程，不得正式实施。

（二）进场原材料的质量控制

1. 凡运到施工现场的材料、半成品或构配件，在进场前应由施工单位向监理单位提交工程材料、半成品设备报审表，并附有产品出厂合格证及技术说明书、由施工单位按规定要求进行的检验和试验报告。经监理单位审查并确认其质量合格后，方准进场。没有产品出厂合格证明及检验不合格者，不得进场。

2. 如果代建单位认为施工单位提交给监理单位的有关产品合格证明文件及检验和试验报告，仍不足以说明到场产品的质量符合要求时，监理单位可以再组织复检或见证取样试验，确认其质量合格后方允许进场。

（三）施工机械设备的质量控制

1. 监理单位应在施工工程中不断检查并督促施工单位做好施工机械设备性能及工作状态的控制工作，只有状态良好、性能满足施工需要的机械设备才允许进入现场作业。

2. 施工机械设备的进场检查。施工机械设备进场前，施工单位应向监理单位报送进场设备清单，列出进场机械设备的型号、规格、数量、技术性能（技术参数）、设备状况、进场时间等。监理单位要进行现场核对，判断是否与施工组织设计中所列的内容相符合。代建单位也要对主要设备进场情况进行履约检查，看是否满足合同约定。

3. 机械设备工作状态的检查。监理单位应审查作业机械的使用、保养记录，检查其工作状况，以保证投入作业的机械设备状态良好。如发现问题，应指令施工单位及时调试修理，以保持机械设备处于良好运行状态，代建单位进行随机抽查。

4. 特殊设备安全运行的审核。现场使用的塔吊、龙门吊、重型起重机等有特殊安全要求的设备，进入现场后在使用前，必须经当地劳动安全部门鉴定，质量技术监督部门进行质量检查，符合要求并办好相关手续后方允许施工单位投入使用。

5. 大型临时设备的检查。在施工中经常会涉及施工单位在现场组装的大型临时设备，如轨道式龙门吊机、悬灌施工中的挂篮、架梁吊机、吊索塔架、缆索吊机等。这些设备在使用前，施工单位必须取得上级安全主管部门的审查批准，办好相关手续后，监理单位方可报代建单位备案并批准投入使用。

（四）现场劳动组织及施工人员的质量控制

1．现场劳动组织的控制。其内容包括：

（1）从事施工作业活动的操作人员数量必须满足施工作业进度需要，相应各类工种配置应能保证施工作业有序持续进行；

（2）施工作业活动现场的直接负责人（包括技术负责人）、专职质检人员、安全员与作业活动有关的测量人员、材料人员、试验人员必须按班次坚守工作岗位，相关管理制度要健全。如管理层及作业层各类人员的岗位职责、施工作业现场的安全消防规定、施工中的环境保护规定、试验室及现场试验检测的有关规定、紧急状况时的应急处理预案等。

2．现场施工作业人员的控制。施工人员应按规定经考核后持证上岗；从事特殊作业的人员（如焊工、电工、起重工、爆破工、预应力操作工），必须持证上岗；施工机械设备操作人员必须有合格的上岗证书，并能熟练掌握操作维护技术。

（五）检测、测量和试验设施的质量控制

1．所有在施工现场使用的检测、测量和试验设备均应处于有效的合格校订周期内。严禁未经校准或报废的检验、测量和试验设备流入施工生产过程中。启用、封存、报废的检测、测量和试验设施应分别标识。

2．工地试验室的检查。施工工地建有试验室，应对组织有关人员对其进行检查，检查内容包括：

（1）监理单位应检查工地试验室资质证明文件（工地临时资质证书），检查试验设备、检测仪器能否满足工程质量检查要求，是否处于良好的状态，精度是否符合需要；法定计量部门标定资料、合格证、率定表，是否在标定的有效期内；

（2）抽查试验室管理制度、试验规程是否建立健全，并符合现行试验标准和代建单位的试验管理规定；试验检测人员的上岗资质和人数是否符合质量监督要求等；经检查确认能满足工程质量检验要求的，则予以批准，同意使用，否则，施工单位应进一步完善补充；在没有得到监理单位认可，代建单位同意之前，工地试验室不得使用；

（3）如确因条件限制，不能建立工地试验室时或其母体试验室缺少相关检测项目时。经监理单位实地考察合格并报代建单位同意后，可委托（或成立联合体）具有相应资质的专业试验检测单位作为工地试验室。

3．施工测量仪器的检查。对用于施工质量检测的各类测量仪器也要进行检查，以确保检测结果的准确性，检查内容包括：

（1）施工测量开始前，施工单位应向监理单位提交测量仪器的型号、技术指标、精度等级、法定计量部门的标定证明，测量人员的上岗证明等文件；监理单位审核确认报代建单位备案后，方可进行正式测量作业；在作业过程中，监理单位也应经常检查了解测量仪器、测量设备的性能、精度状况，使其处于能满足规范要求的状态之中；

（2）监理单位应要求施工单位负责对分包单位所使用的检测、测量和试验设备进行监督检查，并与其一样建立管理台账。

（六）施工环境状态的控制

1．施工作业环境的控制。施工作业环境主要是指水、电或动力供应、施工照明、安全防护设备、施工场地空间条件和通道、交通运输及道路条件等。这些条件将直接影响到施工能否顺利进行，甚至影响施工质量，监理单位应事先检查施工单位对施工作业环境方面的有关准备工作，看其是否已做好安排和准备妥当。当确认施工单位准备工作可靠、有效后，方准许其进行施工。

2. 现场自然环境条件的控制。监理单位应检查施工单位对于未来施工期内自然环境条件的变化对施工作业质量影响的各种应对措施，如对冬季的防冰冻，夏季的防高温，雨季的防洪与排水，地下高水位情况下基坑施工的排水，不良地基的处置等的防范措施和紧急预案等。要求监理单位应重点检查这些措施和应急预案的合理性和可操作性。

（七）施工测量复核控制

1. 凡涉及施工作业技术活动基准和依据的技术工作，都应该严格进行专人负责的复核性检查，以避免基准失误给整个工程质量带来难以弥补的或全局性的危害。例如工程的定位、轴线、标高、预留孔洞的位置和尺寸，包括混凝土配合比等涉及“量”的试验工作。

2. 技术复核是施工单位应履行的技术工作责任，其复核结果应报送监理单位复验确认后，才能进行后续相关工序的施工，代建单位也要分时间段派专业工程师对重要构造物进行复核。

（八）质量控制点的设置

质量控制点是为了保证施工质量，将施工中的关键部位与薄弱环节作为重点而进行控制的对象。代建单位在拟定质量控制计划时，应首先确定质量管理控制点，并分析其可能产生的质量问题，制订对策和有效措施加以预控。

质量控制点的设置主要考虑对施工质量影响大的特殊工序、操作、施工顺序、技术、材料、机械、自然条件、施工环境等，代建单位应通过监理单位要求施工单位在工程施工前应列出项目质量控制点的名称或控制内容、检验标准及方法，提交监理单位批准报代建单位审查备案后，在此基础上实施质量预控。表7-3为某房屋建筑工程代建项目质量控制点的设置。

表7-3 某房屋建筑工程代建项目质量控制点的设置

序号	工程项目名称		监理质量控制要点	控制手段
0	施工准备阶段	熟悉图纸	图纸是否有效（盖有设计专用章）	检查
			设计人员资质（注册建筑师证件）	检查
			图纸是否配套、齐全	检查、记录
			土建、专业设备图纸交圈	检查、记录
			分类汇总问题，提出监理建议	检查、记录
		审批施工组织设计	主要内容合理齐全	检查、记录
			方法措施先进、可行	检查、记录
			具有针对性、指导性、可操作性	检查、记录
		施工监理交底	贯彻项目监理部监理规划	检查
			向施工单位介绍监理内容，有关报表报审要求	检查
		检查开工条件	按现场具备开工条件的五项内容同意开工，总监签定意见	检查、记录

续表 7-3

序号	工程项目名称		监理质量控制要点	控制手段
1	加固工程	植筋	检查专项方案	审查、审批
			检查定位、放线	测量
			检查孔深、清孔	测量、检查
			检查钢筋除锈	观察、检查
			胶粘剂配制	观察、检查
			植筋的效果	旁站、检查、试验
		混凝土	专项方案	审查、审批
			新旧混凝土面结合部处理	检查
			界面剂涂刷	旁站
			混凝土浇筑	旁站
			养护	观察、检查
		型钢	专项方案	审查、审批
			定位、放线	测量、检查
			原混凝土面处理	检查
			锚栓深度及焊接	测量、观察、检查
			灌胶粘剂	旁站
			锚固效果	检查、试验
2	地基与基础工程	测量定位放线	检查定位桩延长桩	测量
			定位轴线、标高	测量
		桩基工程	进场预制桩质量检查、质量保证资料	审查、检查
			审查施工组织设计、施工方案	审查、审批
			查轴线控制桩、水准点、桩位布置尺寸和桩数	观察、检查
			压桩垂直度、接桩质量	检查、测量
			压桩过程压力表记录、桩尖标高	检查施工记录、观察
			对相邻桩的影响，桩顶横向位移或桩身上升	观察、检查
3	地基与基础工程	桩基工程	成桩质量	动测法检查
			单桩承载力	静荷载试验
		土方工程	标高	水准仪检查
			长度、宽度、放坡	尺量
			施工排水措施、边坡支撑方案	审批、检查
			土方回填、夯实	检查、检测

续表 7-3

序号	工程项目名称		监理质量控制要点	控制手段
3	地基与基础工程	防水工程	材料：厚度、“三证标志”	见证取样、检查
			基层洁净，平整度、强度、含水率符合要求，阴阳角呈圆弧或钝角	检查、量测
			冷底子油涂布均匀、无漏涂，符合要求	观察、检查
			防水面层：粘结牢固，接缝封严，无损伤，铺贴方法和搭接，无空鼓	观察、旁站检查 隐蔽验收
			盖口条	观察、检查
		抗渗混凝土	试配申请单：对试验室的资质进行考察	检查
			计量情况：配合比准确，计量准确，外加剂掺量准确	观察、检查
			防水混凝土：无蜂窝、无孔洞、无露筋、无缝隙夹渣层、变形缝处止水带混凝土振捣密实、连接牢固、施工缝处理	观察、检查
			抗渗试件：以 6 个为一组，不少于二组	检查
4	钢筋混凝土工程	模板工程	强度、刚度、稳定性	观察、尺量
			轴线位移、截面尺寸、垂直度、平整度、相邻两板表面高低差	观察、尺量
			预埋件：型号、位置、数量、锚固	观察、尺量
			标高	水准仪拉线、尺量
			隔离剂：选用正确、均匀、无漏刷	观察、检查
5	钢筋混凝土工程	钢筋工程	出厂质量证明书和试验报告	见证取样检查
			规格、数量、锚固长度、接头位置	见证取样 观察、检查
			受力钢筋保护层	尺量
			钢筋焊接：试验报告、接头、焊缝	检查、量测
			钢筋绑扎	检查、量测
		混凝土工程	混凝土强度：配合比、坍落度、强度	审试验报告见证取样
			主体混凝土：垂直、平整、无蜂窝、孔洞、露筋、夹渣	检查、尺量
		水泥地面	基层与面层结合牢固	小锤敲击、检查
			平整、不空、不裂、不起砂	检查、观察
			标高	检查、量测

续表 7-3

序号	工程项目名称		监理质量控制要点	控制手段
6	砌体工程	砌体工程	砌块的标号、几何尺寸	审查复试报告、测量
			砌块砌体的砂浆饱满度	测量、观察
			砌体的构造要求（构造柱、拉结钢筋）	检查
			砌体的垂直度、平整度、错缝	观察、测量
7	地面与楼面工程	块材地面	表面平整、分格平直	检查、量测
			接缝高低差	尺量、塞尺
			板缝间隙宽度	尺 量
			踢脚线上口平直、接缝上口平直	检查、量测
			空鼓	检查、敲击
			标高	检查、量测
8	地面与楼面工程	卫生间防水	防水层：涂刷用量、厚度及涂刷方向	观察、检查
			基层：平整坚实、阴阳角呈圆弧形成钝角，含水率不大于 9%	观察、检查
			附加层：薄弱部位（地漏、管根、阴阳角、出水口等）	观察、检查
			保护层：第一次蓄水干燥后做保护层，与防水层粘贴牢固	观察、检查
			蓄水试验：蓄水 24 小时无渗漏	观察、检查
9	钢结构工程	材料和构配件检验	材料和构配件的质量保证资料	审查、查验
			钢材、焊接材料的品种、规格尺寸及允许偏差；外观检查	卡尺测量观察
			钢材、焊条的性能试验	抽样试验
			其他构配件的种类、规格尺寸、性能	审查、查验
			焊工上岗证及认可范围、有效期	审查、查验
			焊接材料的选择，与母材的匹配	审查
		钢结构制作与吊装	焊缝长度、厚度，焊缝外观检查	观察、测量
			重要结构焊缝无损探伤	仪器检测
			焊接件力学性能试验	审查试验报告
			紧固件连接应牢固可靠	观察、敲击
			高强螺栓连接摩擦面抗滑移系数试验	审查试验报告
			审批施工方案	审查、审批
			支座定位轴线的位置、支座锚栓的规格	经纬仪、尺量
			支承面顶板位置、标高水平度	经纬仪、水准仪测量

续表 7-3

序号	工程项目名称		监理质量控制要点	控制手段
10	钢结构工程	钢结构制作与吊装	支座锚栓的位置及允许偏差	经纬仪测量
			支承垫块种类、规格、摆放位置、朝向	观察、测量
			锚栓的紧固	观察、抽查
			钢结构的绑扎、起吊、临时加固措施	旁站检查
			钢结构就位、临时固定、校正复测	旁站检查
			钢结构连接、紧固	观察、抽查
			钢网架挠度	用水准仪、钢尺测量
		钢结构涂料	涂料的质量保证资料	审查
			外观检查、性能试验	抽样试验
			钢材表面除锈、清洁	观察、检查
			涂料涂刷遍数、涂层厚度	检查、量测
11	门窗工程	铝合金门窗安装	门窗及附件质量、材质、规格尺寸、外观无瑕疵	检查、量测审查三证
			安装位置、开启方向	观察、检查
			安装牢固，预埋件数量、位置、埋设连接方法	观察、检查
			附件安装齐全、位置正确、牢固、灵活适用、美观	观察、检查
			门窗框与墙体间隙填嵌密实，表面平整光滑	观察、检查
			门窗两对角线长度差，门窗框正、侧面垂直度、门窗框水平度	检查、吊靠水平尺量测
			门扇对口缝、门扇与框、地面间的立缝、横缝宽度，门扇对口缝关闭时的平整度	观察、检查
			关闭严密、间隙均匀、开关灵活	观察、检查
12	门窗工程	塑钢门窗安装	外观平整、光滑、无瑕疵，型材无开焊、断裂	观察、检查
			五金件齐全，位置正确、安装牢固、使用灵活	观察、检查
			玻璃平整、牢固、无松动，表面洁净，镀膜玻璃镀层朝内，密封条接触平整	观察、检查
			压条与型材的接缝无明显缝隙，密封良好，门窗关闭时扇与框间无明显缝隙	观察、检查
			门窗框垂直度、水平度，框与墙体连接牢固，嵌缝密实，表面平整，无裂缝	检查、水平尺
			关闭严密、开关灵活	观察、检查

续表 7-3

序号	工程项目名称		监理质量控制要点	控制手段
13	装饰工程	高级抹灰	表面光滑、洁净，颜色均匀，无抹纹，线角和灰线平直方正，清晰美观	靠尺、塞尺检查
			阴、阳角垂直、方正，立面垂直	托线板、塞尺检查
			分格条（缝）宽度、深度均匀，平整光滑，棱角整齐、横平竖直，通顺	拉线、尺量
			流水坡向正确，滴水线顺直，滴水槽深度、宽度适宜，整齐一致	观察、检查
		油漆	基层处理、清洗、除锈、磨光、腻子	观察、检查
			无脱皮、漏刷、返锈，颜色均匀，分色线平直	观察、检查
		涂料	基层处理、清洗、腻子	观察、检查
			环境条件：温度、湿度、基层含水率	观察、检查
			无掉粉、起皮、漏刷、透底，颜色均匀	观察、检查
			线条宽窄均匀，横平竖直，颜色一致	观察、检查
		玻璃	表面洁净、尺寸正确、安装平整、牢固	观察、检查
		饰面砖	饰面砖（板）品种、规格、颜色、图案	观察、检查 审查三证
			安装（镶贴）牢固、无空鼓、无歪斜、无裂缝、无缺棱掉角	观察、检查
			饰面砖（板）表面洁净、色泽协调一致	观察、检查
14	装饰工程	饰面砖	接缝平直、宽窄一致，捂嵌密实，阴、阳角处压向正确	观察、检查
			整砖套割整齐，缝隙不超过 5mm，墙裙、贴脸等上口平顺，凸出墙面的厚度一致	观察、检查
			表面平整，立面垂直，阳角方正，接缝宽度、高低差符合要求	观察、检查
		玻璃幕墙	材料配件品种、规格、材质、颜色、性能符合要求	观察、检查 审查三证
			风压变形、雨水渗漏、空气渗透性能	检查、审查试验报告
			防火、防雷系统	检查、测试 记录

续表 7-3

序号	工程项目名称		监理质量控制要点	控制手段
14	装饰工程	玻璃幕墙	幕墙与墙体连接点、玻璃附框与构架连接点转角及周边墙体、上下封口构造、变形缝处理	观察、检查
			结构胶、密封胶粘结牢固、填嵌密实，宽度、厚度符合要求	观察、剥离检查
			铝合金型材表面洁净无损、无划痕，玻璃无划伤、擦伤	观察、检查
15	给水工程	给水管道工程	管道安装位置、标高、坡度和接头	目测抽查
			丝头质量、外露扣数、防锈处理	目测抽查
			焊工证件、焊条型号、焊口质量	目测抽查
			管道试压、压力值、试压时间、压力降、压力表	旁站监测
			管道隐检、保温前隐检、保温后隐检	检查、验收
			丝头质量、外露扣数、防锈处理	观察、检查
			热水铅管焊工资质、焊口质量	观察、检查
			给水水质、管道冲洗、消毒处理	观察、检查
			管道试压、压力值、试压时间、压力降、压力表	观察、检查
16	排水工程	排水管道工程	立管垂直度、支管水平坡度	水平仪、线垂测量
			灌水试验、通水试验、通球试验	旁站检查
			管道支吊架、立管2层1个、横管不大于2m，立管与横管连接处支撑牢固	全部检查
17	通风空调工程	冷冻机房工程	设备基础位置、标高、平整	目测、尺量
			设备和基础连接牢固、水平、防震	观察、检查
			设备功能正确、齐全、产品合格证、检测报告	检查
			管道和附件安装位置、标高、坡度	目测、尺量
			设备和管道试压、压力表、压力值	旁站监理
			设备和管道保温、完整、严密	观察、检查
			设备试运转	旁站、观察

续表 7-3

序号	工程项目名称		监理质量控制要点	控制手段
17	通风空调工程	空调管道工程	风道材质、尺寸、加工质量、材质单、合格证	检查、尺量
			风道法兰卷边平整、宽度适当	检查、尺量
			风口、风阀等配件：合格证、检测报告	检查
			风道安装位置、标高、支吊架牢固	检查、尺量
			风道法兰连接处安装	旁站、抽查
			风阀位置、方向、操作性	检查、尺量
			风道严密性检查、漏光试验	抽查
			风道隐检、保温前隐检、保温后隐检	按表内容逐项检查
			风口位置、功能、尺寸和装饰协调	观察、检查
			空调供回水管安装，同室内采暖管道	保温要严密
18	消防系统	消防喷淋管道系统	设备、附件和原材料：合格证、检测报告、准用证、资质证明	检查
			焊工资质、焊口质量、焊口防锈处理	观察、检查
			管道附件位置、方向、支吊件牢固	观察、检查
			喷头位置、间距	量测、检查
			消火栓位置、数量、间距，安装质量	
			管道试压、压力表、压力值、压力降	旁站监理
			消防验收、检查准确度、灵敏度	旁站检查
		消防报警系统	设备、附件和原材料：合格证、检测报告、准用证、资质证明	检查
			报警主机安装、紧急广播系统安装	检查仪表测量
			各类模块及模板箱的安装	检查、测量
			防火线槽和管线敷设	检查、目测
			报警探测器的安装	检查、目测
			联动台（柜）的安装及功能调试	检查监督、测量
			全系统调试	监督调试过程 检查结果
		消防灭火气体管道	灭火剂储存容器的安装	测量
			集流管的制作与安装	测试、测量
			选择阀的安装	监督安装过程和测试
			灭火剂输送管道安装、吹扫、试压和涂漆	测试、检查
			喷嘴的安装	测试、检查

续表 7-3

序号	工程项目名称		监理质量控制要点	控制手段
19	电气工程	综合布线	线槽及镀锌钢管的敷设、材料、工艺检查	目测
			缆线的布放：光纤布放的弯曲半径不应小于15D－20D、不允许出现背扣	检测
			缆线的终端：跳线软纤不应超过 10 米、多模或单模接续损耗值必须小于 0.3dB、光纤融接处必须加以保护和固定	目测、检测、测量
			机架（柜）的安装	水平、垂直、仪表测量
			综合布线工程电气测试	仪表测试、回路测量
		供配电系统	变压器型号、容量、接线方式、能耗、安装调试（继电保护系统）	1. 符合设计和规范要求 2. 设备测量检查 3. 耐压试验空载试验 4. 绝缘电阻测试、接地电阻测试
			高低压成套配电装置，型号、质量、台数、动行方式、安装调试（包括电容器柜）	
			硬母线、封闭插接线、电缆竖井及电缆桥架的敷设	
			电气设备，工作接地及保护接地、重复接地敷设、阻值测定	
			电缆终端及中间接头的制作、安装	
		照明系统	配线工程（钢管、金属软管、塑料管等敷设，跨接地线的焊接、管内穿线、线槽、桥架敷设）	1. 符合设计和规范要求 2. 观察测量 3. 单体试车记录 4. 绝缘电阻摇测
			配电箱（盘）的型号、质量、安装	
			灯具插座、开关、型号、位置	
			保护接地、接零	
			管材、电料及灯具的材料检查，灯具应具有防潮及抗腐蚀性能	目测、验证
			管线敷设的检查（含室内、外照明支路）	目测、尺量
			水上灯具的安装（含位置和安装工艺）	测量、目测
			照明灯具及自动控制程度的试运行	监督、检查、测试
			水下照明灯具安装（含灯具密封和管路密封）	检测
			泛光灯的安装角度及投射点的分布	测量

续表 7-3

序号	工程项目名称		监理质量控制要点	控制手段
20	电气工程	照明系统	附属用房照明灯具安装、淋浴室等房间灯具应防水、防潮	检测
			室外照明（含通道、广播、草地及外立面景观照明灯具的安装）应注意防水、投射角的相互协调，以达到设计效果	测量、目测
			室外暗埋地射灯抗压功能检查	检测
			照明主支路封闭式插接母线及插接箱，始、终端箱的安装	检测
		动力系统	配线工程（同照明系统）	1. 符合设计和规范要求 2. 观察测量 3. 单体试车记录 4. 绝缘电阻摇测
			动力开关柜（箱）安装及调试	
			电动机及其附属设备的安装、空载电流试验及调整（包括降压启动系统的试车）	
			电动机的二次保护系统的调试	
			电机外壳的接地	
			配合设备专业联合试车	
		防雷接地系统	建筑物防雷、避雷针（网）的材料规格、安装、间距、位置、网络尺寸、保护角、防腐等	1. 摇测电阻值符合设计要求 2. 观察、测量 3. 现场检查
			避雷引下线的规格、焊接、数量、测试点或断线卡的制作，位置、数量、安装	
			等电位接地安装及防静电接地的安装	
			防雷接地电阻值的测定	
			防侧击雷均压环的敷设及金属管道、门窗接地的焊接	
		电视监控系统	金属线槽及钢管的敷设：材料、工艺检查	目测、测量
			摄像头的安装，支、吊架及位置、角度	测量
			设备安装（含控制主机及各末端设备，多画面处理器、云台控制器、驱动器、解码器）	测量
			系统调试（含监控功能及图像质量）	测试
			控制器的安装（含模块的安装）	目测、测试

续表 7-3

序号	工程项目名称		监理质量控制要点	控制手段
21	电气工程	公共广播系统	音频传输管线的敷设	目测
			前端设备如前置放大器、选择单元、CD 机等遥控传声器、功放、监听	检查、检测
			音频线、扬声器、线路放大器	检测
			音频线的敷设与端接	检查
			直流电源、电源控制器的安装	检查、检测
			系统设备安装	旁站
			音频传输线路的功率损耗	检测
			系统调试	旁站、检测
		自动控制系统	系统设备、材料、控制软件的检查	检查
			自动网控制器和智能分路的安装	检测
			各类传感器，如温度、二氧化碳、光敏、压力、限位等的安装	检测
			网络回路及控制回路的管线敷设	检查
			控制回路与被控设备的端接	检查
			分系统调试	旁站检查
			全系统调试	旁站检查
		同声传译系统	系统设备、材料的检查	检查、检测
			红外辐射板的安装、注意安装高度和角度	测量
			红外辐射板与覆盖区的协调	测量、测试
			通道间距的检查	测量
			发射机的安装与调试（带宽检测）	测量
22	电气工程	同声传译系统	接收机的安装与调试	测量
			传声器、音量控制器、选择控制器、耳机等安装	检测
			译员室设备检查（无声的显示板等）	检查
			系统调试	旁站检查
		数字会议系统	系统设备和音视频材料的检查	目测、检查、检测
			系统控制器、网络控制器等前端设备的安装	检测
			代表前置放大混响器和线路分配器的安装	检测
			数码显示屏，表决显示器安装	检测
			云台控制器，摄像机、投影电视的安装	检测

续表 7-3

序号	工程项目名称		监理质量控制要点	控制手段
22	电气工程	数字会议系统	音、视频线路的管线敷设	目测、检查
			音、视频线的敷设与端接	检查
			系统电源的安装与调试	检查
			系统调试	旁站、检查
23	电梯安装	电梯安装工程	曳引装置、导轨、轿箱、层门的组装	1. 开箱验收 2. 参加厂家调试，试运行 3. 收集有关资料
			电气装置、安全保护装置的安装	
			电梯试运转	

（九）见证取样控制

见证取样是指在监理单位的见证下，由施工单位的现场试验人员对工程项目使用的原材料、半成品、构配件及工序活动效果进行现场取样并送交工地试验室进行试验的过程。为确保工程质量，房屋建筑工程项目中的工程材料、承重结构的混凝土试块，承重墙体的砂浆试块、结构工程的受力钢筋（包括焊接接头），公路工程的特殊钢材、沥青、商品混凝土、桥涵等结构物的混凝土试块、预应力锚具、钢绞线、支座必须实行见证取样。

见证取样的频率，国家或地方主管部门有规定的，执行相关规定；施工合同中有明确规定的，执行施工合同的规定。见证取样的频率和数量，包括在施工单位自检范围内，所占比例一般为 30%；监理单位进行的见证取样，绝不能代替施工单位应对材料、构配件进场时必须进行的自检。施工单位的自检频率和数量和监理单位的抽检频率和数量要按各自相关规范要求执行。代建单位对用于重要部位的材料要一同进行见证取样，并对见证取样部分的材料试验过程进行跟踪监督。一般的工作程序为：

1. 监理单位要督促施工单位尽快落实见证取样的送检试验室。对于施工单位提出的试验室，监理单位要进行实地考察。试验室一般是和施工单位没有行政隶属关系且具有检测资质的第三方试验室。代建单位还应及时要求委托试验室到负责项目的质量监督机构备案并得到认可。

2. 监理单位应事先明确工程取样见证人员名单，并在负责本项目的质量监督机构备案。

3. 施工单位取样人员在现场取样或制作试块时，见证人员必须在场见证。见证人员对试样有监护责任，并应与施工单位取样人员一起送样至检测单位，或采取有效封样措施送样。

4. 送样委托单位应有见证人员签字和填写见证员证书编号。

5. 当发现试样不合格时，检测单位应先通知质量监督机构和见证单位。

（十）停工与复工控制

根据委托监理合同中的授权，在工程施工过程中出现下列情况需要停工处理时，监理单位可以下达停工指令：

1. 施工作业活动存在重大隐患，可能造成质量事故或已经造成质量事故。

2. 施工单位未经许可擅自施工或拒绝监理单位的管理。

3. 代建单位认为监理单位对施工质量控制未能到达预期要求并已开始出现失控势头时，可以指令监理单位下达停工指令。

4. 出现下列情况时，监理单位有权下达停工指令，及时进行质量控制：

（1）施工中出现质量异常情况，经提出后，施工单位未采取有效措施，或措施不力未能扭转质量异常情况继续发生的；

（2）隐蔽工程施工未经监理单位和代建单位依法查验确认合格，而擅自封闭的；

（3）已发生质量事故迟迟未按监理单位要求进行处理，或者是已发生质量缺陷或事故，如不停工则质量缺陷或事故将继续发展的；

（4）未经监理单位审查同意，而擅自变更设计图纸或使用功能要求进行施工的；

（5）未经技术资质审查的人员或不合格人员进入现场施工的；

（6）使用的原材料、构配件不合格或未经检查确认的，或是擅自采用未经监理单位审查认可的代用材料的；

（7）擅自使用未经监理单位审查认可的分包单位进场施工的。

5. 施工单位经过整改具备恢复施工的条件时，向监理单位报送工程复工申请及有关材料，证明造成停工的原因已经消失。监理单位现场复查后，认为具备复工的条件时，应及时签署工程复工报审表，指令施工施工单位继续施工，同时报代建单位将本次停、复工情况报告进行备案。

6. 监理单位下达工程停工令及复工指令时，宜事先向代建单位报告。

（十一）质量证明资料控制

1. 监理单位可以采用施工质量跟踪档案的方法，对施工单位进行施工的分部、分项工程的每道工序质量形成过程实施严密、细致和有效的监督控制。

2. 施工质量跟踪档案是施工全过程期间实施质量控制活动的全景记录，包括各自的有关文件、图纸、试验报告、质量合格证、质量自检单、中间交工证书，监理单位的质量验收单、质量检验申请批复单、各工序的质量记录、不符合项报告及处理情况等，还包括监理单位对质量控制活动的意见和施工单位对这些意见的答复与处理结果（即监理通知单）。施工质量跟踪档案不仅对工程施工期间的质量控制有重要作用，而且可以为查询工程施工过程质量情况以及工程维修管理提供大量有用的资料信息，所以代建单位应充分注意自身、监理单位和施工单位对于原始资料的收集整理情况。

3. 施工质量跟踪档案主要包括以下内容：

（1）有关的施工文件目录，如施工图、工作程序及其他文件；

（2）不符合项的报告及其编号和处理情况记录；

（3）各种试验报告，如钢筋力学性能试验、材料级配试验、土工试验、化学成分试验、混凝土和砂浆抗压、抗折试验等；

（4）进场材料设备的各种合格证，如质量合格证、鉴定合格证等；

（5）机械设备的各种维修记录等；

（6）各建筑物（结构物）施工或安装工程可按分部、分项工程或单位工程建立各自的施工质量跟踪档案，如基础开挖，厂房土建施工，路基土石方施工、桥梁板预制、现浇施工、电气、交通安全设备安装，油、气、水管道安装等；

（7）每一分项工程又可分为若干子项建立施工质量跟踪档案，如基础开挖可按施工段，涵洞工程按预制每批盖板建立施工质量跟踪档案。

4. 施工质量跟踪档案的实施程序。

（1）监理单位在项目开工前，指导施工单位列出施工对象的质量跟踪档案清单；

（2）施工单位在工程开工前按要求建立各级次施工质量跟踪档案，并向监理单位上报相关资料进行审批；

（3）项目施工开始后，施工单位应连续不间断地填写关于材料、半成品生产和建筑物（构造物）施工、安装的有关内容；

（4）当阶段性施工工作或分部、分项工程完成后，相应的施工质量跟踪档案也应填写完成，施工单位在各自的施工质量跟踪档案上签字、存档后，送交监理单位一份，监理单位应组织相关专业工程师严格按规范要求进行审查，如有错误要及时指导施工单位完善；

（5）在每次期中计量过程中，代建单位要组织相关专业工程师抽查经监理单位认可的质量跟踪档案，作为证明工程质量合格的附件之一。

第四节　施工质量验收管理

一、施工质量验收的有关事项

（一）施工质量验收的要求

1. 施工质量应符合国家和行业主管部门有关标准和相关专业验收规范的规定。

2. 工程项目施工应符合工程勘察、设计文件、合同文件的要求。

3. 参加工程项目施工质量验收的各方人员应具备规定的资格。

4. 工程项目质量的验收均应在施工单位自行检查评定的基础上进行。

5. 隐蔽工程在隐蔽前应由施工单位通知监理单位和代建单位进行验收，并形成验收文件。

6. 涉及结构物安全的试块、试件以及有关原材料、半成品，应按规定进行见证取样检测。

7. 检验批的质量应按主控项目和一般项目验收。

8. 对涉及结构安全和使用功能的重要分部工程应进行抽样检测。

9. 承担见证取样检测及有关结构安全检测的单位应具有相应资质。

10. 工程的外观、感觉质量应由验收人员通过现场检查，并应共同确认。

（二）施工质量验收划分

1. 施工质量验收按国家有关质量检验评定标准应划分为单位（子单位）工程、分部（子分部）工程、分项工程和检验批。

2. 单位工程的划分应按下列原则确定：

（1）具备独立施工条件并能形成独立使用功能的建筑物及构筑物为一个单位工程；

（2）建筑规模较大的单位工程，可将其能形成独立使用功能的部分作为一个子单位工程。

3. 分部工程的划分应按下列原则确定：

（1）分部工程的划分应按专业性质、建筑部位确定；

（2）当分部工程较大或较复杂时，可按材料种类、施工特点、施工程序、专业系统及类别等划分为若干子分部工程。

4. 分项工程应按主要工种、材料、施工工艺、设备类别等进行划分。

5. 分项工程可由一个或若干个检验批组成，检验批可根据施工及质量控制和专业验收需要，如按楼层、施工段、桥梁伸缩缝及系统等进行划分。外观、感觉质量检验评定的检验批划分应与工程施工质量验收相一致。

（三）施工质量验收组织程序

1. 检验批、分项工程质量由监理工程师（代建单位专业工程师）组织施工单位项目专业质量检查员等进行验收。

2. 分部工程质量由总监理工程师（代建单位项目负责人或项目技术负责人）组织施工单位项目经理、勘察、设计单位项目负责人进行验收。

3. 单位工程完工后，施工单位应自行组织有关人员进行检查评定，并向监理单位提交竣工验收申请。

4. 监理单位接到竣工验收申请后，由总监理工程师组织工程预验收，经检验合格后，向代建单位出具质量评估报告。

5. 代建单位接到工程验收报告后，应由代建单位组织施工（含分包单位）、设计、监理等单位进行单位（子单位）工程验收。

6. 单位工程有分包单位施工时，分包单位对所承包的工程项目应按规定的程序检查评定，总包单位应派人参加。

（四）施工质量验收的一般规定

1. 检验批合格质量应符合下列规定：

（1）主控项目和一般项目的质量经抽样检验合格；

（2）具有完整的施工操作依据、质量检查记录。

2. 分项工程质量验收合格应符合下列规定：

（1）分项工程所含的检验批均应符合合格质量的规定；

（2）分项工程所含的检验批的质量验收记录应完整。

3. 分部（子分部）工程质量验收合格应符合下列规定：

（1）分部（子分部）工程所含检验批的质量均应验收合格；

（2）质量控制资料应完整；

（3）地基基础、主体结构和设备安装等分部工程有关安全和功能的检验和抽样检测结果应符合有关规定。

4. 单位（子单位）工程质量验收合格应符合以下规定：

（1）单位（子单位）工程所含分部（子分部）工程的质量均应验收合格；

（2）质量控制资料应完整；

（3）单位（子单位）工程所含分部工程有关安全和功能的检测资料应完整；

（4）主要功能项目的抽查结果应符合相关专业质量验收规范的规定；

（5）感观质量验收应符合要求。

5. 建筑工程质量不符合要求时，应按下列规定进行处理：

（1）经返工重做或更换器具、设备的检验批，应重新进行验收；

（2）经有资质的检测单位检测鉴定能够达到设计要求的检验批，应予以验收；

（3）经有资质的检测单位检测鉴定达不到设计要求，但经原设计单位核算认可能够满足结构安全和使用功能的检验批，可予以验收；

（4）经返修或加固处理的分项、分部工程，虽然改变外形尺寸但仍能满足安全使用要求，可按技术处理方案和协商文件进行验收；

（5）通过返修或加固处理仍不能满足安全使用要求的分部工程、单位（子单位）工程，严禁验收。

（五）施工质量验收的注意事项

施工现场质量管理应有相应的施工技术标准，健全的质量管理体系、施工质量检验制度和综合施工质量水平评定考核制度。施工质量验收时应注意以下事项：

1. 建筑工程采用的主要材料、半成品、成品、建筑构配件、器具和设备应进行现场验收。凡涉及安全、功能的有关产品、应按各专业工程质量验收规范进行复验，并应经监理工程师（代建单位专业工程师）检查认可。

2. 各工序应按施工技术标准进行质量控制，每道工序完成后，应进行检查。

3. 相关各专业工种之间，应进行交接检验，并形成记录。未经监理工程师（代建单位专业工程师）检查认可，不得进行下道工序。

二、施工质量验收管理

在施工管理过程中，要加强中间产品的质量验收管理，只有施工过程中间产品的质量均符合要求，才能保证最终单位工程产品的质量。

（一）基槽（基坑）验收

由于基槽开挖质量状况对后续工程质量的影响较大，需要将其作为一个关键工序或一个检验批进行验收。基槽开挖质量验收的内容主要包括：

（1）地基承载力的检查确认；

（2）地质条件的检查确认；

（3）开挖边坡的稳定及支护状况的检查确认。

基槽开挖验收需要有勘察设计单位的有关人员和本工程质量监督管理机构参加。如果通过现场检查、测试确认地基承载力达到设计要求、地质条件与设计相符，则由监理单位同有关单位共同签署验收资料。如果达不到设计要求或与勘察设计资料不相符，则应采取措施进行处理或工程变更，由原设计单位提出处理方案，经施工单位实施完毕后重新检验。

（二）工序交接验收

工序交接是指施工作业活动中一种必要的技术停顿、作业方式的转换及作业活动效果的中间确认。上道工序应该满足下道工序的施工条件和要求。每道工序完成后，施工单位应该按下列程序进行自检：

（1）作业活动者在其作业结束后必须进行自检；

（2）不同工序交接、转换时必须由相关人员进行交接检查；

（3）施工单位专职质量检查员进行检查。

经施工单位按上述程序进行自检确认合格后，再由监理单位进行复核确认。施工单位专职质量检查员没有检查或检查不合格的工序，监理单位拒绝进行检查确认。

（三）隐蔽工程验收

隐蔽工程验收是在检查对象被覆盖之前对其质量进行的最后一道检查验收，是工程质量控制的一个关键过程。隐蔽工程验收程序为：

（1）隐蔽工程施工完毕，施工单位按有关技术规程、规范、施工图纸进行自检，自检合格后，填写报验申请表，并附有关证明材料、试验报告、复试报告等，报送监理单位；

（2）监理单位收到报验申请表后首先应对质量证明材料进行审查，并在合同规定的时间内到现场进行检查（检测或核查），施工单位的专职质量检查员及相关施工人员应随同一起到现场；

（3）经现场检查，如果符合质量要求，监理单位有关人员在报验申请表及隐蔽工程检查记录上签字确认，准予施工单位隐蔽、覆盖，进入下一道工序施工；

（4）如经现场检查发现质量不合格，则监理单位指令施工单位进行整改，待整改完毕经自检合格后，再报监理单位进行复查。

（四）检验批质量验收

1. 检验批及其划分。检验批是指按同一生产条件或按规定的方式汇总起来供检验用的、由一定数量样本组成的检验体。检验批可根据施工及质量控制和专业验收需要按楼层、施工段、变形缝等进行划分。例如，建筑工程的地基基础分部工程中的分项工程，一般划分为一个检验批；有地下室的基础工程，可按不同地下室划分检验批；屋面分部工程中的分项工程，不同楼层屋面可划分为不同的检验批；单层建筑工程中的分项工程，可按变形缝等划分检验批，多层及高层建筑建筑工程中主体分部的分项工程，可按楼层或施工段来划分检验批；其他分部工程中的分项工程，一般按楼层划分检验批；对于工程量较少的分项工程，可统一划分为一个检验批。安装工程一般按一个设计系统或组织划分为一个检验批。室外工程统一划分为一个检验批。散水、台阶、明沟等含在地面检验批中。

2. 检验批合格质量规定。检验批合格质量应符合下列规定：

（1）主控项目和一般项目的质量经抽样检验合格；

（2）具有完整的施工操作依据、质量检查记录。

3. 检验批验收内容。检验批的质量验收包括质量资料的检查和主控项目、一般项目的检验有两个方面：

（1）资料检查。质量控制资料反映了检验批从原材料到验收的各施工工序的施工操作依据、检查情况以及保证质量所必需的管理制度等，对其完整性的检查，实际是对过程控制的确认，这是检验批合格的前提。所要检查的资料主要包括：

①图纸会审、设计变更、洽商记录；

②建筑材料、成品、半成品、建筑构配件、器具和设备的质量证明书及进场检（试）验报告；

③工程测量、放线记录；

④按专业质量验收规范规定的抽样检验报告；

⑤隐蔽工程检查记录；

⑥施工过程记录和施工过程检查记录；

⑦新材料、新工艺的施工记录；

⑧质量管理资料和施工施工单位操作依据等。

（2）主控项目和一般项目的检验。为确保工程质量，使检验批的质量符合安全和使用功能的基本要求，各专业质量验收规范对各检验批的主控项目和一般项目的子项合格质量都给予明确规定。检验批的合格质量主要取决于对主控项目和一般项目的检验结果。主控项目是对检验批的基本质量起决定性影响的检验项目，因此，必须全部符合有关专业工程验收规范的规定。这意味着主控项目不允许有不符合要求的检验结果，即主控项目的检查具有否决权。

（3）一般项目的抽查结果允许有轻微缺陷，因为其对检验批的基本性能仅造成轻微影响；但不允许有严重缺陷，因为严重缺陷会显著降低检验批的基本性能，甚至引起失效，故必须加以限制。各专业工程质量验收规范均给出了抽样检验项目允许的偏差及极限偏差。检验合格条件为：检验结果偏差在允许偏差范围以内，但偏差不允许有超过极限偏差的情况。

（五）分项工程质量验收

1．分项工程及其质量合格规定。分项工程应按主要工种、材料、施工工艺、设备类别等进行划分。如混凝土结构工程中按主要工种分为模板工程、钢筋工程、混凝土工程等分项工程；按施工工艺又分为预应力、现浇结构、装配式结构等分项工程。分项工程质量合格规定如下：

（1）分项工程所含的检验批均应符合合格质量规定；

（2）分项工程所含的检验批的质量验收记录应完整。

2．分项工程质量验收记录。分项工程质量应由监理单位（或代建单位项目技术负责人）组织施工施工单位专业技术负责人等进行验收，并参照表7-4记录。

表7-4　________分项工程质量验收记录

<table>
<tr><td>工程名称</td><td></td><td colspan="2">结构类型</td><td></td><td>检验批数</td><td></td></tr>
<tr><td>施工单位</td><td></td><td colspan="2">项目经理</td><td></td><td>项目技术负责人</td><td></td></tr>
<tr><td>分包单位</td><td></td><td colspan="2">分包单位负责人</td><td></td><td>分包项目经理</td><td></td></tr>
<tr><td>序号</td><td>检验批部位、区段</td><td colspan="2">施工单位检查评定结果</td><td colspan="3">监理单位验收结论</td></tr>
<tr><td>1</td><td></td><td colspan="2"></td><td colspan="3"></td></tr>
<tr><td>2</td><td></td><td colspan="2"></td><td colspan="3"></td></tr>
<tr><td>3</td><td></td><td colspan="2"></td><td colspan="3"></td></tr>
<tr><td>4</td><td></td><td colspan="2"></td><td colspan="3"></td></tr>
<tr><td>5</td><td></td><td colspan="2"></td><td colspan="3"></td></tr>
<tr><td>…</td><td></td><td colspan="2"></td><td colspan="3"></td></tr>
<tr><td>检查结论</td><td colspan="2">项目专业：
技术负责人：
年　月　日</td><td>验收结论</td><td colspan="3">监理工程师：
（建设单位项目专业技术负责人）：
年　月　日</td></tr>
</table>

（六）分部（子分部）工程质量验收

1．分部（子分部）工程质量合格规定：

（1）分部（子分部）工程所含分项工程的质量均应验收合格；

（2）质量控制资料应完整；

（3）地基与基础、主体结构和设备安装等分部工程有关安全及功能的检验和抽样检测结果应符合有关规定；

（4）观感质量验收应符合要求。

2. 分部（子分部）工程质量验收。分部（子分部）工程的质量验收在其所含各分项工程质量验收的基础上进行。首先，分部工程的各分项工程必须已验收且相应的质量控制资料文件必须完整，这是验收的基本条件。此外，由于各分项工程的性质不尽相同，因此，作为分部工程不能简单地组合后加以验收，尚须增加以下两类检查：

（1）涉及安全和使用功能的地基基础、主体结构、有关安全及重要使用功能的安装分部工程，应进行有关见证取样送样试验或抽样检测，如建筑物垂直度、标高、全高测量记录，建筑物沉降观测测量记录，给水管道通水试验记录，暖气管道、散热器压力试验记录，照明动力全负荷试验记录等；

（2）观感质量验收往往难以定量，只能以观察、触摸或简单量测的方式进行，并由个人的主观印象判断，检查结果并不给出“合格”或“不合格”的结论，而是综合给出质量评价。评价的结论为“好”、“一般”和“差”三种，对于“差”的检查点应通过返修处理等进行补救。

分部（子分部）工程质量应由总监理工程师（或代建单位项目负责人）组织施工项目经理和有关勘察、设计单位人员进行验收，并参照表7-5记录。

表7-5　分部（子分部）工程验收记录

工程名称		结构类型		层数	
施工单位		技术部门负责人		质量部门负责人	
项目经理		项目技术负责人		项目质量检验员	
序号	分项工程名称	检验批数	施工单位检测评定	验收意见	
1					
2					
3					
4					
5					
6					
质量控制资料和文件					
安全和功能检验报告					
观感质量验收					
验收意见	施工单位	项目负责人： 年　月　日			
	勘察单位	项目负责人： 年　月　日			
	设计单位	项目负责人： 年　月　日			
	监理（建设）单位	总监理工程师： （建设单位项目专业负责人）： 年　月　日			

第五节 质量问题和质量事故的处理

根据我国有关质量、质量管理和质量保证方面的国家标准的定义，凡是工程产品质量没有满足某个规定的要求，就称之为质量不合格；而没有满足某个预期的使用要求或合理的期望（包括与安全性有关的要求），则称之为质量缺陷。在建设工程中通常所称的工程质量缺陷，一般是指工程不符合国家或行业现行有关技术标准、设计文件及合同中对质量的要求。由于工程质量不合格和质量缺陷，而造成或引发经济损失、工期延误或危及人的生命和社会正常秩序的事件，称为工程质量事故。

根据我国现行规定，凡是工程质量不合格，必须进行返修、加固或报废处理，由此造成直接经济损失低于5000元的称为工程质量问题；直接经济损失在5000元（含5000元）以上的称为工程质量事故。

一、工程质量问题及其处理

（一）工程质量问题无需处理的情况

工程质量问题并非都要处理，即使有些质量缺陷，虽已超出了国家标准及规范要求，但也可以针对工程的具体情况，经过分析、论证，作出无需处理的结论。总之，对质量问题的处理，也要实事求是，既不能掩饰，也不能扩大，以免造成不必要的经济损失和延误工期。无需作处理的质量问题常有以下几种情况：

1. 不影响结构安全，生产工艺和使用要求。例如，有的建筑物在施工中发生了错位，若要纠正，困难较大，或将造成重大的经济损失。经分析论证，只要不影响工艺和使用要求，可以不作处理。

2. 检验中的质量问题，经论证后可不作处理。例如，混凝土试块强度偏低，而实际混凝土强度，经测试论证已达到要求，就可不作处理。

3. 某些轻微的质量缺陷，通过后续工序可以弥补的，可不处理。例如，混凝土墙板出现了轻微的蜂窝、麻面，而该缺陷可通过后续工序抹灰、喷涂、刷白等进行弥补，则无需对墙板的缺陷进行处理。

4. 对出现的质量问题，经复核验算，仍能满足设计要求者，可不作处理。例如，结构断面被削弱后，仍能满足设计的承载能力，但这种做法实际上在挖设计的潜力，因此需要特别慎重。

（二）工程质量问题的处理方式

在工程项目施工过程中或完工以后，监理单位如发现工程项目存在不合格项或质量问题，应根据其性质和严重程度按如下方式处理：

1. 当施工而引起的质量问题在萌芽状态时应及时制止，并要求施工单位立即更换不合格材料、设备或不称职人员，或要求施工单位立即改变不正确的施工单位法和操作工艺。

2. 当因施工而引起的质量问题已出现时，应立即要求施工单位对质量问题进行补救处理，并采取足以保证施工质量的有效措施后，报告监理单位。

3. 当某道工序或分项工程完工以后出现不合格项时，监理单位应要求施工单位及时采取补救措施予以整改，同时报代建单位。监理单位应对其补救方案进行确认，跟踪处理过程，对处理结果进行验收，否则不允许进行下道工序或分项工程的施工。

4. 在交工使用后的保修期内发现施工质量问题时，监理单位应及时指令施工单位进行修补、加固或返工处理。

（三）工程质量问题的处理程序

1. 当发生工程质量问题时，监理工程师首先应判断其严重程度。对可以通过返修或返工弥补的质量问题可责成施工单位写出质量问题调查报告，提出处理方案，报监理单位审核后，由施工单位采取措施进行处理，必要时应经代建单位和设计单位认可，处理结果应重新进行验收。

2. 对需要加固补强的质量问题，或质量问题的存在影响下道工序和分项工程的质量时，应签发工程暂停令，指令施工单位停止有质量问题部位和与其有关联部位及下道工序的施工。必要时，应要求施工单位采取防护措施，责成施工单位写出质量问题调查报告，由设计单位提出处理方案，并征得代建单位同意后，由施工单位进行处理，处理结果应重新进行验收。

3. 施工单位接到监理单位通知后，应尽快进行的调查并编写质量问题调查报告。调查报告的主要内容应包括：

（1）与质量问题相关的工程情况；

（2）质量问题发生的时间、地点、部位、性质、现状及发展变化等详细情况；

（3）调查中的有关数据和资料；

（4）原因分析与判断；

（5）是否需要采取临时防护措施；

（6）质量问题处理补救的建议方案；

（7）涉及的有关人员和责任及预防该质量问题重复出现的措施。

4. 监理工程师审核分析质量问题调查报告，判断和确认质量问题产生的原因。必要时，监理单位应组织设计、施工、供货、代建单位和委托方各方共同参加分析。

5. 在分析原因的基础上，认真审核签认质量问题处理方案。监理单位审核确认处理方案应牢记：安全可靠，不留隐患，满足建筑物的功能和使用要求，技术可行，经济合理原则。并必须征得设计单位和代建单位的同意。

6. 指令施工单位按既定的处理方案实施处理并进行跟踪检查。发生的质量问题不论是否由于施工单位原因造成，通常都应由施工单位负责实施处理。处理质量、问题所需的费用由责任单位承担，如果不属于施工单位原因而造成进度拖延，则应批准工程延期时间。

7. 质量问题处理完毕，要求监理工程师对质量问题处理进行鉴定，确认质量问题处理是否达到预期的目的，是否留有隐患，要通过实测、实量、荷载试验、取样试压、仪表检测等手段对处理结果进行严格的检查、鉴定和验收，写出质量问题处理报告，报代建单位、委托方及工程监理单位存档。质量问题处理报告的主要内容包括：

（1）基本处理过程描述；

（2）调查与核查情况，包括调查的有关数据、资料；

（3）原因分析结果；

（4）处理的依据；

（5）审核认可的质量问题处理方案；

（6）实施处理中的有关原始数据、验收记录、资料；

（7）对处理结果的检查、鉴定和验收结论；

（8）质量问题处理结论。

【案例】某公路代建项目工程质量问题处理

一、质量通病

代建工程师在日常工地巡检中发现施工单位在边坡预应力锚索作业中存在的一些问题，和现场监理工程师沟通过后，进一步了解在这个分项工程施工中还存在的其他质量问题：

1. 钻孔孔径不合格，钻孔深度不够。
2. 埋钻、卡钻、塌孔。
3. 钢绞线锈蚀。
4. 注浆管堵塞。
5. 锚索张拉力不足。

二、质量问题原因分析

通过代建工程师对有关技术操作规程和施工规范的认识，逐条分析造成这些问题的主要原因：

1. 钻孔孔径不足的原因，主要是钻头的选择不符合要求；钻孔深度不够则主要是因为承包人主观上存在偷工减料的思想。

2. 造成埋钻、卡钻主要是因为钻孔过程中排渣不及时；塌孔则主要是因为采用湿钻工艺或未及时清孔后安装钢绞线，或钢绞线未按要求设置架线环。

3. 钢绞线锈蚀主要是因为钢绞线存放不当或钢绞线自由段安装前未按要求涂满防腐油脂。

4. 注浆管堵塞主要是因为注浆选用的砂有超粒径情况或浆液搅拌不均匀，和易性较差。

5. 锚索张拉力不足的主要原因是操作人员张拉未达到油表读数，或是未经有关计量部门校核标定。

三、质量问题处理方案

1. 对孔径不合格的问题，施工时钻头规格必须符合设计要求；钻孔深度应较设计深20～40cm，钻孔时应注意检查量测钻杆长度，同时，可在钢绞线制作时仔细量测长度并编号，如钢绞线不能正常安装，亦可判定为钻孔深度不足。当发现钻孔深度不足时，应立即进行补钻。

2. 在钻具上加装反吹排渣专用装置可有效防止埋钻及卡钻；采用干钻工艺不仅对边坡稳定性影响较小，还可有效预防塌孔，另外，及时封堵外孔口或及时安置带架线环的钢绞线可对孔形起到有效的保护。

3. 钢绞线的存放及制作场地应加以硬化，并进行有效覆盖，制作时避免弯折；钢绞线自由段在安放前必须按要求认真涂满防腐油脂。

4. 注浆管在安放前应前推并顶住导向帽内壁，推进到位后稍向后抽出。注浆用的砂浆原材及拌制质量必须符合要求，砂浆在倒入储浆筒前应先通过滤网。

5. 张拉配套使用的千斤顶、油压表、高压油泵必须经符合资质的计量部门事先标定，提高操作人员的工作责任心。张拉前应根据标定书计算出油表读数，然后按预张拉及正式张拉（应采用分级张拉）的方法进行张拉操作。

二、工程质量事故及其处理

工程质量事故是较为严重的工程质量问题，将直接影响到工程项目的使用功能，因此，处理好工程的质量事故，认真分析原因、总结经验教训、改进质量管理与质量保证体系，使工程质量事故减少到最低程度，是代建单位质量管理的一个重要内容与任务。代建单位要重视工程质量不良可能带来的严重后果，切实加强对质量风险的分析，及早制定对策和措施，防范工程质量事故的发生。

（一）工程质量事故的特点

1. 复杂性。工程质量事故的复杂性主要表现在工程产品固定，生产流动；露天作业多，自然条件复杂多变；材料品种、规格多，材质性能各异；产品多样，结构类型却又不一；多工种、多专业交叉施工，相互干扰大；工艺要求不同，施工单位法各异、技术标准不一等特点。因此，影响工程质量的因素繁多，造成质量事故的原因错综复杂，即使是同一类质量事故，而原因却可能多种多样，截然不同。例如，涵洞的不均匀沉降，可能是未认真进行地质勘察，地基的容许承载力达不到设计规定要求；也可能是未处理好地基，基坑开挖后未能及时浇筑，基础受水浸泡而沉降；或是盲目套用图纸，结构方案不正确，计算简图与实际受力不符；或是施工偷工减料、不按图施工、施工质量低劣；或是建筑材料及制品不合格，擅自代用材料等原因所造成；或是施工后所受荷载超出了原设计，等等。所以，在处理工程质量事故时，必须对质量事故进行分析，判断其性质、原因及发展，确定处理方案与措施。

2. 严重性。一旦出现工程质量事故，就会对后续产生很大影响。轻者影响施工顺利进行，拖延工期，增加工程费用。重者给工程留下隐患，成为危险的建筑，影响使用功能或不能使用，最严重的是引起建筑物不确定性倒塌，造成人民生命财产的巨大损失。据统计，我国 1998 ~ 2000 年平均每 15 天左右就发生一次房屋倒塌事故。例如，某地有一栋六层的住宅楼，在主体施工过程中，现浇圈梁，轴线偏移了 9.5cm，圈梁上面的楼板搭接长度不足 3cm，造成 6 层楼板一直砸到底，当场砸死了 11 人。这血的教训，值得深思，所以对工程质量问题决不能掉以轻心，务必及时妥善处理，以确保建筑物的安全使用。

3. 可变性。许多工程质量问题出现后，其质量状态并非稳定于发现的初始状态，而是有可能随着时间进程而不断发展、变化，甚至很难预测，如果在初始阶段不及时处理和纠正，有可能就从一般质量事故发展到严重的质量事故。例如，公路工程构造物、房屋等钢筋混凝土结构出现的裂缝将随着环境湿度、温度的变化而变化，或随着荷载的大小和持荷时间而变化；结构细小的裂缝也会随着温度应力和地基的沉降量而变化；甚至有的细微裂缝，也可以发展成构件断裂或结构物倒塌等重大事故。所以，在分析、处理工程质量问题时，一定要特别重视质量事故的可变性，应及时采取加强观测、试验等预测质量问题发展趋势的措施，以免事故进一步恶化。

4. 多发性。有些工程质量事故，往往在一些工程部位中经常重复出现而成为质量通病。如雨篷的倾覆，悬挑梁、板的断裂，混凝土强度不足等。因此，吸取多发性事故的教训，认真总结同类施工项目中已经出现的质量事故的经验教训，是避免事故重演的有效措施。

（二）工程质量事故的分类

根据国家现行规定，工程质量事故的分类如下：

1. 一般质量事故。凡具备下列条件之一者为一般质量事故：

（1）直接经济损失在5000元（含5000元）以上，不满50000元的；

（2）影响使用功能和工程结构安全，造成永久质量缺陷的。

2. 严重质量事故。凡具备下列条件之一者为严重质量事故：

（1）直接经济损失在50000元（含50000元）以上，不满10万元的；

（2）严重影响使用功能或工程结构安全，存在重大质量隐患的；

（3）事故性质恶劣或造成2人以下重伤的。

3. 重大质量事故。凡具备下列条件之一者为重大质量事故，属建设工程重大事故范畴：

（1）工程倒塌或报废；

（2）由于质量事故，造成人员死亡或重伤3人以上；

（3）直接经济损失10万元以上。

4. 按国务院建设行政主管部门规定，建设工程重大事故分为四个等级：

（1）凡造成死亡30人以上或直接经济损失300万元以上为一级；

（2）凡造成死亡10人以上29人以下或直接经济损失100万元以上，不满300万元为二级；

（3）凡造成死亡3人以上，9人以下或重伤20人以上或直接经济损失30万元以上，不满100万元为三级；

（4）凡造成死亡2人以下，或重伤3人以上，19人以下或直接经济损失10万元以上，不满30万元为四级。

5. 特别重大事故。凡具备国务院发布的《特别重大事故调查程序暂行规定》所列发生一次死亡30人及其以上，或直接经济损失达500万元及其以上，或其他性质特别严重，上述影响三个之一均属特别重大事故。

（三）工程质量事故处理的依据和要求

1. 工程质量事故处理的依据：

（1）施工合同文件；

（2）工程勘察资料及设计文件；

（3）施工质量事故调查报告；

（4）相关建设法律、法规及其强制性条文；

（5）类似工程质量事故处理的资料和经验。

2. 工程质量事故处理的要求：

（1）搞清原因、稳妥处理。由于施工质量事故的复杂性，必须对事故原因展开深入的调查分析，必要时应委托有资质的工程质量检测单位进行质量检测鉴定或邀请专家咨询论证，只有真正搞清事故原因之后，才能进行有效的处理。

（2）坚持标准、技术合理。在制订或选择事故技术处理方案时，必须严格坚持工程质量质量标准的要求，做到技术方案切实可行、经济合理。技术处理方案原则上应委托原设计单位提出；施工单位或其他方面提出的处理方案，也应报请原设计单位审核签认后才能采用。

（3）安全可靠、不留隐患。必须加强施工质量事故处理过程的管理，落实各项技术组织措施，做好过程检查、验收和记录，确保结构安全可靠，不留隐患，功能和外观处理到位达标。

（四）工程质量事故处理的程序

1. 事故报告。工程质量事故发生后，监理单位应签发工程暂停令，要求停止进行质量缺陷部位和与其有关联部位及下道工序施工，并要求施工单位采取必要的措施，防止事故扩大并保护好现场。同时，要求质量事故发生单位迅速按类别和等级向相应的主管部门上报，并于24小时内写出书面报告。质量事故报告应包括以下主要内容：

（1）事故发生的单位名称，工程（产品）名称、部位、时间、地点；

（2）事故概况和初步估计的直接损失；

（3）事故发生原因的初步分析、判断；

（4）事故发生后采取的措施；

（5）对施工单位紧急请求的有关事项等等。

2. 现场保护。当施工过程发生质量事故，尤其是导致土方、结构、施工模板、平台坍塌等安全事故造成人员伤亡时，施工负责人应视事故的具体状况，组织在场人员果断采取应急措施保护现场，救护人员，防止事故扩大。同时做好现场记录、标识、拍照等，为后续的事故调查保留客观真实场景。

3. 事故调查。事故调查是搞清质量事故原因，有效进行技术处理，分清质量事故责任的重要手段。事故调查包括现场施工管理组织的自查和来自企业的技术、质量管理部门的调查；此外根据事故的性质，需要接受政府建设行政主管部门、工程质量监督部门以及检察、劳动部门等的调查，现场施工管理组织应积极配合，如实提供情况和资料。

各级主管部门处理权限及组成调查组权限如下：特别重大质量事故由国务院按有关程序和规定处理；重大质量事故由国务院建设行政主管部门归口管理；严重质量事故由省、自治区、直辖市建设行政主管部门归口管理；一般质量事故由市、县级建设行政主管部门归口管理。

工程质量事故调查组由事故发生地的市、县以上建设行政主管部门或国务院有关主管部门组织成立。特别重大质量事故调查组组成由国务院批准；一、二级重大质量事故由省、自治区、直辖市建设行政主管部门提出组成意见，人民政府批准；三、四级重大质量事故由市、县级行政主管部门提出组成意见，相应级别人民政府批准；严重质量事故调查组由省、自治区、直辖市建设行政主管部门组织；一般质量事故调查组由市、县级建设行政主管部门组织；事故发生单位属国务院部委的，由国务院有关主管部门或其授权部门会同当地建设行政主管部门组织调查组。

代建单位和监理单位在事故调查组展开工作后，应积极协助，客观地提供相应证据，若两家单位无责任，则有关人员可应邀参加调查组，参与事故调查；若两家单位有责任，则应予以回避，但应配合调查组工作。

4．事故处理。事故处理包括两大方面，即：

（1）事故的技术处理，解决施工质量不合格和缺陷问题；

（2）事故的责任处罚，根据事故性质、损失大小、情节轻重对责任单位和责任人做出行政处分直至追究刑事责任等的不同处罚。

当监理工程师接到质量事故调查组提出的技术处理意见后，可组织相关单位研究，并责成相关单位完成技术处理方案后予以审核签认。质量事故技术处理方案，一般应委托原设计单位提出。由其他单位提供的技术处理方案，应经原设计单位同意签认。技术处理方案的制定，应征求代建单位意见。

技术处理方案核签后，监理单位应要求施工单位制定详细的施工方案，应对技术处理过程中的关键部位和关键工序进行旁站，并会同设计、代建等有关单位共同检查认可。

5．形成资料。监理单位应组织有关各方对施工单位完工自检后的报验结果进行检查验收，必要时应进行处理结果鉴定。应要求事故单位整理编写质量事故处理报告，审核签认后组织将有关技术资料归档。工程质量事故处理报告的主要内容包括：

（1）工程质量事故情况、调查情况、原因分析（选自质量事故调查报告）；

（2）质量事故处理的依据；

（3）质量事故技术处理方案；

（4）实施技术处理施工中有关问题和资料；

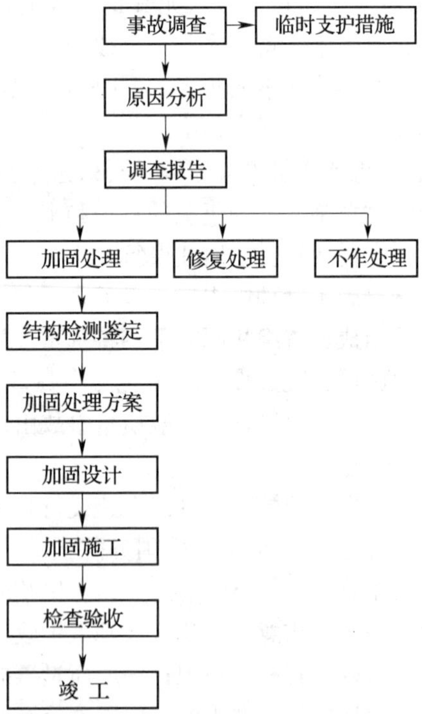

图 7-8　工程质量事故处理程序图

（5）对处理结果的检查鉴定和验收；

（6）质量事故处理结论。

6. 恢复施工。对停工整改、处理质量事故的工程，经过对施工质量的处理过程和处理结果的全面检查验收，并有明确的质量事故处理鉴定意见后，报请工程监理单位批准恢复正常施工。

（五）工程质量事故处理方案

工程质量事故处理方案是指技术处理方案，其目的是消除质量隐患，以达到建筑物的安全可靠和正常使用各项功能及寿命要求，并保证施工的正常进行。其一般处理原则是：正确确定事故性质，是表面性还是实质性、是结构性还是一般性、是迫切性还是可缓性；正确确定处理范围，除直接发生部位，还应检查处理事故相邻影响作用范围的结构部位或构件。其处理基本要求是：满足设计要求和用户的期望；保证结构安全可靠，不留任何质量隐患；符合经济合理的原则。

1. 修补处理。这是最常用的一类处理方案。当某个检验批、分项工程或分部工程的质量虽未达到规定的规范、标准或设计要求，存在一定缺陷，但通过修补或更换器具、设备后还可达到要求的标准，又不影响使用功能和外观要求时，可以进行修补处理。

对较严重的质量问题，可能影响结构的安全性和使用功能，必须按一定的技术方案进行加固补强处理，这样往往会造成一些永久性缺陷，如改变结构外形尺寸，影响一些次要的使用功能等。

2. 返工处理。当工程质量未达到规定的标准和要求，存在的严重质量问题，对结构的使用和安全构成重大影响，且又无法通过修补进行时，可对检验批、分项工程、分部工程甚至整个工程返工处理。

对某些存在严重质量缺陷，且无法采用加固补强等修补处理或修补处理费用比原工程造价还高的工程，应进行整体拆除，全面返工。

3. 限制使用。当工程质量缺陷按修补方式处理无法保证达到规定的使用和安全要求，而又无法返工时，可以作出限制使用的决定。

4. 不作处理。某些工程质量问题虽然不符合规定的要求和标准构成质量事故，但视其严重情况，经过分析、论证、法定检测单位鉴定和设计等有关单位认可，对工程或结构使用及安全影响不大时，也可不作专门处理。

第八章　项目进度管理

项目进度管理是指根据其进度总目标及资源优化配置原则，对工程项目各建设阶段的工作内容、工作程序、持续时间和衔接关系编制进度计划，并将进度计划付诸实施。在项目代建管理过程中，通过定期检查实际进度与计划进度是否一致，分析出现偏差的原因，采取补救措施或调整、修改原计划，以确保工程进度管理目标的实现。

第一节　项目进度管理的目标及原则

一、项目进度管理的目标

目前，全国各地实行代建制的基本上都是政府投资项目，而政府投资项目的一个显著特点就是对项目的工期要求非常紧。一般地，委托方与代建单位在签订委托代建合同时，除在合同中明确双方的责任、义务和权利以及奖惩办法等外，同时要明确项目的质量、进度（工期）和投资控制目标。项目进度（工期）管理目标的确定通常有以下两种方式：

1. 对于直接委托的代建项目。代建单位应综合分析代建项目的内外部环境和条件，根据项目的规模、复杂程度及类似工程项目的实际工期等情况，在委托代建合同谈判时，向委托方提出合理的项目进度（工期）目标，并征求委托方的意见，一旦双方确认，此进度（工期）目标即为项目代建管理的进度管理目标。

2. 对于通过招标方式确定代建单位的代建项目。进度（工期）控制目标往往委托方在招标文件中或明确规定进度（工期）目标，或将工期作为招标综合评标办法中的一项评分指标。因此，代建单位在投标时，应综合分析自身的管理水平和代建项目的内外部环境和条件，分析招标文件确定的项目进度（工期）目标的可行性，并以此决定是否参与投标，或合理确定项目的进度（工期）目标。一旦中标，招标文件中确定的进度（工期）目标或投标确定的进度（工期）目标即为项目代建管理的进度管理目标。

二、项目进度管理的原则

（一）系统性原则

为实现项目的进度控制，首先要建立项目计划系统、项目进度实施组织系统、项目进度控制组织系统三大系统，在编制项目的各种计划，包括进度和资源计划时，应从总体计划到局部计划，逐层进行控制目标分解，保证计划控制目标落实。计划的对象由大到小，计划的内容从粗到细，形成了项目的计划系统。项目涉及各个相关主体、各类不同人员，需要建立组织体系，形成一个完整的项目实施组织系统。为了保证项目进度，自上而下都应设有专门的职能部门或人员负责项目的检查、统计、分析及调整等工作。当然，不同的人员负有不同的进度控制责任，分工协作，形成一个纵横相连的项目进度控制系统。所以无论是控制对象，还是控制主体，无论是进度计划，还是控制活动，都应是一个完整的系统。进度控制实际上就是用系统的理论和方法解决系统问题。

（二）动态循环控制原则

项目进度控制是一个不断进行的动态控制，全过程是一种循环性的例行活动，其中包括编制计划、实施计划、检查、比较与分析、确定调整措施和修改计划。从项目开始，计划进入执行的动态，实际进度按计划进行时，实际符合计划，计划的实现就有保证，否则产生偏差，此时应采取措施，尽量使项目按调整后的计划继续进行。但在新的因素干扰下，又有可能产生新的偏差，需继续控制，项目进度控制过程就是这种封闭循环中不断运行的过程。

（三）信息反馈原则

信息是项目进度控制的依据，在整个项目代建管理中建立两个主体，即计划和实施。项目的进度计划信息从上到下传递到项目实施相关人员，以使计划得以贯彻落实；项目的实际进度通过信息反馈给基层项目进度控制的工作人员，在分工的职责范围内，经过对其加工，再将信息逐级向上反馈，以供分析并做出决策和调整，使进度计划仍能符合预定工期目标。为此需要建立信息系统，以便不断地传递和反馈信息，所以项目进度控制的过程也是一个信息传递和反馈的过程。

（四）弹性原则

项目一般工期长，影响进度的原因很多，其中有的已被人们掌握。因此，要求计划编制人员能根据统计经验，估计出各种因素的影响程度和出现的可能性，并在确定进度目标时分析目标的风险，从而使编制项目进度计划留有余地。在控制项目进度时，可以利用这些弹性缩短工作的持续时间，或改变工作之间的搭接关系，以使项目最终能实现工期目标。

（五）网络计划技术原则

网络计划技术是一种科学且有效的进度管理方法，特别是复杂项目进度控制的完整计划管理和分析计算的理论基础。在项目进度的控制中利用网络计划技术原理编制进度计划，根据收集的实际进度信息，比较和分析进度计划，又利用网络计划的工期优化、工期与成本优化和资源优化的理论调整计划。

（六）优化原则

项目管理的进度控制与质量和成本密切相关。例如当项目进行到一定阶段时，累计花费成本与累计计划预算成本相当，但实际已完成的实物工程量（进度）并没有达到计划量。到了项目预算已经超出而还有剩余工程量要完成时，要完成项目就必须增加更多的费用，一般来说，累计成本支出是与项目进度成正比的。项目管理的目标是在保证质量的情况下，寻找进度和成本的最优解决方案。

第二节　项目控制性工程的选择及保障措施

一、影响项目进度的因素

影响工程项目进度的因素很多。有项目管理方面的原因，也有人力无法预测和控制的自然原因，还有工程建设各参建方之间相互配合上的原因；从产生的根源来看，有来源于社会、政府主管部门及各种自然条件的；有来源于委托方及代建单位的；也有来源于设计单位、施工单位（分包单位）、材料设备供应商、监理单位的。现将这些因素归纳如下：

（一）社会、政府主管部门及各种自然条件的影响因素

社会、政府主管部门及各种自然条件的影响因素包括：

1. 重大政治活动、社会活动；供水、供电等系统发生故障而停止供应；交通管制、交通中断。

2. 政府主管部门相关政策、法律法规及管理条例调整；各种手续办理程序改变；政府主管部门机构调整、管理职责调整、人员调整。

3. 恶劣天气、地震、洪水、火灾等；各种突发事件。

（二）委托方和代建单位方面的影响因素

1. 提供的施工条件。勘察资料不准确，在施工中遇到比工程设计所预计的更为严重和不利的地质条件，而这些地质条件是有经验的技术人员和技术手段所不能预测的；提供的控制性坐标点、高程点资料不准确或错误；临时占道、施工占地手续，临时供水、供电相关手续办理不及时；提供的图纸不及时、不配套；地上、地下构筑物及各种管线搬迁工作拖延，不能及时向承包商移交施工场地；施工场地内树木的移植、砍伐工作不能按时完成。

2. 设计变更的影响。因工程设计与现场条件不符，或施工条件与工程设计要求不符，而提出设计变更；因采用不成熟的新材料、新设备、新工艺或技术方案不当而修改设计。

3. 代建单位组织、管理、协调能力不足，造成施工单位、分包单位、材料设备供应商、各工种、各专业、各工序之间的衔接出现问题，使得施工无法按进度计划执行，打乱施工的正常秩序；建设资金拨付不及时对施工进度也将造成很大影响。

（三）设计单位方面的影响因素

主要包括：设计单位各专业协调配合不到位，致使各专业之间出现设计矛盾、图纸不配套的情况；图纸的“缺、漏、碰、错”现象严重，导致设计变更大量增加；设计内容不足、设计深度不够；不能按设计合同的约定及时提供施工所需的图纸；不能及时解决在施工过程出现的设计问题。所有这些都会影响施工进度。

（四）监理单位方面的影响因素

主要包括：监理单位配备的监理工程师不能满足工程监理需要；监理检测设备和仪器不能满足现场工程监理需要；监理工程师责任心不强、管理协调能力薄弱，不能根据施工现场的实际情况及时采取有效措施保证工程按计划实施。

（五）承包商（分包商）方面的影响因素

主要包括：

1. 各施工单位之间施工协调配合存在问题，相互配合不及时、不到位，相互制约，相互影响。

2. 施工单位配备的现场主要管理人员不能满足施工需要，管理水平低、经验不足，施工进度计划不合理、采用施工方案不得当，致使施工组织管理混乱，不能按预定进度计划完成。

3. 施工单位内部生产组织不合理，施工工序安排不合理，不能解决工序之间在时间上的先后和搭接问题，不能根据施工现场情况及时调配劳动力和施工机具，以达到保证质量，充分利用空间、争取时间，实现合理安排工期的目的。

4. 施工现场管理不善，出现较多的安全事故、质量事故等。

二、控制性工程的选择

控制性工程是用于标记工程项目中的重要事件的时间点，是工程项目从一个阶段进入另一个阶段的转折点。控制性工程具有以下特征：

1. 控制性工程的开始或结束，标志着前后工作的重心和主题明显的转换，甚至参与人员都有巨大变化。

2. 有明确的成果和交付物。

3. 重要决策点。

控制性工程的选择和管理是工程项目进度管理的很好体现。它运用控制性工程日程表，通过确定每一阶段的阶段性成果来构造项目框架，使项目各部分目标明确，而且，它是层次化的，各管理层只关注本层次的里程碑；其次，通过对控制性工程的监督、审查、控制，可以辐射整个工程项目进度计划，通过控制性工程建立预警机制，可以做到事前控制，通过预警推演效应及时将隐患消除于萌芽状态。控制性工程的设立增强工作的目的性、可见性和凝聚力。

对控制性工程的管理，不仅是项目经理要高度关注，上级部门及有关各方也都比较关注，可以通过双周报表、月度报表等进行监控，以便提前发现问题，提前解决。不过，要注意的是，每到一个控制性工程，应及时对前阶段工作进行小结，有关的经验教训要用于下一阶段的工作改进。

一般小型代建工程项目，建设周期短，可以只设定两个控制性工程，即工程的起点和终点。但是，对于施工周期长，不确定影响因素多的大型项目，为了有效控制项目的施工进度，需要设置若干个控制性工程。控制性工程的选择应考虑工程项目的特点、复杂程度、施工工序，以及对整个工程项目施工进度的制约和影响程度等因素，数量不宜太多，也不要太少。

在控制性工程确定后，应根据工程项目的总的进度计划要求，编制控制性工程进度计划，并且要采取措施，确保控制性工程在进度计划时间内完成。要定期对控制性工程进度计划执行情况进行跟踪检查，若发现与计划进度有偏差，应及时采取补救措施，避免控制性工程进度的延误影响整个工程项目进度目标的实现。表式如表 8-1。

表 8-1　控制性工程计划及其跟踪表

项目名称					
文档编号		项目经理		检查日期	
控制工程名称	负责人	计划完成日期	实际完成日期	是否完成	备注

三、控制性工程进度的保障措施

在工程项目建设过程中，可以从组织措施、管理措施、经济措施、技术措施和信息措施等方面考虑，进行进度控制。

（一）组织措施

人是项目建设中的决定性因素，在建设项目的起始阶段，就应该建立、健全项目管理的组织体系，确定工作流程和相应的工作制度；明确各个相关单位进度管理的具体职责；编制各种适应需要的进度计划，定期跟踪和收集进度计划的执行情况及其相关信息，规定严格的信息反馈和报告制度，发现偏离情况并寻求纠偏措施，调整进度计划，分析有关风险，分析和论证进度目标。

（二）管理措施

建立科学的计划管理系统，树立动态控制的观念，通过比较和选优，实现对项目进度科学管理和控制；对工程项目建设的各个环节，经过科学的论证和相应的比较分析，选择合理的工程管理模式；强化风险管理意识，对影响项目进度因素进行分析，根据积累的统计资料，对各种因素影响进度的概率以及进度拖延造成的损失进行评估，以减少建设项目在进度控制上的风险。

（三）经济措施

编制与总进度计划相适应的各类资源保障计划，通过对各类资源计划的分析，确定实现总进度计划相适应的资源物资条件，这是实现项目总进度的基本条件；在执行进度计划时，注意跟踪与进度相关的经济条件和信息；落实进度计划所需要的保障资金计划、资金供应条件，在合同中提出对建设各参与方的激励措施。

（四）技术措施

认真分析项目的主要技术要求，选择合理分标方案，优选合作的承包商，从施工方案和施工技术方面降低进度控制的风险；通过技术革新，不断优化工程设计技术、工程施工技术和招标方案，提高生产能力和效率；应该首先检查工程设计技术对总进度计划的可能影响。

（五）信息管理

在整个项目实施过程中，重视信息管理的作用。科学系统地管理建设信息，准确、及时地收集和传递建设项目信息。经过专业人员分析后，形成项目建设进度报告，以便各参建单位能够正确决策，从而实现对项目建设进度的有效控制。

第三节　项目进度计划的审查与优化

一、进度计划的编制

进度计划按其作用和使用者的要求可以分为三个层次。第一层次是代建单位的进度计划，它是依据代建合同要求而制订的，包含着里程碑进度和主要参建单位作业的形象进度，通常称为一级进度或主进度、总进度或里程碑进度。它是一个工程项目的骨架，通过主要工程项目的关键部位（节点）可了解具体的项目进展状况。从中得出整个工程项目进度的总体走向，对其他层次的进度计划起指导和控制作用。第二层次是各个承包商和监理单位的进度计划。是对各承包商从准备、施工、验收等各环节进行协调和控制的一种进度，通常称为二级进度，它是对一级进度计划的一种保证、一种落实。第三层次是承包商的细化施工进度计划，依据一、二级进度计划编制，按照具体的施工条件的施工作业计划，通常称为三级进度。三级进度是对二级进度的一种细化，表明现场施工作业在某个时期区间的起止状况以及相互之间的逻辑关系，如劳动力计划、材料设备供应计划、预制计划、机械工具配备计划、测量计划等，是实现项目代建目标的基础。其中，二、三级进度按具体的工作条件以及确定的项目建设之间的逻辑关系，只要能保证主进度不受影响，各作业之间的时间排列是可以变动的。

（一）横道图法

横道图，又称条线图或甘特图，是一种传统的进度计划方法，横道图是一个二维的平面图，纵向表示工作内容，横向用时间表示进度，每一横道显示每项工作的开始和结束时间，长度表示该项工作的持续时间，根据项目计划的需要，时间单位可以用月、旬、周或天表示。

横道图法的特点是表述直观、简单、容易操作、便于理解。广泛适用于项目前期计划，便于了解项目建设的各有关部位和进展情况，以供研究和决策；在建设项目实施过程中，直观的对比分项实际进度和计划进度间的偏离；可用于资源的优化和编制资源及费用计划。

横道图进度计划的缺点是：各工作之间的逻辑关系无法表达清楚；难以精确计算进度计划时间参数以及确定计划的关键工作、关键线路与时差，以便对进度计划进行优化和控制；不适应大的进度计划系统。

（二）关键线路法（CPM）

建设项目进度控制经常采用的网络技术，如关键线路法，关键线路网络图本身是一种进度安排图表，能够直观地表示工程项目所有的工作环节的顺序及其相互之间的逻辑关系，可以将项目管理中各种分散的数据加工处理成所需要的信息，从而成为进行项目控制的重要工具。

（三）计划评审技术（PERT）

计划评审技术属于非肯定型网络计划。对于不确定因素较多、复杂，进度计划经常需要反复研究和修订的项目，通过收集和处理的基础资料，将计划工期内完成的工程任务分别计算出某个给定期限前完工的概率，并注意加强控制具有较小概率的工作。由于能够把每个工作的不确定性及对完成该工作的信心都考虑进去，因此，它能给出更有价值的信息。但是使用这种方法需要的投入大、要求高。其难度和复杂程度都远远超过了关键线路法（CPM）。

二、进度计划的审查与优化

（一）进度计划审查过程与方法

确定合理的工程进度目标，编制科学的进度计划是实现进度控制的必要前提。但是在工程项目的实施过程中，由于外部环境和条件的变化，进度计划的编制者很难事先对项目在实施过程中可能出现的问题进行全面的估计。气候的变化、不可预见事件的发生以及其他条件的变化均会对工程进度计划的实施产生影响，从而造成实际进度偏离计划进度，如果实际进度与计划进度的偏差得不到及时纠正，势必影响进度总目标的实现。为此，在进度计划执行过程中，必须采取有效的监测手段对进度计划的实施过程进行监控，以便及时发现问题，并运用行之有效的进度调整方法来解决问题。

1. 进度监测的系统过程。在工程进度计划实施过程中，应经常地、定期地对进度计划的执行情况进行跟踪检查，发现问题后，及时采取措施加以解决。进度监测系统过程如图 8-1 所示。

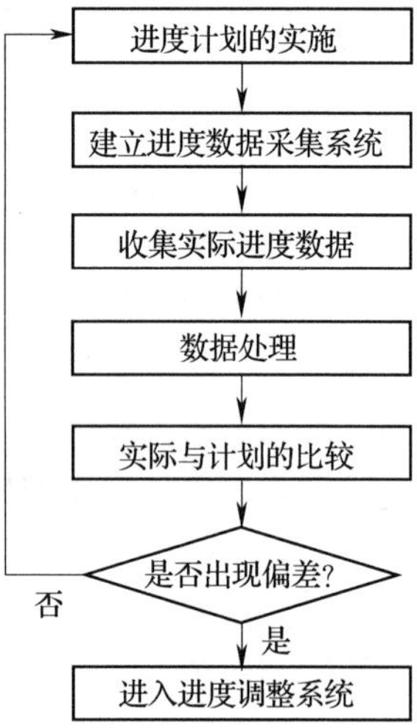

图 8-1　进度监测的系统过程

（1）实际进度数据收集。对进度计划的执行情况进行动态跟踪是计划执行信息的主要来源，是进度分析和调整的依据，也是进度控制的关键步骤。动态跟踪的主要工作是及时收集反映工程实际进度的有关数据，收集的数据应当全面、真实、可靠，不完整或不正确的进度数据将导致判断不准确或决策失误。

一般说来，动态跟踪进度控制的效果与收集数据资料的时间间隔有关，而进度检查的时间间隔又与工程项目的类型、规模、现场条件等多方面因素相关。究竟多长时间进行一次进度检查，可视工程的具体情况，每月、每半月或每周，甚至需要每天进行一次进度检查。

（2）实际进度数据的加工处理。为了进行实际进度与计划进度的比较，必须对收集到的实际进度数据进行加工处理，形成与计划进度具有可比性的数据。例如，对检查时段实际完成工作量的进度数据进行整理、统计和分析，确定本期累计完成的工作量、本期已完成的工作量占计划总工作量的百分比等。

（3）实际进度与计划进度的比较分析。将实际进度数据与计划进度数据进行比较，可以确定建设项目实际执行情况与计划目标之间的差距。为了直观反映实际进度偏差，通常采用表格或图形进行实际进度与计划进度的对比分析，从而得出实际进度比计划进度超前、滞后还是一致的结论。

2. 实际进度与计划进度的比较方法。实际进度与计划进度的比较是建设项目进度监测的主要环节。常用的进度比较方法有：横道图、S 曲线、香蕉曲线、前锋线和列表比较法。

（1）横道图比较法。横道图比较法是指将项目实施过程中检查实际进度收集到的数据，经加工整理后直接用横道线平行绘于原计划的横道线处，进行实际进度与计划进度的比较方法。采用横道图比较法，可以形象、直观地反映实际进度与计划进度的比较情况。

根据各项工作的进度偏差，进度控制者可以采取相应的纠偏措施对进度计划进行调整，以确保该工程按期完成。

这种比较方法仅适用于工程项目中的各项工作都是均匀进展的情况，即每项工作在单位时间内完成的任务量都相等的情况。事实上，工程项目中各项工作的进展不一定是匀速的。根据工程项目中各项工作的进展是否匀速，可分别采用以下两种方法进行实际进度与计划进度的比较。

1）匀速进展横道图比较法。匀速进展是指在工程项目中，每项工作在单位时间内完成的任务量都是相等的，即工作的进展速度是均匀的。此时，每项工作累计完成的任务量与时间成线性关系，如图 8-2 所示。完成的任务量可以用实物工程量、劳动消耗量或费用支出表示。为了便于比较，通常用上述物理量的百分比表示。

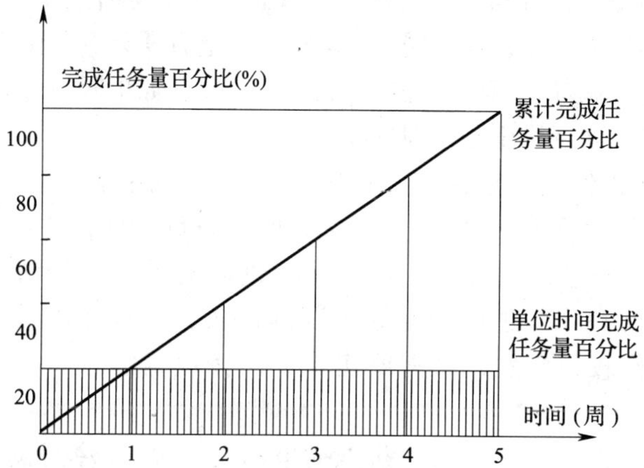

图 8-2 工作匀速进展时任务量与时间关系曲线

采用匀速进展横道图比较法时，其步骤为：编制横道图进度计划；在进度计划上标出检查日期；将检查收集到的实际进度数据经加工整理后按比例用涂黑的粗线标于计划进度的下方，如图 8-3 所示；对比分析实际进度与计划进度。

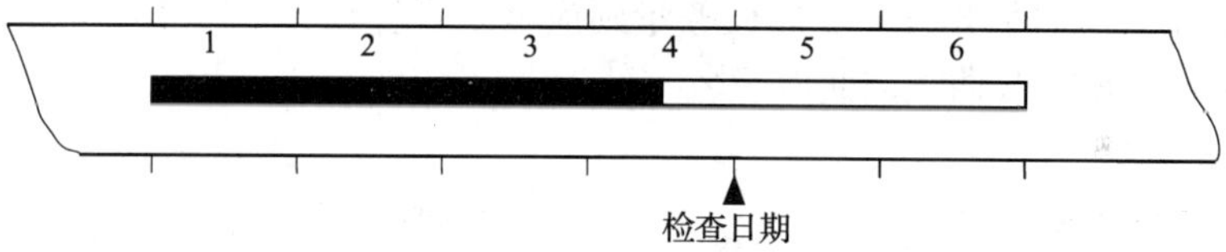

图 8-3 匀速进展横道图比较图

上图中，如果涂黑的粗线右端落在检查日期左侧，表明实际进度拖后；如果涂黑的粗线右端落在检查日期右侧，表明实际进度超前；如果涂黑的粗线右端与检查日期重合，表明实际进度与计划进度一致。

必须注意，该方法仅适用于工作从开始到结束的整个过程中，其进展速度均为固定不变的情况。如果工作的进展速度是变化的，则不能采用这种方法进行实际进度与计划进度的比较，否则，会得出错误的结论。

2）非匀速进展横道图比较法。当工作在不同单位时间里的进展速度不相等时，累计完成的任务量与时间的关系就不可能是线性关系。此时，应采用非匀速进展横道图比较法进行工作实际进度与计划进度的比较。

非匀速进展横道图比较法在用涂黑粗线表示工作实际进度的同时，还要标出其对应时刻完成任务量的累计百分比，并将该百分比与其同时刻计划完成任务量的累计百分化相比较，判断工作实际进度与计划进度之间的关系。

采用非匀速进展横道图比较法时，其步骤为：编制横道图进度计划；横道线上方标出各主要时间工作的计划完成任务量累计百分比；在横道线下方标出相应时间工作的实际完成任务量累计百分比；用涂黑粗线标出工作的实际进度，从开始之日起，同时反映出该工作在实施过程中的连续与间断情况；通过比较同一时刻实际完成任务量累计百分比和计划完成任务量累计百分比，判断工作实际进度与计划进度之间的关系。

如果同一时刻横道线上方累计百分比大于横道线下方累计百分比，表明实际进度拖后，拖欠的任务量为二者之差；如果同一时刻横道线上方累计百分比小于横道线下方累计百分比，表明实际进度超前，超前的任务量为二者之差；如果同一时刻横道线上下方两个累计百分比相等，表明实际进度与计划进度一致。

可以看出，由于工作进展速度是变化的，因此，在图中的横道线，无论是计划的还是实际的，只能表示工作的开始时间、完成时间和持续时间，并不表示计划完成的任务量和实际完成的任务量。此外，采用非均匀进展横道图比较法，不仅可以进行某一时刻（如检查日期）实际进度与计划进度的比较，而且还能进行某二时间段实际进度与计划进度的比较，当然，这需要实施部门按规定的时间记录当时的任务完成情况。

（2）S 曲线比较法。S 曲线比较法是以横坐标表示时间，纵坐标表示累计完成任务量，绘制一条按计划时间累计完成任务量的 S 曲线；然后将工程项目实施过程中各检查时间实际累计完成任务量的 S 曲线也绘制在同一坐标系中，进行实际进度与进度计划比较的一种方法。

从整个工程项目实际进展全过程看，单位时间投入的资源量一般是开始和结束时较少，中间阶段较多。与其相对应，单位时间完成的任务量也成同样的变化规律，如图 8-4（a）所示。而随工程进展累计完成的任务量则应呈 S 形变化，如图 8-4（b）所示。由于其形似英文字母“S”，S 曲线因此而得名。

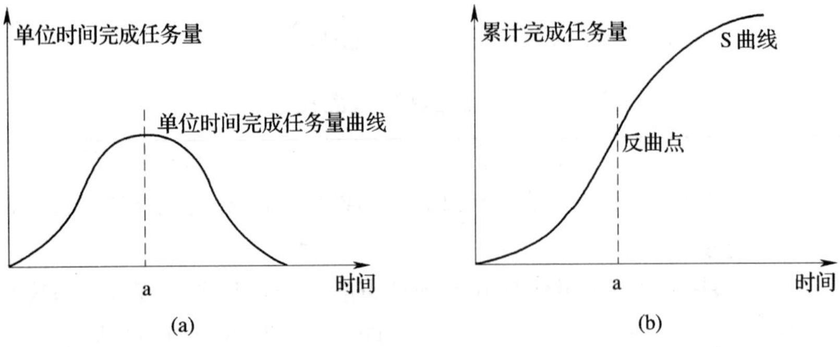

图 8-4　时间与完成任务量关系曲线

1）S 曲线的绘制方法：确定单位时间计划完成任务量；计算不同时间累计完成任务量；根据累计完成任务量绘制 S 曲线。

2）实际进度与计划进度的比较。同横道图比较法一样，S 曲线比较法也是在图上进行工程项目实际进度与计划进度的直观比较。在工程项目实施过程中，按照规定时间将检查收集到的实际累计完成任务量绘制在原计划 S 曲线图上，即可得到实际进度 S 曲线。

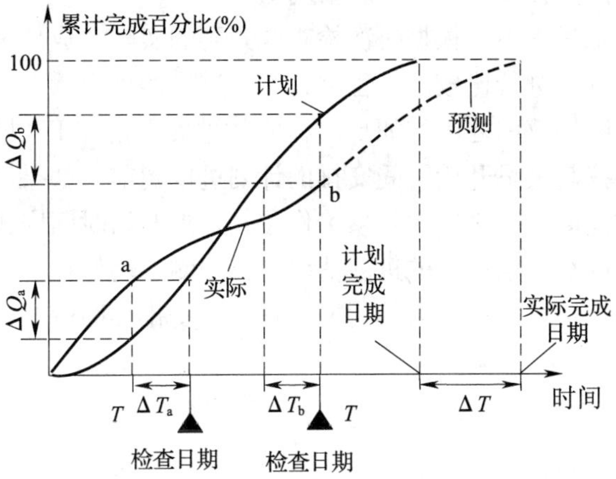

图 8-5 S 曲线比较图

如图 8-5 所示。通过比较实际进度 S 曲线和计划进度 S 曲线，可以获得如下信息：

①工程项目实际进展状况。如果工程实际进展点落在计划 S 曲线左侧，表明此时实际进度比计划进度超前，如图 8-5 中的 a 点；如果工程实际进展点落在 S 计划曲线右侧，表明此时实际进度拖后，如图 8-5 中的 b 点；如果工程实际进展点正好落在计划 S 曲线上，则表示此时实际进度与计划进度一致。

②工程项目实际进度超前或拖后的时间。在 S 曲线比较图中可以直接读出实际进度比计划进度超前或拖后的时间。如图 8-5 所示，ΔT_a 表示 T_a 时刻实际进度超前的时间；ΔT_b 表示 T_b 时刻实际进度拖后的时间。

③工程项目实际超额或拖欠的任务量。在 S 曲线比较图中也可直接读出实际进度比计划进度超额或拖欠的任务量。如图 8-5 所示，ΔQ_a 表示 T_a 时刻超额完成的任务量，ΔQ_b 表示 T_b 时刻拖欠的任务量。

④后期工程进度预测。如果后期工程按原计划速度进行，则可做出后期工程计划 S 曲线如图 8-5 中虚线所示，从而可以确定工期拖延预测值 ΔT。

（3）香蕉曲线比较法。香蕉曲线是由两条 S 曲线组合而成的闭合曲线。由 S 曲线比较法可知，工程项目累计完成的任务量与计划时间的关系，可以用一条 S 曲线表示。对于一个工程项目的网络计划来说，如果以其中各项工作的最早开始时间安排进度而绘制 S 曲线，称为 ES 曲线；如果以其中各项工作的最迟开始时间安排进度而绘制 S 曲线，称为 LS 曲线。两条 S 曲线具有相同的起点和终点，因此，两条曲线是闭合的。在一般情况下，ES 曲线上的其余各点均落在 LS 曲线的相应点的左侧。由于该闭合曲线形似“香蕉”，故称为香蕉曲线，如图 8-6 所示。

1）香蕉曲线比较法的作用。香蕉曲线比较法能直观地反映工程项目的实际进展情况，并可以获得比 S 曲线更多的信息。其主要作用有：合理安排工程项目进度计划；定期比较工程项目的实际进度与计划进度；预测后期工程进展趋势。

如果工程项目中的各项工作均按其最早开始时间安排进度，将导致项目的投资加大；而如果各项工作都按其最迟开始时间安排进度，则一旦受到进度影响因素的干扰，又将导致工期拖延，使工程进度风险加大。因此，一个科学合理的进度计划优化曲线应处于香蕉曲线所包络的区域之内，如图 8-6 中的点划线所示。

在工程项目的实施过程中，根据每次检查收集到的实际完成任务量绘制出实际进度 S 曲线，便可以与计划进度进行比较。工程项目实施进度的理想状态是任一时刻工程实际进展点应落在香蕉曲线图的范围之内。如果工程实际进展点落在 ES 曲线的左侧，表明此刻实际进度比各项工作按其最早开始时间安排的计划进度超前；如果工程实际进展点落在此曲线的右侧，则表明此刻实际进度比各项工作按其最迟开始时间安排的计划进度拖后。

利用香蕉曲线可以对后期工程的进展情况进行预测。例如在图 8-7 中，该工程项目在检查日实际进度超前。检查日期之后的后期工程进度安排如图中虚线所示，预计该工程项目将提前完成。

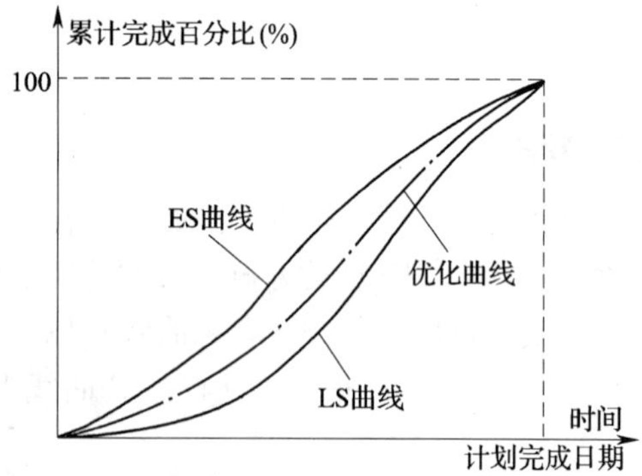

图 8-6　香蕉曲线比较图

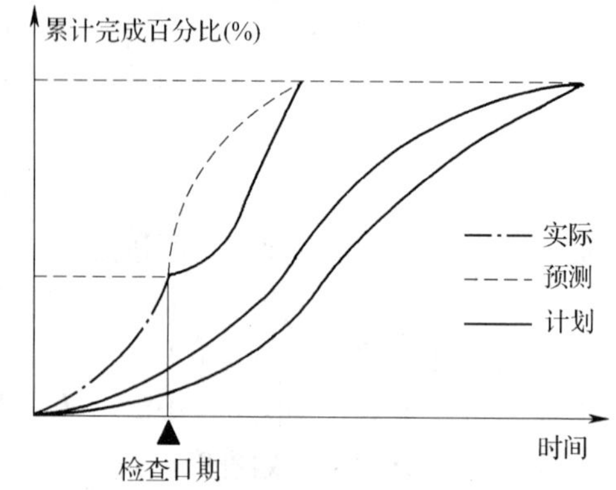

图 8-7　工程进展趋势预测图

2）香蕉曲线的绘制方法。香蕉曲线的绘制方法与 S 曲线的绘制方法基本相同，所不同之处在于香蕉曲线是以工作按最早开始时间安排进度和按最迟开始时间安排进度分别绘制的两条 S 曲线组合而成。其绘制步骤为：以工程项目的网络计划为基础，计算各项工作的最早开始时间和最迟开始时间；确定各项工作在各单位时间的计划完成任务量。分别按以下两种情况考虑：一是根据各项工作按最早开始时间安排的进度计划，确定各项工作在各单位时间的计划完成任务量；二是根据各项工作按最迟开始时间安排的进度计划，确定各项工作在各单位时间的计划完成任务量；计算工程项目总任务量，即对所有工作在各单位时间计划完成的任务量累加求和；分别根据各项工作按最早开始时间、最迟开始时间安排的进度计划，确定工程项目在各单位时间计划完成的任务量，即将各项工作在某一单位时间内计划完成的任务量求和；分别根据各项工作按最早开始时间、最迟开始时间安排的进度计划，确定不同时间累计完成的任务量或任务量的百分比；绘制香蕉曲线。分别根据各项工作按最早开始时间、最迟开始时间安排的进度计划而确定的累计完成任务量或任务量的百分比描绘各点，并连接各点得到 ES 曲线和 LS 曲线，由 ES 曲线和 LS 曲线组成香蕉曲线。

在工程项目实施过程中，根据检查得到的实际累计完成任务量，按同样的方法在原计划香蕉曲线图上绘出实际进度曲线，便可以进行实际进度与计划进度的比较。

（4）前锋线比较法。前锋线比较法是通过绘制某检查时刻工程项目实际进度前锋线，进行工程实际进度与计划进度比较的方法，它主要适用于时标网络计划。所谓前锋线，是指在原时标网络计划上，从检查时刻的时标点出发，用点划线依次将各项工作实际进展位置点连接而成的折线。前锋线比较法就是通过实际进度前锋线与原进度计划中各工作箭线交点的位置来判断工作实际进度与计划进度的偏差。进而判定该偏差对后续工作及总工期影响程度的一种方法。采用前锋线比较法进行实际进度与计划进度的比较，其步骤如下：

1）绘制时标网络计划图。工程项目实际进度前锋线是在时标网络计划图上标示，为清楚起见，可在时标网络计划图的上方和下方各设一时间坐标。

2）绘制实际进度前锋线。一般从时标网络计划图上方时间坐标的检查日期开始绘制，依次连接相邻工作的实际进展位置点，最后与时标网络计划图下方坐标的检查日期相连接。工作实际进展位置点的标定方法有两种：

按该工作已完任务量比例进行标定。假设工程项目中各项工作均为匀速进展，根据实际进度检查时刻该工作已完任务量占其计划完成总任务量的比例，在工作箭线上从左至右按相同的比例标定其实际进展位置点。

按尚需作业时间进行标定。当某些工作的持续时间难以按实物工程量来计算而只能凭经验估算时，可以先估算出检查时刻到该工作全部完成尚需作业的时间，然后在该工作箭线上从右向左逆向标定其实际进展位置点。

3）进行实际进度与计划进度的比较。前锋线可以直观地反映出检查日期有关工作实际进度与计划进度之间的关系。对某项工作来说，其实际进度与计划进度之间的关系可能存在以下三种情况：

工作实际进展位置点落在检查日期的左侧，表明该工作实际进度拖后，拖后的时间为二者之差。

工作实际进展位置点与检查日期重合，表明该工作实际进度与计划进度一致。

工作实际进展位置点落在检查日期的右侧，表明该工作实际进度超前，超前的时间为二者之差。

4）预测进度偏差对后续工作及总工期的影响。通过实际进度与计划进度的比较确定进度偏差后，还可根据工作的自由时差和总时差预测该进度偏差对后续工作及项目总工期的影响。由此可见，前锋线比较法既适用于工作实际进度与计划进度之间的局部比较，又可用来分析和预测工程项目整体进度状况。

（5）列表比较法。当工程进度计划用非时标网络图表示时，可以采用列表比较法进行实际进度与计划进度的比较。这种方法是记录检查日期应该进行的工作名称及其已经作业的时间，然后列表计算有关时间参数，并根据工作总时差进行实际进度与计划进度相比较的方法。

采用列表比较法进行实际进度与计划进度的比较，其步骤如下：

1）对于实际进度检查日期应该进行的工作，根据已经作业的时间，确定其尚需作业时间；

2）根据原进度计划计算检查日期应该进行的工作从检查日期到原计划最迟完成时尚余时间；

3）计算工作尚有总时差，其值等于工作从检查日期到原计划最迟完成时间尚余时间与该工作尚需作业时间之差；

4）比较实际进度与计划进度，可能有以下几种情况：

如果工作尚有总时差与原有总时差相等，说明该工作实际进度与计划进度一致。

如果工作尚有总时差大于原有总时差，说明该工作实际进度超前，超前时间为二者之差。

如果工作尚有总时差小于原有总时差，且仍为非负值，说明该工作实际进度拖后，拖后的时间为二者之差，但不影响总工期。

如果工作尚有总时差小于原有总时差，且为负值，说明该工作实际进度拖后，拖后的时间为二者之差，此时工作实际进度偏差将影响总工期。

（二）进度计划的优化与控制

1. 进度计划的优化。项目进度计划的优化一般可以通过以下几种途径：

（1）在不增加资源的前提下压缩工期。在进行工期优化时，首先应在保持系统原有资源的基础上对工期进行压缩。如果还不能满足要求，再考虑向系统增加资源。在不增加系统资源的前提下压缩工期有两条途径：一是不改变网络计划中各项工作的持续时间，通过改变某些活动间的逻辑关系达到压缩总工期的目的；二是改变系统内部的资源配置，削减某些非关键活动的资源，将削减下来的资源调集到关键工作中去以缩短关键工作的持续时间，从而达到缩短总工期的目的。

（2）平衡资源供应，压缩关键活动工期。由关键路径的定义我们知道，关键路径的长度就是项目的工期，所以要压缩项目工期就必须缩短关键活动的时间。将初始网络计划的计算工期与合同指令工期相比较，求出需要缩短的工期，通过压缩关键路线的方法进行多次测试计算直至符合指令工期的要求为止。如果项目初始进度计划的工期是按各工序活动的正常工期计算出来的，那么它对应一个成本值。根据项目活动的成本费用率及极限工期，我们知道压缩项目活动的时间必然要增加相应的成本。在实际项目管理工作中，压缩任何活动的持续时间都会引起费用的增加，因此我们在压缩关键活动的工期时要抓住问题的关键：怎样合理地压缩工期，使项目的花费代价最小。

2. 进度计划的控制。项目工期计划控制是对项目工期计划的实施与项目工期计划的变更所进行的管理控制工作。项目工期计划控制的主要内容包括：对于项目工期计划影响因素的控制（事前控制），对于项目工期计划完成情况的绩效度量，对项目实施中出现的偏差采取纠偏措施，以及对于项目工期计划变更的管理控制等。项目开始实施以后就必须严格控制项目的进程，以确保项目能够按项目工期计划进行和完成。在这一工作中，必须及时定期地将项目实施的情况与项目计划进度进行比较并找出二者的差距，一旦发现这种差距超过了控制标准就必须采取纠偏措施，以维持项目工期进度的正常发展。项目经理必须根据项目实际进度并结合其他发生的具体情况，定期地改进项目的实际工作或更新项目进度计划，最终实现对于整个项目工期的全面和有效的控制。

3. 项目工期计划优化的依据。项目工期计划优化的主要依据包括如下几个方面：

（1）项目工期计划文件。项目工期计划文件是项目工期计划控制最根本的依据。项目工期计划文件提供了度量项目实施绩效和报告项目工期计划执行情况的基准和依据。

（2）项目工期计划实施情况报告。这一报告提供了项目工期计划实施的实际情况及相关的信息。例如，哪些项目活动按期完成了，哪些未按期完成，项目工期计划的总体完成情况等。通过比较项目工期计划和项目工期计划实施情况报告可以发现项目工期计划实施的问题和差距。

（3）项目变更的请求。项目变更请求是对项目计划任务所提出的改动要求。它可以是由委托方或使用单位提出的，也可以是项目实施组织提出的，或者是法律要求的。项目的变更可能会要求延长或缩短项目的工期，也可能是要求增加或减少项目的工作内容。但是，无论哪一方面的项目变更都会影响到项目工期计划的完成，所以项目变更的请求也是项目工期计划控制的主要依据之一。

（4）项目进度管理的计划安排。项目进度管理的计划安排给出了如何应对项目工期计划变动的措施和管理安排。这包括项目资源方面的安排，应急措施方面的安排等。这些项目进度管理（或叫项目作业管理）的安排也是项目工期计划控制的重要依据。

4．项目工期计划优化的方法。项目工期计划优化的方法多种多样，最常用的有：

（1）项目工期计划变更的控制。项目工期计划变更的控制方法是针对项目工期计划变更的各种请求，按照一定的程序对于项目工期计划变更进行全面控制的方法。这包括：项目工期变更的申请程序、项目工期变更的批准程序和项目工期变更的实施程序等一系列的控制程序及相应的方法。

（2）项目工期计划实施情况的度量方法。项目工期计划实施情况的度量方法是一种测定和评估项目实施情况，确定项目工期计划完成程度和实际情况与计划要求的差距大小与幅度的管理控制方法，它是项目工期计划控制中使用的重要方法之一。这一方法的主要内容包括：定期收集项目实施情况的数据，将实际情况与项目计划要求进行比较，报告项目工期计划实施情况存在的偏差和是否需要采用纠偏措施。这一方法要求有固定的项目工期计划实施情况报告期，并定期和不定期地度量和报告项目工期计划的实施情况。在一个报告期内，需要为项目工期计划的控制而收集和积累的数据或信息包括：项目实施情况的数据、项目各种变更的信息等。其中，必须注重这些数据或信息的收集应及时、准确，以便为更新项目工期计划服务。例如，如果项目报告期是一个月，这些数据和信息就应该在到月末之前收集完毕，这样才能保证信息的及时和有效。反之，如果信息已经过时或不准确就会引起项目工期计划和控制方面的决策失误。一般从对项目的控制角度来看，这种报告的报告期越短，越有利于及早发现问题并采取纠正措施。特别是当细密的布确定性因素较多，风险较大或项目出现问题时，一定要缩短报告期，增加报告的频率，直到项目计划进度恢复正常为止。例如，如果对于一个工期五年的项目而言，其报告期可以是一个月，但是当出现偏离项目工期进度计划或超出项目预算的等情况时，就应该立即将这一项目的报告期缩减至一周，以便更好地控制项目工期计划的实施。

（3）追加计划法。在整个项目的实施过程中，很少有项目能完全依照工期计划实施的。一些项目活动会提前完成，而另一些项目活动则会延期完成。实际项目工期计划实施情况无论快还是慢都会对项目的最终完工时间产生影响。因此，项目工期计划控制方法中还有一种是追加计划法（或叫附加计划法），这种方法可以根据可能出现的工期计划变化，去修订项目活动的工期估算、修订项目的活动排序和修订整个项目的工期计划。在整个项目实施的过程中可能发生的各种变更也会对项目工期计划产生影响，这也要求对项目的范围、预算或工期计划进行修改。这些都需要使用项目工期计划控制的附加计划法。追加计划法包括四个步骤：首先是分析项目实施进度并找出存在的问题；其次是确定应采取哪些具体的纠偏措施；其三是修改项目工期计划并将纠偏措施列入计划中；最后是重新计划安排项目工期，估算和评价采取纠偏措施的效果并编制出项目工期的追加计划。这种方法需要重点分析两种活动，其一是近期需要开展的项目活动，其二是所需时间较长的项目活动。因为积极控制正在进行或随后即将开展的项目活动的工期比对未来很久以后开始的项目活动工期要有效得多。同时，如果能够减少所需工期较长的项目活动的工期，显然要比在所需工期较短的项目活动身上想办法有用得多。有多种方法可以用于缩短项目活动的时间，其中最显而易见的方法是投入更多的资源。例如，分派更多的人来完成同一项活动，或者要求工作人员增加每天的作业时间就可以缩短项目工期。另外，缩小项目的范围或降低项目的质量要求也是缩短项目工期的常用方法。在一些非常情况下，甚至可以取消一些项目活动来缩短项目工期。当然，通过改进项目工作方法或技术、提高劳动生产率才是缩短项目活动工期的最佳方法。

（4）项目工期管理软件法。对项目工期计划的管理控制而言，运用项目管理软件也是很有用的方法之一。这种方法可以用来追踪和对比项目实际实施情况与工期计划要求的差距，预测项目工期计划的变化及其影响和调整、更新与追加项目工期计划。

5. 项目工期计划控制工作的结果。项目工期计划控制工作的结果主要包括如下几个方面：

（1）更新后的项目工期计划。这是根据项目工期计划实施中的各种变化和纠偏措施，对项目工期计划进行修订以后所形成的新的项目工期计划。它是对原有项目工期计划进行全面修订后给出的结果。

（2）项目工期计划中要采取的纠偏措施。这里的纠偏措施是指为纠正项目工期计划实施情况与计划要求之间的偏差，所采取的具体行动方案。在项目工期管理中需要采取各种纠偏措施去保证项目的工期进度和项目按时完工，所以项目工期计划中要采取的纠偏措施也是项目工期控制的重要工作结果之一。

（3）可供吸取的经验教训。在项目实施过程中，有关项目工期计划控制方面的各种可供吸取的经验教训也是项目工期计划控制工作的结果之一。这方面的内容包括：有关项目工期计划变动的原因、采取纠偏措施的理由，以及项目工期计划失控的经验和教训等。

（4）项目工期计划实施结果的改善。这是项目工期计划控制工作最主要的结果，正是由于项目工期计划控制工作的开展才使得项目工期计划的实施结果得以提高和改善，才使得项目实施工作能够按照计划（包括最初的和更新后的计划）去完成。

第四节 项目进度实施的动态管理

由于存在外界环境条件、人为条件、现场情况等各种因素的影响，在代建工程实施过程中，原始计划的安排经常不能如期完成并出现进度偏差。因此，代建单位应及时了解和掌握工程项目实际进展情况，分析和检查影响进度偏差的原因，依据进度目标和合同要求对实施阶段的各类工程项目进度计划进行审查，显得非常重要。

一、动态管理的关键环节

对于大型复杂的工程，项目进度的调整一般是不可避免的。如果发现原有的进度计划已落后、不适应实际情况时，就必须对原有的计划进行调整，形成新的进度计划，作为进度控制的新依据，按照计划、执行、检查和行动等四个步骤进行循环，以确保项目工期，实现进度控制的目标。动态管理应注意以下相互影响的三个环节：

（一）进度计划是进度控制的基础

计划指出了项目组织未来努力的方向和奋斗目标，是经过仔细分析后综合形成的对未来的构思，又是当前行动的准则。一个完善的计划可以使失败的概率降至最低，最大限度地保证在预期的期限内取得预期的效果。

（二）进度控制通过项目的动态监控实现

进度控制随着项目的进行而不断进行，是一个动态过程，也是一个循环进行的过程。从项目开始，实际进度就进入了运行的轨道，也就是计划进入了执行的轨道。

（三）对比分析并采取必要的措施是进度控制的关键

当实际进度与进度计划不一致时，应分析偏差的原因，采取措施并调整计划。从而使实际与计划在新的起点上重合，并尽量使项目按调整后的计划继续进行。

二、动态监测的报告

建设项目进度控制的最终成果是按规定的时间性、内容和格式提出进度控制报告。将这些报告分析研究后做出的决策就是进度控制的结果，这种结果包括更新后的项目建设进度计划、要采取的纠偏措施、应该吸取的经验教训。

项目建设进度报告是通过对项目建设进度的监测、检查和比较分析后的结果以书面的形式向项目管理决策层及主管部门提交的报告，是按工作职责规定提出的定期进度报告，其篇幅根据周期的长短而定。进度报告的内容主要包括项目建设实施概况、进度概要；项目建设实际进度及其说明；项目建设进度的近期趋势；进度的偏离程度，产生这种偏离的原因分析以及相应的措施和建议等。

三、进度计划的调整

（一）压缩关键工作的持续时间

在不改变工作之间顺序关系，而是通过缩短网络计划中关键线路上的持续时间来缩短已被拖延的工期。具体采取的措施有：

1. 提高单位时间的生产能力，如：增加工作面、延长每天的施工时间、增加劳动力及施工机械的数量的组织措施。

2. 实行技术革新，如改进施工工艺和施工技术以缩短工艺技术间歇时间、采取更先进的施工单位法以减少施工过程或时间、采用更先进的施工机械的技术措施。

3. 利用经济手段，如实行包干奖励、提高资金数额、对所采取的技术措施给予相应补偿的经济措施；改善外部配合条件、改善劳动条件等其他配套措施。

4. 在采取相应措施调整进度计划的同时，还应考虑费用优化问题，从而选择费用增加较少的关键工作为压缩的对象。

（二）调整各分项工程的开始次序

对于大型工程项目，由于存在多项的单位工程，而且它们之间的制约比较小，可调整的幅度比较大，因此比较容易采用平行作业的方法来调整进度计划；在不改变工作的持续时间，而只改变工作的开始时间和完成时间。

一般单位工程项目，由于受工作之间工艺关系的限制，可调整的幅度较小，通常采用搭接作业的方法来调整施工进度计划。

上述方法既可单独使用，也可以同时用这两种方法来调整施工进度计划，以满足工期目标的要求。但是，还应该注意到无论采取哪种方法，都可能会增加费用，故代建单位在进行项目进度控制时还应该考虑到投资控制的问题。

四、进度延期的控制

进度延期是由于建设单位、建设单位代表（监理单位）、合同缺陷、工程变更等原因造成的；工程延误是施工单位组织不力或因管理不善等原因造成的。工程延期是可以通过向建设单位、建设单位代表（监理单位）申请获得批准而增加工期的，我们在工作中，应注意区别工期延期和工期延误的概念。工程延期获得批准的条件：

首先必须符合合同条件，亦即导致工期拖延的原因不是施工单位自身的原因引起的，例如，施工场地条件的变更；建设、合同文件的缺陷；由于使用单位或设计原因造成的临时停工、工期耽搁；由使用单位供应的材料、设备的推迟到货；工程施工时受到其他主要的承包商（施工单位）的干扰；建设单位、监理工程师关于施工单位面的变更等，因上述原因的工期拖延是工期延期申请获得批准的首要条件。

其次是发生延期事件的工程部件，必须是在施工进度计划的关键线路上，才能获得工期延期的批准。若延期事件是发生在非关键线路上，且延长的时间未超过总时差时，例如屋面防水层的变更发生在工程结构施工阶段，即使符合批准为工程延期的合同条件，是不能获得工期延期申请批准的。

最后，工期延期的批准还必须符合实际情况和注意时效。对延期事件发生后的各类有关细节进行详细记载，及时向建设单位代表或监理工程师提出申请，递交详细报告。通常是在延期事件发生的 14 天内提出申请，外商投资的工程则根据 FIDIC 合同条件的规定，在延期事件发生的 28 天递交意向书，在此之后的 28 天递交正式的申请报告，否则过期申请无效。

工程项目的进度计划和实际状态之间总会存在一些差异，也就是“计划跟不上变化”，面对不断变化的实际情况，计划到底有没有用？有什么用？其实，没有“计划”便无从谈“变化”。计划只是一个基准，它是对未来的“预测”，在计划执行过程中会受各种因素影响，进度控制就是比较实际状态和计划之间的差异，并作出必要的调整使项目向有利的方向发展。

第九章　项目投资管理

项目投资管理是指在项目前期决策、设计、招投标和施工等各阶段，一方面通过正确编制与审核投资估算、设计概算、施工图预算、工程结算及工程决算，把项目的投资控制在批准的投资限额内，以保证各阶段投资控制目标的实现；另一方面要在各阶段利用组织措施、管理措施、技术措施、经济措施使投资取得最大的投资效益。

项目投资管理是委托方、使用单位、代建单位及社会各界人士普遍关注的问题，因为政府投资项目实行代建制，其中一个重要目的就是要对项目投资进行有效管理和控制，使之不超过经批准的投资额。目前，全国绝大部分省市都相继出台了政府投资项目代建制管理办法，对政府投资项目推行代建制管理，强调要通过“超有罚，省有奖”的奖罚机制，遏制过去“投资、建设、管理、使用”多位一体，在建设项目实施过程中，使用单位擅自变更建设内容、提高建设标准、超概算等现象的出现，出发点就是要解决项目超投资责任主体的缺位，目的就是要有效控制项目的投资。这从各省市已出台的代建制管理办法中可以明显看出，比如《北京市政府投资建设项目代建制管理办法（试行）》第三十三条明确规定：

“建设实施代建单位未能完全履行《项目代建合同》，擅自变更建设内容、扩大建设规模、提高建设标准，致使工期延长、投资增加或工程质量不合格，所造成的损失或投资增加额一律从建设实施代建单位的银行履约保函中补偿；履约保函金额不足的，相应扣减项目代建管理费；项目代建管理费不足的，由建设实施代建单位用自有资金支付。同时，该建设实施代建单位三年内不得参与本市政府投资建设项目代建单位投标。”

为此，委托方在与代建单位签订《委托代建合同》之前须要求代建单位提供工程概算投资一定比例的银行履约保函。因此，在项目代建管理中，如何有效控制工程项目投资是防范代建管理风险的一项极为重要的工作，也是代建项目最终是否成功的重要标志。

第一节　项目投资管理目标、原则及方法

一、项目投资管理目标

项目投资管理目标亦即项目代建投资控制目标。一般地，委托方与代建单位在签订委托代建合同时，除在合同中明确双方的责任、义务和权利，以及奖惩办法等外，同时要明确项目的质量、工期和投资控制目标。目前，从全国各地实行代建制的情况来看，政府投资主管部门要求项目投资需控制在经批复的初步设计概算范围内，而在招标代建单位时，一般将经政府有关部门批准的初步设计概算中的建筑安装工程费用作为代建单位的投资控制目标。实际上，比较合理的应该将代建管理工作范围内所有项目的费用均应纳入代建投资控制目标，如建安费用、监理费用、招标代理费、施工图预算编制费、施工图审查费、结算审查费、质量监督费、不可预见费用等等。有些地方将项目涉及的重大设备采购和专业性非常强的项目，如医院项目中的重大医疗设备采购，博物馆和科技馆中陈列展厅的布

置等，单独剥离出来纳入政府采购范围或自行建设管理。项目投资管理目标的确定通常有以下两种方式：

1. 直接委托的代建项目。在委托代建合同谈判时，双方商定代建投资控制目标。一般把经政府有关部门批准的初步设计概算中的建筑安装工程费用设定为代建单位的投资控制目标，如果还包括不可预见费和监理费等其他费用，应在合同中加以说明。这里需要特别注意的是，在工程项目施工过程中，特别是大型、复杂的工程项目，出现设计变更或设计漏项是不可避免的，对于委托方提出的使用功能上的设计变更和项目增加，以及因前期地质勘察不详细或勘察工作不到位造成设计变更，从而引起项目投资的增加，由于这部分增加的投资不是因为代建单位管理工作失误造成的，这种情况要在代建合同中作出特别规定，若因设计变更或漏项引起投资增加，委托方应追加投资，并相应调整代建投资控制目标，如增加的投资超过了一定限额，还需委托方按原审批程序报政府有关部门重新审批，同时代建投资控制目标应按新批复的投资额执行。

2. 通过招标方式确定代建单位的代建项目。目前，全国各地通过招标方式选择代建单位，一般采取邀请招标和公开招标两种方式。邀请招标是委托方邀请具有相应条件和资格的代建单位参与某项目的代建投标。一般来说，委托方按照预先制定的代建单位资格条件建立代建单位短名单，每年对库内各代建单位进行资格审查，实行能进能出，动态管理。一旦有代建项目时，委托方按照一定的规则，从代建单位短名单中随机抽取 4 ~5 家代建单位，邀请他们参与代建项目的投标。邀请招标一般采用单因数招标法，就是要求代建单位投标时就工程项目建筑安装工程费的下浮率进行报价，以此确定代建单位的代建投资控制目标。如果采取公开招标方式选择代建单位，一般采取综合评分法，其中代建投资控制目标作为综合评分法中一项重要指标之一，一般采用下浮率指标或采用总额指标。不管采取何种招标方式，在招标文件中，招标人对代建投资控制的范围均有明确具体的说明。

二、项目投资管理原则

项目投资管理应采用“静态控制、动态管理”的投资控制机制，主动地、动态地控制工程投资，应体现以下原则：

（一）以设计为重点全过程控制原则

项目投资管理在贯穿于项目建设全过程的同时，应注重工程设计阶段的投资控制。据统计分析，设计阶段对工程投资的影响程度达到 75% 以上。由此可见，设计阶段对整个工程建设投资控制至关重要，一个好的设计不仅可以促进施工质量的提高，加快施工进度，同时还可以有效地控制投资。

（二）主动控制原则

所谓主动控制，就是在预先分析实施过程中各种风险因素及其导致目标偏离的可能性和程度，拟订和采用有针对性的预防措施。总的来说，主动控制是一种面对未来的控制。长期以来，人们较为注重目标值与实际值的比较分析，一旦发现实际值偏离目标值时，才去寻找、分析产生偏离的原因，并确定下一步的对策。为了尽可能地减少以至避免目标值与实际值的偏离，还必须事先主动地采取控制措施，实施主动控制。

（三）经济与技术相结合原则

控制项目投资，应从组织、技术、经济、合同等多方面采取措施。长期以来，我国工程建设领域重技术轻经济，设计与经济相脱节是一种普遍现象。在项目可行性研究和初步设计阶段，往往只注重对技术方案的论证，对经济因素考虑得较少，缺乏多方案比较和技术经济分析，造成工程投资的浪费。在选择设计方案时，要通过技术比较、经济分析和效果评价，正确处理技术先进与经济实力两者之间的对立统一关系，以求最佳技术经济指标。

三、项目投资管理方法

在工程项目建设过程中，投资管理是一个不确定的、动态的、科学的管理体系，它贯串于项目建设决策、设计、招投标、施工的全过程。在项目代建管理过程中，作为代建单位，根据委托代建合同确定的介入阶段（一般在初步设计审批后），在施工图设计、招投标、施工合同签订和施工等阶段，应采取积极、主动、事先的预控措施，使工程造价始终处于主动的控制之中。

（一）明确细化投资控制目标

投资控制涉及面广，操作周期长，工作量大，是一项非常细致的工作。代建单位在正式介入项目代建管理工作后，必须认真审查设计文件和概算，制定出系统、合理的工程投资控制目标，建立由明细目标、分目标和总目标构成的投资控制管理体系。按照“先算账、后花钱”的投资控制原则，采取“自上而下、又从下而上”的全过程、全方位的控制方法，实施全面投资控制，以达到明细目标确保分目标的实现，分目标确保总目标的实现，总目标确保竣工决算控制在委托代建合同确定的投资控制目标范围内。

（二）做好施工图优化设计和预算编制

为了做好施工图优化设计，首先要确定优化设计的原则是：

1. 符合国家设计规范和标准。
2. 项目建设规模、建设内容、建设标准要符合批复的初步设计文件的要求。
3. 投资控制在批准的初步设计概算范围之内。

为此，按照上述原则，在施工图设计阶段推行限额设计，即按照批准的初步设计概算控制施工图设计，同时各专业在保证达到使用功能的前提下，按分配的投资限额控制设计，严格控制技术设计和施工图设计的不合理变更，保证投资限额不被突破。限额设计不是简单地将投资砍一刀，而是包含了尊重科学、尊重实际、实事求是、精心设计和保证设计科学性的实际内容，要求设计院加强专业间的配合，认真研究优化设计方案，在每个专业、每道工序中都要把限额设计作为重点工作内容，明确限额目标，实行工序管理。

施工图预算是确定建筑安装工程预算造价的文件，是在施工图设计完成后，以施工图为依据，根据预算定额、取费标准以及地区人工、材料、机械台班的预算价格进行编制的。施工图预算是确定施工招标控制价的依据，同时也是编制施工招标工程量清单的基础，因此，在施工图预算出来后，需要加强对施工图预算的审查。审查的重点应放在工程量计算是否准确，预算单价套用是否合理，各项取费标准是否符合现行规定以及预算是否有漏项现象等方面。

（三）精心组织招投标工作

招投标阶段是项目代建管理最重要的一项工作，也是项目投资控制的重要环节之一。在此阶段，要具体做好以下工作：

1. 做好招标文件编写工作。相对来说，在招投标阶段代建单位处于比较主动的地位。因此，在编制招标文件时，特别在招标文件中的合同条款里，通过对合同条款的约束降低代建单位的投资控制风险。为规范施工招标资格预审文件、招标文件编制活动，促进招标投标活动的公开、公平和公正，2007 年国家发展和改革委员会、财政部、建设部、铁道部、交通部、信息产业部、水利部、民用航空总局、广播电影电视总局等九部委联合制定发布了标准施工招标资格预审文件和标准施工招标文件，对招标文件编制实行标准化管理。在套用国家标准化招标文件时，要逐条研究其中合同文件中的通用条款，将不利因素在专用条款中加以合理限制，比如政府投资项目资金拨付和工程变更审批环节较多，竣工结算还必须经过审计部门的审计，通用条款中的时间限制容易导致施工单位索赔，可在专用条款中加以修正。又比如根据工程的特点和实际情况，在招标文件中设置投标控制价，等等。所有这些对将来代建单位有效控制投资非常有利。因此，在编写招标文件时，在合理合法的范围内，尽量将代建单位的投资控制风险进行规避，同时将未来施工过程中在投资控制方面，比如工程材料调价、工程变更等，可能发生争议的问题在招标文件中事先约定好，以避免在施工过程中发生不必要的争议，影响工程投资控制。

2. 认真编制工程量清单。工程量清单是表现拟建工程的分部分项工程项目、措施项目、其他项目和相对应数量的明细清单。完整、准确的工程量清单是招投标成败的重要因素，是代建单位抓好投资控制的前提。编制工程量清单需要注意解决以下问题：一是漏项问题。工程量清单应按设计图纸全面反映拟建工程内容，如果出现工程量清单漏项，会导致投标报价失真和索赔等工程结算纠纷；二是清单项目特征描述不完整或不准确问题。根据有关规定，分部分项工程量清单只列主体项目，围绕该主体项目施工的附属项目内容，主要靠项目特征描述，随主体项目名称一并反映出来，构成组合并计算综合单价的依据。如果出现清单项目特征描述不完整或不准确的情况，可能会导致结算纠纷，不利于代建单位的投资控制。

3. 合理划分标段、确定投标控制价和施工合同类型。一般情况下，一个工程由一家施工单位总包易于管理，同时便于人力、材料、设备的调剂与调度，可降低造价。而对于大型、复杂的工程项目，对施工单位的施工能力、施工经验、施工设备等有很高的要求，如不分标就可能使有资格参加此项工程投标的承包单位大大减少，导致报价的上涨。因此，要根据工程项目的实际情况，合理确定项目的标段划分。

在现阶段招标中，投标控制价对于防止投标人抬价和过低报价从而合理确定工程价格具有重要作用，也有利于代建单位控制项目投资。对于采取总价包干的，可以设置一个包干控制价，而对于采取单价包干的，可对各单项设置控制价，这也有利于控制投标人不平衡报价。

按计价方式不同，工程施工合同的主要形式有总价合同、单价合同、成本加酬金合同等几种类型。选择合同类型时应综合考虑项目的复杂程度、设计深度、施工技术的先进程度以及施工工期的紧迫程度。一个工程项目究竟采用何种合同形式不是固定不变的。在一个项目中各个不同的工程部分或不同阶段，可以采用不同形式的合同。制定施工标段划分、合同类型规划时，必须依据实际情况，权衡各种利弊，然后再做出最佳决策。

（四）加强施工阶段的投资管理

施工阶段作为项目投资控制的重要环节，也是项目管理周期中投资控制难度和工作量最大的阶段，因此需要从各个环节加以控制。

1. 做好工程建设资金使用计划编制和工程款支付管理工作。在项目代建管理过程中，通过工程建设资金使用计划的编制和执行，可以有效地控制工程投资。资金使用计划可以按项目组成编制，即按照工程项目的组成，按照单项工程、单位工程、分部工程、分项工程的逐级层次划分，将工程投资进行相应的切块分解，分块细化的程度应结合项目规模、管理水平等实际情况综合考虑确定；也可以按时间进度编制，即在计划工期范围内将工程造价按照工程进度进行分解，即在拟定工程进度计划时，一方面要确定各项施工活动所需的时间，另一方面需要确定完成该施工活动时的资金支出，并在实际操作过程中，通过绘制时间—投资累计曲线，不仅能直观表达工程投资随时间的变化情况，而且也有助于控制工程投资。

2. 严格控制设计变更，加强现场工程签证管理。施工过程中出现设计变更和现场工程签证在所难免，尤其是大型或复杂性的工程更是如此，施工单位往往通过设计变更和现场工程签证来获取额外利润。因此，严格控制施工过程中的设计变更，加强现场工程签证管理，是控制工程投资的一个重要环节，也是项目代建管理工作的一项核心内容。为此，要做好以下工作：一是建立完善的审批制度。对于设计变更，无论是设计、施工、监理或委托方哪一方提出的，均要从质量、功能要求、造价、进度等方面进行全面对比分析，经研究确须变更的，应严格按照合同规定履行审批手续；现场工程签证也是一样，需要严格审查施工单位提交的工程签证申请，包括签证文件是否齐全、是否符合合同规定、工程计量是否合理、是否存在重复签证等，并经相关各方签字确认，否则，所有设计变更和现场工程签证在结算时，代建单位一律不予承认；二是要严格区分责任。属于施工方案、施工顺序等原因造成的设计变更或引起工程量或造价发生变化须现场签证的，由施工单位承担责任；属于委托方或使用单位使用功能需要发生的变更或工程签证，由委托方或使用单位承担责任。所有这些在委托代建合同和施工合同中都应有详细的规定。

3. 严格工程款的审批与拨付。要建立严格的工程款审批与拨付制度，做到不该付或不该提前付的工程款一分也不能付。考虑到最后工程结算和工程审计，在施工合同专用条款中可特别规定，每期实际付款额度为经审定的当月应付工程价款的80%。对于采购主要设备、材料、构配件等工程款的支付，一般不提前支付预付款，采取货到现场并验收合格后支付60%，工程竣工验收合格并扣除一定比例质保金后付清的办法。另外，要根据工程进展和工程款支付的情况，定期对实际发生值与计划控制值进行分析、比较，避免工程款超付情况，确保工程款支付与工程形象进度保持一致。

4. 尽量避免工程费用索赔。工程费用索赔往往是施工单位为获取额外利润而采取的主要办法之一。在工程项目代建管理过程中，发生索赔事件是正常的，重要的是要做好预防工作，尽量避免工程费用索赔事件的发生，这对投资控制具有重要作用。一是在施工合同条款中对索赔要加以合理限制，并明细各方责任；二是在施工过程中，加强合同管理，认真履行合同规定的代建单位的各项义务，尽量不因代建单位原因而造成索赔事件的发生；三是在日常工程管理中，认真做好施工记录和各种工程资料的整理，为正确处理可能发生的索赔提供依据；四是按照我国现行的有关规定和施工合同，严格履行索赔处理程序和审批程序。

5. 严把工程结算关。要加强竣工结算的审核，把好投资控制的最后一关。一是按照合同中的有关条款，如合同价款的调整条件、调整方式、结算方法等，严格审核施工单位申报的工程结算；二是要严格审核每一项设计变更及其增减的工程量，对施工过程中已确认的施工项目、工程量及其单价，要再次逐项核定；三是对未确认部分尤其无法套用或无法参考定额的项目，要进行市场调研，力争达成共识。对涉及金额较大的项目，还可由代建、施工、监理、审计等相关方共同编制补充定额，报政府工程造价管理部门审批，确保每项结算费用合理合法。

总之，项目投资控制是一项复杂、系统、细致的工作，要求代建单位在每个环节都要加强管理，只有这样才能确保工程投资控制在委托代建合同规定的投资控制目标范围之内。

第二节　项目资金使用计划的编制及合理使用

一、资金使用计划的编制

编制好项目资金使用计划是代建单位投资控制的一项重要工作。在代建项目施工过程中，通过资金使用计划的编制与执行，合理确定项目投资控制目标值，包括项目总目标值、分目标值、明细目标值。如果没有明确的投资控制目标，就无法进行项目投资实际支出值与目标值的比较，不能进行比较也就不能找出偏差，不知道偏差程度，就会使控制措施缺乏针对性，从而不能有效地控制项目投资。

需要注意的是，对于代建项目，委托方往往并不是将项目的全部投资都交由代建单位进行管理，一般只是建筑安装工程费用，因此，资金使用计划的编制也只是针对这一部分投资。

资金使用计划编制过程中最重要的步骤，就是项目投资目标的分解。根据投资控制目标和要求的不同，投资目标的分解可以分为按项目组成和时间两种类型。

（一）按项目组成编制资金使用计划

一个建筑工程项目通常由多个单项工程组成，每个单项工程由多个单位工程组成，每个单位工程又由若干个分部、分项工程组成。按项目组成对资金的使用进行合理分配时，首先必须对工程项目进行合理划分，划分的粗细程度根据项目的特点，结合项目规模、管理水平等实际情况综合考虑确定。然后根据项目组成，将工程投资进行相应的切块分解。在实际工作中，总投资控制目标按项目分解只能分到单项工程或单位工程，如果要进一步分解投资控制目标，可能就难以保证分目标的可靠性。

（二）按时间进度编制资金使用计划

建设项目的投资总是分阶段、分期支出的，资金应用是否合理与资金时间安排有着密切关系。编制按时间进度的资金使用计划，通常可利用控制项目进度的网络图进一步扩充而得。利用网络图控制时间和投资，即要求在安排各项活动时要以便于对二者的控制为原则，在拟定工程项目的执行计划时，不单要确定完成各项施工活动所要花费的时间，还同时要确定完成这一活动的合适的投资支出预算。在实际操作中，将工程项目分解为既能方便地表示时间，又能方便地表示投资支出预算的活动是不容易的，通常如果项目分解程度对时间控制合适的话，则对投资支出预算来说可能分配过细，以至于不可能对每项活动确定其投资支出预算，反之亦然。因此在编制网络计划时应在充分考虑进度控制对项目划分要求的同时，还要考虑确定投资支出预算对项目划分的要求，做到二者兼顾。

（三）资金使用计划的表达形式

1. 资金使用计划表。按项目组成编制资金使用计划时，可以利用资金使用计划表。资金使用计划表的内容一般包括：工程分项编码、工程内容、计量单位、工程数量、计划综合单价和本分项工程投资合计。

2. 时间—投资累计曲线。首先根据工程进度计划确定每单位时间内所需投入的资金，然后通过逐步累计便可求得计划工期范围内各时点的累计投资额。由于绘制出来的累计投资曲线的形状通常像英文字母“S”，故通常也称时间—投资累计曲线为S曲线。S曲线不仅能直观表达工程投资随时间的变化情况，而且是控制工程投资的重要依据。

二、投资偏差分析

（一）投资偏差的基本概念

在项目施工过程中，代建单位要认真做好投资使用偏差分析，也就是把项目建设过程中的实际支出额与项目投资控制目标值进行比较分析，通过比较找出实际值与目标值的偏差，进而采取有效的调整措施加以控制，以实现项目投资控制目标。

投资偏差就是指投资计划值与实际值之间存在的差额，即：

投资偏差 = 已完工程实际投资 - 已完工程计划投资

上式中，结果为正表示投资增加，结果为负表示投资节约。与投资偏差密切相关的是进度偏差，如果不加考虑就不能正确反映投资偏差的实际情况，比如某一阶段的投资超支可能是由于进度超前导致的，也可能是由于物价上涨导致。所以有必要引入进度偏差的观念：

进度偏差 = 已完工程实际时间 - 已完工程计划时间

为了与投资偏差联系起来，进度偏差也可表示为：

进度偏差 = 拟完工程计划投资 - 已完工程计划投资

上式中，拟完工程计划投资是指根据进度计划安排在某一确定时间内所应完成的工程内容的计划投资，进度偏差为正值时，表示工期拖延，为负值时表示工期提前。

1. 局部偏差和累计偏差。局部偏差是指相对于项目已经实施的时间而言的。指每一个控制周期所发生的投资偏差；累计偏差则是指在项目已经实施的时间内累计发生的偏差，也就是局部偏差的累加。累计偏差是一个动态的概念，其数值总是与具体的时间联系在一起的。在进行投资偏差分析时，对局部偏差和累计偏差都要进行分析。在每一控制周期内，发生局部偏差的工程内容及其原因一般都比较明确，因而其分析结果比较可靠，而累计偏差所涉及的工程内容较多、范围较大，且原因也比较复杂，因而累计偏差分析必须以局部偏差分析为基础，但是累计偏差分析并不是对局部偏差分析的简单汇总，而需要对局部偏差分析的结果进行综合分析，这样其分析结果就更能显示代表性、规律性，对投资控制工作在较大范围内具有指导作用。

2．绝对偏差和相对偏差。绝对偏差是指投资计划值与实际值比较所得的差额。相对偏差是指投资偏差的相对值或比例数，通常是用绝对偏差与投资计划值的比值来表示。即

$$相对偏差=\frac{绝对偏差}{投资计划值}=\frac{投资实际值-投资计划值}{投资计划值}$$

绝对偏差和相对偏差的数值均可正可负，且二者符号相同，正值表示投资增加，负值表示投资节约。在进行投资偏差分析时，对绝对偏差和相对偏差都要进行计算。绝对偏差的结果比较直观，其作用主要在于了解项目投资偏差的绝对数额，指导调整资金支出计划和资金筹措计划。由于项目规模、性质、内容的不同，其投资总额会有很大差异，因此，绝对偏差就显得有一定的局限性。与此对比，相对偏差就能比较客观地反映投资偏差的严重程度和合理程度，从对投资控制工作的要求来看，相对偏差比绝对偏差更有意义，应当给予更高的重视。

（二）投资偏差分析方法

常用的投资偏差分析方法有横道图法、表格法和曲线法。

1．横道图法。采用横道图进行投资偏差分析，是用不同的横道标识已完工程计划投资和实际投资以及拟完工程计划投资，横道的长度与其数额成正比。投资偏差和进度偏差数额可以用数字或横道表示，而产生投资偏差的原因则应由造价工程师经过认真仔细分析计算后填入（如表9-1）。

表9-1 某代建项目横道图法投资偏差分析表 单位：万元

项目编码	项目名称	投资参数数额	投资偏差	进度偏差	偏差原因
011	土方工程	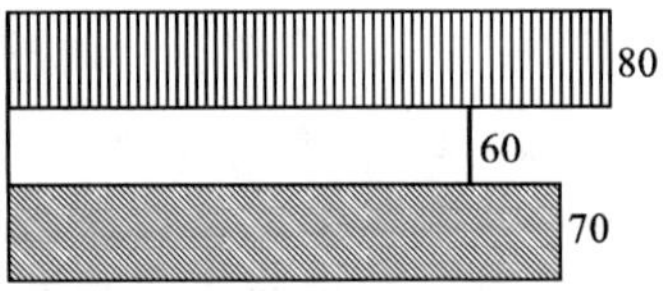	10	－10	
012	打桩工程	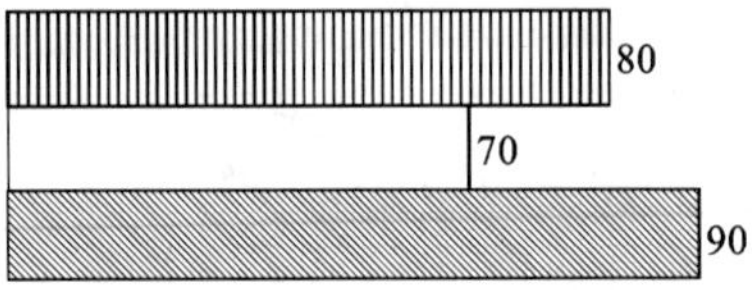	－10	－20	
013	基础工程	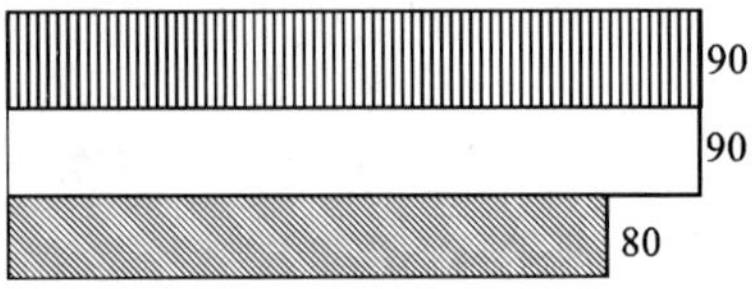	10	10	
	……				
合计			10	－20	

图例：

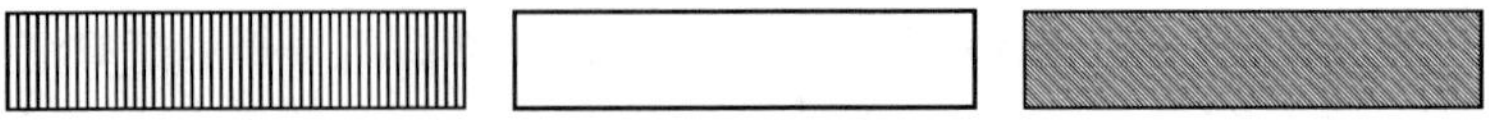

已完工程实际投资　拟完工程计划投资　已完工程计划投资

采用横道图法的主要优点是简单、直观，一目了然，能够较准确地表达出投资偏差的绝对值，而且还能直观地判断出偏差的严重性，便于了解整个代建项目投资的概貌，但是这种方法的缺点是信息量较少，主要反映累计偏差和局部偏差，因而其具有一定的局限性，一般在项目的较高管理层应用。

2. 表格法。表格法是进行投资偏差分析最常用的一种方法。可以根据代建项目的具体情况、投资控制工作的要求等条件来设计表格，直接将项目编码、项目名称、各投资参数以及投资偏差数额综合纳入一张表格中，并且直接在表格中进行比较，因而适用性较强（如表9-2）。用表格法进行投资偏差分析具有以下优点：

（1）灵活、适用性强。可根据实际需要设计表格，进行项目的增减；

（2）信息量大，可以反映投资偏差分析所需的各种偏差变量和指标，非常有利于全面深入地了解代建项目投资的实际情况，及时采取针对性措施，加强投资控制；

（3）采用表格处理非常便于用计算机辅助管理，从而节约大量数据处理所需的人力，提高投资控制管理工作的效率。

表9-2　某代建项目投资偏差分析表

项目编码	（1）	011	012	013
项目名称	（2）	土方工程	打桩工程	基础工程
单 位	（3）			
计划单价	（4）			
拟完工程量	（5）			
拟完工程计划投资	（6）=（4）×（5）	60	70	90
已完工程量	（7）			
已完工程计划投资	（8）=（4）×（7）	70	90	80
实际单价	（9）			
其他款项	（10）			
已完工程实际投资	（11）=（7）×（9）+（10）	80	80	90
投资局部偏差	（12）=（11）-（8）	10	-10	10
投资局部偏差程度	（13）=（11）÷（8）	1.14	0.89	1.13
投资累计偏差	（14）=Σ（12）			
投资累计偏差程度	（15）=Σ（11）÷Σ（8）			
进度局部偏差	（16）=（6）-（8）	-10	-20	10
进度局部偏差程度	（17）=（6）÷（8）	0.86	0.78	1.13
进度累计偏差	（18）=Σ（16）			
进度累计偏差程度	（19）=Σ（6）÷Σ（8）			

3．曲线法。曲线法是采用投资时间曲线进行偏差分析的一种方法。在用曲线法进行投资偏差分析时，通常有三条投资曲线，即已完工程实际投资曲线 a，已完工程计划投资曲线 b 和拟完工程计划投资曲线 p，如图 9-1 所示。图中曲线 a 与 b 的竖向距离表示投资偏差，曲线 p 的水平距离表示进度偏差。图中所反映的是累计偏差，而且主要是绝对偏差。用曲线法进行投资偏差分析，具有形象、直观的优点，但这种方法很难直接用于定量分析，只能对定量分析起一定的指导作用，如果能与表格法结合起来使用，则会取得较好的效果。

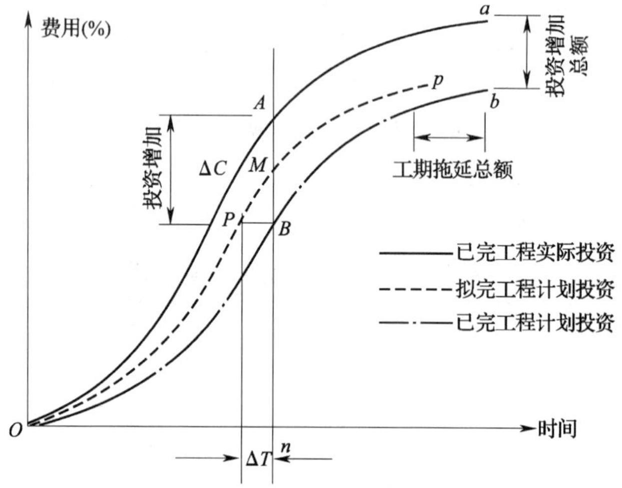

图 9-1　三种投资参数曲线

（三）投资偏差原因分析

进行投资偏差分析，不仅要找出投资偏差的大小数额，而且还要找出为什么会发生投资偏差，即找出引起投资偏差的具体原因，从而便于我们有可能采取有针对性的纠正措施，进行有效的投资控制。因此，客观全面地对投资偏差原因进行分析总结是投资偏差分析的一项重要任务。

首先应将各种可能导致投资偏差的原因一一列举出来，并加以适当整理分类。在对偏差原因整理分类时，不能过于笼统，否则就不能准确地分清每种原因在投资偏差中的“贡献”；但也不能过于具体，否则会使分析结果缺乏综合性和一般性。在这里需要指出的是，这种投资偏差原因的综合分析需要一定数量的局部偏差数据为基础，因此只有当工程项目实施了一段时间以后进行才有意义。

一般来讲，引起投资偏差的原因主要有四个方面，即客观原因、委托方或使用单位原因、设计原因和施工原因。

1．客观原因。主要包括国家有关政策调整、汇率、人工费用和设备材料价格上涨，以及水文、地质条件、自然灾害、社会动乱等人为不可控制、不可预见的因素。

2．委托方或使用单位原因。主要包括前期投资规划考虑不周，投资组织落实不得力，前期报建手续不齐全，工程款支付不及时，施工过程中组织协调工作不到位等。

3．设计原因。主要有设计出现错误或存在大的缺陷和漏项，设计标准出现变更，图纸提供不及时，施工过程中出现大量设计变更等。

4. 施工原因。主要包括施工组织设计不合理，施工工序及进度安排不当，在施工过程中出现质量事故和安全生产事故等。

为了对投资偏差原因进行综合分析，通常采用图表工具。在用表格法时，首先要将每期所完成的全部分部分项工程的投资情况进行汇总，确定引起各分部分项工程投资偏差的具体原因；然后通过适当的数据处理，分析每种原因发生的频率或概率及其影响程度（平均绝对偏差或相对偏差）；最后按偏差原因的分类重新排序，就可以得到投资偏差原因综合分析表或矩状分布图。

为了便于分析，往往还需要对偏差类型做出划分。任何投资偏差都会表现出某种特点，其结果对投资控制工作的影响也各不相同。一般来说，偏差不外乎以下四种情况：投资增加且工期拖延；投资增加但工期提前；工期拖延但投资节省；投资节省且工期提前。这种划分综合性较强，便于表述和应用，在实际分析中经常用到。

（四）投资纠偏措施

对投资偏差原因进行深入分析以后，投资控制工作并没有结束，投资控制工作的最终目的在于采取切实可行的措施，进行主动控制和动态控制，尽可能地实现既定的投资控制目标。为此，针对筛选出来的偏差原因，分清主次，明确纠偏的主要对象，采取有针对性的纠偏措施。

投资增加是项目实施过程中比较普遍存在的现象，而且很自然地成为纠偏的主要对象。如果进一步分析纠偏的对象，还应综合考虑偏差类型、偏差原因以及偏差原因的发生频率和影响程度等因素。有些因素是无法避免和控制的，如客观原因，充其量只能是做到防患于未然，力求将该原因所导致的经济损失减少到最小，因此，就不能将其作为纠偏的主要对象。而对于委托方或使用单位原因和设计原因造成的投资偏差却对投资控制目标的影响很大，而且是可以通过采取有效措施加以控制的，因而应作为纠偏的重点来考虑。

在确定了纠偏的主要对象之后，应及时采取针对性的措施纠正投资偏差。纠偏措施除了取决于纠偏对象的选择，还取决于项目本身的具体情况以及投资控制管理人员的素质，因此，纠偏措施更主要地表现为实践问题。通常纠偏措施包括组织措施、经济措施、技术措施和合同措施。

1. 组织措施。亦即从投资控制的组织管理方面采取的措施。比如，落实投资控制的组织机构和人员，明确各级投资控制人员的任务、职能分工、权利和责任，改善投资控制工作流程等。组织措施往往被大多数人忽视，其实它是其他措施的前提和保障，而且一般无需增加什么费用，运用得当可以收到良好的效果。

2. 经济措施。经济措施最易为人们所接受，但在运用中要特别注意不可把经济措施简单理解为审核工程量及相应的支付款项。应从全局角度出发来考虑问题，如检查投资目标分解是否合理，资金使用计划有无保障，会不会与施工进度计划发生冲突，工程变更有无必要，是否超标等，解决这些问题往往要标本兼治，做到事半功倍，另外，通过偏差分析和未完工程预测还可以发现潜在的问题，及时采取预防措施，从而取得投资控制的主动权。

3. 技术措施。从投资控制的要求来看，技术措施并不都是因为技术问题才加以考虑的，也可以因为出现了较大投资偏差而加以运用。不同的技术措施往往有不同的经济效果，因此运用技术措施纠偏时，要对不同的技术方案进行技术经济分析后加以选择。

4．合同措施。合同措施在纠偏方面主要指索赔管理。在施工过程中，索赔事件的发生是难以避免的，造价工程师在索赔事件发生后，要认真审查有关索赔依据是否符合合同规定，索赔计算是否合理等，从而从主动控制的角度出发，加强日常的合同管理，特别是要落实合同规定的责任。

第三节　工程计量与工程款支付

一、工程计量

工程量是以物理计量单位或自然计量单位表示的各个具体工程和结构配件的数量。工程计量是向施工单位支付任何工程款的前提和凭证，是约束施工单位履行施工合同义务，强化施工单位合同意识的手段。因此，正确计算工程量不仅是控制项目投资的重要环节，同时对于促进设计单位、代建单位和施工单位加强科学管理，具有十分重要的意义。

（一）工程计量的程序

根据国家有关规定和施工合同的要求，工程计量的一般程序是：

1．施工单位按专用条款约定的时间，向监理工程师提交已完工程量的报告。监理工程师接到报告后7天内按设计图纸核实已完工程量（以下称计量），并在计量前24小时通知施工单位，施工单位为计量提供便利条件并派人参加。施工单位收到通知后不参加计量，计量结果有效，作为工程价款支付的依据。

2．监理工程师收到施工单位报告后7天内未进行计量，从第8天起，施工单位报告中开列的工程量即视为被确认，作为工程价款支付的依据。监理工程师不按约定时间通知施工单位，致使施工单位未能参加计量，计量结果无效。

3．对施工单位超出设计图纸范围和因施工单位原因造成返工的工程量，监理工程师不予计量。

代建项目按上述计量程序进行计量时，代建单位须直接参与工程计量工作，除督促监理工程师及时参与计量，并按照有关工程量计算的规则要求和施工合同的规定严格审查施工单位提交的已完工程量报告外，还需进行最后审核把关，确保工程计量的准确无误。

（二）工程计量的依据

工程计量依据包括：

1．质量合格证书。对于施工单位已完的工程，并不是全部进行计量，只有质量达到国家有关质量标准和合同规定的已完工程才予以计量。因此，进行计量的工程必须通过监理单位的质量验收，签发了工程质量报验申请（质量合格证书），只有通过了质量验收的工程才能予以计量。

2．工程量清单前言和技术规范。工程量清单前言和技术规范是确定计量方法的依据。因为工程量清单前言和技术规范的条款规定了清单中每一项工程的计量方法，同时还规定了按规定的计量方法确定的单价所包含的工作内容和范围。

3．施工合同补充协议、设计变更与现场工程签证等。现场发生的设计变更或增加的零星工程，必须有经有关各方签认的变更通知单或工程签证，对于施工单位擅自变更或未经批准施工的工程不予计量。

4. 设计图纸。设计图纸是计量几何尺寸的依据，对承包单位超出设计图纸增加的工程量和自身原因增加的工程量不予计量。

（三）工程计量的原则

1. 计算口径要一致，要避免重复列项。工程计量时，要根据施工图纸列出的分项工程的口径（指分项工程所包括的工作内容和范围），必须与预算定额中相应分项工程的口径相一致。

2. 工程计量的计算规则必须与现行规定的计算规则保持一致。按施工图样进行工程计量时，应严格按照当地现行定额各章节中规定的相应规则进行计算。

3. 工程计量的计量单位必须与现行或工程量清单中计量单位保持一致。按施工图样进行工程计量时，所列出的各分项工程的计量单位，必须与预算定额中相应项目的计量单位一致。

4. 工程计量应遵循一定的要求进行计量。工程计量要遵循一定的计算顺序和严格按施工图样要求，依次进行计算，避免漏算或重复计算。

5. 工程计量的计算精度要统一。工程计量的计算结果，除钢材、木材取三位小数外，其余项一般取两位小数，建筑面积通常取整数。

（四）工程计量的方法

工程计量方法一般有均摊法、凭据法、估价法、断面法、图纸法和分解计量法。

1. 均摊法。就是对工程量清单中某些项目的合同价款，按合同工期平均计量，如维护工地清理费用、保养设备费等。

2. 凭据法。就是按照施工单位提供的凭据进行计量，如保险费等。

3. 估价法。就是根据施工合同规定按监理工程师估算的已完成的工程价值计算，如为监理工程师提供的办公、生活设施及用具等。

4. 断面法。主要用于取土坑或填筑路堤土方的计量。

5. 图纸法。即按照施工图纸所示尺寸进行计量，如混凝土构筑物的体积，钻孔桩的桩长等。

6. 分解计量法。就是将一个项目根据工序或分部分项工程分解为若干个子项，对完成的各子项进行计量。通常用于规模大、支付时间长、影响施工单位资金流动的项目。

二、现场工程签证管理

现场工程签证是指在施工现场由代建单位、监理单位、施工单位和审计单位（全程跟踪审计的项目）共同签署的，必要时还需委托方签认，用以证实在施工活动中已发生的某些特殊情况的一种书面证明材料。现场工程签证管理必须坚持“先签证、后施工”的原则。

现场工程签证具有具体内容不确定、无规律的特征，也是施工单位获取额外利润的重要手段，因此，做好现场工程签证管理，是项目投资控制的一项极其重要工作，也是影响项目投资控制的关键因素之一。代建单位应要求监理单位严格审查现场工程签证，并把好最后的审核关。对于涉及金额较大，签证理由不充足的，或未在委托代建合同授权范围内的，代建单位还要征得委托方的同意，实行委托方、代建单位、监理单位、施工单位和审计单位会签制度。

（一）现场工程签证的主要内容

现场工程签证的主要内容包括：

1. 零星用工。施工现场发生的与工程主体施工无关的用工。

2. 零星工程。是指未包括在施工图纸范围内的零星工程。

3. 临时设施增加项目。此类项目应在施工合同中规定按现场实际发生的情况进行签证。

4. 隐蔽工程签证。如土方工程、基础工程中常发生的隐蔽工程签证。

5. 非施工单位原因停工所造成的人员、施工机械的窝工经济损失。

6. 因停水、停电等非施工单位原因造成的工期拖延的签证。

7. 其他需要签证的工程费用。

（二）现场工程签证需注意的问题

现场工程签证的处理是施工合同双方在项目竣工结算中最容易引起争议的部分，代建单位应事先做好预控措施，加强现场工程签证的管理。

1. 现场签证手续办理要及时。在施工过程中，有一些签证，如零星工程、零星用工等，发生的时候应当及时办理签证手续。特别对一些因施工时间紧迫，当时来不及办理签证手续的，事后应及时提醒监理单位督促各方补办签证手续，避免工程结算时发生纠纷。

2. 加强现场工程签证的审核。施工单位在现场签证中可能提供与实际情况不符的费用及内容，如多报工程量，也可能会提供弄虚作假的签证，因此，代建单位首先应要求监理单位严格审查，同时还要把好最后的审核关，避免出现施工单位的签证不实或虚假签证情况的发生。

3. 规范现场工程签证。建立现场工程签证会签制度，明确规定现场工程签证必须由代建单位、监理单位、施工单位和审计单位（全程跟踪审计的项目）共同签认才能生效，必要时还需委托方签认，缺少任何一方签认的签证都是无效的签证，不能作为竣工结算和索赔的依据。在这里需要注意的是，在施工过程中，委托方（主要是使用单位）为了使项目做得更好一些，往往会提出增加或提高一些项目的档次，对于这类工程签证，若确有必要，还需委托方进行签认。这种情况还需在委托代建合同中明确规定，增加的投资由委托方负责。

三、工程变更及其价款的确定

在项目施工过程中，由于各种原因，经常出现工程量变化，施工进度变化，以及施工合同双方在执行合同中的争执等许多问题。这些问题的产生，一方面是由于勘察设计工作粗糙，以致在施工过程中发现许多没有考虑或估算不准确的工程量，因而不得不改变施工项目或增减工程量；另一方面是由于发生不可预见的事故，如自然或社会原因引起的停工和工期拖延等。由于工程变更所引起的工程量变化、施工单位索赔等，都有可能使项目投资超出代建投资控制目标，代建单位必须重视对工程变更及其价款的处理。

（一）工程变更控制的原则

1. 对于委托方提出的工程变更，需得到代建单位的同意；对于代建单位提出的工程变更，若未在代建合同授权范围内，需征得委托方的同意；对于施工单位或监理单位提出的工程变更，若在代建合同授权范围内，需经代建单位同意，否则还应征得委托方的同意。所有工程变更经设计单位同意后，由监理单位发出。

2. 工程变更要建立严格的审批制度，规范审批程序，防止任意提高设计标准，改变工程规模，增加工程投资，切实把投资控制在代建控制目标范围内。

3. 对设计修改或变更，包括委托方、代建单位、施工单位和监理单位对设计的修改意见，都应通过现场设计代表提请设计单位研究。设计变更方案必须经过技术经济比较分析，并经设计单位同意，签发设计变更通知单。如果突破总概算还必须报请原审批部门审批。设计变更经各方会签后，由监理单位下达变更指令，交施工单位组织施工。

4. 施工单位不得擅自对原工程设计进行变更。因施工单位擅自变更设计发生的费用和由此导致委托方和代建单位的直接损失，由施工单位承担，延误的工期不予顺延。

（二）工程变更价款的确定

施工单位在工程变更确定后14天内，提出变更工程价款的报告，经监理工程师确认后调整合同价款。变更合同价款一般按下列方法确认：

1. 合同中已有适用于变更工程的价格，按合同已有的价格变更合同价款。

2. 合同中只有类似于变更工程的价格，可以参照类似价格变更合同价款。

3. 合同中没有适用或类似于变更工程的价格，由施工单位提出适当的变更价格，经监理工程师确认后执行。

4. 合同中另有约定的，按约定执行。

施工单位在双方确定变更后14天内不向监理工程师提出变更工程价款报告时，视为该项变更不涉及合同价款的变更。

监理工程师应在收到变更工程价款报告之日起14天内予以确认，工程师无正当理由不确认时，自变更工程价款报告送达之日起14天后视为变更工程价款报告已被确认。因施工单位自身原因导致的工程变更，施工单位无权要求追加合同价款。

对于代建项目，虽然按照一般规定在合同中没有适用或类似于变更工程的价格由施工单位提出适当的变更价格，经监理工程师确认后执行。但代建单位为了有效控制投资，在施工合同专用条款中，需对上述条款进行修改，在合同中没有适用或类似于变更工程的价格由施工单位提出适当的变更价格，经监理工程师审核后，报代建单位和审计单位（全程跟踪审计的项目）审批，必要时还需报委托方审核。若施工单位对代建单位最后确认的价格有异议，而又无法套用或无法参考相关定额的，要由代建单位、监理单位和施工单位共同进行市场调研，力争达成共识。对涉及金额较大的项目，还可由代建单位、施工单位、监理单位和审计单位等相关方共同编制补充定额，报政府工程造价管理部门审批，由此确定变更工程价款。

四、工程款（进度款）支付

（一）工程款（进度款）支付管理

在我国基本建设管理体制中，其中一项制度就是实行项目法人制。按照政府投资项目代建制的最初设计，代建单位是项目实施阶段的项目法人，履行项目法人的职责和权利，其中就包括对建设资金的管理。这在全国各省市出台的政府投资项目代建制管理办法中得到了体现，比如《北京市政府投资建设项目代建制管理办法（试行）》第二十五条和第二十六条明确规定：

“项目建设资金由建设实施代建单位负责管理。《项目代建合同》签订后，市发改委根据国家和市政府有关规定，批准该项目正式年度投资计划，并根据项目具体进展情况，实施按进度拨款。建设实施代建单位根据实际工作进度和资金需求，提出资金使用计划，经项目使用单位和监理单位确认后，报请市发改委安排建设资金。市发改委将建设资金投资计划直接下达给建设实施代建单位，由市财政部门拨付给建设实施代建单位按规定使用。”

“前期工作代理单位和建设实施代建单位应严格执行国家和北京市的建设单位财务会计制度，设立专项工程资金账户，专款专用，严格资金管理。”

但在政府投资项目代建制实际操作中，要想真正做到由代建单位设立专项工程资金账户进行建设资金的管理和拨付，非常困难。一是账户设立程序非常繁琐，特别是在异地设立账户几乎不可能；二是目前国家有关代建的法律法规和配套管理办法尚未建立，国家对代建市场包括对代建单位的监管体系还没有形成，代建单位的诚信还有待培养和发展，在目前对代建单位缺乏有效约束和监管的情况下，要将少则几千万，多则上亿元甚至几亿元的建设资金完全拨付到代建单位的账户，由代建单位单独进行管理，政府有关部门还是有一定顾虑和担心的。因此，目前较为普遍的做法是，工程款（进度款）经监理单位、代建单位、使用单位以及政府有关部门的层层审查、审核、审批后，由财政部门直接拨付给施工单位或由财政部门下拨至使用单位账户，再由使用单位拨付给施工单位。在工程款（进度款）支付管理过程中，代建单位更多的是承担了审核把关的责任。

在项目代建管理过程中，代建单位要充分发挥监理单位在工程款（进度款）支付管理中的作用，应要求监理单位按照以下规定严格审查工程进度付款：

1. 监理单位以其质检合格的工程量为依据进行进度付款审核。

2. 监理单位应按施工合同规定审查工程进度价款。

3. 监理单位按形象进度审核价款。审核报表及进度审核汇总表，必须经现场监理工程师（负责完成合格工程量认定）、预算监理工程师（负责预算价认定）、总监理工程师的签字确认，同时负责扣除质保金、合同规定的不应支付的工程款（进度款）及其他有关费用。

代建单位在监理单位审查的基础上，还要对工程款（进度款）支付进行把关审核。审核是否有超报、虚报及不合格项目以及是否在预算控制范围内，并将审定的完成工程投资进度款登入台账。

（二）工程款（进度款）支付程序

根据国家有关规定和施工合同的要求，工程款（进度款）一般支付程序为：

1. 在确认计量结果后 14 天内，代建单位应向施工单位支付工程款（进度款）。同时按约定时间代建单位应扣回的预付款，与工程款（进度款）同期结算。

2. 工程变更调整的合同价款及其他条款中约定的追加合同价款，应与工程款（进度款）同期调整支付。

3. 当代建单位超过约定的支付时间不支付工程款（进度款），施工单位可向代建单位发出要求付款的通知，代建单位收到施工单位通知后仍不能按要求付款，可与施工单位协商签订延期付款协议，经施工单位同意后可延期支付。

正如前面所述，目前政府投资代建项目的建设资金不是提前拨付到代建单位的账户，工程款（进度款）拨付审批环节多，且审批的时间无法控制，很难按照国家有关规定的时间及时拨付工程款（进度款），因此，代建单位在商签施工合同时，需要根据代建项目的具体情况，在施工合同专用条款中对工程款（进度款）拨付的程序和时限要求做出特别规定，以规避代建单位的违约风险。

图 9-2 为工程计量及支付的一般流程图。

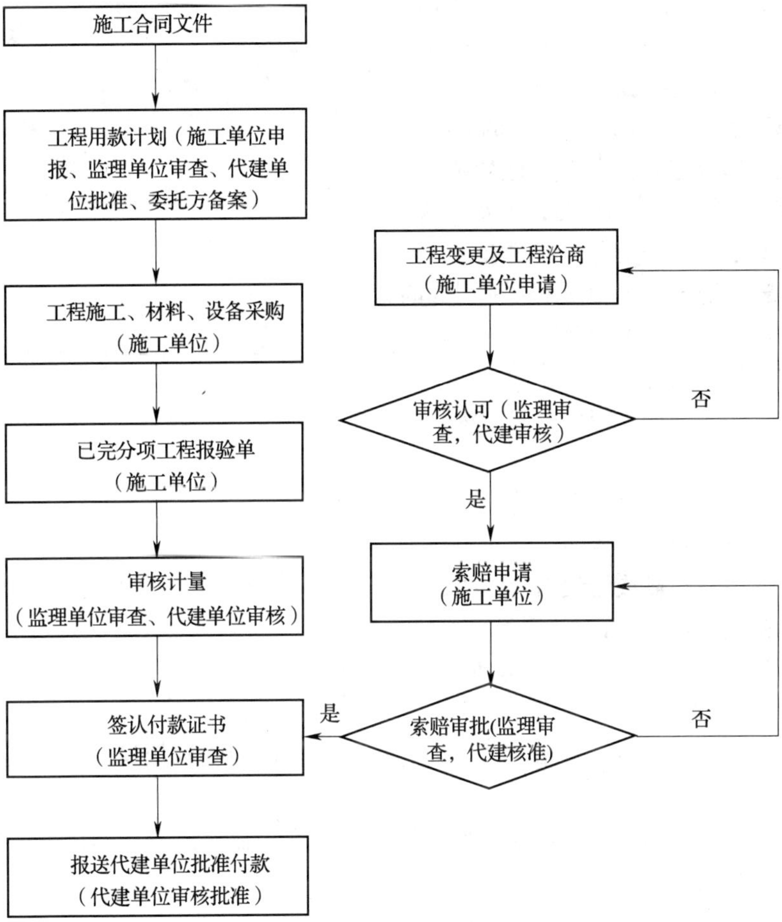

图 9-2　工程计量及支付的一般流程图

第四节　费用索赔的控制

工程索赔是在工程施工合同履行过程中，当事人一方由于另一方未履行合同所规定的义务而遭受损失时，向另一方提出赔偿要求的行为。工程索赔是工程项目管理和经济活动中签订合同双方之间经常发生的管理业务，正确处理索赔对有效控制项目投资有着重要意义，同时工程索赔也是签订合同双方维护各自利益的重要手段。恪守合同是签订合同双方共同的义务，索赔是双方各自享有的权利。只有坚持双方共同守约，才能保证合同的正常执行，确保工程项目各项目标的顺利实现。

一、索赔的分类

由于施工现场条件、气候条件的变化，施工进度、物价的变化，以及合同条款、规范、标准文件和施工图纸的变更、差异、延误等因素的影响，使得工程承包中不可避免地出现索赔，它是工程施工过程中的正常现象。在代建项目施工过程中，常见的索赔通常分为以下几类：

1. 按索赔涉及有关当事人分类，包括：

（1）代建单位与施工单位之间的索赔；

（2）代建单位与委托方之间的索赔；

（3）施工单位与分包单位之间的索赔；

（4）施工单位与供货商之间的索赔。

2. 按索赔发生的原因分类，主要包括：

（1）水文地质条件变化引起的索赔；

（2）工程变更导致工程量增减而引起的索赔；

（3）工期延期引起的索赔；

（4）加速施工引起的索赔；

（5）设计图纸错误、拖延引起的索赔；

（6）拖延付款企业的索赔；

（7）自然不可抗力因素引起的索赔；

（8）暂停施工引起的索赔；

（9）合同条件模糊或错误引起的索赔；

（10）有关政策、价格调整等因素引起的索赔；

（11）终止合同引起的索赔，等等。

3. 按索赔的依据划分，包括：

（1）合同规定的索赔，索赔涉及的内容可以在合同中找到依据，例如工程变更、暂停施工等导致的索赔；

（2）非合同规定的索赔，索赔内容和权利虽然难于在合同中找到依据，但权利可以来自普通法律法规。

4. 按索赔的对象分类，包括：

（1）索赔，一般指施工单位向代建单位提出的索赔，或代建单位向委托方提出的索赔；

（2）反索赔，指委托方向代建单位提出的索赔，或代建单位向施工单位提出的索赔，或分包单位向施工单位提出的索赔。

5. 按索赔的目的分类，包括：

（1）工期索赔，索赔的目的是要延长施工工期，使原来规定的完工日期顺延，避免了违约罚款的风险；

(2) 费用索赔。索赔的目的是要得到费用补偿，以弥补额外成本的支出。

产生工程索赔的常见原因如表 9-3 所示。

表 9-3 工程索赔产生的原因

原　因	释　义
当事人违约	常常表现为没有按照合同约定履行自己的义务，如发包方拖延支付工程款，使承包方无法组织正常的施工，停工待料引起的索赔；监理工程师未能按照合同约定完成工作，如未能及时发出图纸、指令等也视为发包人违约
不可抗力事件	可以分为自然事件和社会事件。自然事件主要是不利的自然条件和客观障碍，如在施工过程中遇到了经现场调查无法发现、使用单位提供的资料中也未提到的、承包方事先无法预知的情况，如地下水、地质断层等。社会事件则包括国家政策、法律、法令的变更，战争、罢工等
合同缺陷	表现为合同文件规定不严谨甚至矛盾、合同中的遗漏或错误，勘测设计文件与实际工程地质不一致。在这种情况下，工程师应当给予解释，如果这种解释将导致成本增加或工期延长，发包人应当给予补偿
合同变更	表现为设计变更、施工单位法变更、追加或者取消某项工作造成工程量的减少或增加，以及合同其他规定的变更等
工程师指令	监理工程师指令要求加快施工进度而引起的赶工费；额外的实验或检查、工程验收报告和各项技术鉴定报告；代建单位或监理工程师的指令及签认的签证，以及更换某些材料、采取某些措施等
其他第三方原因	常常表现为与工程有关的第三方的问题而引起的对本工程的不利影响，如货币贬值、经济失调导致的索赔；工程停电、停水、道路不通等干扰事件的影响

二、处理索赔的原则

为了顺利地进行索赔，提出索赔的一方必须有充分的证据，同时必须谨慎地选择证实损失的最佳方法，并应根据合同规定，及时提出索赔要求。若超过索赔期限，遭受损失一方无权提出索赔要求。

(一) 必须以合同为依据

遇索赔事件时，监理工程师应以完全独立的身份，站在客观公正的立场上，审查索赔要求的合理性、正当性，以及索赔价款的正确性。必须对合同条件、协议条款等有详细了解，以合同为依据来公正处理合同双方的利益纠纷。

(二) 及时、合理地处理索赔

索赔事件发生后必须依据合同的规定及时地对索赔进行处理。任何在中期付款期间将问题搁置下来留待以后处理的想法将会带来意想不到的后果。如果施工单位的合理索赔要求长时间得不到解决，积累下来可能会影响其资金周转，从而影响工程进度。此外，索赔初期可能只是普通的信件来往的单项索赔，拖到后期综合索赔，将使索赔问题复杂化，往往还会牵涉到利息、预期利润补偿、工程结算以及责任的划分、质量的处理等，大大增加处理索赔的难度。

（三）必须注意资料的积累

在工程项目管理过程中，要积累一切可能涉及索赔论证的资料。商讨技术问题、进度问题和其他重大问题的会议应做好文字记录，并争取会议参加者签字，作为正式文档资料。同时还应建立严密的工程代建日志，建立业务往来文件编号档案等制度，做到处理索赔时以事实和数据为依据。

（四）加强索赔的前瞻性管理

代建单位在工程项目管理过程中，要加强管理的前瞻性和预测工作，同时要求监理工程师在日常监理工作中应对可能引起的索赔有所预测，及时采取补救措施，避免过多索赔事件的发生。

三、索赔的依据

处理工程索赔的依据主要包括：

1. 招标文件、施工合同文本及附件，备忘录、修正案等各类签约，经认可的工程实施计划、各种工程图纸、技术规范等。

2. 双方往来的信函、各种会议纪要。

3. 进度计划和具体的进度安排、项目现场的有关文件。

4. 气象资料、工程检查验收报告和各种技术鉴定报告，工程中送停电、送停水、道路开通和封闭的记录及证明。

5. 国家有关法律法规、政策文件，政府有关部门公布的物价指数、工资指数，各种会计核算资料，材料的采购、订货、运输、进场、使用方面的凭证等。

四、索赔处理的程序

（一）施工单位的索赔程序

当代建单位未能按合同约定履行自己的各项义务或发生错误以及应由代建单位承担责任的其他情况，造成工期延误和（或）施工单位不能及时得到合同价款及施工单位的其他经济损失，按照国家有关规定和施工合同的要求，一般地，施工单位可按下列程序以书面形式通过监理工程师向代建单位进行索赔：

1. 索赔事件发生后28天内，向监理工程师发出索赔意向通知。

2. 发出索赔意向通知后28天内，向监理工程师提出延长工期和（或）补偿经济损失的索赔报告及有关资料。

3. 监理工程师在收到承包人送交的索赔报告和有关资料后，于28天内给予答复，或要求施工单位进一步补充索赔理由和证据。

4. 监理工程师在收到施工单位送交的索赔报告和有关资料后28天内未予答复或未对施工单位作进一步要求，视为该项索赔已经认可。

5. 当该索赔事件持续进行时，施工单位应当阶段性向监理工程师发出索赔意向，在索赔事件终了后28天内，向监理工程师送交索赔的有关资料和最终索赔报告。索赔答复程序与3、4规定相同。

（二）代建单位受理索赔的程序

代建单位作为施工的发包人，应要求监理单位及时向代建单位通报施工单位的索赔事项，并积极受理施工单位的索赔，收集有关资料和记录，加强对索赔报告及相关记录和资料的审查，此外，代建单位还要对施工单位提出的索赔要求进行评审、反驳与修正。

1. 此项索赔是否具有合同依据、索赔理由是否充分及索赔论证是否符合逻辑。

2. 索赔事件的发生是否为施工单位的责任，是否为施工单位应承担的风险。

3. 在索赔事件初发时施工单位是否采取了控制措施。据国际惯例，凡遇偶然事故发生影响工程施工时，施工单位有责任采取力所能及的一切措施，防止事态扩大，尽力挽回损失。如确有事实证明施工单位在当时未采取任何措施，代建单位可拒绝其补偿损失的要求。

4. 施工单位是否在合同规定的时限内向代建单位和监理工程师报送索赔意向通知书。

5. 认真核定索赔款额，肯定其合理的索赔要求，反驳修正其不合理的要求，使之更加可靠准确。

五、索赔费用的计算

（一）索赔费用的组成

按照国际惯例，索赔费用的主要组成部分与工程款的计价内容相似，一般包括直接费、间接费和利润。直接费包括人工费、材料费和机械使用费；间接费包括工地管理费、保险费、保函手续费、临时设施费、交通设施费、代理费、利息、税、总部管理费等，其中总部管理费又包括总部管理人员的工资、办公费、差旅费、职工福利费等。

（二）费用索赔的计算方法

常用的索赔计算方法为实际费用法。这种方法的计算原则是以施工单位为某项索赔工作所支付的实际开支为依据，确定索赔费用。用实际费用法计算时，在直接费的额外费用部分的基础上，再加上应得的间接费和利润，即为施工单位应得的索赔金额。由于实际费用法所依据的是实际发生的成本记录或单据，因此在施工过程中，系统而准确地积累记录资料是非常重要的。

有时也可采用总费用法和修正的总费用法。总费用法是指在发生多次索赔事件以后，重新计算该工程的实际总费用。由实际总费用减去投标报价时的估算总费用，即为索赔金额。但实际发生的总费用金额中可能包括施工单位的原因（如施工组织不善）而增加的费用。此外，投标报价时估算的总费用也可能为了中标而过低。因此，总费用法只有在难以采用实际费用法时才采用。

修正总费用法是对总费用法的改进，即在总费用计算的原则上，去掉一些不合理的因素，使其更趋合理。修正的内容包括：

1. 将计算索赔额的时段局限于受到外界影响的时间范围内，而不是整个施工期。

2. 只计算受影响时段内的某项工作所受影响的损失，而不是计算该时段内所有工作所承受的损失。

3. 与该项工作无关的费用不列入总费用中。

4. 重新核算投标报价费用：按受影响时段内该项工作的实际单价进行核算，然后乘以该项工作的实际完成量，得出调整后的报价费用。

按修正后的总费用计算索赔金额的公式为：

索赔金额＝某项工作调整后的实际总费用－该项工作的报价费用

修正总费用法与总费用法相比，有了实质性的改进，其准确程度已接近于实际费用法。

六、反索赔

反索赔亦即代建单位向施工单位提出的索赔。在工程项目代建过程中，由于施工单位不履行施工合同，或者由于施工单位的行为使代建单位受到损失，代建单位可以向施工单位提出索赔。常见的反索赔内容包括：

1. 工期延误反索赔。在工程项目的施工过程中，由于多方面的原因，往往使竣工日期拖后，影响到代建单位向委托方的工程移交，给代建单位带来经济损失。按照国际惯例，代建单位有权对施工单位进行索赔，即由施工单位支付延期竣工违约金。施工单位支付这项违约金的前提是：这一工期延误的责任属于施工单位方面。代建单位在确定违约金的费率时可考虑的因素包括代建单位因延迟向委托方移交工程而交付的罚金；由于工程延误引起的代建单位管理费用的增加；工程延期带来的附加监理费用及租用其他建筑物时的租赁费等。

2. 施工缺陷反索赔。当施工单位的施工质量不符合施工技术规程的要求，或使用的设备和材料不符合施工合同的规定，或施工单位在保修期满前（或规定的时限内）未完成应负责的修补工程，代建单位有权向施工单位提出索赔。如果施工单位未在规定的期限内完成修补工作，代建单位有权雇用他人来完成工作，发生的费用由施工单位承担。

3. 对超额利润的索赔。如工程量增加很多（超过有效合同价的15%），使施工单位在不增加任何固定成本的情况下预期收入增大，或由于法规的变化导致实际施工成本降低，代建单位可向施工单位索赔，收回部分超额利润。

4. 代建单位合理终止合同或施工单位不正当放弃合同的索赔。如果代建单位合理终止施工单位的施工，或者施工单位不正当放弃工程，则代建单位有权从施工单位手中收回由新施工单位完成剩余工程所需的工程款与原合同未付部分的差额。

5. 由于工伤事故给代建单位方人员和第三方人员造成的人身或财产损失的索赔，以及施工单位运送建材、施工机械设备时损坏公路、桥梁或隧道时，道桥管理部门提出的索赔等。

6. 对指定分包商的付款索赔。在施工单位未能提供已向指定分包单位付款的合理证明时，代建单位可以直接按照监理工程师的证明书，将施工单位未付给指定分包单位的所有款项（扣除保留金）付给该分包单位，并从应付给施工单位的任何款项中如数扣除。

7. 施工单位未履行的保险费用索赔。如果施工单位未能按照施工合同条款指定的项目投保，并保证保险有效，代建单位可以投保并保证保险有效，代建单位所支付的必要的保险费可在应支付给施工单位的款项中如数扣除。

代建单位在正确处理施工单位提出的索赔的同时，也要加强对施工单位的反索赔管理工作。在日常管理工作中，要充分理解施工图纸、技术规范，加强各类合同与协议和各项往来性文件的管理，做好各项施工记录，踏踏实实地做好索赔管理的基础工作。

第五节 工程结算与审计

一、工程款的结算方式

根据原建设部和财政部共同颁布的《建设工程价款结算暂行办法》（财建［2004］369号）的规定，工程款的结算方式主要有两种：

1. 按月结算与支付。即实行按月支付工程款，竣工后清算的办法。合同工期在两个年度以上的工程，在年终进行工程盘点，办理年度结算。

2. 分段结算与支付。即当年开工、当年不能竣工的工程按照工程形象进度，划分不同阶段支付工程款。具体划分在合同中明确。

二、工程款的结算程序

（一）工程预付款的结算程序

根据原建设部和财政部共同颁布的《建设工程价款结算暂行办法》（财建［2004］369号）的规定，工程预付款的结算程序为：

“（1）包工包料工程的预付款按合同约定拨付，原则上预付比例不低于合同金额的10%，不高于合同金额的30%，对重大工程项目，按年度工程计划逐年预付。计价执行《建设工程工程量清单计价规范》（GB 50500—2003）的工程，实体性消耗和非实体性消耗部分应在合同中分别约定预付款比例。

（2）在具备施工条件的前提下，发包人应在双方签订合同后的一个月内或不迟于约定的开工日期前的7天内预付工程款，发包人不按约定预付，承包人应在预付时间到期后10天内向发包人发出要求预付的通知，发包人收到通知后仍不按要求预付，承包人可在发出通知14天后停止施工，发包人应从约定应付之日起向承包人支付应付款的利息（利率按同期银行贷款利率计），并承担违约责任。

（3）预付的工程款必须在合同中约定抵扣方式，并在工程进度款中进行抵扣。

（4）凡是没有签订合同或不具备施工条件的工程，发包人不得预付工程款，不得以预付款为名转移资金。”

对于工程预付款的预付比例、抵扣的时点及方式，应根据具体代建项目的实际情况，双方在施工合同中予以明确。有些工程工期较短，就无需分期扣还；有些工程工期较长，施工单位备料款的占用时间比较长，一般情况下，在工程进度达到60%左右时开始抵扣。

（二）工程进度款的结算程序

依据《建设工程价款结算暂行办法》的规定，工程进度款的结算程序为：

“1. 根据确定的工程计量结果，承包人向发包人提出支付工程进度款申请，14天内，发包人应按不低于工程价款的60%，不高于工程价款的90%向承包人支付工程进度款。按约定时间发包人应扣回的预付款，与工程进度款同期结算抵扣。

2. 发包人超过约定的支付时间不支付工程进度款，承包人应及时向发包人发出要求付款的通知，发包人收到承包人通知后仍不能按要求付款，可与承包人协商签订延期付款协议，经承包人同意后可延期支付，协议应明确延期支付的时间和从工程计量结果确认后第 15 天起计算应付款的利息（利率按同期银行贷款利率计）。

3. 发包人不按合同约定支付工程进度款，双方又未达成延期付款协议，导致施工无法进行，承包人可停止施工，由发包人承担违约责任。”

按照有关规定，项目总造价中应预留出一定比例的尾留款作为质量保修费用，待工程项目保修期结束后最后拨付。工程保修金的预留一般有两种做法：

1. 当工程进度款拨付累计额达到该工程造价的一定比例（一般为 90% ~95%）时，停止支付，预留造价部分作为保修金。

2. 保留金的扣除，可以从向施工单位第一次支付的工程进度款开始，在每次施工单位应得的工程款中扣留施工合同中规定金额作为保修金，直至保修金总额达到施工合同中规定的限额为止。

由于政府投资代建项目工程款结算审批环节多，且审批的时间无法控制，很难按照国家有关规定的时间及时结算工程款，因此，代建单位在商签施工合同时，需要根据代建项目的具体情况，在施工合同专用条款中对工程款结算时限要求做出特别规定，以规避代建单位的违约风险。

（三）竣工结算

工程完工并经验收合格后，双方应按照约定的合同价款及合同价款调整内容以及索赔事项，进行工程竣工结算。

1. 竣工结算的方式。一般分为单位工程竣工结算、单项工程竣工结算和项目竣工总结算。

2. 竣工结算的编审。

（1）单位工程竣工结算由施工单位编制，代建单位审查；实行总承包的工程，由具体承包人编制，在总包人审查的基础上，代建单位审查；

（2）单项工程竣工结算或项目竣工总结算由总（承）包人编制，代建单位可直接进行审查，也可以委托具有相应资质的工程造价咨询机构进行审查；政府投资项目，由同级财政部门审查；单项工程竣工结算或项目竣工总结算经代建单位、委托方、施工单位签字盖章并经政府有关部门审计后有效。

施工单位应在合同约定期限内完成项目竣工结算编制工作，未在规定期限内完成并且提不出正当理由延期的，责任自负。

3. 竣工结算审查的期限。单项工程竣工后，施工单位应在提交竣工验收报告的同时，向代建单位递交竣工结算报告及完整的结算资料。按照《建设工程价款结算暂行办法》的规定，代建单位审查竣工结算报告的时限如表 9-4 所示。

表 9-4　竣工结算报告审查时限表

序号	工程竣工结算报告金额	审 查 时 间
1	500 万元以下	从接到竣工结算报告和完整的竣工结算资料之日起 20 天
2	500 万元 ~2000 万元	从接到竣工结算报告和完整的竣工结算资料之日起 30 天
3	2000 万元 ~5000 万元	从接到竣工结算报告和完整的竣工结算资料之日起 45 天
4	5000 万元以上	从接到竣工结算报告和完整的竣工结算资料之日起 60 天

4．竣工价款的结算。代建单位收到施工单位递交的竣工结算报告及完整的结算资料后，应按合同约定的期限进行核实，给予确认或者提出修改意见。代建单位根据确认的竣工结算报告向施工单位支付工程竣工结算价款，保留5%左右的质量保证（保修）金，待工程交付使用一年质保期到期后清算，质保期内如有返修，发生费用应在质量保证（保修）金内扣除。

5．索赔价款的结算。代建单位或施工单位未能按合同约定履行自己的各项义务或发生错误，给另一方造成经济损失的，由受损方按合同约定提出索赔，索赔金额按合同约定支付。

6．合同以外零星项目工程价款的结算。代建单位要求施工单位完成合同以外零星项目，施工单位应在接受代建单位要求的7天内就用工数量和单价、机械台班数量和单价、使用材料和金额等向代建单位提出施工签证，代建单位签证后施工，如代建单位未签证，施工单位施工后发生争议的，责任由施工单位自负。

三、工程结算审计

根据国家《审计法》的规定，政府投资和以政府投资为主的建设项目的结算要通过审计部门的审计。各地方政府对政府投资项目的审计也作了明确规定，比如海南省《关于规范政府投资项目管理的规定》明确规定，政府投资项目实行稽察特派员制度、跟踪审计制度和工程质量控制制度。审计部门除对政府投资项目的招投标、合同签订和履行、工程计量签证、设计变更、预算控制、工程账户以及财政部门拨付的工程款是否真实、正确、合规进行审计外，还可以根据需要组织中介机构对项目预算执行情况和竣工决算进行审计。以海南省为例，根据政府投资项目的规模，对项目的审计主要有两种方式：一是全程跟踪审计。对于政府投资规模大的项目，在项目进入实施阶段，由审计部门委托中介机构对项目进行全程跟踪审计，审计内容包括项目的招投标、合同签订和履行、工程计量签证、设计变更、工程款拨付、竣工结算等项目实施的各个环节；二是最终审计。对于政府投资规模不大的项目，在项目完成设计的全部建设内容，竣工验收合格，项目竣工结算报告经有关参建各方签字确认后，报审计部门进行最终审计。代建单位一定要按照审计部门的要求，提供整个项目的全部材料，并积极配合审计部门的工作，为代建项目画上一个圆满的句号。

第十章　安全生产管理

安全生产是指生产过程中处于避免人身伤害、设备损坏及其他不可接受的损害风险（危险）的状态。不可接受的损害风险（危险）通常是指超出了法律法规和规章制度的要求；超出了安全生产的方针、目标和企业规定的其他要求；超出了人们普遍（通常是隐含）的要求。因此，安全与否要对照风险接受程度来判定，是一个相对性的概念。安全生产管理就是通过对生产过程中涉及的计划、组织、监控、调节和改进等一系列致力于满足生产安全所进行的管理活动。在我国《安全生产法》、《建筑法》、《建设工程安全生产管理条例》等法律法规和规章中明确了项目各参与方的责任和义务。在项目代建管理过程中，代建单位要以国家的法律法规和各类合同为依据，落实责任，加强监督管理，确保安全生产管理目标的实现。

第一节　安全生产管理依据与原则

一、安全生产管理的依据

近年来，国家陆续颁布了一系列建设工程安全生产管理方面的法律法规及规范性文件，特别是《建设工程安全生产管理条例》、《建筑施工企业安全生产许可证管理规定》等的颁布实施，建立健全了我国建设工程安全生产管理的法律制度。这些法律法规和规章是我们进行安全生产管理的重要依据。参见表10-1。

表10-1　建设工程安全生产法律法规与标准规范

类　别	名　称
法律法规	中华人民共和国安全生产法
	中华人民共和国建筑法
	中华人民共和国消防法
	中华人民共和国刑法
	建设工程安全生产管理条例
	安全生产许可证条例
	生产安全事故报告和调查处理条例
	国务院关于特大安全事故等行政责任追究规定
	特种设备安全生产监察条例
部门规章	建筑施工企业安全生产许可证管理规定
	建设行政处罚程序暂行规定
	实施工程建设强制性标准监督规定
	建筑企业资质管理办法
	建筑企业施工许可证管理办法

续表 10-1

类　别	名　称
规范文件	建筑施工企业主要负责人、项目负责人和专职安全生产管理人员安全生产考核管理暂行规定
	建筑施工企业安全生产管理机构设置及专职安全生产管理人员配备办法
	危险性较大工程安全专项施工方案编制及专家论证审查办法
	建筑工程安全生产监督管理工作导则
标准与规范	施工企业安全生产评价标准
	建筑施工安全检查标准
	施工现场临时用电安全技术规范
	建筑施工高处作业安全技术规范
	龙门架及井架物料提升机安全技术规范
	建筑施工扣件式钢管脚手架安全技术规范
	建筑施工门式钢管脚手架安全检查技术规范
	工程建设标准强制性条文（房屋建筑部分）

在代建项目管理过程中，代建单位要严格按照上述建设工程安全生产法律法规与标准规范的规定和要求，以及签订的各类合同，明确各参建方的安全生产职责，加强监督管理，确保工程建设项目的安全顺利进行。

二、安全生产管理的原则

（一）安全第一原则

安全高于一切，代建单位管理人员每时每刻都要将安全生产放在第一位，将安全生产管理工作贯穿工程项目管理的始终。正确处理安全与危害并存，安全与生产统一、安全与质量包涵、安全与速度互保，安全与效益兼顾的辩证关系。真正做到安全压倒一切，视人的生命高于一切。

（二）以人为本原则

以人为本，把人作为控制的动力，把人作为安全保护对象，调动人的积极性、创造性，增强人的责任感，强化“安全第一”的观念，提高人的素质，避免人为失误，以人的工作安全保证施工过程安全和整个工程生产安全；在制定建设实施方案、计划时，要充分尊重人的存在，处处考虑人的安全，确保事前、事中、事后全过程人的安全。

（三）组织化、制度化、规范化、标准化原则

为确保代建项目安全生产目标的实现，应将安全管理工作组织化、制度化、规范化和标准化，提高安全管理的可操作性，在项目各个层面全面落实安全生产保证体系。

（四）安全预控原则

事先采取各种预防措施，避免“人、机、料、法、环”各方面不符合安全要求的因素出现，以保证人员、过程、产品安全。

（五）全过程安全管理原则

按照代建项目不同阶段、不同专业的不同特点，对安全目标进行分解，制定相对应的保证措施，实现无处不在的安全管理。

（六）全员安全管理原则

安全生产，人人有责。通过教育培训，使全体参建人员具有“我要安全”、“我会安全”的意识和能力，积极、主动地进行安全防范，确保代建项目建设安全顺利完成。

第二节　安全生产管理目标及各方的责任

一、安全生产管理目标

安全生产管理的目的是为了安全生产。《安全生产法》明确规定，安全生产管理坚持“安全第一、预防为主”的方针。“安全第一”是把人身的安全放在首位，安全为了生产，生产必须保证人身安全，充分体现了“以人为本”的理念；“预防为主”是实现安全第一的最重要手段，采取正确的措施和方法进行安全管理，从而减少甚至消除事故隐患，尽量把事故消灭在萌芽状态，这是安全生产管理最重要的思想。

安全生产管理的目标是工程项目实施过程中通过加强事前控制、事中管理，减少和消除生产过程中的事故，保证人员健康安全和财产免受损失。安全生产管理目标有两个方面的含义：一是安全生产所要达到的量化目标；二是安全生产管理水平目标。安全生产所要达到的量化目标包括事故指标、安全教育指标、安全检查整改指标、工业卫生及环境保护指标等；安全生产管理水平目标是指为完成安全生产量化指标所进行的安全管理活动，包括安全教育的手段、方法、安全检查的次数，安全生产技术措施计划的实施，现代安全生产管理手段的实施等。安全生产管理量化目标一般包括：

1. 杜绝死亡事故的发生。
2. 重伤事故不超过多少人次。
3. 工伤事故平均月频率低于多少。

在委托代建合同中，一般地，委托方都会对代建单位明确提出项目安全生产管理目标，如无重大安全生产事故发生或“零”死亡事故发生等，以此要求代建单位在项目建设过程中，加强安全生产管理。

代建单位应根据项目安全生产管理总目标，将安全生产管理目标进行细化并逐级分解，具体落实到项目各参建单位，做到安全生产管理责任明确，并通过安全计划、安全措施、安全考核、安全监管，充分发挥群策群防的作用，以保证安全管理目标的实现。

二、安全生产管理各方责任

在国务院颁布的《建设工程安全生产管理条例》中，对建设项目各参建方的安全生产责任都作了明确规定，代建单位在与各参建单位签订合同时，应依据国家的有关规定，在合同条款中明确各参建单位的安全生产管理责任，并与各参建单位签订安全生产责任书，以此约束各参建单位加强安全生产管理。

（一）代建单位（委托方或使用单位）的安全责任

《建设工程安全生产管理条例》第六条～第十一条规定了建设单位（目前，各地委托代建合同的签订方不统一，有的地方是委托方即建设投资主管部门、使用单位和代建单位三方共同签订，有的地方是使用单位和代建单位两方签订，这里的建设单位应理解为使用单位）的安全生产责任，其中：

第七条规定："建设单位不得对勘察、设计、施工、工程监理等单位提出不符合建设工程安全生产法律、法规和强制性标准规定的要求，不得压缩合同约定的工期。"

第九条规定："建设单位不得明示或者暗示施工单位购买、租赁、使用不符合安全施工要求的安全防护用具、机械设备、施工机具及配件、消防设施和器材。"

第十一条规定："建设单位应当将拆除工程发包给具有相应资质等级的施工单位。建设单位应当在拆除工程施工 15 日前，将下列资料报送建设工程所在地的县级以上地方人民政府建设行政主管部门或者其他有关部门备案：

（一）施工单位资质等级证明；

（二）拟拆除建筑物、构筑物及可能危及毗邻建筑的说明；

（三）拆除施工组织方案；

（四）堆放、清除废弃物的措施。

实施爆破作业的，应当遵守国家有关民用爆炸物品管理的规定。"

在政府投资代建项目中，代建单位作为项目实施阶段的"临时"建设单位，应充分履行委托代建合同赋予的权利和义务，做好或协助做好上述各项工作，为项目安全生产管理提供良好的工作基础。

（二）勘察设计单位的安全责任

《建设工程安全生产管理条例》第十二条～第十三条规定了勘察设计单位的安全责任。

第十二条规定："勘察单位应当按照法律、法规和工程建设强制性标准进行勘察，提供的勘察文件应当真实、准确，满足建设工程安全生产的需要。

勘察单位在勘察作业时，应当严格执行操作规程，采取措施保证各类管线、设施和周边建筑物、构筑物的安全。"

第十三条规定："设计单位应当按照法律、法规和工程建设强制性标准进行设计，防止因设计不合理导致生产安全事故的发生。

设计单位应当考虑施工安全操作和防护的需要，对涉及施工安全的重点部位和环节在设计文件中注明，并对防范生产安全事故提出指导意见。

采用新结构、新材料、新工艺的建设工程和特殊结构的建设工程，设计单位应当在设计中提出保障施工作业人员安全和预防生产安全事故的措施建议。

设计单位和注册建筑师等注册执业人员应当对其设计负责。"

（三）监理单位的安全责任

《建设工程安全生产管理条例》第十四条规定监理单位的安全责任是：

"工程监理单位应当审查施工组织设计中的安全技术措施或者专项施工方案是否符合

工程建设强制性标准。

工程监理单位在实施监理过程中，发现存在安全事故隐患的，应当要求施工单位整改；情况严重的，应当要求施工单位暂时停止施工，并及时报告建设单位。施工单位拒不整改或者不停止施工的，工程监理单位应当及时向有关主管部门报告。

工程监理单位和监理工程师应当按照法律、法规和工程建设强制性标准实施监理，并对建设工程安全生产承担监理责任。”

（四）施工单位与分包单位的安全责任

施工单位作为项目建设过程中安全生产的主要实施者和责任者，《建设工程安全生产管理条例》对施工单位的安全责任作了详细明确的规定，包括对各分包单位安全生产的监督管理。《建设工程安全生产管理条例》第二十条～第三十八条规定了施工单位与分包单位的安全责任，其中：

第二十一条规定：“施工单位主要负责人依法对本单位的安全生产工作全面负责。施工单位应当建立健全安全生产责任制度和安全生产教育培训制度，制定安全生产规章制度和操作规程，保证本单位安全生产条件所需资金的投入，对所承担的建设工程进行定期和专项安全检查，并做好安全检查记录。

施工单位的项目负责人应当由取得相应执业资格的人员担任，对建设工程项目的安全施工负责，落实安全生产责任制度、安全生产规章制度和操作规程，确保安全生产费用的有效使用，并根据工程的特点组织制定安全施工措施，消除安全事故隐患，及时、如实报告生产安全事故。”

第二十三条规定：“施工单位应当设立安全生产管理机构，配备专职安全生产管理人员。专职安全生产管理人员负责对安全生产进行现场监督检查。发现安全事故隐患，应当及时向项目负责人和安全生产管理机构报告；对违章指挥、违章操作的，应当立即制止。专职安全生产管理人员的配备办法由国务院建设行政主管部门会同国务院其他有关部门制定。”

第二十四条规定：“建设工程实行施工总承包的，由总承包单位对施工现场的安全生产负总责。总承包单位应当自行完成建设工程主体结构的施工。

总承包单位依法将建设工程分包给其他单位的，分包合同中应当明确各自的安全生产方面的权利、义务。总承包单位和分包单位对分包工程的安全生产承担连带责任。分包单位应当服从总承包单位的安全生产管理，分包单位不服从管理导致生产安全事故的，由分包单位承担主要责任。”

第三十五条规定：“施工单位在使用施工起重机械和整体提升脚手架、模板等自升式架设设施前，应当组织有关单位进行验收，也可以委托具有相应资质的检验检测机构进行验收；使用承租的机械设备和施工机具及配件的，由施工总承包单位、分包单位、出租单位和安装单位共同进行验收。验收合格的方可使用。

《特种设备安全监察条例》规定的施工起重机械，在验收前应当经有相应资质的检验检测机构监督检验合格。

施工单位应当自施工起重机械和整体提升脚手架、模板等自升式架设设施验收合格之日起30日内，向建设行政主管部门或者其他有关部门登记。登记标志应当置于或者附着于该设备的显著位置。”

第三十六条规定："施工单位的主要负责人、项目负责人、专职安全生产管理人员应当经建设行政主管部门或者其他有关部门考核合格后方可任职。

施工单位应当对管理人员和作业人员每年至少进行一次安全生产教育培训，其教育培训情况记入个人工作档案。安全生产教育培训考核不合格的人员，不得上岗。"

（五）与施工有关单位的安全责任

《建设工程安全生产管理条例》第十六条~第十八条规定了与施工有关单位的安全责任，其中：

第十七条规定："在施工现场安装、拆卸施工起重机械和整体提升脚手架、模板等自升式架设设施，必须由具有相应资质的单位承担。

安装、拆卸施工起重机械和整体提升脚手架、模板等自升式架设设施，应当编制拆装方案、制定安全施工措施，并由专业技术人员现场监督。

施工起重机械和整体提升脚手架、模板等自升式架设设施安装完毕后，安装单位应当自检，出具自检合格证明，并向施工单位进行安全使用说明，办理验收手续并签字。"

第十八条规定："施工起重机械和整体提升脚手架、模板等自升式架设设施的使用达到国家规定的检验检测期限的，必须经具有专业资质的检验检测机构检测。经检测不合格的，不得继续使用。"

第三节　安全生产管理方法与措施

一、安全生产管理基本要求与程序

（一）安全生产管理基本要求

安全生产管理的基本要求包括：

1. 施工单位必须取得政府行政主管部门颁发的《安全施工许可证》后才可开工。

2. 施工单位必须按照国家有关规定，设置安全生产管理机构，配备专职安全生产管理人员，建立健全安全生产管理制度与应急处理预案。

3. 建立安全生产责任制，明确各级人员的安全生产职责。

4. 建立安全生产技术交底制度，并逐级纵向延伸到班组全体作业人员。

5. 各类人员必须具备相应的执业资格或上岗证才能上岗。

6. 所有新员工必须经过三级安全教育，即进厂、进车间和班组的安全教育。

7. 特殊工种作业人员必须持有特种作业操作证，并严格按照规定定期进行复查。

8. 对查出的安全隐患要做到"五定"，即定整改责任人、定整改措施、定整改完成时间、定整改完成人、定整改验收人。

9. 必须把好安全生产"六关"，即措施关、交底关、教育关、防护关、检查关、改进关。

10. 施工现场安全措施齐全，并符合国家及地方有关规定。

11. 施工机械（特别是现场安设的起重设备等）必须经安全检查合格后方可使用。

（二）安全生产管理程序

安全生产管理程序如图 10-1 所示。

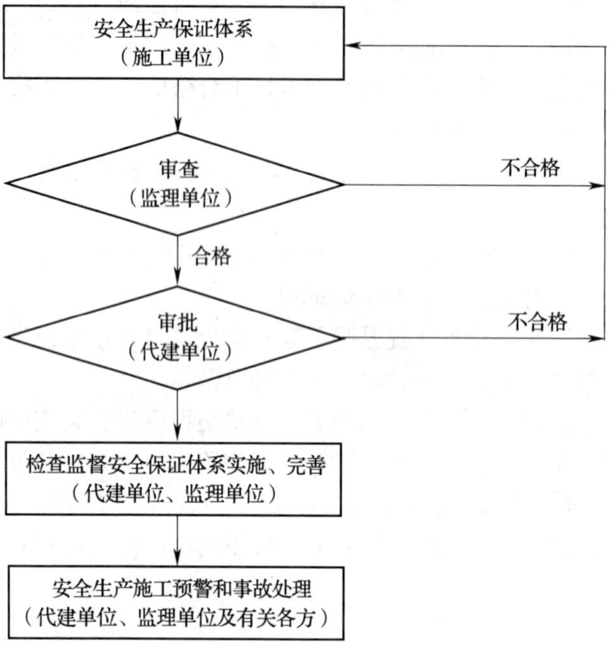

图 10-1　安全生产管理程序图

二、安全生产管理方法与措施

（一）危险源的辨识与控制

危险源是可能导致人身伤害或疾病、财产损失、工作环境破坏或这些情况组合的危险因素和有害因素。危险因素强调突发性和瞬间作用的因素，有害因素强调在一定时期内的慢性损害和累积作用。危险源是可能导致事故发生的潜在的不安全因素。实际上，生产过程中的危险源，即不安全因素种类繁多、非常复杂，它们在导致事故发生、造成人员伤害和财产损失方面所起的作用很不相同，相应地，控制它们的原则、方法也很不相同。危险源是安全生产管理的主要对象，所以，也有人把安全生产管理称为危险管理或安全风险管理。

在工程项目施工过程中，危险源的表现形式多种多样，根据危险源在事故发生发展中的作用，可以把危险源分为两大类，即第一类危险源和第二类危险源。

第一类危险源是指系统中存在的、可能发生意外释放的能量的载体或危险物质。包括产生、供给能量的装置、设备，如变电所、供热锅炉等；使人体或物体具有较高势能的装置、设备和场所，如起重、提升机械、高差较大的场所等；一旦失控可能产生巨大能量的装置、设备和场所，如强烈放热反应的化工装置，充满爆炸性气体的空间等；生产、加工、储存危险物质的装置、设备和场所，如化工、石油化工生产装置等；人体一旦与之接触将导致人体能量意外释放的物体，如物体的棱角等。第一类危险源的危险性主要表现在导致事故而造成后果的严重程度方面。

第二类危险源是指造成约束、限制能量措施失效或破坏的各种不安全因素，包括人、物、环境三个方面的问题。

在安全工作中涉及人的因素问题时，包括人的不安全行为和人失误。人的不安全行为一般指明显违反安全操作规程的行为，这种行为往往直接导致安全事故的发生，如不断开电源就带电修理电气线路而发生触电事故等，人失误是指人的行为的结果偏离了预定的标准，如误开阀门使有害气体泄放等。

物的因素问题包括物的不安全状态和物的故障（或失效）。物的不安全状态是指机械设备、物质等的不符合安全要求的状态，如没有防护装置的传动齿轮、裸露的带电体等；物的故障（或失效）是指机械设备、零部件等由于性能低下而不能实现预定功能的现象，如压力容器的泄压装置故障。

环境因素问题主要指系统运行的环境，包括温度、湿度、照明、粉尘、通风换气、噪声和振动等物理环境，以及企业和社会的软环境。不良的物理环境往往会引起物的因素问题或人的因素问题，如潮湿的环境会加速金属腐蚀而降低结构或容器的强度，工作场所强烈的噪声会影响人的情绪，分散人的注意力而发生人失误。

安全生产事故的发生往往是两类危险源共同作用的结果，第一类危险源是事故发生的前提，第二类危险源是第一类危险源导致事故的必要条件，在安全生产事故发生和发展过程中，两类危险源相互依存，相辅相成。第一类危险源是事故的主体，决定事故的严重程度，第二类危险源出现的难易，决定事故发生的概率。针对两种危险源不同的特性，分别采取不同的处置和控制方法。

1. 危险源的辨识。危险源辨识的方法主要有专家调查法和安全检查表法。

（1）专家调查法是通过向相关行业具有丰富经验的专家进行咨询、调查，辨识、分析和评价工程项目危险源的一种方法。常用的有：头脑风暴法（Brainstorming）和德尔菲法（Delphi）。

头脑风暴法是通过专家创造性的思考，从而产生大量的观点、问题和议题的方法。其特点是多人讨论，集思广益，可以弥补个人判断的不足，常采用专家会议的方式来相互启发、交换意见，使危险、危害因素的辨识更加细致、具体。常用于目标比较单一的议题，如果涉及面较广，包含因素多，可以分解目标，再对单一目标或简单目标使用本方法。

德尔菲法是采用背对背的方式对专家进行调查，其特点是避免了集体讨论中的从众性倾向，更代表专家的真实意见。在调查过程中，需进行多次反复。

无论是头脑风暴法，还是德尔菲法，其优点是简单、易行，缺点是易受被调查专家的知识、专业、经验和占有资料的限制，可能出现遗漏。

（2）安全检查表法。是指运用已编制好的安全检查表，对工程项目进行全面系统的安全检查，辨识和诊断项目存在的危险源。一般检查表的内容包括分类项目、检查内容及要求、拟采取的处理措施或意见等。检查表应事先组织现场有关人员和专家进行编制，全面梳理项目实施的每一个环节可能存在的安全因素，确保安全检查表系统、全面、完整。安全检查表法具有简单易懂、容易掌握的优点，其缺点是只能做出定性评价。

2. 危险源的控制。

（1）第一类危险源的控制方法：消除危险源、限制能量或隔离危险物质；采取隔离、个体防护等措施使能量或危险物质按照人们的意图释放，做好避难与救援措施；

（2）第二类危险源的控制方法：增加安全系数，提高可靠性，设置安全监控系统；采取有效措施，确保故障事故发生后，设备、系统处于能量最低或处于安全的能量状态。

（二）安全生产管理措施

1. 安全生产技术措施计划编制。在工程项目施工过程中发生事故的原因，除了人的因素外，另一个重要因素是施工使用的施工机具及其所处环境的安全状态。物和环境的安全状态是对人的操作行为的安全保证，所以研究施工现场、施工对象的安全性及施工机械的安全状态是防止安全事故发生的重要一环，为防止发生安全事故，必须在施工技术方面采取有关安全技术措施。

安全生产管理离不开技术，安全技术就是为安全生产而采取的技术，亦即施工单位根据项目施工特点和施工过程，为防止安全生产事故发生和职业病的危害，保护施工人员的生命和财产安全，促进施工任务的顺利完成而编制的施工计划或施工组织设计方案中所采取的安全生产技术措施。采取安全生产技术措施的基本依据为：

（1）以机械化和自动化代替人的操作，减少或消除操作中的危险；

（2）隔离危险因素，在机器的危险部位设置安全防护装置，使施工人员不能直接接触到危险部位；

（3）薄弱环节自动破数，即在机器、设备某部分有意识设置薄弱环节，如爆破膜、熔断器等，在超温、超压时自行破裂、泄压，以确保安全；

（4）限制危险因素的作用范围，如保护接零、接地；

（5）个人防护，使施工人员的某些部位与接触物隔离；

（6）用声、光、色的刺激引起人的警觉；

（7）预防性试验和检修，对隐患预先感知后消除。

安全生产技术措施计划的编制应与施工计划的编制同步进行，并纳入施工计划的总体管理范畴。其主要内容应包括：安全生产管理目标、程序，组织机构，职责权限，规章制度，资源配置，安全措施，检查评价，奖惩制度等。

2. 编制安全生产技术措施计划时应注意的问题：

（1）对结构复杂、施工难度大、专业性较强的项目，除制定总体安全生产保证计划外，还应根据现场施工特点和实际情况，制定单位工程或分部分项工程的安全生产技术措施；

（2）对高处、深坑等专业性强的作业，以及电器、压力容器等特殊工种和危险性较大的作业，应制定单项安全技术规程，并对管理人员和操作人员的安全作业资格和身体状况进行合格检查。

3. 安全生产教育与培训。大量事实证明，任何安全事故都是由于人的不安全行为或物的不安全状态造成的，而物的不安全状态也往往是由于人的因素造成的。由此可见，避免安全事故发生，不出现违章指挥、违章作业行为，决定因素依然是人。因此，要想大幅度降低施工过程中的伤亡事故，就必须加强安全生产教育，提高施工人员的安全技术水平，强化安全生产意识。代建单位应督促各参建单位推行持续不断的安全生产教育培训，重点做好各级管理人员的安全教育培训，把“安全第一”的思想变成管理人员、作业人员的自觉行为，切实实行“全员安全管理”。

安全生产教育与培训的基本内容包括思想教育培训、劳动保护方针政策教育培训、安全技术知识教育培训、事故教训教育等。

（1）思想教育培训是安全生产教育培训的主要组成部分，包括思想和劳动纪律教育与培训；

（2）安全生产方针政策教育是指对各级领导和项目施工参与人员进行国家有关劳动保护和安全生产的方针、政策、法令、法规制度的教育与培训；

（3）安全技术知识教育培训，包括生产技术知识、一般安全生产技术知识和专业安全生产技术知识的教育与培训；

（4）事故教训教育就是通过典型案例，深入剖析安全生产事故发生的过程和原因，对各级领导和施工人员进行具体形象的安全生产教育。

4．安全生产教育与培训的基本要求：

（1）要使参与工程建设的全体人员真正认识到安全生产的重要性和必要性，懂得安全生产的科学知识，牢固树立安全第一的思想，自觉遵守各项安全生产法律法规和规章制度；

（2）把安全知识、安全技能、设备性能、操作规程、安全法规等作为安全生产教育培训的主要内容；

（3）对从事电工、电焊工、架子工、机操工、起重工、机械司机、高空作业等特殊工种的人员，除一般安全教育培训外，还要经过专业安全技能的培训，并经考试合格后方可独立操作，未经培训或考试不合格的人员一律不得上岗操作；

（4）要对全员实行安全生产教育和培训，不留死角，不遗漏任何一个人。

在工程项目施工过程中，代建管理人员虽不直接从事一线活动，但其管理的职责对保证现场的安全至关重要，其安全管理意识直接影响到作业人员的安全意识、安全行为。所以，在施工过程中，要重点加强各参建领导者的安全教育培训，不仅对所有作业人员进行安全教育培训，也将对全体管理人员进行安全教育培训、岗前培训。在生产过程中，针对不同阶段、不同施工工艺，开展安全生产培训，安全技术交底，经签认后，在确保作业人员对作业环境、安全防护设施、紧急处理预案有了明确的理解之后再进行施工。对安全教育培训不参加、不积极，考试不合格者坚决予以清退出场。

5．安全生产检查与考核。进行安全生产检查和考核是为了揭示和消除安全生产事故隐患、防止事故发生、整改不安全因素、改善劳动条件、提高人员的安全生产意识，防患于未然，达到安全施工的目的，是安全生产管理工作的一项重要内容。通过安全生产检查可以发现工程施工过程中的危险因素，以便有计划地采取措施，保证安全生产。

安全生产检查一般分为日常性检查、专业性检查、季节性检查、节假日前后的检查和不定期检查。

（1）日常性检查，亦即一般安全检查，是经常的、普遍的检查，包括施工企业、施工班组，以及专职安全技术人员的日常性安全检查，日常性安全检查要坚持经常化、制度化；

（2）专业性检查，是针对特种作业、特种设备、特殊场所所进行的检查，如进行电焊、起重设备、运输车辆、压力容器、易燃易爆场所等专业检查；

（3）季节性检查，就是根据季节特点，为保障安全生产的特殊要求所进行的检查，如进行防暑降温、防冻防滑、雨季防雷、冬季施工等季节性检查；

（4）节假日前后的检查，是针对节假日期间人员容易产生麻痹思想的特点，对节假日期间的安全措施防范进行的安全检查；

（5）不定期检查，主要是指在工程或设备开工和停工前，检修中，工程或设备竣工及试运转时进行的安全检查。

安全生产检查的内容包括查思想、查管理、查制度、查隐患、查整改、查事故处理，检查的重点是违章指挥和违章作业；检查的方法包括检查表法、对某些专业项目进行测试、抽检原始记录、提问和考试等。

6. 安全生产检查需要注意的事项：

（1）建立检查的组织领导机构，配备适当的检查力量，挑选具有较高业务水平的专业人员参加；

（2）做好检查的各项准备工作，包括思想、业务知识、法规政策，以及为便于检查和记录，制定各种安全检查表格；

（3）坚持自查与互查、检查与整改相结合，基层以自查为主，企业内相应部门间相互检查；检查不是目的，发现问题，及时整改才是最终目的；

（4）建立检查档案，结合检查情况，逐步建立健全检查档案，收集基本数据，掌握基本安全生产状况，为及时消除隐患提供数据。

结合安全生产检查，要对施工单位安全生产情况进行考核，考核结果与施工单位的经济利益直接挂钩。考核内容的设置可组织有关人员根据工程项目的具体情况研究制定。表10-2为某代建项目安全生产考核评分表。

表 10-2　某代建项目安全生产考核评分表

序号	检查项目	标准分	扣减分	实得分	扣分标准 （每一分项目最高得分为标准分，扣分到零分为止，不出现负分）
1	安全生产组织管理	3			未建立健全项目经理部、队、组三级管理机构，缺一级或不健全扣2分
		5			安全生产规章制度不齐全，缺一项目扣3分
		3			安全生产、宣传、三级教育、培训不健全，缺一项扣2分
		3			检查评比不正常、无专人负责、无记录存档，缺一项扣2分
		5			未建立安全生产台账，报送资料不及时，扣5分
		3			特种作业人员持有效证件上岗，缺一证，扣1分
		4			安全隐患整改不及时，扣3分
		4			不建立抢险队伍，扣3分
		4			安全员不在施工现场，有违章指挥、违章作业行为，扣4分
		3			每一道施工工序应有安全技术交底，没有的扣3分
		3			施工现场人员有穿拖鞋、不带安全帽的，每一人扣1分

续表 10-2

序号	检查项目	标准分	扣减分	实得分	扣分标准（每一分项目最高得分为标准分，扣分到零分为止，不出现负分）
2	施工现场安全生产管理	4			车辆、机械“带病”行驶，司机、操作员违章作业，扣4分
		4			高空作业人员不系安全带；应设置而未设置安全网、安全围栏，扣4分
		4			施工排架、支撑失稳，防高空坠落措施不当，扣4分
		5			工棚、机械设备、施工现场，防洪、防台风等措施不当，扣5分
		4			应设置的交通标志、安全标志不准确、不齐全、不鲜明，扣4分
		4			施工现场混乱，安全生产氛围差，扣4分
		5			拉电线不按规定，有电线残旧、裸露，有乱接乱拉电线行为的，扣5分
		5			配电箱不规范，不加盖加锁，不装漏电开关，该接地线而不接，扣5分
		3			工棚、仓库、宿舍等一切临时建筑物，应设有足够的灭火器、消防水池、消防砂，没有的扣3分
		3			工棚、宿舍内人走不关电器，扣2分
		5			工棚、仓库、宿舍有使用石油气、点蜡烛、煤油灯、烤火、乱丢火种、烟头，存放汽油、酒精、炸药、雷管等易燃易爆物品，扣5分
		3			宿舍、仓库、加工厂室内外不清洁卫生，走廊、防火通道堆有杂物，扣3分
		3			施工现场杂草、树木有焚烧、乱动火者，扣3分
		4			经批准的油库、炸药库，在运输、储存、领用、保管、使用、值班等管理制度不完善者，扣4分
		2			电焊、气焊场地不当、方法不妥、周围未采用防火措施、通风不好的，扣2分
		2			厨房、动火区防火墙不合格，周围防火条件差的，扣2分
	合计	100			

评分人：　　　　　　　　复核：　　　　　　　　日期：　　年　　月　　日

第四节　安全生产监督管理与应急预案

在工程项目施工管理过程中，代建单位要认真执行国家和地方政府有关安全生产的法律法规和各项规章制度，严格履行委托代建合同所赋予的安全生产管理职责和权力。按规定及时办理工程质量和安全监督手续；按照国家有关规定和合同约定向施工单位拨付建筑工程安全防护、文明施工措施费用；向施工单位提供施工现场及毗邻区域内地下管线资料，气象和水文观测资料，相邻建筑物和构筑物、地下工程等有关资料；不明示或暗示施工单位购买、租赁、使用不符合安全施工要求的安全防护用具、机械设备、施工机具及配件、消防设施和器材。同时加强对施工、监理、勘察设计和有关单位安全生产的监督管理，督促他们切实履行其安全生产的责任，确保工程项目安全生产管理目标的实现。

一、对参建各方安全生产的监督管理

为完善建筑工程安全生产管理制度，规范建筑工程安全生产监管行为，原建设部研究制定了《建筑工程安全生产监督管理工作导则》（建质［2005］184 号），对建设工程各参建方安全生产监督管理的内容作了明确具体的规定。

（一）对施工单位安全生产的监督管理

对施工单位安全生产监督管理的内容主要包括：

1. 《安全生产许可证》办理情况。

2. 建筑工程安全防护、文明施工措施费用的使用情况。

3. 设置安全生产管理机构和配备专职安全管理人员情况。

4. 三类人员经主管部门安全生产考核情况。

5. 特种作业人员持证上岗情况。

6. 安全生产教育培训计划制定和实施情况。

7. 施工现场作业人员意外伤害保险办理情况。

8. 职业危害防治措施制定情况，安全防护用具和安全防护服装的提供及使用管理情况。

9. 施工组织设计和专项施工方案编制、审批及实施情况。

10. 生产安全事故应急救援预案的建立与落实情况。

11. 企业内部安全生产检查开展和事故隐患整改情况。

12. 重大危险源的登记、公示与监控情况。

13. 生产安全事故的统计、报告和调查处理情况。

（二）对监理单位安全生产的监督管理

对监理单位安全生产监督管理的内容主要包括：

1. 将安全生产管理内容纳入监理规划的情况，以及在监理规划和中型以上工程的监理细则中制定对施工单位安全技术措施的检查方面情况。

2. 审查施工企业资质和安全生产许可证、三类人员及特种作业人员取得考核合格证书和操作资格证书情况。

3．审核施工企业安全生产保证体系、安全生产责任制、各项规章制度和安全监管机构建立及人员配备情况。

4．审核施工企业应急救援预案和安全防护、文明施工措施费用使用计划情况。

5．审核施工现场安全防护是否符合投标时承诺和《建筑施工现场环境与卫生标准》等标准要求情况。

6．复查施工单位施工机械和各种设施的安全许可验收手续情况。

7．审查施工组织设计中的安全技术措施或专项施工方案是否符合工程建设强制性标准情况。

8．定期巡视检查危险性较大工程作业情况。

9．下达隐患整改通知单，要求施工单位整改事故隐患情况或暂时停工情况；整改结果复查情况；向建设单位报告督促施工单位整改情况；向工程所在地建设行政主管部门报告施工单位拒不整改或不停止施工情况。

（三）对勘察设计单位安全生产的监督管理

对勘察设计单位安全生产监督管理的内容主要包括：

1．勘察单位按照工程建设强制性标准进行勘察情况；提供真实、准确的勘察文件情况；采取措施保证各类管线、设施和周边建筑物、构筑物安全的情况。

2．设计单位按照工程建设强制性标准进行设计情况；在设计文件中注明施工安全重点部位、环节以及提出指导意见的情况；采用新结构、新材料、新工艺或特殊结构的建筑工程，提出保障施工作业人员安全和预防生产安全事故措施建议的情况。

（四）对其他有关单位安全生产的监督管理

对其他有关单位安全生产监督管理的内容主要包括：

1．机械设备、施工机具及配件的出租单位提供相关制造许可证、产品合格证、检测合格证明的情况。

2．施工起重机械和整体提升脚手架、模板等自升式架设设施安装单位的资质、安全施工措施及验收调试等情况。

3．施工起重机械和整体提升脚手架、模板等自升式架设设施的检验检测单位资质和出具安全合格证明文件情况。

二、安全生产事故处理及应急预案

（一）安全生产事故及其处理

事故是一系列的事件和行为所导致的不希望出现的后果（伤亡、财产损失、工作延误、干扰）的最终产物，而后果包括了事故本身和其产生的后果。所谓安全生产事故是指在生产经营领域中发生的意外的突发事件，通常会造成人员伤亡或财产损失，使正常的生产生活活动中断。依据国务院《生产安全事故报告和调查处理条例》，根据安全生产事故造成的人员伤亡或者直接经济损失，一般分为以下四个等级，如表 10-3 所示。

1．安全生产事故报告。安全生产事故发生后，代建单位应立即按照国家有关规定逐级报告，并启动事故应急救援预案，组织有关单位采取有效措施进行处理。

（1）特别重大事故、重大事故逐级上报至国务院安全生产监督管理部门和负有安全生产监督管理职责的有关部门；

(2) 较大事故逐级上报至省、自治区、直辖市人民政府安全生产监督管理部门和负有安全生产监督管理职责的有关部门;

(3) 一般事故上报至设区的市级人民政府安全生产监督管理部门和负有安全生产监督管理职责的有关部门。

事故报告应当及时、准确、完整,任何单位和个人对事故不得迟报、漏报、谎报或者瞒报。

表 10-3　安全生产事故分类表

序号	类别	具体内容
1	特别重大事故	造成 30 人以上死亡,或者 100 人以上重伤(包括急性工业中毒,下同),或者 1 亿元以上直接经济损失的事故
2	重大事故	造成 10 人以上 30 人以下死亡,或者 50 人以上 100 人以下重伤,或者 5000 万元以上 1 亿元以下直接经济损失的事故
3	较大事故	造成 3 人以上 10 人以下死亡,或者 10 人以上 50 人以下重伤,或者 1000 万元以上 5000 万元以下直接经济损失的事故
4	一般事故	造成 3 人以下死亡,或者 10 人以下重伤,或者 1000 万元以下直接经济损失的事故

2. 安全生产事故报告的内容。

(1) 事故发生单位概况;

(2) 事故发生的时间、地点以及事故现场情况;

(3) 事故的简要经过;

(4) 事故已经造成或者可能造成的伤亡人数(包括下落不明的人数)和初步估计的直接经济损失;

(5) 已经采取的措施;

(6) 其他应当报告的情况。

3. 安全生产事故调查与处理。根据国务院《生产安全事故报告和调查处理条例》,重大事故、较大事故、一般事故分别由事故发生地省级人民政府、设区的市级人民政府、县级人民政府负责调查。省级人民政府、设区的市级人民政府、县级人民政府可以直接组织事故调查组进行调查,也可以授权或者委托有关部门组织事故调查组进行调查。未造成人员伤亡的一般事故,县级人民政府也可以委托事故发生单位组织事故调查组进行调查。

特别重大事故以下等级事故,事故发生地与事故发生单位不在同一个县级以上行政区域的,由事故发生地人民政府负责调查,事故发生单位所在地人民政府应当派人参加。

根据事故的具体情况,事故调查组由有关人民政府、安全生产监督管理部门、负有安全生产监督管理职责的有关部门、监察机关、公安机关以及工会派人组成,并应当邀请人民检察院派人参加。事故调查组履行下列职责:

(1) 查明事故发生的经过、原因、人员伤亡情况及直接经济损失;

(2) 认定事故的性质和事故责任;

（3）提出对事故责任者的处理建议；

（4）总结事故教训，提出防范和整改措施；

（5）提交事故调查报告。

事故调查组有权向有关单位和个人了解与事故有关的情况，并要求其提供相关文件、资料，有关单位和个人不得拒绝。事故发生单位的负责人和有关人员在事故调查期间不得擅离职守，并应当随时接受事故调查组的询问，如实提供有关情况。

事故调查中发现涉嫌犯罪的，事故调查组应当及时将有关材料或者其复印件移交司法机关处理。

事故调查组应当自事故发生之日起60日内提交事故调查报告；特殊情况下，经负责事故调查的人民政府批准，提交事故调查报告的期限可以适当延长，但延长的期限最长不超过60日。

4．安全生产事故调查报告的内容：

（1）事故发生单位概况；

（2）事故发生经过和事故救援情况；

（3）事故造成的人员伤亡和直接经济损失；

（4）事故发生的原因和事故性质；

（5）事故责任的认定以及对事故责任者的处理建议；

（6）事故防范和整改措施。

代建单位在事故调查组展开工作后，应积极协助，客观地提供相应证据，若代建单位无责任，则代建单位有关人员可应邀参加调查组，参与事故调查；若代建单位有责任，则应予以回避，但应配合调查组工作。

安全事故调查处理结束后，代建单位应及时组织项目各参建单位对事故发生原因进行剖析，举一反三，总结经验教训，完善安全事故防范措施，防止类似安全事故再次发生。

（二）安全生产应急预案

1．基本概念。安全生产工作要坚持“安全第一、预防为主”的方针，努力采取措施，千方百计地避免安全生产事故的发生，做到防患于未然。但是，由于各方面原因，不可能做到百分之百地避免事故的发生。目前的安全科学技术还没有发展到能有效地预测和预防所有事故的程度，因此事故的应急救援是必不可少的。事故的应急救援是近几年来安全科学技术学科的重要组成部分，其主要目标是控制紧急事件的发生与发展并尽可能消除事故，将事故对人、财产和环境的损失减少到最低程度。编制应急预案是应急救援准备工作的核心内容，是及时、有序、有效地开展应急救援工作的重要保障。应急预案又称应急计划，是指政府或企业为降低事故后果的严重程度，以对危险源的评价和事故预测结果为依据而预先制定的事故控制和抢险救灾方案，是事故应急救援活动的行动指南，是针对可能的重大事故或灾害，为保证迅速、有序、有效地开展应急与救援行动、降低事故损失而预先制定的有关计划或方案。

根据国际劳工组织（ILO）《重大工业事故预防适用规程》，应急救援预案定义为：

（1）基于在某一处发现的潜在事故及其可能造成的影响所形成的一个正式的书面计划，该计划描述了如何处理现场事故和减少对场外的影响；

（2）重大危险设施的应急计划包括对紧急事件的处理；

（3）应急计划包括现场计划和场外计划两个重要组成部分；

（4）企业管理部门应遵守国家法律法规的标准要求，不应把应急计划作为在设施内维持良好标准的替代措施。

应急预案是安全生产应急管理的文本体现，是应急管理工作的指导性文件，其总的目标是控制紧急事故的发展并尽可能消除事故，将事故对人、财产和环境的损失减到最低限度。

应急预案明确了在突发事故之前、发生过程中以及结束后，谁负责做什么，何时做，以及相应的策略和资源准备等，它实际上是一个透明和标准化的反应程序，使应急救援活动能按照预先周密的计划和最有效的实施步骤有条不紊地进行。这些计划和步骤是快速响应和有效救援的基本保证。应急预案应该有系统完整的设计、标准化的文本文件、行之有效的操作程序和持续改进的运行机制。

应急预案的内容不仅限于事故发生过程中的应急响应和救援措施，还应包括事故发生前的应急准备和事故发生后的紧急恢复以及预案的管理和更新等。

2．应急预案的要素。应急预案的要素包括：

（1）方针与原则，它是开展应急救援工作的纲领；

（2）应急策划，包括危险分析、资源分析以及法律法规要求等；

（3）应急准备，是指基于应急策划的结果，明确所需的应急组织及其职责权限、应急队伍的建设和人员培训、应急物资的准备、预案的演习、公众的应急知识培训、签订互助协议等；

（4）应急响应，包括接警与通知、指挥与控制、警报与紧急公告、通信、事态监测与评估、警戒与治安、人群疏散与安置、医疗与卫生、公共关系、应急人员安全、消防与抢险、泄漏物控制；

（5）现场恢复；

（6）预案管理与评审改进，对预案的制定、修改、更新、批准和发布作出明确的管理规定，并保证定期或在应急演练、应急救援后对应急预案进行评审，针对实际情况的变化以及预案中所暴露出的缺陷，不断地更新、完善和改进应急预案文件体系。

3．应急预案的分类。根据不同情况，应急预案有多种分类方法。

（1）按功能与目标分类，可以划分为综合预案、专项预案和现场预案三类；

（2）按应急级别分类，可划分为五类，即Ⅰ级（企业级）应急预案、Ⅱ级（县、市、社区级）应急预案、Ⅲ级（地区、市级）应急预案、Ⅳ级（省级）应急预案、Ⅴ级（国家级）应急预案；

（3）按应急救援事故类型分类，建设工程常见的事故类型有高空坠落、施工坍塌、物体打击、机械伤害、触电、火灾等，因此，相应的应急预案包括高空坠落事故应急救援预案、坍塌事故应急救援预案、物体打击事故应急救援预案、机械伤害事故应急救援预案、触电事故应急救援预案、火灾事故应急救援预案等等。

4．制定应急预案的法律法规依据。我国政府近年来相继颁布了一系列法律法规，对应急救援预案的制定做了明确的规定和要求。这些法律法规主要有：

《中华人民共和国安全生产法》第十七条规定："生产经营单位的主要负责人有组织制定并实施本单位的生产安全事故应急救援预案的职责。"

第三十三条规定："生产经营单位对重大危险源应当登记建档，进行定期检测、评估、监控，并制定应急预案，告知从业人员和相关人员在紧急情况下应当采取的应急措施。生产经营单位应当按照国家有关规定将本单位重大危险源及有关安全措施、应急措施报有关地方人民政府负责安全生产监督管理的部门和有关部门备案。"

第六十八条规定："县级以上地方各级人民政府应当组织有关部门制定本行政区域内特大生产安全事故应急救援预案，建立应急救援体系。"

国务院《建设工程安全生产管理条例》第四十七条规定："县级以上地方人民政府建设行政主管部门应当根据本级人民政府的要求，制定本行政区域内建设工程特大生产安全事故应急救援预案。"

第四十八条规定："施工单位应当制定本单位生产安全事故应急救援预案，建立应急救援组织或者配备应急救援人员，配备必要的应急救援器材、设备，并定期组织演练。"

第四十九条规定："施工单位应当根据建设工程施工的特点、范围，对施工现场易发生重大事故的部位、环节进行监控，制定施工现场生产安全事故应急救援预案。实行施工总承包的，由总承包单位统一组织编制建设工程生产安全事故应急救援预案，工程总承包单位和分包单位按照应急救援预案，各自建立应急救援组织或者配备应急救援人员，配备救援器材、设备，并定期组织演练。"

5．应急预案的编制。

（1）应急预案编制的原则。总的原则是"以防为主、防救结合"，具体包括：

①一险一案原则，即每一种风险（事故、危险源等）应有一个应急预案；

②企业与地区（政府）相结合原则。对于重大风险或事故，既要有企业预案，也要考虑政府预案，构建企业自救和社会助救相结合的应急保障体系；

③资源保证和充分的原则。应急预案要充分考虑人力资源、财力资源和物资资源及时到位；

④适用性、操作性原则。事故应急预案要紧密联系实际，做到适用，具有可操作性。

（2）应急预案编制的基本要求。一个好的应急预案应能够发挥应急预案应有的作用并能较好的实施，因此，应急预案编制应达到以下基本要求：

①把握好应急预案编制的核心要求。预案的核心是为了应急救援，且在确保安全的前提下，争分夺秒，实施紧急抢险和排险救援工作，因此，应急预案要突出"安、急、抢、排、救"的要求；

②突出重点，加强针对性。应急预案要突出紧急救援工作的总体方案、各环节工作的程序、要求和技术措施、救援机制、组织和指挥系统、所需人力、设备、物资的配备、调集和供应安排等；同时要研究纳入应急预案考虑的事故类型及其险情程度和救援任务具有出现的实际可能性、救援措施和工作安排符合实际条件的可能性，确保制定有针对性的应急预案；

③确保反应迅速、启动及时；

④确保操作程序简单、工作要求明确，迅速而有效地开展救援工作；

⑤确保分工合理，责任明确，协调配合顺畅。

（3）应急预案编制的程序。编制应急预案一般遵循以下程序：

①成立应急预案编制小组。成立由有关部门组成的预案编制小组，指定负责人；

②收集相关资料并进行初步评估；

③辨识危险源并进行风险评价；

④设计应急预案文件体系，一般按照三条主线进行文件体系设计，即风险态或危险态、单位可能的事故类型和企业管理层次与结构；

⑤配备人员及需要的资源；

⑥编制编写计划，明确人员分工；

⑦应急预案编制及其完善；

⑧应急预案演练及培训；

⑨应急预案的管理和定期评审。

6．应急预案示例

【案例】某建筑工程施工现场安全生产事故应急预案

一、编制目的

为加强对施工现场安全生产事故的防范，完善应急工作机制，以便在安全事故发生后，能迅速、有序、有效地开展事故的应急救援工作，抢救伤员，最大限度地减少事故损失，根据《安全生产法》、《建设工程安全生产管理条例》等有关规定，结合本项目施工的实际情况，制定本应急预案。

二、危险性分析

（一）项目概况（略）

（二）危险源情况

根据本项目的特点，经分析，在施工过程中有可能发生的安全生产事故有高空坠落事故、触电事故、坍塌事故、电焊伤害事故、火灾爆炸事故、机械伤害事故等。

三、应急组织机构与职责

（一）应急救援领导小组与职责

项目经理是应急救援领导小组的第一负责人，担任组长，负责紧急情况处理的组织、协调和指挥工作。项目经理部安全负责人是应急救援第一执行人，担任副组长，负责紧急情况处理的具体实施和组织执行工作。成员分别由办公室主任、项目副经理、总工程师、各专业负责人组成。

（二）应急救援小组下设机构及职责

1．抢险组。主要职责是：组织实施抢险行动方案，协调有关部门的抢险行动；及时向应急救援领导小组报告抢险进展情况。

2．安全保卫组。主要职责是负责事故现场的警戒，阻止非抢险救援人员进入现场，负责现场车辆疏通，维持治安秩序，负责保护抢险人员的人身安全。

3．后勤保障部。主要职责是：负责调集抢险器材、设备；负责解决全体参加抢险救援工作人员的食宿问题。

4．医疗救护组。主要职责是：负责现场伤员的救护等工作。

5. 善后处理组。主要职责是：负责做好对遇难者家属的安抚工作，协调落实遇难者家属抚恤金和受伤人员住院费问题；做好其他善后事宜。

6. 事故调查组。主要职责是：负责对事故现场的保护和图纸的测绘，查明事故原因，确定事件的性质，提出应对措施，如确定为事故，提出对事故责任人的处理意见。

四、事故报告

1. 事故发现人员，应立即向组长（副组长）报告。如果是火灾事故，必须同时打119向公安消防部门报警，急救拨打120、999。

2. 组长接到报警后，通知副组长、组员，立即启动应急救援系统。

3. 根据事故类别向事故发生地政府主管部门报告。

4. 报告应包括以下内容：

（1）事故发生时间、类别、地点和相关设施；

（2）联系人姓名和电话等。

五、应急响应

（一）大型脚手架及高处坠落事故应急处置

1. 大型脚手架出现变形事故征兆时的应急措施：

（1）因地基沉降引起的脚手架局部变形。在双排架横向截面上架设八字戗或剪刀撑，隔一排立杆架设一组，直到变形区外排。八字戗或剪刀撑下脚必须设在坚实、可靠的地基上。

（2）脚手架赖以生根的悬挑钢梁挠度变形超过规定值，应对悬挑钢梁后锚固点进行加固，钢梁上面用钢支撑加U形托旋紧后顶住屋顶。预埋钢筋环与钢梁之间有空隙，须用马楔备紧。吊挂钢梁外端的钢丝绳逐根检查，全部紧固，保证均匀受力。

（3）脚手架卸荷、拉接体系局部产生破坏，要立即按原方案制定的卸荷拉接方法将其恢复，并对已经产生变形的部位及杆件进行纠正。如纠正脚手架向外张的变形，先按每个开间设一个5t倒链，与结构绷紧，松开刚性拉接点，各点同时向内收紧倒链，至变形被纠正，做好刚性拉接，并将各卸荷点钢丝绳收紧，使其受力均匀，最后放开倒链。

2. 大型脚手架失稳引起倒塌及造成人员伤亡时的应急措施

（1）迅速确定事故发生的准确位置、可能波及的范围、脚手架损坏的程度、人员伤亡情况等，以根据不同情况进行处置。

（2）划出事故特定区域，非救援人员未经允许不得进入特定区域。迅速核实脚手架上作业人数，如有人员被坍塌的脚手架压在下面，要立即采取可靠措施加固四周，然后拆除或切割压住伤者的杆件，将伤员移出。如脚手架太重可用吊车将架体缓缓抬起，以便救人。如无人员伤亡，立即实施脚手架加固或拆除等处理措施。以上行动须由有经验的安全员和架子工长统一安排。

3. 发生高处坠落事故的抢救措施

（1）救援人员首先根据伤者受伤部位立即组织抢救，促使伤者快速脱离危险环境，送往医院救治，并保护现场。察看事故现场周围有无其他危险源存在。

（2）在抢救伤员的同时迅速向上级报告事故现场情况。

（3）抢救受伤人员时几种情况的处理：

——如确认人员已死亡，立即保护现场。

——如发生人员昏迷、伤及内脏、骨折及大量失血：①立即联系120、999急救车或距现场最近的医院，并说明伤情。为取得最佳抢救效果，还可根据伤情送往专科医院。②外伤大出血：急救车未到前，现场采取止血措施。③骨折：注意搬运时的保护，对昏迷、可能伤及脊椎、内脏或伤情不详者一律用担架或平板，禁止用搂、抱、背等方式运输伤员。

——一般性伤情送往医院检查，防止破伤风。

（二）触电事故应急处置

1. 截断电源，断开插座上的开关或拔除插头。如果够不着插座开关，就断开总开关。切勿试图断开那件电器用具的开关，因为可能正是该开关漏电。

2. 若无法断开开关，可站在绝缘物上，如一叠厚报纸、塑料布、木板之类，用扫帚或木椅等将伤者拨离电源，或用绳子、裤子或任何干布条绕过伤者腋下或腿部，把伤者拖离电源。切勿用手触及伤者，也不要用潮湿的工具或金属物质把伤者拨开，也不要使用潮湿的物件拖动伤者。

3. 如果患者呼吸心跳停止，开始人工呼吸和胸外心脏按压。切记不能给触电的人注射强心针。若伤者昏迷，则将其身体放置成卧式。

4. 若伤者曾经昏迷、身体遭烧伤，或感到不适，必须打电话叫救护车，或立即送伤者到医院急救。

5. 高空出现触电事故时，应立即截断电源，把伤人抬到附近平坦的地方，立即对伤人进行急救。

6. 现场抢救触电者的原则。现场抢救触电者的经验原则是：迅速、就地、准确、坚持。迅速——争分夺秒时触电者脱离电源；就地——必须在现场附近就地抢救，病人有意识后在就近送医院抢救。从触电时算起，5分钟以内及时抢救，救生率90%左右。10分钟以内抢救，救生率6.15%，希望甚微；准确——人工呼吸的动作必须准确；坚持——只要有百万分之一希望就要尽百分之百努力抢救。

（三）坍塌事故应急处置

1. 坍塌事故发生时，安排专人及时切断有关闸门，并对现场进行声像资料的收集。发生后立即组织抢险人员在半小时内到达现场。根据具体情况，采取人工和机械相结合的方法，对坍塌现场进行处理。抢救中如遇到坍塌巨物，人工搬运有困难时，可调集大型的吊车进行调运。在接近边坡处时，必须停止机械作业，全部改用人工扒物，防止误伤被埋人员。现场抢救中，还要安排专人对边坡、架料进行监护和清理，防止事故扩大。

2. 事故现场周围应设警戒线。

3. 统一指挥、密切协同的原则。坍塌事故发生后，参战力量多，现场情况复杂，各种力量需在现场总指挥部的统一指挥下，积极配合、密切协同，共同完成。

4. 以快制快、行动果断的原则。鉴于坍塌事故有突发性，在短时间内不易处理，处置行动必须做到接警调度快、到达快、准备快、疏散救人快。

5. 讲究科学、稳妥可靠的原则。解决坍塌事故要讲科学，避免急躁行动引发连续坍塌事故发生。

6. 救人第一的原则。当现场遇有人员受到威胁时，首要任务是抢救人员。

7. 伤员抢救立即与急救中心和医院联系，请求出动急救车辆并做好急救准备，确保伤员得到及时医治。

8. 事故现场取证救助行动中，安排人员同时做好事故调查取证工作，以利于事故处理，防止证据遗失。

9. 自我保护，在救助行动中，抢救机械设备和救助人员应严格执行安全操作规程，配齐安全设施和防护工具，加强自我保护，确保抢救行动过程中的人身安全和财产安全。

（四）火灾、爆炸事故应急处置

1. 紧急事故发生后，发现人应立即报警。一旦启动本预案，相关责任人要以处置重大紧急情况为压倒一切的首要任务，绝不能以任何理由推诿拖延。各部门之间、各单位之间必须服从指挥、协调配合，共同做好工作。因工作不到位或玩忽职守造成严重后果的，要追究有关人员的责任。

2. 接到报警后，应立即组织自救，按事先制定的应急方案立即进行自救；若事态情况严重，难以控制和处理，应立即在自救的同时向专业队伍救援，并密切配合救援队伍。

3. 疏通事发现场道路，保证救援工作顺利进行；疏散人群至安全地带。

4. 在急救过程中，遇有威胁人身安全情况时，应首先确保人身安全，迅速组织脱离危险区域或场所后，再采取急救措施。

5. 切断电源、可燃气体（液体）的输送，防止事态扩大。

6. 安全总监为紧急事务联络员，负责紧急事务的联络工作。

7. 紧急事故处理结束后，安全总监应填写记录，并召集相关人员研究防止事故再次发生的对策。

（五）机械伤害事故应急处置

1. 塔式起重机出现事故征兆时的应急措施：

（1）塔吊基础下沉、倾斜：①应立即停止作业，并将回转机构锁住，限制其转动。②根据情况设置地锚，控制塔吊的倾斜。

（2）塔吊平衡臂、起重臂折臂：①塔吊不能做任何动作。②按照抢险方案，根据情况采用焊接等手段，将塔吊结构加固，或用连接方法将塔吊结构与其他物体联接，防止塔吊倾翻和在拆除过程中发生意外。③用 2～3 台适量吨位起重机，一台锁起重臂，一台锁平衡臂。其中一台在拆臂时起平衡力矩作用，防止因力的突然变化而造成倾翻。④按抢险方案规定的顺序，将起重臂或平衡臂连接件中变形的连接件取下，用气焊割开，用起重机将臂杆取下；⑤按正常的拆塔程序将塔吊拆除，遇变形结构用气焊割开。

（3）塔吊倾翻：①采取焊接、连接方法，在不破坏失稳受力情况下增加平衡力矩，控制险情发展。②选用适量吨位起重机按照抢险方案将塔吊拆除，变形部件用气焊割开或调整。

（4）锚固系统险情：①将塔式平衡臂对应到建筑物，转臂过程要平稳并锁住。②将塔吊锚固系统加固。③如需更换锚固系统部件，先将塔机降至规定高度后，再行更换部件。

（5）塔身结构变形、断裂、开焊：①将塔式平衡臂对应到变形部位，转臂过程要平稳并锁住。②根据情况采用焊接等手段，将塔吊结构变形或断裂、开焊部位加固。③落塔更换损坏结构。

2. 小型机械设备事故应急措施：

（1）发生机械伤害时，应先切断电源，再根据伤害部位和伤害性质进行处理。

（2）根据人员伤害的程度，一边通知急救医院，一边对轻伤人员进行现场救护。

（3）对重伤者不明伤害部位和伤害程度的，不要盲目进行抢救，以免引起更严重的伤害。

3. 机械伤害事故引起人员伤亡的处置：

（1）迅速确定事故发生的准确位置、可能波及的范围、设备损坏的程度、人员伤亡等情况，以根据不同情况进行处置。

（2）划出事故特定区域，非救援人员、未经允许不得进入特定区域。迅速核实塔式起重机上作业人数，如有人员被压在倒塌的设备下面，要立即采取可靠措施加固四周，然后拆除或切割压住伤者的杆件，将伤员移出。

（3）抢救受伤人员时几种情况的处理：

——如确认人员已死亡，立即保护现场；

——如发生人员昏迷、伤及内脏、骨折及大量失血：①立即联系120、999急救车或距现场最近的医院，并说明伤情。为取得最佳抢救效果，还可根据伤情联系专科医院。②外伤大出血：急救车未到前，现场采取止血措施。③骨折：注意搬动时的保护，对昏迷、可能伤及脊椎、内脏或伤情不详者一律用担架或平板，不得一人抬肩、一人抬腿。

——一般性外伤：①视伤情送往医院，防止破伤风。②轻微内伤，送医院检查。

——制定救援措施时一定要考虑所采取措施的安全性和风险，经评价确认安全无误后再实施救援，避免因采取措施不当而引发新的伤害或损失。

六、应急物资及装备

1. 救护人员的装备：头盔、防护服、防护靴、防护手套、安全带、呼吸保护器具等；

2. 灭火剂：水、泡沫、CO_2、卤代烷、干粉、惰性气体等；

3. 灭火器：干粉、泡沫、1211、气体灭火器等；

4. 简易灭火工具：扫帚、铁锹、水桶、脸盆、石棉被、湿布、干粉袋等；

5. 消防救护器材：救生网、救生梯、救生垫、救生滑竿、缓降器等；

6. 自动苏生器：适用于抢救因中毒窒息、胸外伤、溺水、触电等原因造成的呼吸抑制或窒息处于假死状态的伤员。

7. 通信器材：固定电话一个，移动电话：原则上每个管理人员一人一个，对讲机若干。

七、应急预案管理

（一）培训

1. 根据受训人员和工作岗位的不同，选择培训内容，制定培训计划。

2. 培训内容：鉴别异常情况并及时上报的能力与意识；如何正确处理各种事故；自救与互救能力；各种救援器材和工具使用知识；与上下级联系的方法和各种信号的含义；工作岗位存在哪些危险隐患；防护用具的使用和自制简单防护用具；紧急状态下如何

行动。

（二）演练

项目经理部按照假设的事故情景，每季度至少组织一次现场实际演练，将演练方案及经过记录在案。

八、应急预案修订与完善

1. 为了能把新技术和新方法运用到应急救援中去，以及对不断变化的具体情况保持一致，应急预案应进行及时更新，必要时重新编写。

2. 对危险源和新增装置、人员变化进行定期检查，对应急预案及时更新。

3. 在实践和演习中不断提高应急预案的针对性、可行性和操作性。

第十一章　环境保护及文明施工管理

工程建设不可避免的要对环境产生影响。随着社会经济快速发展，有大量的工程项目开工建设，同时也引发了一系列环境问题，诸如水土流失、植被破坏、环境污染等，严重时会引起生态平衡失调、沙尘暴、气候异常等情况的发生。在付出了高昂的环境代价后，人们开始认识到环境保护的重要性，必须尊重自然界的客观规律，坚持科学发展观，将环境与发展并重，走可持续发展的道路。

第一节　环境保护管理

一、概述

环境指的是组织运行活动的外部存在，包括空气、水、土地、自然资源、植物、动物、人以及它们之间的相互关系。环境保护管理是预防和控制工程项目建设给环境造成的不良影响，保证建设项目顺利实施，提高投资效益。

（一）环境保护的意义

改革开放以来，我国GDP持续高速增长，其中建设项目投资起了很大的拉动作用。工程项目的建设发展了社会主义经济，创造物质财富，提高生活水平和质量，满足人民群众的需要。但是，我们也应该注意到，在实施工程项目投资建设活动、为社会创造价值的同时，也存在环境被破坏的问题，给国民经济造成惊人的损失，影响了我国社会经济的可持续发展。

环境保护管理以及文明施工管理是工程项目代建管理的重要工作之一，应充分考虑工程与环境相互影响，采取措施保护环境，防止项目建设产生新的污染、破坏生态环境。应该充分认识到良好的生态环境是社会生产力持续和人们生存质量不断提高的重要基础，要彻底改变以牺牲环境、破坏资源为代价的粗放型增长方式，不能以牺牲环境为代价去换取一时的经济增长，不能以眼前的发展损害长远利益，不能用局部发展损害全局利益。必须坚持“预防为主”的方针，将环境保护及文明施工贯穿在整个项目实施过程中，按照严格审批、科学管理、持续改进等原则，做好环境保护及文明施工管理工作。牢固树立保护环境的观念，加强环境保护管理，对于社会生产力的持续增长和人们生存质量的不断提高，具有十分重要的意义。

（二）环境保护的特点和难点

1. 建设周期长、涉及单位多、管理难度大。一般工程项目具有建设周期长的特点，从开始项目代建、实施直至竣工验收移交使用单位，经过较长的时间。在建设的各阶段涉及单位多，一些参建单位可能对环境管理的投入不足，甚至有意识地掩盖环境的隐患，而前面工作遗留的隐患可能在后续的阶段中暴露，酿成安全事故，这就加大了环境管理的难度。

2. 外部环境影响因素复杂。在项目建设期内，既有政府政策变化的影响因素，也有工程地质和水文地质、地理条件和地域资源等的不可控因素，而且施工时经常处于露天作业，受到气候条件的影响较大。

3．技术难度大。不同工程项目的施工单位法是不同的，环境保护的要求也不尽相同。施工过程涉及的工种较多，经常存在着高空作业、地下作业、用电作业、爆破作业、施工机械作业、起重作业、工种交叉或平行作业等较危险的情况。而且随着科学技术进步，出现了很多新材料、新设备和新工艺，种种复杂因素增大了管理的难度。

4．参建人员流动性大。工程项目是一次性建设，无论是管理方，还是施工单位，都存在人员流动性大的问题，有些员工还要从事多岗位的工作，增加了环保方面的培训和岗位资质控制的难度。

（三）环境保护的有关法规和标准

国家非常重视环境保护工作，制定了一系列法律法规，规定了在工程建设各个阶段的相关要求，必须认真学习，坚决贯彻执行。《建设项目环境保护管理条例》对建设项目的基本要求是："建设单位委托建设项目施工时，必须将环境保护设施与主体工程同时委托施工。施工单位承担建设项目施工时，必须将环境保护设施与主体工程同时进行施工。在施工过程中，施工单位必须采取切实有效的技术措施，防止或减轻施工所造成的污染危害，并及时处理废弃物，修复受到破坏的环境"。

熟悉有关环保方面的政策是做好项目代建工作的基础，与工程项目环境保护有关的法规和标准主要有：《中华人民共和国建筑法》、《中华人民共和国环境保护法》、《环境影响评价法》、《中华人民共和国大气污染防治法》、《中华人民共和国环境噪声污染防治法》、《中华人民共和国水污染防治法》、《建设项目环境保护管理条例》、《环境空气质量标准》、《地面水环境质量标准》、《大气污染物综合排放标准》、《建设工程项目管理规范》、《建设项目环境影响评价文件分级审批规定》、GB/T 24001—1996《环境管理体系规范及使用指南》、GB/T 24004—1996《环境管理体系原则、体系和支持技术通用指南》等。这些都是代建单位进行环境管理的重要依据。

二、施工现场环境保护

（一）环境管理目标

环境管理的目标是：根据批准的建设项目环境影响报告，通过对环境因素的识别和评估，确定管理目标及主要指标，并在各个阶段贯彻实施。

要针对项目的特点，采取不同的管理模式。如一般工程项目，在工程监理招标时，要求投标人配备专职的环境监理工程师；对一些有特殊要求的工程项目，代建单位应通过招标选择具备资质的单位进行环境监理。在实际制定工程项目环境管理目标时，要熟悉和遵守国家有关法律、法规，进行环境因素识别，确定重要环境因素；然后根据法律法规，设立环境保护目标和指标；将目标和指标进行分解，落实到现场的各个参与单位。一般采用分区划块负责的方法，应定期组织检查，及时解决发现的问题。努力做到环境绩效的持续改进，达到节能降耗、文明施工、保护环境、提高管理效益的效果。

代建单位应根据不同阶段，确定环境保护工作重点：

1．项目前期阶段：

（1）依据已批复《工程环境影响报告书》的意见，由当地环保局予以核定项目污染物排放总量控制指标；

（2）在监理招标时，要求投标人配备专职的环境监理工程师，依据环境影响评价文件及环境保护行政主管部门批复、监理合同，对项目施工建设实行的环境保护监督管理。

2. 施工阶段：

（1）施工期间环境管理应纳入当地整体环境管理规划中，落实环境保护设施与措施；

（2）防止环境污染和生态破坏，做好环境污染事故的预防和应急处理；

（3）配合当地环保监督单位进行水环境监测、空气环境监测、噪声检测等。

3. 竣工验收阶段：

（1）落实污染防治设施与主体工程同时建成并投入运行；

（2）办理工程环境验收手续；

（3）工程建设造成的资源损失应采取必要的恢复和补偿措施，水生态补偿的具体补偿金额与有关部门协商。

（二）环境影响因素识别

在进行环境影响因素识别时，应考虑正常、非正常和潜在的紧急状态。建设工程的特殊性是产品固定，而人员流动。在不同的条件下，环境影响因素也是不相同的。比如不同的施工工艺也可能产生不同的后果，如现场采取潜水灌注桩，并采用泥浆护壁，则产生噪声、泥浆等对环境的影响，而采取静压桩工艺，则对环境影响较小。在对环境影响因素进行识别时，主要考虑以下因素：

1. “三废”的污染。施工现场桩的废渣主要来源于拆除废弃物、施工过程中大量产生的建筑垃圾等；施工过程中的废水来源于构件与建筑材料的拌制、洗刷、养护，墙体的湿润、职工的生活污水等。尤其是临时供水管道的跑冒滴漏，长流水更是造成现场污水漫流的源头。另外，桩基础施工中排出的泥浆、施工降水中抽出的地下水、水磨石产生的水泥浆等，也是现场废水的来源；废气的产生一般是化学建材的热熔加工，主要是：现场施工人员生活炊事用火以及燃煤取暖造成的污染，以柴油为燃料的建筑机械、运输车辆产生的尾气污染等。

2. 噪声及光污染。这类污染几乎贯穿于施工的全过程，如基础施工中的打桩工程，主体施工中的塔吊、电锯、搅拌机、振捣棒、电焊机、钻孔机等各类建筑机械发出的噪声大都远远超过标准噪声分贝，这也是引起与施工现场周围居民矛盾纠纷的主要原因。光污染主要是加工焊接钢材构配件产生的高强闪光，以及为保工期、抢速度，昼夜施工照明光线强烈，拉设强光照明而造成对环境的污染。

3. 化工建材及白色污染。在施工过程中，外加剂、塑料、聚氨酯、胶粘剂等，用于洗刷除锈的酸、碱、盐，作为溶剂的酒精；部分放射性物质如天然大理石和花岗岩；汽油、防水油膏、涂膜、卷材，粉刷用的油漆稀料等；长期污染的则是塑料制品，高分子聚合物、石膏板、橡胶材料等挥发有害物质；许多建筑材料配件，设备的外包装塑料薄膜、编织袋、塑料桶等，施工过程中的保温、养护、防雨等使用的塑膜也往往不能及时回收，致使施工现场出现较明显的白色污染。

4. 生活污染及粉尘污染。由于建筑施工是劳动力密集型行业，一个工地往往几十、甚至成百上千人作业，在正常生活过程中将产生大量的生活垃圾，如废弃物、排泄物等。建筑材料如水泥、白灰、粉煤灰、砂子、黄土、玻璃纤维等多是粉状、片状、颗粒状物质，极易飞扬。由于运输车辆、人群活动频繁、露天作业影响而造成尘土飞扬形成粉尘污染。

5. 影响居民生活环境和人身安全的因素。大量的建筑垃圾及生活垃圾对周围环境造成污染破坏，影响城市美观。携带泥土的车辆，装置散体、流体材料的施工车辆极易污染城市道路。施工污水影响市容，给周围居民生活带来不便。尤其是施工噪声和夜间施工更会影响居民的休息，干扰市民正常的生活环境。因建筑垃圾、施工泥浆造成的人身伤害事故在施工过程中屡见不鲜，特别是向楼层外抛废弃物砸伤行人，砸毁民房的事件也时有发生。

（三）环境保护措施

为防止和减少工程建设对环境的影响，需要加强工程建设的环境保护意识的教育和宣传工作，建立和健全工程项目建设过程中的环境保护管理制度。在工程实施过程中，严格遵守国家和地方有关环境保护以及施工管理方面的法律、法规和条例等，建立环境管理体系并保持其正常执行。针对影响环境的因素，通过制度约束、技术管理和改善环境等手段，使项目施工对环境造成的不良影响减少到最低程度，提高建设项目管理的绩效，并持续改进。

实行项目环境保护责任制，确定责任人及其相应的职责和权限，把环境保护指标层层分解，在各个工程合同中明确环保要求。建立起一套完整的环境保护自我监控体系。制定一系列规程，如：员工的培训和持证上岗制度，要求员工严格按章操作；事故处理程序、事故应急计划和程序等。明确各参建单位项目负责人是环境保护工作的第一责任人，负责施工现场环境保护监控体系的运行。把环境保护的各项指标作为管理考核的重要内容之一。

在编制施工组织设计时，应专门论述环境保护的技术措施。在施工现场平面布置和组织施工过程中，要严格执行国家、地区、行业和企业有关防治空气污染、水污染、噪声污染等环境保护的法律、法规和标准等。加强对材料设备的维护和检查，避免由于材料设备缺陷引起事故的发生。实施技术和工艺改进，降低或消除环境的风险。

加强检查和监控工作，要将环境保护与工程进度、施工质量和文明施工现场管理一起作为现场工作检查、考核的指标，采取有效措施消除或减轻粉尘、废气和污水的污染，做好日常现场的环境检测和监控工作。对施工现场各项环境影响因素的保护措施包括：

1. 防止大气污染，具体措施包括：

（1）施工便道要经常洒水，保持湿润。材料运输、装卸和堆放应采取有效措施，防止材料散落和扬尘造成环境污染。

（2）尽可能优先采用能源利用效率高、污染物排放量少的生产工艺，使用清洁能源的机动车、船，减少大气污染物的产生。除设置符合规定的装置外，严禁在施工现场焚烧油毡、橡胶、塑料、皮革、树叶等以及其他可能产生有毒、有害烟尘和气体的物质。

（3）施工机械按其维护保养规定进行管理，确保其性能满足环保要求；机动车船按相关规定接受机动车、船排气污染的年度检测；在用机动车不符合机动车污染物排放标准的，不得上路行驶。经年审合格后的车辆，司机应经常检查，做好车辆维修保养工作和相关记录。驾驶车辆人员应经常清洗“三芯”即空气滤芯、汽油滤芯、机油滤芯，防止排气超标；司机应妥善保管环保部门监测下发的尾气排放合格证，并应与驾驶证同时携带以备检查。使用汽油的车辆尽可能使用无铅汽油，柴油车使用的柴油则尽可能添加防止污染的添加剂；船舶上尽可能使用低硫燃油、脱硫燃油或低氮燃油等，车辆要安装净化消声器，确保排放符合国家和地方有关标准。

（4）工地茶炉、锅炉要尽量采用消烟除尘和消烟回风型产品，烟尘必须满足允许排放量要求。应优先选用商品混凝土，无商品混凝土的，应尽可能采用现代化设备以降低粉尘污染。加强化学药品管理，防止遗洒、泄漏。

（5）所有提供外部施工设备、设施的（包括租赁、分包方、供方的）单位进入工作场所都必须遵守此规定，在与供方和分包方签订合同前，应将有关的规定通报供方和分包方。

2. 防止噪声污染。要科学安排施工，合理选择和调整施工时间以及机械设备的配置。主要应采取以下措施：

（1）加强施工人员环境保护意识教育，提高施工人员环境保护的自觉性。

（2）噪声管理要符合相关法律、法规，在可行的情况下，可通过限制作业时间、限定车速、规范交通模式等实现噪声控制。尽可能将作业时间安排在白天。在城区或居民区应分阶段作业，严禁晚间施工，尽量减少对施工场地附近居民的干扰。

（3）夜间施工时，严格执行夜间施工的申报审批制度，除抢险抢修的紧急工程外；夜间施工（如运输石料及连续浇捣混凝土），应按规定申报批准，方可夜间施工；夜间进行焊接作业时，为安全起见，使过往车辆行人不受强光影响，在密布安全网内设置有效的遮光挡板；接近居民区地段尽量减少夜间施工时间，施工时在密布安全网内围上隔音挡板。

（4）对施工机械进行合理选择，施工前对参与施工的船舶均进行检查，确保其满足施工噪声控制的要求，采取噪声控制措施，现场发电机必须安装消音器，当噪声超过控制标准时在施工现场设置声障，尽量控制噪声污染。在靠近居住区施工时，晚上尽量不安排操作，以免噪声扰人，噪声不能超过60分贝，在环境敏感地区及附近施工时，应及时调整施工设备。

（5）做好各种机械的检查、维护，减少施工设备振动和噪声，控制噪声源在100分贝以下：如在最近边界线处测得施工船机噪声超过75分贝，则立即停止施工，并采取有效措施把噪声降至允许范围，再恢复施工。

（6）尽量减少设备在施工现场不必要的空转，以减少噪声。

（7）减少相关人员在噪声环境中的暴露时间，让处于噪声超标环境下的人员使用耳塞、耳罩等听力保护用品，以减轻噪声对人体的危害。

3. 防止水、土污染，具体措施包括：

（1）加强回收处置和重复利用，对建筑垃圾进行分类处理，砂石可作混凝土的骨料，碎砖可作三合土或回填料。塑料桶、箱、盒、编织袋等可回收利用作为再生资源。人员较多、施工周期较长的大型施工场地，可在厕所附近建沼气池处理垃圾、粪便，用沼气作为能源，不仅可消除污染，还可节约能源，降低施工费用。施工废弃物不得随便倾倒，应按照规定运至指定场地。

（2）施工现场（包括临时设施）应有设计合理的排水沟，施工现场生产污水及生活污水应设置有效的隔油池、沉淀池，沉淀池有专人定期负责清理，根据具体情况设置排水口，不得直接排入河道。

（3）项目施工现场的混凝土搅拌设备装置与最近的地表水接收系统（即排放至现场之外的水体和现场主要排水系统）的距离不能小于50米。所有来自混凝土搅拌站的径流应引入一个临时沉淀池。

（4）合理安排水上施工作业，特别是疏浚工程施工，要减少污染物的发生和扩散，挖泥施工时的抓斗提升速度按土质控制，减少抓斗中的淤泥回流到海中；控制挖泥施工时抓斗的下落高度，避免抓斗装泥太满，泥块掉回海中；控制泥驳装载量，不能装载太满，避免泥水溢出流回海中。

（5）所有临时危险材料储存区域都应与地表水和缓冲区域保持50米以上的距离，以防止危险材料污染水体；当把危险材料从一个容器移到另一个容器时，应防止泄漏并保持容器口始终向上。

（6）不得在饮用水处冲洗车辆、施工机械和化学药品及器皿。施工现场搅拌站废水、水磨石污水、电石污水必须经过有效处理符合排放标准后方可排入城市管道。

（7）陆域废油的处理。加强机械设备的维修保养，防止各种油渍泄漏污染环境，有泄漏的设备不准进场作业；陆上机械设备集中到修理车间修理，不能到修理车间修理的，在施工现场修理时做好防油污泄漏污染地面的措施；更换的废油集中统一存放和处理，不得随地抛弃；严格管理控制各种油渍（液压油、润滑油、黄油、机油、柴油、汽油等）污染物，油污废弃物由有资质的公司统一处理；施工机械含油污水经隔油池初步处理后，由港口专业清油污公司收集处理。现场存放油料，必须对库房地面进行防渗处理，并采取适当措施防止油料跑、冒、滴、漏污染环境。化学药品以及外加剂等要安排专人妥善保管，库内存放，防止污染。

4．防止粉尘污染，采取的环保措施包括：

（1）陆上运送石料时，车辆应密封、包扎、覆盖，尽可能采用密闭式车辆运输，不得沿途泄漏、遗撒。

（2）车辆出工地驶上城市公路时必须经洗车槽洗车才能上路。

（3）自卸车等车辆沿规定的临时施工道路行驶，配备洒水车勤洒道路；施工现场面积大，洒水车要定时勤洒。

5．防止建筑和生活垃圾污染，具体措施包括：

（1）施工现场的办公场所、生活区的布置符合安全、通风、明亮及环境卫生要求，综合考虑排水系统，生活污水经设置的化粪池三级处理过滤，以防生活用水污染环境。

（2）设立专职的清扫人员，对办公、生活区的环境卫生进行每天清扫，保持环境卫生，生活垃圾、生活废水应按规定、及时处理，厕所有专人清理，定期喷药，不得有异味，保持清洁卫生。

（3）严禁乱扔施工垃圾，应将废木料、废料，包括挖出物等倾倒至使用单位指定的地方。

（4）施工现场设置多个生活垃圾收集容器，每天收集处理。

（5）安装卫生设施，维持这些设施干净有序。设置医务室，负责工地员工的医疗保健，做好防病治病，负责监督检查食品卫生，防止食物中毒，发现情况及时通知整改。

（6）承包工程结束之前或之后，应将临时建筑拆除，从现场撤出施工设备、工具、剩余材料，清理施工现场及其周围地区，处理施工垃圾，保证施工区域周围地面均匀、平整，并将施工期间安装的化粪池拆除、清理干净。

6. 生态保护措施。施工过程中须密切注意施工区及其周边水域的水质变化。如发现因施工引起附近水质变化而对周围海域产生影响，则应立即采取措施，必要时可短暂停工。禁止将有毒有害废物用于回填；对现场周边树木绿化要妥善保护，未经绿化主管部门批准，不准乱砍滥伐或移植树木；对具有特殊意义的树木，采取有效措施给予保护。

【案例】某代建项目环境保护管理方案

为贯彻《中华人民共和国环境保护法》，做好施工场地环境保护工作，实现建设目标要求的零排污和文明施工的目标，我单位将结合本工程施工特点，积极做好环保工作，并制订如下环境保护措施。

一、环境保护组织机构及职责

1. 成立工程项目环境保护管理领导小组，领导小组成员由各个参建单位主要负责人兼任，职责如下：

(1) 认真贯彻执行国家环境保护政策、法令和规章制度，结合施工生产的现场情况，组织制订实施办法，并督促检查，对本项目的环境保护负全面责任。是项目环境保护的第一责任人。

(2) 在计划、布置、检查、总结、评比生产时，同时计划、布置、检查、总结、评比施工区域和生活区域的环保工作。

(3) 确保环保经费投入，改善施工条件。

(4) 组织有关人员进行定期的环保检查，对查出的问题和事故隐患，责成有关人员限期整改。

(5) 负责组织开展各项环保活动，加强对职工的环保教育。

2. 设立项目环境保护专职管理部门，职责如下：

(1) 认真贯彻执行国家环境保护政策、法令和规章制度，结合施工生产的现场情况，制订环保和废弃物的处置及管理办法。是项目环境保护直接责任人，

(2) 领导和协调各部门对环境保护的管理，检查和督促职能人员严格履行环保责任制。

(3) 督促各分项主管在制订技术方案、技术措施时，同时制订环保技术措施。并在施工前做好环保交底工作，施工中落实施工方案中的环保技术措施，安全部负责项目部环境监视和测量的管理和监督。工程部是施工生产过程中废弃物控制的主管部门，对施工过程中产生的废弃物实施监管。综合部是办公、生活环境的主管部门，负责办公区、生活区管理方案的制定、实施和检查。其他部门负责完成环境保护领导小组分配的工作，对本部门的施工环保工作全面负责。

(4) 组织环保检查，及时整改环保管理中存在的隐患。

(5) 定期向环保第一责任人汇报环保情况。

二、施工阶段的重要环境影响因素及其风险评价

重要环境因素及其风险评价一览表

序 号	涉及的部门活动或过程	重大危险源	可能导致的事故	危险等级
1	生活区	生活垃圾的废弃	土壤/水污染	重要
2	生活区	生活废水的排放	水污染	重要
3	办公区	周围路上的沙尘	大气污染	重要
4	施工现场	清洗维修机具、工具用油	水/土壤污染	重要
5	施工现场	施工污水未集中处理	土壤/水污染	重要
6	施工现场	抽水泵等电器设备	噪声污染	重要
7	施工现场	便道上的沙尘	大气污染	重要
8	施工现场	冲洗搅拌设备	土壤/水污染	重要
9	施工现场	拆除模板散落水中的木块	水污染	重要
10	施工现场	水泥使用、搅拌混凝土	土壤/水污染/大气	重要
11	施工现场	岸边工程、基床抛石	土壤/水污染	重要
12	水上、临水作业	废弃物直接倒入大海	水污染	重要
13	船舶施工	水下疏浚挖泥	土壤/水污染	重要
14	船舶施工	机油、废油泄漏	水污染	重要
15	船舶施工	发电机等电器设备噪声过大	噪声污染	重要
16	设备维修区	废油、废气、油漆	土壤/大气污染	重要
17	木工、焊工加工作业区	粉尘、灰尘	大气污染	重要
18	电焊、气焊等作业	含锰粉尘排放、乙炔气泄漏	大气污染	重要
19	试验室	废弃物、污水的处理	土壤污染	重要
20	消防器材管理	救火时用过的消防设备、废弃物及废气	土壤/大气污染	重要
21	车辆运输	尾气排放、运输物料泄漏	土壤/大气污染	重要

三、项目的环境管理程序

1．项目环境管理策划：

（1）项目经理部应按照分区划块原则，搞好现场的环境管理，进行定期检查，加强

协调，及时解决发现的问题，实施纠正和预防措施，保持现场良好的作业环境、卫生条件和工作秩序，做到污染预防。

(2) 项目经理部应对环境因素进行控制，制定应急准备和响应措施，并保证信息通畅，预防可能出现非预期的损害。在出现环境事故时，应消除污染，并应制定相应措施，防止环境二次污染。

(3) 项目经理部应保存有关环境管理的工作记录。

(4) 项目经理部应进行现场节能管理，有条件时应规定能源使用指标。

(5) 应识别紧急情况，制定环境事故的应急准备和响应预案，并预防可能的二次和多次污染。

(6) 项目经理部应进行节约能源的宣传、教育和检查。有条件时对现场使用节能设施，对使用能源的单位规定指标，对水、电或其他能源以及原材料消耗进行定量的监测。

2. 组织结构：

(1) 在项目经理部设立环境保护小组和环保主管，项目经理担任组长，成员包括各部门负责人和环保主管。项目经理负责监督本工程施工的环保工作，按照《招标文件和施工合同》相关要求，判定各个环节的环保措施，及保持与有关环保部门联络的环保制度。

(2) 为保证本工程的施工环境保护，工程开工前，项目经理部将组织环保主管等有关人员编写关于本工程环保工作的细则、规定，监测方案，并严格执行。

(3) 项目部设环保主管，对各方面的环保设施、措施执行情况，每日进行巡视、检查，并做好巡视日记，发现问题，及时出具“环保通知书”，提醒注意或责令整改；每月进行一次大检查。

(4) 在工程施工过程中，制定将防治环境污染和生态破坏的设施与主体工程同时设计、同时施工、同时投产和使用的环境保护管理制度。

(5) 加强开工前教育，通过专题会议和生产例会，对全体职工进行环保教育，提高环保意识，做到动工前明确化，施工过程中管理制度化、标准化，环境保护实施具体化。建立项目环境管理组织机构，制定相应制度和措施，组织培训，使各级人员明确环境保护的意义和责任。

(6) 控制和减少扬尘和废气，降低施工噪声，及时有效地处理固体废弃物，最大限度地防止污染或将污染控制到最低程度。

3. 方案的修订。如果现场环境管理体系中的过程、活动、产品发生变化时，应当对目标、指标和相关的方案进行必要的调整，新方案要与环境的影响程度相适应。

第二节　文明施工管理

文明施工是现代社会中对工程施工活动的基本要求，特别是进入21世纪后，随着中国社会经济的发展进步，各级政府及项目管理者将创建文明工地作为工程管理的基本任务。原建设部就颁布了《建设工程施工现场管理规定》，对文明施工管理作出了明确规定。各地出台和实施的相关法规，为进一步推进建设工程进行文明施工、维护市容的整洁和城市的形象、保障市民的安全提供了必要的规范。

一、概述

（一）文明施工的意义

文明施工需要投入更多的财力、人力、精力来实现，无论从程序，还是从管理都会增加更多的工作，管理要求也相应需要提高。尽管从表面上看会增加运营成本，但它能够给企业带来额外的利益。

1．提高企业的信誉。由于实施文明施工，强化管理，能使企业树立良好的形象，从而增强企业信誉，有利于承接更多的项目，在优胜劣汰的竞争环境中赢得更多的机会，促使企业可持续发展。

2．改善生产环境。实施了文明施工，使工作有序，环境整洁，操作规范，能极大地提升工地的安全生产条件，最大限度地避免项目工程中的安全事故，创造一个良好的工作环境，减少事故带来的经济损失和社会负面影响，确保工程顺利进行。

3．降低成本，提高工程质量。以往工地中建筑材料随意堆放，既容易产生浪费，又可能使材料的强度受到影响，从而影响工程质量。而实施文明施工后，杜绝管理的弊端，节约成本，提高工程质量。

文明施工是社会发展的必然要求，它符合文明社会的要素，在保护环境，调整施工主体与社会人群的关系，以及确立施工企业内部人际关系中的文明要素等方面都具有重要意义。

（二）文明施工管理的指导思想

认真落实政府主管部门关于创建文明工地的精神和工作目标，按照“以人为本，和谐发展”的指导思想，将文明工地管理制度要求及实施计划落实到实处，进一步建立和完善各个参建单位文明施工的管理体系、落实责任制，以文明工地建设为契机，树立科学发展观，以系统管理和全过程管理的方法，在以往创建文明工地的基础上，有所创新，有所提高，步步上台阶，全方位提升创建文明施工水平，构建起文明工地建设的长效机制。

二、文明施工的基本要求

为保障现场施工作业人员的身体健康和人身安全，改善作业人员的工作环境与生活条件，保护环境，提高施工现场文明施工水平，对施工现场，包括施工区、办公区和生活区，文明施工的基本要求是：

（一）场容场貌

1．施工现场应沿四周连续设置围挡，实行封闭管理，封闭施工。市区内一般路段的围挡高度不低于1.8米。围挡不能随意开口。围挡材料应选用砌体、金属板材等硬质材料，做到稳固、整洁、美观、标准。严禁使用彩条布、竹竿、竹脚手板、安全网等易变形材料。使用砌体砌筑的围挡，基础埋深不应小于0.5米（遇地质条件较差的，其埋深应能保证墙体不倾覆），宽度不应小于0.49米，顶部应有压顶。沿墙每3米设一墙柱，柱截面：砖砌为0.24米×0.37米，混凝土小型砌块为0.39米×0.39米。临街面应采用混合砂浆抹面，刮腻子，刷涂料，色彩与周围环境相协调，有条件的工地可以在墙面描绘装饰图案。

2．施工现场出入口必须设置金属大门，严禁敞口施工。主要出入口处应设置“六牌一图"，即工程概况牌、安全生产牌、文明施工牌、消防保卫牌、管理人员名单及监督电话牌、劳务工工资监控制度牌、施工现场总平面图。有条件的工地还可以增加工程鸟瞰图或正面效果图、设置旗杆、悬挂企业旗帜等。

3. 施工现场出入口应设门卫室，配备专职门卫人员，实行人员出入登记和门卫交接班制度。严禁无关人员擅自进入施工现场。

4. 工地出入口应设置混凝土浇捣的冲洗平台（规格不应小于3.5米×5米）、沉淀池和冲洗设备，驶出工地的机动车辆必须在工地出入口冲洗平台冲洗干净后，方可上路。污水必须经沉淀处理后方可排出工地。

5. 施工现场应有良好排水设施，保证排水通畅，场地内不得大面积积水。工程施工的废水、泥浆应经沉砂井处理，严禁污水未经处理直接排入城市管网。

6. 建筑材料、构件、工具要按施工总平面图划定的区域分类堆放整齐，并悬（插）挂标识牌，建筑材料堆放原则是散材成方、型材成垛。

仓库所存放的工具、材料、易燃易爆物品等应分类放置，标明规格型号，仓库内保持整洁、畅通。

7. 施工作业区必须做到工完场清。凡应拆除的模板要及时拆除及时清运，不能马上清运的必须码放整齐。建筑废料、建筑垃圾要及时清理到固定存放点，分类堆放，并及时清运，不得长期堆放在作业区内。

8. 施工现场应合理设置安全生产宣传标语、标志牌和操作规程等各种标牌，特别是主要施工部位、作业点、危险区域以及主要通道口必须有针对性地设置醒目的标志牌、警示灯等。

（二）临时设施

1. 施工现场办公及生活区应设置在建筑物物体坠落半径之外，并与作业区明显分隔。确因场地狭窄不能明显分隔的，必须有可靠的安全防护措施。办公区、生活区应分开设置。

2. 临时设施应满足安全、卫生、通风、采光等要求，温暖季节应安装纱门、纱窗。临时设施周边采用明沟或散水排水。

3. 施工现场所有临时设施的地面，以及临时设施门前地面必须采用混凝土硬化，并与生活区、施工区的路网连接。

4. 卫生室应配备常用药及绷带、止血带、颈托、担架等急救器材，并存放于明显位置。

三、文明施工的措施

（一）建立健全管理组织

代建单位成立现场文明施工领导小组，对文明施工进行"统一规划，统一组织，统一协调，统一监督"，各个参建单位应建立专门机构负责创建文明工地活动，接受代建单位的监督与检查。

（二）建立健全管理制度

1. 个人岗位责任制。文明施工管理应分片包干，分别建立岗位责任制。各单位项目经理是文明施工的第一负责人，全面负责文明施工管理工作，其他人员一律按责任进行分工，实行个人岗位责任制。

2．经济责任制。将文明施工列入项目检查与考核的主要内容。

3．检查制度。工地每月至少组织两次综合检查，每周组织一次专业检查。

4．奖惩制度。文明施工管理要制定奖惩制度及其实施细则，坚持奖惩兑现。

5．会议制度。施工现场应坚持文明施工会议制度，定期分析文明施工的情况，并根据实际情况制定管理措施，协调解决文明施工中存在的问题。

6．各项专业管理制度。文明施工是一项综合性的管理工作，在工程质量、安全、消防、保卫、场容、卫生、环保、民工等管理制度中，都应有文明施工的内容。

（三）健全管理资料

1．有关文明施工的标准、规定、法律法规等资料应齐全。

2．施工组织设计方案中应有对文明施工的管理要求，并有各阶段的施工现场平面布置图和季节性施工方案。

3．施工现场应有施工日志。施工日志中应有文明施工的内容。

4．文明施工自检资料应完整，填写内容应符合要求，签字手续应齐全。

5．文明施工教育、培训、考核记录均应有计划、有资料。

6．文明施工活动应有记录，如会议记录、检查记录等。

（四）文明施工管理措施

1．努力提高施工现场全体参建人员的素质，使其养成遵章守纪、文明施工的习惯。

2．对施工现场的情况进行调查分析，科学合理地布置施工现场平面图，按照规定的位置摆放，使得通道畅通、物品堆放整齐、工序安排合理，实现人、物、场所在空间上的最佳结合。

3．及时维护、打扫施工现场的设备、场地，做到日产日清，以保持现场环境干净、整洁、无垃圾、无污物，设备正常运转。

4．积极预防疾病和食物中毒，消除安全事故的隐患，使施工现场保持良好的施工环境和施工秩序，并始终处于最佳状态。

文明施工管理具体措施参见表11-1。

表11-1 文明施工措施表

序号	内容	措 施
1	施工作业区	（1）施工现场各种机具、设备、构件、材料、设施要按施工平面图堆放、布置，分类堆放整齐，标识齐全，保证现场整体文明 （2）进入施工现场必须戴好安全帽，临水作业穿好救生衣，高空作业系好安全带。施工现场设有安全标语、安全标志牌、安全警示灯或警示护栏带 （3）作业车间（班组）周围环境整洁干净，工完料清场地净 （4）现场有供人员安全上落交通船的通道桥，交通船核定装载人员数量，并严格执行 （5）现场作业临时道路平整常维护，定期洒水除尘 （6）现场设置垃圾桶、垃圾池，生产废料、碎料、垃圾集中收集，定期进行清运 （7）施工现场流动厕所，每天进行清洗

续表 11-1

序号	内容	措　　施
2	生活区	（1）生活区所有地面硬化，按规划设置，每幢宿舍有安全通道，摆放适量盆花，种植适量树、花 （2）卫生间及浴室、厨房贴瓷片，不准在室内乱丢杂物，专人清扫，保持干净、卫生 （3）宿舍内外卫生经常打扫，保持门窗、地面清洁，生活用品摆设整齐，室内无蜘蛛网、无异味、无乱拉乱接电线现象 （4）设置宣传栏，用板报及图片进行文明卫生教育，养成良好的卫生习惯，果皮、菜渣、剩饭、剩菜要自觉倒进专用垃圾桶，禁止随地吐痰，乱丢果皮、杂物、乱倒垃圾的不文明行为 （5）食堂要保持清洁卫生，严格执行食品卫生法，生、熟分开处理，防止病从口入，保障职工身体健康 （6）生活区道路和通道两旁不准堆放杂物，车辆停放要整齐，不准在运动场地停放车辆，洗车要到指定的地方
3	办公区	（1）办公区有专人清扫，保持门窗、地面洁净，办公用具放置整齐，各类型图表悬挂整齐、规范 （2）办公室内每天清扫，每周进行一次大扫除；各室有卫生值日表及卫生值勤员。卫生值勤员对本办公室卫生负责 （3）楼上办公室人员禁止随意向下层抛投杂物、乱倒脏水，确保办公区周围环境的整洁
4	“四害”防治	（1）为防止虫、鼠、苍蝇、蚊子的孳生，生活区、办公室设置足够的专用垃圾桶，员工用餐后剩余的饭菜、快餐盒倒入专用的桶中，专人及时进行清理 （2）经常清扫施工现场、生活办公区内环境卫生，疏通排水渠道，保持畅通，清除区内能积水的地方；现场卫生间设自动冲水器，集粪池加盖，垃圾桶定期喷药，防止蚊、虫、苍蝇孳生 （3）办公区、生活区、施工现场定期喷洒消杀“四害”药物。生活区、办公区、施工区禁止放养三鸟 （4）定期清理施工海区沿岸飘浮搁置的垃圾及废物，防止“四害”孳生，保持施工沿岸的空气清新

第三节　环境保护与文明施工应急预案

一、概述

（一）应急预案编制依据及主要内容

1．应急预案编制的依据。我国政府近年来相继颁布了一系列法律法规，对应急救援预案的制定作了明确的规定和要求。这些法律法规主要有：《中华人民共和国安全生产法》、《中华人民共和国消防法》、《中华人民共和国环境保护法》、《突发公共卫生事件应急条例》以及项目所在地的地方性法规、规章等法律法规。同时，应急救援预案的编制应遵循“安全第一、预防为主”方针，贯彻统一领导、分级负责、反应及时、措施果断、相互协助、加强合作的编制要求。应急救援预案是应对重大事故的指导性文件，要求根据企业自身的组织结构设置，组成各应急部门，明确责任人，确定应急救援队伍的人数，制定专项应急救援预案，方案的内容翔实，应有针对性、可行性、可实施性，并根据实际的变化状况，及时修改完善，以保持其有效性。

2. 应急救援预案的主要内容。代建单位应根据本项目的具体情况，对于可能引发重大事故风险的环节或部位，制定相应的应急救援预案，同时，要求各参建单位根据各自的实际情况，也应制定应急救援预案。应急救援预案包括应急计划、应急组织、应急设施和应急演习。具体内容包括：

（1）编制目的；

（2）适用范围；

（3）项目概况；

（4）危险源分类与分级；

（5）重大危险源分析；

（6）组织机构和职责；

（7）应急救援制度，如：值班制度，检查制度，总结评比制度，宣传、培训和演习，应急资源储备制度；

（8）应急教育，如：培训对象、培训内容、培训方式、培训周期；

（9）应急保障措施，如：物资与装备、人员、应急救援经费、宣传、培训和演习、预案演习等；

（10）应急响应程序，如：报警、启动预案、应急动员指挥、应急结束等；

（11）专项应急救援预案。

（二）应急救援预案的分类

当采取措施后仍不能完全免除不可接受的损害风险时，需要制定发生事故时的应急办法。建设项目发生的安全事故可能影响到周边地区和社会，建设项目所处地域发生的事故也可能波及项目建设。国务院制定的突发公共事故总体应急预案包括：自然灾害类、事故灾害类、公共卫生事件类和社会安全事件类四类；其中，事故灾害类包括了国家安全生产事故灾难应急等预案。

（三）应急救援预案的管理

1. 应急救援预案的审查。监理单位应审查施工单位应急救援预案与响应的管理体系，其要点包括：

（1）施工单位是否制定应急预案与响应的管理程序或管理办法；

（2）施工单位是否有明确的应急预案与响应管理的组织机构和工作职责；

（3）施工单位是否提供应急预案与响应管理的设备、设施、器材、救援力量等资源保证；

（4）施工单位的应急管理内容是否覆盖可能出现的潜在事件和紧急情况，主要包括：

①施工现场：火灾、爆炸，油料、油漆或化学品大面积（量）泄漏，施工现场突然

停电、停水，急性作业中毒或食物中毒，挖出文物或挖断水、气、热管线或电缆、电信、电视光缆等；

②办公区域：火灾，公共卫生灾患；

③自然灾害：地震、洪水、大风、暴雨、雷击等。

2. 应急救援预案的审核。代建单位应审核施工单位编制的应急救援预案，包括可能的事故性质、后果；与外部救援的联系（消防、医院等）；内外部报告、联络步骤和联系方式；应急救援组织和人员的职责分工；人员疏散和应急处置措施、救援措施等。

3. 应急预案措施落实的监督检查。监理单位应当监督施工单位落实施工现场的应急措施，主要内容有：

（1）施工单位施工现场是否成立应急救援组织，明确领导责任和执行责任，以及内部紧急联系方式；

（2）施工单位是否制定应急预案实施时的作业指导书，组织应急救援的培训或演练；

（3）施工单位是否贯彻预防为主的方针，加强防范和管理，消除各类危险隐患；

（4）施工单位是否在施工现场和办公区域配备足够的应急物资；

（5）施工单位是否对从事关键作业岗位的人员进行应急防护知识的教育培训，提高自防自救的能力。

二、各类事故应急救援预案

（一）中暑应急救援措施

1. 迅速将中暑者转移至阴凉通风的地方，解开衣服、脱掉鞋子，让其平卧，头部不要垫高。

2. 用凉水或50%的酒精擦其全身，直到全身发红，血管扩张以促进散热。或者用冰浴降温，也可在中暑者头部、两腋下和腹股沟处放置冰袋降温。在降温过程中必须加强护理，密切观察体温、血压和心脏情况，当肛温降到38度左右时，应立即停止降温，以防发生虚脱。

3. 给予中暑者补充水分和无机盐类，能饮水的患者应鼓励其喝足凉盐水或其他饮料，不能饮水者，应予以静脉补液，其中生理盐水约占一半。对于热射病者，除非有明显的脱水，不宜大量输液以免发生肺水肿、脑水肿。

4. 及时处理呼吸、循环衰竭。

5. 中暑者应在严密观察、精心护理下，及时送往就近医院抢救。

（二）火灾事故的应急救援措施

1. 发生火灾，首先迅速扑灭火源和报警，及时疏散有关人员，对伤者进行救治。

2. 火灾发生初期，是扑救的最佳时机，发生火灾部位的人员要及时把握好这一时机，尽快把火扑灭。

3. 在扑救火灾的同时拨打“119”电话报警并及时向上级有关部门及领导报告。

4. 在现场的消防安全管理人员，应立即指挥员工撤离火场附近的可燃物，避免火灾区域扩大。

5. 组织有关人员对事故区域进行保护。

6. 及时指挥、引导员工按预定的线路、方法疏散，撤离事故区域。

7. 发生员工伤亡，要马上进行施救，将伤员撤离危险区域，同时打“120”电话求救。

（三）大气污染的应急措施

1. 施工现场周边必须进行硬质围挡，围挡高度不低于1.8米，且封闭严密。

2. 施工现场主要道路必须进行硬化处理，施工现场应采取覆盖、固化、绿化、洒水等有效措施，做到不泥泞、不扬尘。施工现场的材料存放区、大模板存放区等场地必须平整夯实。

3. 遇有四级以上风天气不得进行土方回填、转运以及其他可能产生扬尘污染的施工。

4. 施工现场应有专人负责环保工作，配备相应的洒水设备，及时洒水，减少扬尘污染。

5. 建筑物内的施工垃圾清运必须采用封闭式垃圾道或封闭式容器吊运，严禁凌空抛撒。施工现场应设密闭式垃圾站，施工垃圾、生活垃圾分类存放。施工垃圾清运时应提前适量洒水，并按规定及时清运消纳。

6. 水泥和其他易飞扬的细颗粒建筑材料应密闭存放，使用过程中应采用有效措施防止扬尘。施工现场土方应集中堆放，采取覆盖或固化等措施。

7. 从事土方、渣土和施工垃圾的运输，必须使用密闭式运输车辆。施工现场出入口处设置冲洗车辆的设施，出场时必须将车辆清理干净，不得将泥沙带出现场。

8. 施工现场混凝土浇筑量超过100立方米以上的工程，应当使用预拌混凝土，施工现场设置搅拌机的机棚必须进行封闭，并配备有效的降尘防尘装置。

9. 施工现场使用的热水锅炉，炊事炉灶及冬季施工取暖锅炉等必须使用清洁燃料。施工机械、车辆尾气排放应符合环保要求。

10. 拆除旧有建筑时，应随时洒水，减少扬尘污染。渣土要在拆除施工完成之日起三日内清运完毕，并应遵守拆除工程的有关规定。

（四）现场食物中毒的应急救援措施

1. 加强对工地食堂卫生的监督力度；对食堂从业人员进行预防食物中毒知识专项培训；严把原料采购关，做好食物保管，保持食物新鲜，加工海产品要求烧熟、煮透，凉拌菜保持新鲜卫生，生熟食物要分开，防止炊具交叉污染。

2. 一旦发生食物中毒，应立即到医院进行救治。

3. 食物中毒的主要急救方法是：催吐、导泻、解毒、对症治疗等。呕吐与腹泻是肌体防御功能起作用的一种表现，它可以排除一定数量的致病菌释放的肠毒素，所以如果发现中毒，首先要了解一下吃了什么东西，如果吃了食物的时间在两个小时以内，可以采取催吐的方法。比如用20克盐兑200毫升开水饮服后催吐，反复喝几次，促使呕吐，尽快排毒；也可以采用导泻的方法，如果病人中毒时间较长，但精神状态还较好，可以服用些泻药以利于毒素排除，可以选用大黄30克一次煎后服用或番泻叶10克泡茶饮服；如果是食用了变质的海产品而引起的食物中毒，可以将100毫升的醋加200毫升的开水稀释后一次服下；若误食了变质的饮料或防腐剂，最好的急救方法是用鲜牛奶或其他含蛋白质较多的饮料灌服。由于呕吐、腹泻造成体液的大量损失，会引起多种并发症状，直接威胁病人的生命，这时应给病人大量饮用白开水，一方面可以补充体液，另一方面可以促进致病菌及其产生的肠毒素的排除，减轻中毒症状。

4. 施工现场发生集体性（3人以上）疑似食物中毒时，应及时向当地卫生行政部门报告，同时要详细说明发生食物中毒事故的单位、地址、时间、中毒人数、可疑食物等有关内容。如果可疑食品还没有吃完，应立即包装起来，标上“危险”字样，并冷藏保存，特别是要保存好污染食物的包装材料和标签，如罐头盒等。现场卫生室要在规定的时间内逐级上报，同时要将患者就近医治。

5. 疑似食物中毒情况发生后，应立即封闭厨房各加工间，待卫生部门调查取证后方可进行消毒处理。任何单位和个人不得干涉食物中毒或者疑似食物中毒的报告。

第十二章　项目合同管理

第一节　概　　述

项目合同确定了工程项目的价格（成本）、工期和质量（功能）等目标，规定了合同双方责权利关系，所以合同管理是工程项目代建管理的重要组成部分，它必须融合于整个工程项目管理中，并贯穿于工程实施的全过程和工程实施的各个方面。要实现工程项目的目标，必须对全部项目、项目实施的全过程和各个环节、项目的所有工程活动实施有效的合同管理。合同管理与其他管理职能密切结合，共同构成工程项目管理系统。

1. 项目代建管理以合同管理作为起点。进入项目首先作合同分析，它控制着整个工程项目管理工作。

2. 合同管理本身所具有的管理职能和工作过程。它由合同分析、合同资料、合同网络、合同实施控制和索赔管理等组成。它们构成工程项目的合同管理子系统。

3. 合同管理与其他管理职能，如计划管理、成本管理、组织和信息管理等之间存在着密切的关系。这种关系，既可以看做是工作流，即工作处理顺序关系，又可以看做是信息流，即信息流通和处理过程。

一、合同管理的目标

1. 合同管理以法律为依据，在合法的前提下最大限度地通过合同手段维护委托方或使用单位的合法权益。

2. 合同管理以建设项目的实际情况为出发点和突破点，保证项目在实现质量、进度、投资三大目标的前提下顺利竣工并投入使用。

3. 合同管理以预防为主，减少甚至避免纠纷和索赔的发生，在发生纠纷、索赔时最大限度地保护代建单位的利益。

4. 最大限度地将建设项目中的各种问题纳入到合同管理的范围中，使参与项目建设的任何一方都能以合同为依据，享有权利，履行义务，共同保证建设项目的顺利竣工和投入使用。

二、项目涉及的主要合同类型

1. 委托合同。主要包括：咨询（顾问）委托合同、委托代建管理合同、管理合同（含监理）、招标代理委托合同、造价审计委托合同等。

2. 承包合同。主要包括：勘察承包合同、设计承包合同、施工承包合同（包括分包合同）。

3. 购销合同。主要包括材料购销合同和设备、仪器仪表购销合同。

4. 协调、配合合同（协议）。

5. 其他合同。项目建设过程中需要签订的其他合同，如搬运合同、保管合同等。

三、合同管理的主要内容

项目合同管理是订立合同双方通过其有关机构或人员，在合同的订立和履行的过程中所进行的一系列管理活动，是双方协调互动的动态过程，包括合同订立阶段的管理和合同履行阶段的管理。

合同订立阶段的管理包括合同订立前的准备阶段和合同订立过程中的管理。主要体现在招标及签约过程中双方所进行的一系列相关工作。如施工合同中，代建单位对合同型式的选择、条款内容的拟定以及签约谈判等方面的工作都涉及合同管理的内容；合同履行阶段的管理主要有双方对合同内容执行的跟踪、核查、监督以及合同纠纷的解决等方面的工作。合同管理工作的内容主要包括：

1. 合同起草、谈判策略制定及签订。
2. 合同执行中，收集、整理文件记录。
3. 检查、分析、总结合同执行情况。
4. 合同变更控制。
5. 合同解释、合同争议处理。
6. 索赔处理。
7. 合同资料的整理、归档。

第二节　合同履行管理

合同履行管理是指代建单位对于监理和施工单位为保证合同所约定的各项义务的全面完成及各项权利的实现，以合同分析的成果为基准，对整个合同实施过程的全面监督、检查、对比、引导及纠正的管理活动。项目合同履行管理主要包括合同交底、合同跟踪与诊断、合同变更管理和索赔管理等工作。

一、合同交底

在我国传统的工程项目管理系统中，各方十分注重“图纸交底”工作，但却没有“合同交底”工作，所以参建各方尤其是承包方的项目组对项目的合同体系、合同基本内容不甚了解。目前，我国建设工程管理者和技术人员有十分牢固的按图施工的观念，但在现代市场经济中必须还要再增加“按合同管理”的观念，特别在工程使用非标准合同文本或不熟悉的合同文本时，“合同交底”工作就显得更为重要。

在实际工作中，承包人的各职能人员不可能人手一份合同，从另一方面，各职能人员所涉及的活动和问题不全是合同文件内容，而仅为合同的部分内容，或超出合同界定的职责，为此，工程项目合同管理人员应当作全面的合同分解，再向各相关人员进行合同交底工作。

合同交底是指代建单位召集设计、监理、承包各方，由各方合同管理人员在对合同的主要内容做出解释和说明的基础上，通过组织项目管理人员和各工程小组负责人学习合同条文和合同总体分析结果，使大家熟悉合同中的主要内容、各种规定、管理程序，了解合同责任和工程范围、各种行为的法律后果等，使大家都树立全局观念，避免在执行中的违约行为，同时使大家的工作协调一致。

承包商合同管理人员应将各种合同事件的责任分解落实到各工程小组或分包商。应分解落实如下合同和合同分析文件：合同事件表（任务单、分包合同）、图纸、设备安装图纸、详细的施工说明等。

合同交底主要包括如下几方面内容：

1．工程的质量、技术要求和实施中的注意点。

2．工期要求。

3．消耗标准。

4．相关事件之间的搭接关系。

5．各工程小组（分包商）责任界限的划分。

6．完不成责任的影响和法律后果等。

二、合同跟踪与诊断

（一）合同实施跟踪

在工程项目实施过程中，由于实际情况千变万化，导致合同实施与预定目标（计划和设计）的偏离。如果不采取措施，这种偏差常常由小到大，逐渐积累。这就需要对工程项目合同实施的情况进行跟踪，以便提早发现偏离。

1．跟踪的依据。对工程项目合同实施情况进行跟踪时，主要有如下几个方面的依据：

（1）合同和合同分析的结果，如各种计划、方案、合同变更文件等，它们是比较的基础，是合同实施的目标和方向。

（2）各种实际的工程文件，如原始记录、各种工程报表、报告、验收结果、量方结果等。

（3）工程管理人员每天对现场情况的直观了解，如通过施工现场的巡视、与各种人谈话、召集小组会议、检查工程质量，通过报表、报告等。

2．跟踪的对象。工程项目合同实施跟踪的对象主要包括：

（1）具体的合同事件。对照合同事件表的具体内容，分析该事件实际完成情况。

（2）工程小组或分包商的工程和工作。一个工程小组或分包商可能承担许多专业相同、工艺相近的分项工程或许多合同事件，所以必须对其实施的总情况进行检查分析。在实际工程中常常因为某一工程小组或分包商的工作质量不高或进度拖延而影响整个工程施工。代建单位应督促监理单位跟踪该对象，并做出相应处理措施，如协调他们之间的工作，对工程缺陷提出意见、建议或警告，责成他们在一定时间内提高质量、加快工程进度等。

（3）作为分包合同的发包商，总承包商必须对分包合同的实施进行有效的控制，这是总承包合同管理的重要任务之一。代建单位应督促监理单位对于总包方实施的分包合同控制进行审核、落实，是否达到如下目的：

①控制分包商的工作，严格监督他们按分包合同完成工程责任，分包合同是总承包合同的一部分，如果分包商完不成他的合同责任，则总包就不能顺利完成总包合同责任；

②为向分包商索赔和对分包商反索赔做准备，总包和分包之间利益是不一致的，双方间常常有尖锐的利益争执；在合同实施中，双方都在进行合同管理，都在寻求向对方索赔的机会，所以双方都有索赔和反索赔的任务；

③对分包商的工程和工作，总承包商负有协调和管理的责任，并承担由此造成的损

失，所以分包商的工程和工作必须纳入总承包工程的计划和控制中，防止因分包商工程管理失误而影响全局。

3．代建单位的工作。代建单位是监理和承包商的主要工作伙伴，对他们的工作进行监督和跟踪是十分重要的。

（1）督促监理与施工单位必须正确、及时地履行合同责任，与监理和施工单位多沟通，尽量做到使监理和承包商积极主动地做好工作，如提前催要图纸、材料，对工作事先通知等，从而建立良好的合作关系，保证工程顺利实施。

（2）及时提醒委托方或使用单位提供各种工程实施条件，如及时发布图纸、提供场地，及时下达指令、作出答复，及时支付工程款等。这常常是承包商推卸工程责任的托词，所以要特别重视。

（3）有问题及时与委托方或使用单位沟通，多向有关行政主管部门汇报情况，及时听取其指示。

（4）及时收集各种工程资料，对各种活动、双方的交流作出记录。

（5）对有恶意的承包商提前防范，并及时采取措施。

4．工程实施中存在的问题。对工程总的实施状况的跟踪可以就如下几方面进行：

（1）工程整体施工秩序状况。如果出现以下情况，合同实施必然有问题：现场混乱、拥挤不堪；承包商与分包商、供应商之间协调困难；合同事件之间和工程小组之间协调困难；出现事先未考虑到的情况和局面；发生较严重的工程事故等。

（2）已完工程没通过验收、出现大的工程质量问题、工程试生产不成功或达不到预定的生产能力等。

（3）施工进度未达到预定计划，主要的工程活动出现拖期，在工程周报和月报上计划和实际进度出现大的偏差。

（4）计划和实际的成本曲线出现大的偏离。在工程项目管理中，工程累计成本曲线对合同实施的跟踪分析起很大作用。计划成本累计曲线通常在网络分析、各工程活动成本计划确定后得到。而实际成本曲线由实际施工进度安排和实际成本累计得到，两者对比即可分析出实际和计划的差异。

（二）合同实施诊断

合同实施诊断是在合同实施跟踪的基础上进行的，是指对合同实施偏差情况的分析。合同实施偏差的分析，主要是评价合同实施情况及其偏差，预测偏差的影响及发展的趋势，并分析偏差产生的原因，以便对该偏差采取调整措施。

1．合同实施诊断的内容：

（1）合同执行差异的原因分析。通过对不同监督和跟踪对象的计划和实际的对比分析，不仅可以得到差异，而且可以探索引起这个差异的原因。原因分析可以采用鱼刺图，因果关系分析图（表），成本量差、价差分析等方法定性地或定量地进行。

（2）合同差异责任分析。即这些原因由谁引起，该由谁承担责任，这常常是索赔的理由。一般只要原因分析详细，有根有据，则责任自然清楚。责任分析必须以合同为依据，按合同规定落实双方的责任。

（3）合同实施趋向预测。分别考虑不采取调控措施和采取调控措施以及采取不同的调控措施情况下，合同的最终执行结果：

①最终的工程状况，包括总工期的延误，总成本的超支，质量标准，所能达到的生产能力（或功能要求）等；

②承包商将承担什么样的后果，如被罚款，被清算，甚至被起诉，对承包商资信、企业形象、经营战略造成的影响等；

③最终工程经济效益（利润）水平。

2. 合同实施偏差的处理措施。经过合同诊断之后，根据合同实施偏差分析的结果，督促承包商应采取相应的调整措施。主要有如下四类：

（1）组织措施，例如增加人员投入，重新计划或调整计划，派遣得力的管理人员。

（2）技术措施，例如变更技术方案，采用新的更高效率的施工方案。

（3）经济措施，例如增加投入，对工作人员进行经济激励等。

（4）合同措施，例如进行合同变更，签订新的附加协议、备忘录，通过索赔解决费用超支问题等。

三、合同变更管理

合同变更是指依法对原来合同进行的修改和补充，即在履行合同项目的过程中，由于实施条件或相关因素的变化，而不得不对原合同的某些条款作出修改、订正、删除或补充。合同变更一经成立，原合同中的相应条款就应解除。

（一）合同变更的起因及影响

合同内容频繁变更是工程合同的特点之一。一个工程，合同变更的次数、范围和影响的大小与该工程招标文件（特别是合同条件）的完备性、技术设计的正确性，以及实施方案和实施计划的科学性直接相关。

1. 合同变更一般主要有以下几方面的原因：

（1）委托方、使用单位或代建单位有新的意图，修改项目总计划，削减预算，一方或三方要求变化；

（2）由于设计人员、工程师、承包商事先没能很好地理解代建单位的意图，或设计的错误，导致的图纸修改；

（3）工程环境的变化，预定的工程条件不准确，必须改变原设计、实施方案或实施计划，或由于代建单位指令及代建单位责任的原因造成承包商施工方案的变更；

（4）由于产生新的技术和知识，有必要改变原设计、实施方案或实施计划；

（5）政府部门对工程新的要求，如计划变化、环境保护要求、城市规划变动等；

（6）由于合同实施出现问题，必须调整合同目标，或修改合同条款；

（7）合同双方当事人由于倒闭或其他原因转让合同，造成合同当事人的变化。

2. 合同的变更通常不能免除或改变承包商的合同责任，但对合同实施影响很大，主要表现在如下几方面：

（1）导致设计图纸、成本计划和支付计划、工期计划、施工方案、技术说明和适用的规范等定义工程目标和工程实施情况的各种文件作相应的修改和变更。当然，相关的其他的计划也应作相应调整，如材料采购计划、劳动力安排、机械使用计划等。它不仅引起与承包合同平行的其他合同的变化，而且会引起所属的各个分合同，如供应合同、租赁合同、分包合同的变更。有些重大的变更会打乱整个施工部署。

（2）引起合同双方、承包商的工程小组之间、总承包商和分包商之间合同责任的变化。如工程量增加，则增加了承包商的工程责任，增加了费用开支和延长了工期。

（3）有些工程变更还会引起已完工程的返工，现场工程施工的停滞，施工秩序打乱，已购材料的损失等。

（二）合同变更的范围

合同变更的范围很广，一般在合同签订后所有工程范围、进度、工程质量要求、合同条款内容、合同双方责权利关系的变化等都可以被看做合同变更。最常见的变更有两种：

1. 涉及合同条款的变更，合同条件和合同协议书所定义的双方责权利关系或一些重大问题的变更。

2. 工程变更，即工程的质量、数量、性质、功能、施工次序和实施方案的变化。

（三）合同变更的程序

1. 合同变更的提出。

（1）承包商提出合同变更。承包商在提出合同变更时，一般情况是工程遇到不能预见的地质条件或地下障碍。如原设计的某大厦基础为钻孔灌注桩，承包商根据开工后钻探的地质条件和施工经验，认为改成沉井基础较好。另一种情况是承包商为了节约工程成本或加快工程施工进度，提出合同变更。

（2）委托单位或使用单位提出变更。委托单位或使用单位一般可通过代建单位提出合同变更。但如提出的合同变更内容超出合同限定的范围，则属于新增工程，只能另行签订补充协议，除非承包方同意作为合同变更。

（3）设计方提出合同变更。设计方往往根据工地现场工程进展的具体情况，认为确有必要时，可提出合同变更。工程承包合同施工中，因设计考虑不周，或施工时环境发生变化，设计方本着节约工程成本和加快工程与保证工程质量的原则，提出合同变更。只要提出的合同变更在原合同规定的范围内，一般是切实可行的。若超出原合同，新增了很多工程内容和项目，则属于不合理的合同变更请求，设计方应和承包商协商处理。

2. 合同变更的批准。由承包商提出的合同变更，应交与监理工程师审查并提交代建单位批准，报委托方或相关单位备案；如变更涉及增加投资金额超出代建单位审批范围，则提交委托方或相关单位审批。由委托方或使用单位提出的合同变更，为便于工程的统一管理，一般由代建单位代为发出，并召集设计、监理、施工单位商议。由设计单位提出的变更，应提交代建单位，由代建单位召集监理、施工单位商议后审批，并报委托方或相关单位备案；如变更涉及增加投资金额超出代建单位审批范围，则提交委托方或相关单位审批。合同变更审批的一般原则应为：

（1）考虑合同变更对工程进展是否有利；

（2）考虑合同变更可否节约工程成本；

（3）考虑合同变更是兼顾发包人、承包商或工程项目之外其他第三方的利益，不能因合同变更而损害任何一方的正当权益；

（4）必须保证变更项目符合本工程的技术标准；

（5）因为工程受阻，如遇到特殊风险、人为阻碍、合同一方当事人违约等不得不变更合同。

3. 合同变更指令的发出及执行。监理单位在和承包商就变更价格和实施方案达成一致意见之后，报代建单位审批。代建单位审批通过后，由监理单位签发书面变更通知令。

根据通常的工程惯例，除非监理明显超越合同赋予其的权限，或未经代建单位审批。承包商应该无条件地执行其合同变更的指示。如果监理单位根据合同约定发布了进行合同变更的书面指令，则不论承包商对此是否有异议，不论合同变更的价款是否已经确定，也不论监理单位或发包人答应给予付款的金额是否令承包商满意，承包商都必须无条件地执行。即使承包商有意见，也只能是一边进行变更工作，一边根据合同规定寻求索赔或仲裁解决。在争议处理期间，承包商有义务继续进行正常的工程施工和有争议的变更工程施工，否则可能会构成承包商违约。

合同变更（工程变更）的程序如图 12-1 所示。

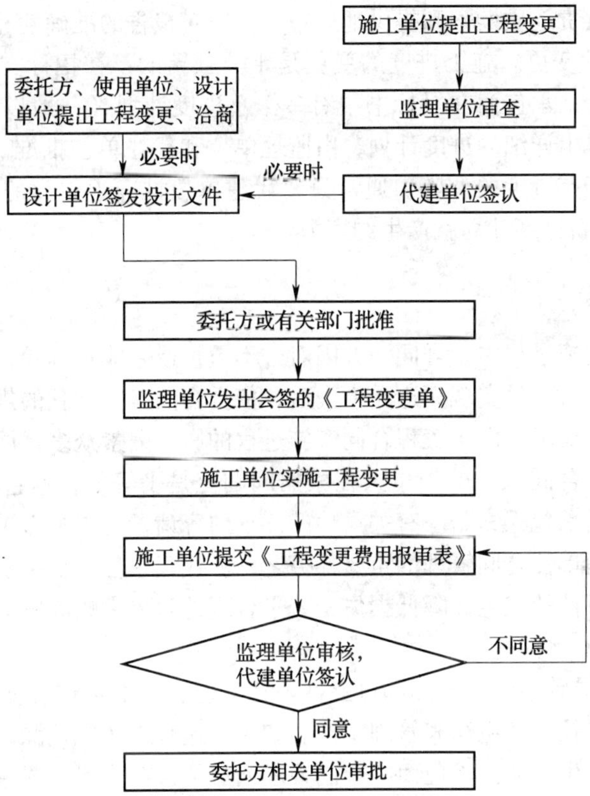

图 12-1　工程变更、洽商管理基本流程

（四）合同变更责任分析

在合同变更中，量最大、最频繁的是工程变更。它在工程索赔中所占的份额也最大。工程变更的责任分析是工程变更起因与工程变更问题处理，是确定赔偿问题的重要的直接的依据。工程变更中有两大类变更，即设计变更和施工方案变更。

1. 设计变更。设计变更会引起工程量的增加、减少，新增或删除工程分项，工程质量和进度的变化，实施方案的变化。一般的原则是谁提出，谁负责，除非是明显的设计错误。

2. 施工方案变更。施工方案变更的责任分析有时比较复杂。

（1）在投标文件中，承包商就在施工组织设计中提出比较完备的施工方案，但施工组织设计不作为合同文件的一部分。施工方案虽不是合同文件，但它也有约束力。代建单位向承包商授标就表示对这个方案的认可。在通常情况下由于承包商自身原因（如失误或风险）修改施工方案所造成的损失由承包商负责。承包商对修改施工方案具有相应的权利，为了更好地完成合同目标（如缩短工期），或在不影响合同目标的前提下承包商有权采用更为科学和经济合理的施工方案，否则，承包商修改实施方案都要报监理与代建单位审核。

（2）重大的设计变更常常会导致施工方案的变更。如果设计变更由谁承担责任，则相应的施工方案的变更也由其相应负责。

（3）对不利的异常的地质条件所引起的施工方案的变更，一般作为委托方或使用单位的责任。一方面这是一个有经验的承包商无法预料的现场气候条件除外的障碍或条件，另一方面使用单位负责地质勘察和提供地质报告，应对报告的准确性和完备性承担责任。

（4）施工进度的变更。施工进度的变更是十分频繁的：在招标文件中，代建单位给出工程的总工期目标；承包商在投标书中有一个总进度计划（一般以横道图形式表示）；中标后承包商还要提出详细的进度计划，由监理单位和代建单位批准（或同意）；在工程开工后，每月都可能有进度的调整。通常只要代建单位批准承包商的进度计划（或调整后的进度计划），则新进度计划就产生约束力。

四、索赔管理

索赔是在合同实施过程中，合同一方因对方不履行或未能正确履行合同所规定的义务或未能保证承诺的合同条件实现而遭受损失后，依据合同有关条款的规定向对方提出的经济或其他方面的补偿要求。由于工程合同实施过程的影响因素众多，原因错综复杂，因此索赔是经常发生的。合同双方的当事人在索赔问题上是平等的，承包人可以向发包人索赔，发包人也可以向承包人索赔。有关索赔的详细内容请参见本书有关章节的内容。

索赔管理是代建单位合同管理的重要任务之一。代建单位应从工程整体效益的角度出发，尽量减少索赔事件的发生，降低损失，公平合理地解决索赔问题。具体地说，索赔管理的任务包括：

1. 预测和分析导致索赔的原因和可能性。在承包合同的形成和实施过程中，代建单位承担着大量具体的技术、组织和管理工作。如果在这些工作中疏漏，给承包商的工程施工造成干扰，就会产生索赔。承包商的合同管理人员常常在寻找着这些疏漏，寻找索赔机会。代建单位在工作中应能预测到自己行为的后果，堵塞漏洞，不留下把柄；在起草文件、下达指令、作出决定、答复请示时都应注意到完备性和严密性；颁发图纸、作计划和实施方案时都考虑其及时性、正确性和周密性。

2. 通过有效的合同管理减少干扰事件的发生，降低干扰事件的损失。在工程中，代建单位充分发挥纽带作用，做好协调、缓冲工作，建立一个良好的合作气氛。通常，各方合作得越好，合同实施就越顺利，索赔事件越少，也越易于解决。

另外，通过合同监督和跟踪，及早发现干扰事件，及早采取措施降低干扰事件的影响，减少双方损失，并可以及早了解情况，为合理地解决索赔提供条件。

3. 公正地处理和解决发包人与承包商之间的索赔事件。索赔的合理解决不仅要求符合索赔程序与要求，使承包商按合同得到支付，而且还要符合工程总目标。索赔的合理解决是指：使承包商得到按合同规定的合理的补偿，而补偿额度又在代建单位的控制范围内，合同双方都对解决结果满意，仍然保持相对友好的合作关系。

4. 督促监理单位受理合同中规定的索赔处理。监理单位只有在下列情况下受理承包商提出的索赔申请：

（1）索赔事件发生后，承包商在合同约定的期限内，提交了书面索赔意向；

（2）承包商按合同约定，提交了有关索赔事件的详细资料和证明材料；

（3）索赔事件终止后，承包商在合同约定的期限内，提交了正式的《索赔申请表》。

同时，监理工程师在处理索赔事件时应坚持以下原则：索赔申请报告的程序、时限符合合同要求；索赔申请报告的格式和内容符合规定；索赔申请的资料必须真实、齐全、手续完备；申请索赔的合同依据、理由必须正确、充分；索赔工期和金额的计算原则与方法必须合理、合法。

五、合同争议的解决及违约处理

（一）合同争议的解决

1. 合同争议发生后，争议一方可书面通知监理单位，请求予以调解。

2. 监理单位收到争议通知书后，应在合同规定的期限内进行调查和取证，与双方协商并征求代建单位的意见后作出决定。

3. 在总监签发《争议调解书》后，如果施工单位或代建单位在合同规定的期限内对监理单位做出的决定未提出异议，则此决定为最后决定，双方必须认真执行。

4. 不同意监理单位的决定时，可按合同约定办理。

5. 在仲裁（或诉讼）过程中，监理单位有资格、有义务作为证人，公正地向仲裁机关（或法院）提供与争议有关的证据。

6. 在争议解决过程中，甚至在仲裁（或诉讼）期间，监理单位仍应督促施工单位继续施工。

图 12-2 为合同争议调解的一般程序。

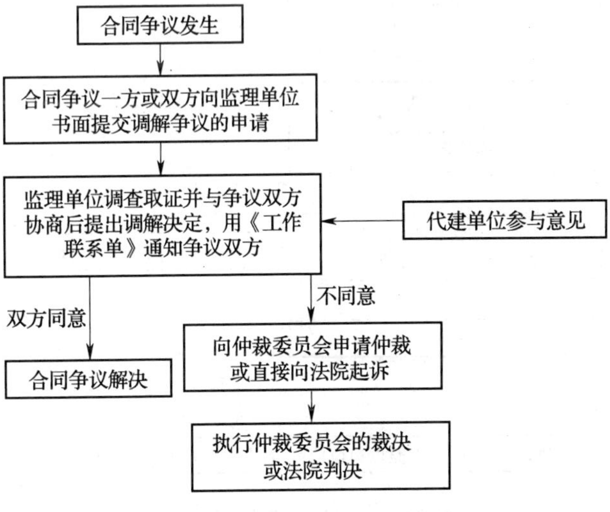

图 12-2　合同争议调解的一般程序

（二）违约处理

1．处理违约的原则：

（1）在项目施工的过程中发现违约事件可能发生时，应及时提醒有关方面，防止或减少违约事件的发生；

（2）对已发生的违约事件，要以事实为依据，以合同约定为准绳，公平处理；

（3）处理违约事件应在认真听取各方意见，与双方充分协商的基础上确定解决方案；

2．按合同规定，委托方有下列事宜时，可确定其违约：

（1）不能按合同约定及时给出必要指令、确认或批准；

（2）不能按合同约定履行义务；

（3）未在合同规定的期限内，根据代建单位的确认意见和监理单位签发的支付证书，向施工单位进行支付；

（4）发生其他使合同无法履行的行为。

3．按合同规定，当施工单位有下列事宜时，可确定其违约：

（1）不能按合同工期竣工；

（2）施工质量达不到设计、规范和合同要求；

（3）发生其他使合同无法履行的行为。

4．违约事件的处理过程：

（1）受损方可向监理单位提出违约事件的申述；

（2）监理工程师对违约时间进行调查、分析、提出处理方案；

（3）在与双方协商一致的基础上，评估工期及费用损失的数量，听取代建单位的意见，由监理单位签发必要的凭证。

5．违约一方提出要全部或者部分终止合同要求时，监理单位应慎重处理。

图 12-3 为违约处理的一般程序。

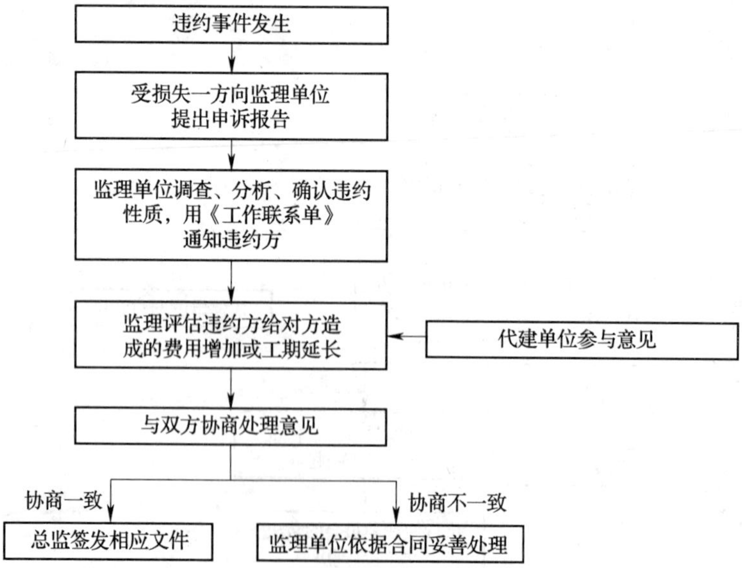

图 12-3　违约处理的一般程序

第三节 施工合同管理

施工合同是建设工程的主要合同，是工程项目质量控制、进度控制、投资控制的重要依据，是代建单位和承包人（施工单位）之间，为完成商定的建筑安装工程，明确相互权利与义务关系的协议。承发包双方签订施工合同，必须具备相应资质条件和履行施工合同的能力。对合同范围内的工程实施建设时，发包人必须具备组织协调能力或委托给具备相应资质的代建单位承担；承包人必须具备有关部门核定的资质等级并持有营业执照等证明文件。依据施工合同，承包人应完成发包人交给的建筑安装工程任务，发包人应按合同规定提供必要的施工条件并支付工程价款。

一、施工合同的特点

由于建筑产品是特殊的商品，建筑产品的单件性，建设周期长、施工生产和技术复杂，工程付款和质量认证具有阶段性，受外界自然条件影响大等特点，决定了施工合同不同于其他经济合同，具有以下的特点。

（一）施工合同标的物的特殊

施工合同的“标的物”是特定建筑产品，不同于其他一般商品。首先，建筑产品的固定性和施工生产的流动性，是区别于其他商品的根本特点；其次，由于建筑产品各有其特定的功能要求，其实物形态千差万别，种类繁多，形成建筑产品的个体性和生产的单件性；最后，建筑产品体积庞大，消耗的人力、物力、财力多，一次性投资额大。施工合同“标的物”的这些特点，必然会在施工合同中表现出来，使得施工合同在明确“标的物”时，不能像其他合同只简单地写明名称、规格、质量就可以了，而需要将建筑产品的幢数、面积、层数或高度、结构特征、内外装饰标准和设备安装要求等一一规定清楚。

（二）施工合同履行时间长

由于建筑产品体积庞大、结构复杂、施工周期都较长，施工工期少则几个月，多则几年甚至十几年，在合同实施过程中不确定影响因素多，受外界自然条件影响大，合同双方承担的风险高，当主观和客观情况变化时，就有可能造成施工合同的变化，因此施工合同的变更较频繁，施工合同争端和纠纷也比较多。

（三）施工合同内容条款多

由于建设工程本身的特殊性和施工生产的复杂性，决定了施工合同必须有很多条款。我国建设工程施工合同示范文本通用条款就有 11 大部分共 47 个条款、173 个子款；国际 FIDIC 施工合同通用条件有 25 节共 72 个条款、194 个子款。

施工合同一般应具备以下主要内容：

1. 工程名称、地点、范围、内容，工程价款及开竣工日期。
2. 双方的权利、义务和一般责任。
3. 施工组织设计的编制要求和工期调整的处置办法。
4. 工程质量要求、检验与验收方法。
5. 合同价款调整与支付方式。
6. 材料、设备的供应方式与质量标准。

7．设计变更。

8．竣工条件与结算方式。

9．违约责任与处置办法。

10．争端解决方式。

11．安全生产防护措施等。

此外关于索赔、专利技术使用、发现地下障碍和文物、工程分包、不可抗力、工程保险、合同生效与终止等也是施工合同的重要内容。

（四）施工合同涉及面广

签订施工合同首先必须遵守国家的法律、法规以及大量其他法规、规定和管理办法，如国家和地方法规、定额及相应预算价格、取费标准、调价办法等，也是签订施工合同要涉及的内容。因此，承发包双方要熟悉和掌握与施工合同相关的法律、法规和各种规定。此外施工合同在履行过程中，不仅仅是承发包双方的事，还涉及使用单位、监理单位、分包单位、材料设备供应商、保险公司等众多参与方。从施工合同监督管理上，还会涉及工商行政管理部门、建设主管部门、合同双方的上级主管部门以及负责拨付工程款的银行、解决合同纠纷的仲裁机关或人民法院，还有税务部门、审计部门及合同公证机关等机构和部门。

二、施工合同管理

施工合同规定了施工单位的进度、质量、成本、安全等目标，这些目标必须通过具体的工程活动来实现。由于在工程施工中各种因素的干扰，常常出现各项目标偏离的现象。施工合同管理就是为了保证工程实施按预定的计划进行，顺利地实现预定的目标。因此，对施工合同进行有效的管理是代建单位调控项目目标的重要手段之一。

（一）施工合同管理的方法

1．主动控制。主动控制就是预先分析目标偏离的可能性，并拟订和采取各项预防性措施，以保证计划目标得以实现。主动是一种对未来的控制，它可以最大可能改变即将成为事实的被动局面，从而使控制更有效。当它根据已掌握的可靠信息分析预测得出系统将要输出偏离计划的目标时，就制定纠正措施并向系统输入，以使系统因此而不发生目标的偏离。它是在事情发生之前就采取了措施的控制。

（1）详细调查并分析外部环境条件，以确定那些影响目标实现和计划运行的各种有利和不利因素，并将它们考虑到计划和其他管理职能当中。

（2）识别风险，努力将各种影响目标实现和计划执行的潜在因素揭示出来，为风险分析和管理提供依据，并在计划实施过程中做好风险管理工作。

（3）用科学的方法制定计划，作好计划可行性分析，消除那些造成资源不可行、技术不可行、经济不可行和财务不可行的各种因素，保障工程的实施能够有足够的时间、空间、人力、物力和财力，并在此基础上力求计划优化。

（4）高质量地做好组织工作，使组织与目标和计划高度一致，督促监理将施工单位的目标控制任务与管理职能落实到适当的机构和人员，做到职权与职责明确，使各方能够通力协作，为共同实现目标而努力。

（5）制定必要的应急备用方案，以对付可能出现的影响目标或计划实现的情况。一旦发生这些情况，则有应急措施作保障，从而减少偏离量，或避免发生偏离。

（6）计划应有适当的松弛度，即“计划应留有余地”。这样，可以避免那些经常发生，又不可避免的干扰对计划的不断影响，减少“例外”情况产生的数量，使管理工作处于主动地位。

（7）沟通信息流通渠道，加强信息收集、整理和研究工作，为预测工程未来发展提供全面、及时、可靠的信息。

2. 被动控制。被动控制是控制者从计划的实际输出中发现偏差，对偏差采取措施及时纠正的控制方式。因此要求管理人员对计划的实施进行跟踪，把它输出的工程信息进行加工、整理后再传递给控制部门，使控制人员从中发现问题，找出偏差，寻求并确定解决问题和纠正偏离的方法。被动控制实际上是在项目实施过程中，事后检查过程中发现问题及时处理的一种控制，因此仍为一种积极的控制，并且是十分重要的控制方式，如图12-4所示。

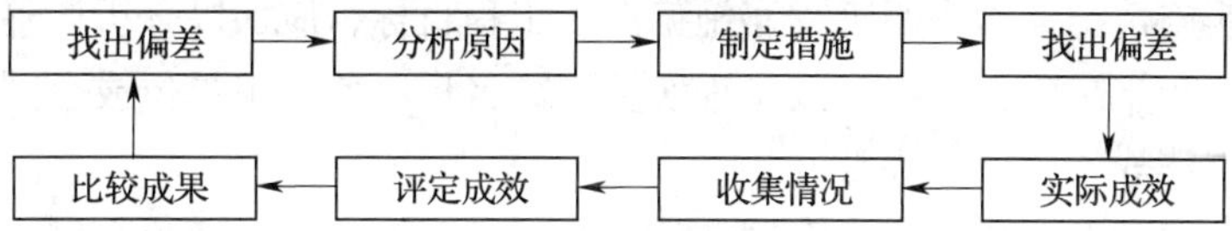

图 12-4　被动控制

（1）应用现代化方法、手段、仪器跟踪、测试、检查项目实施过程的数据，发现异常情况及时采取措施。

（2）建立项目实施过程中人员控制组织，明确控制责任，检查发现情况及时处理。

（3）建立有效的信息反馈系统，及时将偏离计划目标值进行反馈，以使其及时采取措施。

（二）施工合同管理的日常工作

1. 参与落实计划。代建单位的合同管理人员负责督促与检查施工单位落实合同实施计划情况，如施工现场的安排，人工、材料、机械等计划的落实，工序间的搭接关系和安排及其他一些必要的准备工作。

2. 协调各方关系。在合同范围内协调使用单位、监理单位、项目管理各职能人员、所属的各工程小组和分包商之间的工作关系，解决相互之间出现的问题。如合同责任界面之间的争执，工程活动之间时间上和空间上的不协调。合同责任界面争执是工程实施中很常见的。使用单位与代建单位、代建单位与承包商、承包商与材料和设备供应商、与分包商，以及承包商的分包商之间、工程小组与分包商之间常常互相推卸一些合同中或合同事件表中未明确划定的工程活动的责任。这会引起内部和外部的争执，对此，代建单位的合同管理人员必须做判定和调解工作。

3. 指导合同工作。对监理单位与施工单位进行工作指导，作经常性的合同解释，使各方都有全局观念，对工程中发现的问题提出意见、建议或警告。合同管理人员在工程实施中起“漏洞工程师”的作用，但并不是寻求与使用单位、代建单位、监理单位、各工程小组、分包商的对立，其目标不仅仅是索赔和反索赔，而是将各方面在合同关系上联系起来，防止漏洞和弥补损失，更完善地完成工程。例如，促使监理单位提出适当、合理的要求（指令），避免对工程的干扰、工期的延长和费用的增加；指导监理单位工作，弥补其工作上的漏洞；及时提出各项工作的准备活动，尽可能提前通知使用单位与监理单位，让施工单位有所准备，使工程更为顺利。

4. 参与其他项目控制工作。合同管理的有关人员定时检查、监督各方合同实施情况，对照合同要求的数量、质量、技术标准和工程进度，发现问题并及时采取对策措施。对已完工程作最后的检查核对，对未完成的工程，或有缺陷的工程指令限期采取补救措施，防止影响整个工期。

5. 合同实施情况的追踪、偏差分析及参与处理，以及工程变更、索赔、争端、文档的管理。

对向监理单位与施工单位的任何指令，向使用单位的任何文字答复、请示，都必须经合同管理人员审查，并记录在案。

（三）施工合同实施偏差分析与处理

施工合同实施情况偏差表明工程实施偏离了工程目标，应加以分析调整，否则这种差异会逐渐积累，越来越大，最终导致工程实施远离目标，使施工单位或合同双方受到很大的损失，甚至可能导致工程的失败。

合同实施情况偏差分析，指在合同实施情况追踪的基础上，评价合同实施情况及其偏差，预测偏差的影响及发展的趋势，并分析偏差产生的原因，以便对该偏差采取调整措施。

1. 合同执行差异的原因分析。通过对不同监督和跟踪对象的计划和实际的对比分析，不仅可以得到合同执行的差异，而且可以探索引起这个差异的原因。原因分析可以采用鱼刺图、因果关系分析图（表）、成本量差、价差、效率差分析等方法定性或定量地进行。

2. 合同差异责任分析。一般只要原因分析详细，有根有据，则责任分析自然清楚。责任分析必须以合同为依据，按合同规定落实双方的责任。

3. 合同实施趋向预测。分别考虑不采取调控措施和采取调控措施，以及采取不同的调控措施情况下合同的最终执行结果。

（1）最终的工程状况，包括总工期的延误、总成本的超支、质量标准、所能达到的生产能力（或功能要求）等。

（2）代建单位、监理、承包商将承担什么样的后果，如被罚款、被清算，甚至被起诉，对相应单位资信、企业形象、经营战略的影响等。

（3）最终工程经济效益（利润）水平。

4. 合同偏差调整措施。根据合同实施情况偏差分析的结果，代建单位应采取相应的调整措施。调整措施可分为以下几类。

（1）组织措施。如要求相关参建方增加人员投入，重新进行计划或调整计划，派得力的管理人员。

（2）技术措施。例如变更技术方案，采用新的更高效率的施工方案。

（3）经济措施。如按时拨款、核增额外的工程费用等对承包商进行经济激励等。

（4）合同措施。例如进行合同变更，签订新的附加协议、备忘录，通过索赔解决费用超支问题等。

（四）施工合同变更管理

1. 注意对工程变更条款的合同分析。对工程变更条款的合同分析应特别注意：工程变更不能超过合同规定的工程范围，如果超过这个范围，施工单位有权不执行变更或坚持先商定价格后再进行变更。对监理单位的授权必须限制，超过一定数额的工程变更需报代建单位审批。

此外，与各方的任何书面信件、报告、指令等都应经合同管理人员进行技术和法律方面的审查，这样才能保证任何变更都在控制中，不会出现合同问题。

2. 促成委托方或使用单位提前作出工程变更。在实际工作中，变更决策时间过长和变更程序太慢会造成很大的损失。常有两种现象：一种现象是施工停止，施工单位等待变更指令或变更会谈决议；另一种现象是变更指令不能迅速作出，而现场继续施工，造成更大的返工损失。这就要求代建单位尽早发现可能导致工程变更的种种迹象，尽可能促使委托方或使用单位提前作出工程变更的决定。

3. 对监理单位、施工单位发出的工程变更应进行识别。一方面对从监理单位收到的变更指令，特别是对授权外的变更要求或在图样上作出的修改意见，应在充分的核实、计算、研究后，予以审批。另一方面对从承包商报监理单位的变更要求，在确认监理单位进行了充分有效的审核手段与程序后，予以审批。

4. 督促各方迅速、全面落实变更指令。变更决定做出后，督促监理单位及施工单位迅速、全面、系统地落实变更指令。施工单位应全面修改相关的各种文件，例如有关图样、规范、施工计划、采购计划等，使它们一直反映和包容最新的变更。施工单位应在相关的各工程小组和分包商的工作中落实变更指令，并提出相应的措施，对新出现的问题作解释和对策，同时又要协调好各方面工作。

5. 分析工程变更的影响。合同变更是索赔机会，代建单位需注意后续的索赔处理。在合同变更过程中就要记录、收集、整理所涉及的各种文件，如图样、各种计划、技术说明、规范和对各方的变更指令，以作为进一步分析的依据和索赔的证据。在实际工作中，合同变更前最好事先能就价款及工程的谈判达成一致后再进行合同变更。但事实上，工程变更的实施、价格谈判和批准三者之间存在时间上的矛盾性。所以，应特别注意并防止以下情况：

（1）防止承包控制（即拖延）施工进度，等待变更谈判结果，这样不仅延误工期，而且在索赔谈判中将处于被动地位；

（2）工程变更价款的单价尽量采用已有的或是类似的，督促监理单位有效地核实工程量，避免价格谈判中的争执；

（3）注意收集对于承包商索赔时常用的因变更造成返工、停工、窝工、修改计划等引起的损失索赔方面的证据，防止造成索赔费用的虚报、假报。

第四节 监理合同管理

监理合同是指委托方与监理单位就委托的工程项目管理内容签订的明确双方权利、义务的协议。监理工作的委托与被委托实质上是一种商业行为，所以必须以书面合同形式来明确工程服务的内容，以便为发包人和监理单位的共同利益服务。监理合同不仅明确了双方责任和合同履行期间应遵守的各项约定，成为当事人的行为准则，而且可以作为保护任何一方合法权益的依据。

一、监理合同的特点

1. 监理合同的当事人双方应当是具有民事权力能力和民事行为能力、取得法人资格的企事业单位、其他社会组织，个人在法律允许的范围内也可以成为合同当事人。委托方必须是具有国家批准的建设项目，落实投资计划的企事业单位、其他社会组织及个人，作为受托人必须是依法成立具有法人资格的监理企业，并且所承担的工程监理业务应与企业资质等级和业务范围相符合。

2. 监理合同委托的工作内容必须符合工程项目建设程序，遵守有关法律、行政法规。监理合同以对建设工程项目实施控制和管理为主要内容，因此，监理合同必须符合建设工程项目的程序，符合国家和建设行政主管部门颁发的有关建设工程的法律、行政法规、部门规章和各种标准、规范要求。

3. 委托监理合同的标的是服务。建设工程实施阶段所签订的其他合同，如勘察设计合同、施工承包合同、物资采购合同、加工承揽合同的标的物是产生新的物质成果或信息成果，而监理合同的标的是服务，即监理工程师凭据自己的知识、经验、技能受发包人委托为其所签订其他合同的履行实施监督和管理。

二、监理合同管理

目前，各地在推行政府投资项目代建制管理时，对监理单位的管理，各地情况都不一样，有些地方全权委托代建单位对监理单位进行管理，包括对监理招标的组织和监理费的管理，由代建单位与监理单位签订委托监理合同；有的地方规定监理单位的招标和项目实施过程中的管理由代建单位负责，而监理费则由委托方负责管理，委托监理合同由委托方、代建单位、监理单位三方共同签订；有的地方监理招标和监理费均由委托方组织和管理，由委托方直接与监理单位签订委托监理合同。由于在项目代建过程中，代建单位将主要依靠监理单位对项目的投资、工期、质量和安全进行监督管理，这也是我国基本建设项目实行工程监理制度的主要目的。因此，在委托代建合同谈判时，代建单位一定要在合同条款中增加代建单位在项目实施过程中对监理单位的监督和管理的权利，并明确规定在委托方支付监理费时须经代建单位签字确认后方可支付。所以，对监理合同的管理也是代建单位合同管理工作的重要组成部分。

（一）监理单位合同履行管理

监理合同一经生效，代建单位就要监督监理单位严格按合同规定，行使权力，履行应尽义务。

1. 按合同约定，派驻项目总监理工程师，成立项目监理机构。每一个拟监理的工程项目，监理单位都应根据工程项目规模、性质、委托方对监理的要求，按照投标时的承诺，委派称职的人员担任项目的总监理工程师，代表监理单位全面负责该项目的监理工作。总监理工程师对监理单位负责，对外向委托方负责。

在总监理工程师的具体领导下，组建项目的监理机构，并根据签订的监理委托合同，制订监理规划和具体的实施计划，开展监理工作。

2. 制订工程项目监理规划。工程项目的监理规划，是开展项目监理活动的纲领性文件，根据委托方委托监理的要求，在详细研究监理项目有关资料的基础上，结合监理的具体条件编制的开展监理工作的指导性文件。其内容包括：工程概况；监理范围和目标；监理主要措施；监理组织；项目监理工作制度等。

3. 制订各专业监理工作计划或实施细则。在监理规划的指导下，为具体指导投资控制、质量控制、进度控制的进行，还需结合工程项目实际情况，制订相应的实施性计划或细则。

4. 对监理机构人员进行控制。控制的内容包括，对已经批准的总监理工程师人选监理单位不得随意更换；参与监理工作的人员必须是合同批准的人员，并要按时、按量执行监理任务；有权要求监理单位更换不称职人员等。

5. 通过监理机构提供的监理工作月报，监督工程的进展情况和检查监理机构的工作质量，并对不妥之处及时提出处理意见。确有必要时，有权要求监理机构就其监理业务范围内的有关事项提交专项报告。

6. 追加或减小对监理机构的授权范围。标准条件中规定监理机构有权作出决定的内容，但同时也要求其对工期和投资有较大影响的事件作出决定前，须先报代建单位审批。为了保证工程项目建设过程中的协调、监督、管理工作高效有序地进行，可授予总监理工程师独立自主作出决定的一定权限，不必对工期或投资产生某种程度影响的事件作出决定前，事事报代建单位审批。授予总监的权限可根据工程项目的特点，工程进展的实际情况，以及总监的管理水平和能力，随时扩大或减小。在变更授权范围时，均应通知被监理单位。

7. 督促监理单位根据制订的监理工作计划和内部管理制度，规范化地开展监理工作。

8. 监督检查监理单位按照国家有关规范要求和监理合同的要求，做好监理资料的收集、整理、归档工作。

（二）监理合同变更的管理

监理合同中涉及合同变更的条款主要指合同责任期的变更和委托监理工作内容的变更两方面。

1. 合同责任期的变更。签约时注明的合同有效期并不一定就是监理单位的全部合同责任期，如果在监理过程中因工程建设进度推迟或延误而超过约定的日期，监理合同并不能到期终止。当由于委托方和承包方的原因使监理工作受到阻碍，则监理单位应当将此情况与可能产生的影响及时通知委托方，完成监理业务的时间相应延长。

2. 监理工作内容变更。监理合同中约定的正常监理服务工作，监理单位应尽职尽责地完成。合同履行期间由于发生某些客观或人为事件而导致一方或双方不能正常履行其应尽职责时，委托方和监理单位都有权提出变更合同的要求。合同变更的后果一般都会导致合同有效期的延长或提前终止，以及增加监理单位的附加工作或额外工作。

（三）监理合同违约责任与索赔管理

1. 违约责任。合同履行过程中，由于当事人一方的过错，造成合同不能履行或者不能完全履行，由有过错的一方承担违约责任；如属双方的过错，根据实际情况，由双方分别承担各自的违约责任。为保证监理合同规定的各项权利与义务的顺利实现，一般在监理合同中规定了合同相关方行为的条款“委托方责任”，“监理单位责任”。归纳起来有如下几点：

（1）在合同责任期内，如果监理单位未按合同中要求的职责勤恳认真地服务，或委托方违背了对监理单位的责任时，均应向对方承担赔偿责任。

（2）任何一方对另一方负有责任时的赔偿原则是：

①委托方违约应承担违约责任，赔偿监理单位的经济损失。

②因监理单位过失造成经济损失，应向委托方进行赔偿，累计赔偿额不应超出监理酬金总额（除去税金）。

③当一方向另一方的索赔要求不成立时，提出索赔的一方应补偿由此所导致的对方各种费用支出。

2．监理单位的责任限度。由于建设工程监理，是以监理单位向委托方提供技术服务为特性，在服务过程中，监理单位主要凭借自身知识、技术和管理经验，向委托方提供咨询、服务，替委托方管理工程。

同时，在工程项目的建设过程中，会受到多方面因素限制，鉴于上述情况，在责任方面作了如下规定：监理单位在责任期内，如果因过失而造成经济损失，要负监理失职的责任；监理单位不对责任期以外发生的任何事情所引起的损失或损害负责，也不对第三方违反合同规定的质量要求和完工（交图、交货）时限承担责任。

3．对监理单位违约处理的规定。

（1）当代建单位发现从事监理工作的某个人员不能胜任工作或有严重失职行为时，有权要求监理单位将该人员调离监理岗位。监理单位接到通知后，应在合理的时间内调换该工作人员，而且不应让其在该项目上再承担任何监理工作。如果发现监理单位或某些工作人员从被监理单位获取任何贿赂或好处，将构成监理单位严重违约。对于监理单位的严重失职行为或有失职业道德的行为而使委托方受到损害的，委托方有权终止合同关系。

（2）监理单位在责任期内因其过失行为而造成委托方损失的，委托方有权要求给予赔偿。赔偿的计算方法是扣除与该部分监理酬金相适应的赔偿金，但赔偿总额不应超出扣除税金后的监理酬金总额。如果监理单位人员不按合同履行监理职责，或与承包商串通给委托方或工程造成损失的，委托方有权要求监理单位更换监理单位人员，直到终止合同，并要求监理单位承担相应的赔偿责任或连带赔偿责任。

4．因违约终止合同。

（1）委托方因自身应承担责任原因要求终止合同。合同履行过程中，由于发生严重的不可抗力事件、国家政策的调整或委托方无法筹措到后续工程的建设资企等情况，需要暂停或终止合同时，应至少提前56天向监理单位发出通知，此后监理单位应立即安排停止服务，并将开支减至最小。双方通过协商对监理单位受到的实际损失给予合理补偿后，协议终止合同。

（2）委托方因监理单位的违约行为要求终止合同。当委托方认为监理单位无正当理由而又未履行监理义务时，可向监理单位发出指明其未履行义务的通知。若委托方在发出通知后21天内没有收到监理单位的满意答复，可在第一个通知发出后35天内，进一步发出终止合同的通知。委托方的终止合同通知发出后，监理合同即行终止，但不影响合同内约定各方享有的权利和应承担的责任。

（3）监理单位因委托方的违约行为要求终止合同。如果委托方不履行监理合同中约定的义务，则应承担违约责任，赔偿监理单位由此造成的经济损失。标准条件规定，监理单位可在发生如下情况之一时单方面提出终止与委托方的合同关系：

①在合同履行过程中，由于实际情况发生变化而使监理单位被迫暂停监理业务时间超过半年；

②委托方发出通知指示监理单位暂停执行监理业务时间超过半年，而还不能恢复监理业务；

③委托方严重拖欠监理酬金。

5. 争议的解决。因违反或终止合同而引起的对损失或损害的赔偿，委托方与监理单位应协商解决。如协商未能达成一致，可提交主管部门协调。如仍不能达成一致时，根据双方约定提交仲裁机构仲裁或向人民法院起诉。

第五节　物资采购合同管理

建设工程物资采购合同是指买受人（或称买方）与出卖人（或称卖方）为实现建设工程物资买卖而签订的合同。卖方将建设工程物资的所有权转移给买方，买方向卖方支付价款。建设工程物资采购合同又分为材料采购合同和设备采购合同，两者的区别主要是合同标的的性质不同。

一、物资采购合同的特征

建筑材料和设备是建筑工程必不可少的物资，涉及面广、品种多、数量大。材料和设备的费用在工程总投资（或工程承包合同价）中占很大比例，一般都在40%以上。建筑材料和设备按时、按质、按量供应是工程施工顺利地按计划进行的前提。材料和设备的供应必须经过订货、生产（加工）、运输、储存、使用（安装）等各个环节，经历一个非常复杂的过程。建筑材料和设备供应合同是连接生产、流通和使用的纽带，是建设工程合同的主要组成部分之一。

建设工程物资采购合同除具有买卖合同的一般特征外，还具有如下特征：

1. 物资采购合同应依据施工合同订立。施工合同中确立了关于物资采购的协商条款，无论是甲方供应材料和设备，还是承包方供应材料和设备，都应依据施工合同采购物资，根据施工合同的工程量来确定所需物资的数量，根据施工合同的类别来确定所需物资的质量要求。因此，施工合同一般是订立建设工程物资采购合同的依据。

2. 物资采购合同以转移财物和支付价款为基本内容。建设工程物资采购合同内容繁多，条款复杂，涉及物资的数量条款、质量条款、包装条款、运输方式、结算方式等，但最为根本的是双方应尽的义务，即卖方按质、按量、按时地将建设物资的所有权转归买方，买方按时、按量地支付货款，这两项主要义务构成了建设工程物资采购合同的最主要内容。

3. 建设工程物资采购合同的标的品种繁多，供货条件复杂。建设工程物资采购合同的标的是建筑材料和设备，它包括钢材、木材、水泥等建筑材料和其他辅助材料，以及机电成套设备和其他工程设备。这些建设物资的特点在于品种、质量、数量和价格差异较大，有的数量庞大，有的技术要求高，因此，在合同中必须根据建设工程的需要对各种物资逐一明细说明。

4. 建设工程物资采购合同应确保实际履行。物资采购合同是根据施工合同订立的，物资采购合同的执行直接影响到施工合同的履行，因此，建设工程物资采购合同一旦订立，卖方义务一般不能解除，不允许卖方以支付违约金和赔偿金的方式代替合同的履行，除非合同的迟延履行对买方成为不必要。

5. 建设工程物资采购合同应采用书面形式。建设工程物资采购合同的标的物用量大，质量要求复杂，且根据工程进度计划分期分批均衡履行，同时，还涉及售后维修服务工作，所以合同履行周期一般较长，应采用书面形式。

二、物资采购合同的管理

（一）材料采购合同的管理

1. 督促监理单位对材料采购合同及时进行统一编号管理。

2. 监督材料采购合同的订立。材料采购合同符合项目施工合同的描述，指明标的物的质量等级及技术要求，并对采购合同的履行期限进行控制。

3. 督促监理单位严格检查材料采购合同的履行。要对进场材料进行检查和检验，如果认为所检查或检验的材料有缺陷或不符合合同要求，可拒收这些材料，并要求在规定的时间内将材料运出现场；也可指示用合格适用的材料取代原来的材料。

4. 分析合同的执行。应从投资控制、进度控制或质量控制的角度对执行中可能出现的问题和风险进行全面分析，防止由于材料采购合同的执行原因造成施工合同不能全面履行。

（二）设备采购合同的管理

1. 委托承包。由设备成套公司根据发包单位提供的成套设备清单进行承包供应，并收取一定的成套业务费，其费率由双方根据设备供应的时间、供应的难度、是否需要进行技术咨询和开展现场服务的范围等情况商定。

2. 按设备包干。根据发包单位提出的设备清单及双方核定的设备预算总价，由设备成套公司承包供应。

3. 招标投标。发包方对需要的成套设备进行招标，设备成套公司参加投标，按照中标价格承包供应。

除了上述三种方式外，设备成套公司还可以根据项目建设单位的要求以及自身能力，联合科研单位、设计单位、制造厂家和设备安装企业等，对设备进行从工艺、产品设计到现场设备安装、调试总承包。

（三）设备采购合同的内容

1. 督促监理单位对设备采购合同及时编号，统一管理。

2. 提醒使用单位向供方提供设备的详细技术设计资料和施工要求。

3. 应配合使用单位做好设备的计划接运（收）工作，协助驻现场的技术服务组开展工作。

4. 按合同要求参与并监督现场的设备供应、验收等工作。

（1）设备价格。设备合同价格应根据承包方式确定。按设备费包干的方式以及招标方式确定合同价格较为简捷，而按委托承包方式确定合同价格较为复杂。若在签订合同时确定价格有困难，可由供需双方协商暂定价格，并在合同中注明“按供需双方最后商定的价格（或物价部门批准的价格）结算，多退少补”。

（2）设备数量。除列明成套设备名称、套数外，还要明确规定随主机的辅机、附件、易损耗备用品、配件和安装修理工具等，并于合同后附详细清单。

（3）技术标准。除应注明成套设备系统的主要技术性能外，还要在合同后附有关部分设备的主要技术标准和技术性能的文件。

（4）现场服务。供方应派技术人员进行现场服务，并要对现场服务的内容作出明确规定。合同中还要对供方技术人员在现场服务期间的工作条件、生活待遇及费用出处作出明确的规定。

（5）验收和保修。成套设备的安装是一项复杂的系统工程。安装成功后，试车是关键。需方应在项目成套设备安装后才能验收，因此合同中应详细注明成套设备验收办法。对某些必须安装运转后才能发现内在质量缺陷的设备，除另有规定或当事人另行商定提出异议的期限外，一般可在运转之日起6个月内提出异议。

成套设备是否保修、保修期限、费用负担者都应在合同中明确规定，不管设备制造企业是谁，保修都应由设备供应方负责。

5. 组织有关各方进行验收工作，并提出验收报告。

第十三章　项目沟通管理

目前，在工程项目代建管理中，涉及的参加单位和政府有关部门很多，因而形成了非常复杂的、庞大的项目组织体系及关联系统。由于各单位、部门在项目建设中的目标、任务、职责、经济利益以及所处的角度和位置不同，使得各单位、各部门在工程项目实施过程中的利益不可避免会出现相互冲突。而且传统的制度安排已经形成了一种固有的利益格局，目前试行代建制打破了原来的利益格局，涉及利益的重新分配，一些利益相关方难免有抵触情绪，这就使得代建单位与使用单位、施工单位、监理单位、设计单位等各参与单位之间的关系更为复杂，成为各种矛盾与冲突的焦点。因此，作为代建单位如何处理好工程项目代建管理过程中出现的各种矛盾和冲突，与众多参与代建项目建设的单位进行有效的沟通协调，使矛盾的各方成为一个和谐的统一体，使项目组织管理系统结构均衡，确保项目各项目标的顺利实现，成为代建单位在项目代建管理中的一项重要任务。

第一节　沟通的原则、作用及内容

沟通与协调是工程项目代建管理成功的关键之一。做好工程项目代建管理工作，需要代建单位与委托方、使用单位、政府有关部门和项目各参建方建立良好的沟通协调机制和合作关系。代建单位必须熟悉在工程建设的各个阶段，在什么时间，在哪些方面，采用什么样的措施和方法，如何进行有效的沟通和协调工作。沟通与协调在国外项目管理中又称“界面管理”。通俗地讲就是调整疏通方方面面的关系，妥善处理工程项目结合部（界面）上的各种矛盾，取得各方的支持与协作，同心协力完成工程的各项预定目标。沟通与协调应贯穿于工程项目的整个生命周期。

一、沟通的原则

做好沟通与协调工作，不是在沟通协调工作中一味地采取无条件、无原则的妥协谦让，必须坚持一定的原则。

（一）严格按基本建设程序和施工本身的规律办事

沟通协调不仅是搞好“四大控制”（进度、成本、质量、安全）的手段，而且也是代建单位日常工作的重要组成部分。在一定时期，如交叉作业施工阶段，几乎成为搞好“四大控制”的中心任务，但此事决非轻而易举。由于各参与方均有各自的计划和部署，又都有各自的管理程序，更有各自的单位利益，因此站在各自的立场和角度，对出现问题的认识看法，产生分歧是必然的。因此如何才能协调各方的看法，取得共识并在实施中照顾到各方的利益，这是沟通协调工作要解决的核心问题。根据工程项目管理的实践经验，抓程序是沟通协调的关键。建设程序是宏观调控的依据，施工程序是项目沟通协调的依据，也是使沟通协调走向规范化的重要手段。

（二）加强合同管理，坚持一切管理工作以合同为准绳

合同的完善是促进沟通协调工作条理化、法制化的重要环节。沟通协调中发生频率较高的当属经济纠纷，或称经济争议，当然还存在其他争议如施工场地划分的纠纷，地面运输相互干扰的争议，临时建筑的纠纷，质量评定标准的争议，施工交叉的争议等等。由于合同是各环节的经济纽带，因此合同本身的漏洞或缺项是造成纠纷的重要原因。而代建单位的沟通协调主要依据也是合同或协议，为此商签好各类合同，并在施工过程中加强合同管理将是代建单位一项重要任务。

（三）公平、公正、公开的原则

坚持公平、公正、公开，做到办事程序公开透明，不仅是代建单位项目管理人员的素质表现，也是做好沟通协调工作所必需的。在项目代建管理过程中，代建单位必须秉承公平、公正、公开的原则，协调处理施工过程中出现的各种问题和矛盾，为此需要代建单位提出有预见性的沟通协调工作计划，拿出解决各类矛盾的协调方案，并通过建立联系制度，即时解决出现的矛盾和冲突，为工程的顺利施工创造良好的环境条件。

二、沟通的作用及目的

代建项目的沟通管理是一个系统化的过程。沟通管理的目的是要保证对项目信息及时、准确地提取、收集、分发、存储、处理，保证项目组织内外信息的畅通。在代建项目组织内，沟通是自上而下或者自下而上的一种信息传递过程。在这个过程中，关系到代建项目组织团队的目标、功能和组织机构各个方面。同样，与外部的沟通也很重要。而代建项目的沟通管理就使参与代建项目的人员与信息之间建立了联系，成为代建项目各方面管理的纽带，对取得代建项目成功是必不可少的。

要做好代建项目各个阶段的工作，达到预期的标准和效果，就必须在代建项目内部的各部门、部门与部门之间、代建项目与外部之间建立起一种有效的沟通渠道，使各种信息快速、准确、有效地进行传递，从而使各部门、代建项目内外能达到协调一致；使代建项目成员明确各自职责；并通过这种信息传递，找出代建项目管理中存在的一些问题。所以，代建项目的沟通管理，就是为了确保代建项目信息及时准确地提取、收集、分发、存储、处理而采取的一系列管理过程。

（一）沟通的作用

沟通是计划、组织、领导、控制等管理职能有效性的保证，没有良好的沟通，对代建项目的发展以及人际关系的处理、改善都存在着制约，其作用可以总结概括为以下几个方面：

1. 有效的沟通是良好决策的必要前提。项目的决策者要做出正确的决策，就必须有完整、及时、准确的大量信息作为决策依据。沟通不力，信息不畅，阻碍了决策者获取最及时有效的信息，依据滞后的信息做出的决策必然是不符合代建项目实际情况的决策，将可能导致代建项目的失败。而众多变化的信息，通过代建项目内外环境之间的有效沟通，为代建项目决策提供了依据。

2. 有效的沟通对代建项目计划、控制等管理活动的顺利实施极为重要。许多代建项目活动计划的失败或部分完成，都是由于没有有效地传达对代建项目的指导原则而造成的。

3. 沟通对于代建项目组织内部、组织内部与外部之间关系的协调也极为重要。组织内部成员，有必要通过沟通知晓所要实现的目标，并通过沟通处理好内部成员个体之间的关系，形成一个强有力的整体。通过组织内部与组织外部的沟通，协调各自关系，减少矛盾与对立的产生，使代建项目能够顺利实施。

4. 沟通对于接受信息的反馈也很重要。代建项目在实施的过程中，要不断对其工作进程进行评价，将评价信息反馈给管理者。管理者通过收集、过滤、合并、引导信息流以确定适宜的行动。无论对小型组织还是大型项目组织，这一点都是至关重要的。

（二）沟通的目的

通过有效沟通，应达到以下目的：

1. 使代建项目的目标明确，代建项目的参与者对代建项目的总目标达成共识。沟通为总目标服务，以总目标作为群体目标，作为大家的行动指南。沟通的目的就是要化解组织之间的矛盾和争执，使所有参建者在行动上协调一致，共同完成代建项目的总目标。

2. 建立和保持良好的团队精神。沟通使各方面、各种人互相理解，使代建项目组织成员不至于因目标不同而产生矛盾和障碍，从而使各方面的行为一致，减少摩擦、对抗，化解矛盾，建立其良好的团队组织，达到较高的组织效率。

3. 保持代建项目的目标、结构、计划、设计、实施状况的透明性和时效性。代建项目实施过程中出现的问题、困难，通过沟通使成员有信心有准备，并能在第一时间掌握变化，有效提出解决方案，顺利执行新的变动。

4. 体现良好的社会责任形象。推行内外的沟通和交流可以使社会的不同层次都能理解和认同代建单位履行社会责任的业绩，树立代建单位在社会责任方面的形象，更好地改善代建项目的各种管理绩效，全面提高代建单位的整体管理水平。

三、沟通的内容与依据

由于项目组织和项目组织行为的特殊性，使得有效沟通在现代工程项目中变得十分困难，尽管有现代化的通信工具和信息收集、存储和处理工具，减小了沟通技术上和时间上的障碍，使得信息沟通非常方便和快捷，但仍然不能解决人们许多心理的障碍。这主要源于项目沟通的复杂性：现代工程项目规模大，参加单位多，造成项目沟通面大；由于各参加者（如发包人、项目经理、技术人员、承包人等）有不同的利益、动机和兴趣，且有不同的出发点，对项目也有不同的期望和要求，对目标和目的性的认识更不相同，造成行为动机的不一致，要照顾各方面的利益，使各方面都满意，这有很大的难度；由于项目是一次性的，项目组织都是新的成员、新的对象、新的任务，所以项目的组织摩擦就大；人们的社会心理、文化、习惯、专业、语言、伦理、道德对沟通产生影响，特别是国际合作项目中，参加者来自不同的国度，各有不同的社会制度、文化、语言及法律背景，沟通的障碍就由此而生。同时伴随的社会责任的差异程度也是沟通过程中的相关问题。

项目的沟通包括项目内部沟通和项目外部沟通，项目内部沟通包括项目经理部与组织管理层、项目经理部内部的各部门和相关成员之间的沟通与协调；项目外部沟通包括组织与项目相关方进行的沟通与协调。

（一）项目内部沟通

项目内部沟通的依据主要包括项目沟通计划、项目管理目标责任书、规章制度、劳动合同、控制目标和项目管理实施规划。主要通过委派、授权、会议、文件、培训、检查、项目进展报告、思想工作、考核与激励及电子媒体等方式来实现。

1. 项目经理部与组织管理层的沟通。首先，组织管理层应按照组织机构科学、专业结构搭配合理、管理目标和责任明确的原则，组建一支团结、务实、高效、廉洁的代建管理团队，同时委派一名具有一定相关工程管理经验、思想端正、品行良好、具有较好的组织管理和沟通协调能力的项目经理，并制定各项项目管理制度，这是组织管理层与项目经理部进行有效沟通的前提条件；其次，在项目代建管理过程中，组织管理层应对项目进行宏观管理和综合管理，对项目经理部的工作进行指导、监督、检查和服务。

项目经理部作为组织管理层派出的项目现场管理机构，要接受组织管理层的指导、监督、检查和考核，并定期向组织管理层提交项目进展报告，汇报项目的进展情况、工作计划、存在的问题、拟采取的措施以及需要组织管理层协调解决的问题。

2. 项目经理部内部各职能部门及相关人员的沟通。首先，项目经理要根据项目代建管理规划大纲确定项目经理部的管理任务和组织结构，根据项目管理目标责任书进行目标分解与责任划分，确定项目经理部的组织设置；明确人员的职责、分工和权限，制定工作制度、考核制度与奖惩制度；其次，要建立畅通的信息沟通渠道和各方共享的信息工作平台，保证信息准确、及时和有效地传递。

项目经理必须与内部各职能部门建立良好的工作关系，这是项目经理顺利开展各项工作的保证。在项目代建管理过程中，项目经理与各职能部门之间有不同的意见，出现各种矛盾，这是非常正常的。当项目经理与各职能部门之间产生矛盾后，应及时进行沟通交流，一般情况下，切忌将矛盾上交，这样常常更会激化矛盾，使以后的沟通更加困难。

项目经理应通过奖励、表彰、集中办公、召开会议、学习培训等方式营造和谐的团队氛围，统一团队思想，加强集体观念，处理管理冲突，提高项目运作效率。对组织管理层的指令、决策应该及时快速地传达到项目成员和相关职能部门；对项目实施过程中存在和遇到的问题，不掩饰不逃避，让大家了解到真实情况，增强团队的凝聚力；合理分配工作，并能够客观公正的接受反馈意见；在项目组织内部建立公平、公正的考评工作业绩的方法、标准，并定期客观的对成员进行业绩考评，去除不可控制、不可预期的因素。

项目经理应实行民主的工作作风，不独断专行。在项目经理部内放权，让组织成员独立工作，充分发挥他们自己的积极性和创造性，使他们对自己的工作产生一种成就感。项目经理通过自己的品格、热情和工作挑战精神来影响项目成员。

（二）项目外部沟通

项目外部沟通的依据主要包括项目沟通计划、有关合同和合同变更资料、相关法律法规、伦理道德、社会责任和项目具体情况等。主要通过电话、传真、召开会议、联合检查、宣传媒体和项目进展报告等方式实现。

项目经理进行外部沟通时，必须在组织管理层法定代表人的授权范围内实施。项目经理的日常工作很大程度上是在听取各种意见，在各种会议和沟通交流活动中，善于听取各方意见、摄取项目管理所需的各种信息是项目经理必需的能力，要通过外部沟通交流，争取项目各参与方对代建管理工作的理解和支持。

1. 与委托方、使用单位的沟通。在项目代建管理过程中，项目经理要处处站在委托方和使用单位的角度想问题，主动为委托方和使用单位分忧，不超越代建的职能，充分尊重委托方和使用单位，做到工作过程、办事程序公开透明，并主动接受各方监督，这是与委托方和使用单位建立良好沟通的基础。

在项目实施过程中，很多人不希望委托方和使用单位过多的介入项目，这实质上是不可能的。一方面，项目经理无法也无权拒绝委托方和使用单位的干预，另一方面，委托方和使用单位的介入为项目顺利实施也会起到一定的作用。项目经理应定期向委托方和使用单位汇报项目进展情况，主动邀请委托方和使用单位参加项目现场各种例会、协调会、专题会，以使委托方和使用单位全面了解项目的实施情况。在委托方和使用单位进行有关决策时，主动向他们提供信息，让他们了解决策对项目实施的利弊得失和对目标的影响。

2. 与承包商的沟通。通常承包商泛指工程的施工单位、设计单位、供应商。他们有的与代建单位没有直接的合同关系，但他们必须接受项目管理者的领导、组织和协调、监督。

（1）在技术交底以及整个项目实施过程中，项目管理者应该让各承包商理解总目标、阶段目标以及各自的目标、项目的实施方案、各自的工作任务及职责等，并向他们解释清楚，作详细说明，增加项目的透明度；

（2）指导和培训各参加者和基层管理者适应项目工作，向他们解释项目管理程序、沟通渠道与方法。经常对项目目标、合同、计划等进行解释，在发布命令后作出具体说明，有利于有效的消除对抗；

（3）代建单位在观念上应该强调自己是提供服务、帮助，强调各方面利益的一致性和项目的总目标性，因而，即使使用单位将具体的工程项目管理事务委托给代建单位，赋予代建单位很大的权力，但是代建单位不能对承包商随便动用处罚权，当然不得已时除外；

（4）在招标、签订合同、工程施工中应让承包商掌握信息，了解情况，以作出正确的决策；

（5）为了减少对抗、消除争执，取得更好的激励效果，代建单位应该鼓励承包商将项目实施状况的信息、实施结果及实施过程中遇到的困难等向代建单位汇总和集中，寻找和发现对计划、控制有误解，或有对立情绪的承包商，以及可能存在的干扰。各方面了解得越多，沟通的越多，项目中存在的争执就越少。

3. 由于在现行体制下代建单位的法律地位不明确，所以在项目外部沟通中隐藏了很多的不定因素，难度加大。在这种情况下代建单位沟通的方式方法对项目的顺利实施就更为重要。虽然代建单位是项目的管理者，但同时也要树立服务意识，向上服务于委托方和项目使用单位，向下服务于监理单位及承包商。工程管理中在进行某种决定或决策时，事先与相关单位协商沟通很有必要，在达成基本一致意见的前提下，再召开相应的协调会将会事半功倍。

第二节　沟通计划的编制

项目沟通计划是项目整体计划中的一部分，它的作用非常重要，也常常容易被忽视。很多项目中没有完整的沟通计划，导致沟通非常混乱。有的项目沟通也还有效，但完全依靠关系或以前的项目经验，或者说完全靠项目经理个人能力的高低。然而，严格说来，一种高效的体系不应该只在大脑中存在，也不应该仅仅依靠口头传授，落实到规范的计划编制中很有必要。

项目沟通计划是项目管理工作中各组织和人员之间关系能否顺利协调、管理目标能否顺利实现的关键，组织应重视计划和编制工作。项目沟通管理计划应由项目经理组织编制。

一、沟通计划编制的原则

在沟通计划中要确定利害关系者的信息与沟通需求，也就是说谁需要何种信息、何时需要以及如何向他们传递信息。因此，项目的沟通计划要认清利害关系者的信息需求，确定满足这些需求的恰当手段。同时，虽然项目的沟通计划是在项目早期阶段进行的，但在项目的整个过程中都应该对其结果进行定期的检查，并根据需要进行修改，以保证其继续适用性。归纳起来，项目沟通计划编制的原则就是要保证其准确性，做到及时更新。

二、沟通计划编制的依据

项目沟通计划的编制依据主要包括沟通要求、沟通技术、制约与假设因素三个方面。

（一）沟通要求

沟通要求是指项目涉及人信息需求的总和。信息需求包括结合信息类型和格式。信息的类型和格式在信息的数值分析中是必需的。项目资源只有通过信息沟通才能获得扩展。决定项目沟通通常所需要的信息有：

1. 项目组织和项目涉及人责任关系。
2. 涉及项目的纪律，行政部门、专业。
3. 项目所需人员的推算以及应分配的位置。
4. 外部信息需求（例如，同媒体的沟通）。

（二）沟通技术

在项目的基本单位之间来回传递信息，所能使用的技术和方法有时会差异很大。例如从简短的谈话到长期的会议；从简单的书面文件到即时查询的在线进度表和数据库。项目沟通技术的影响因素有：

1. 信息需求的即时性。
2. 技术的有效性。
3. 预期的项目人员配置。
4. 项目工期的长短。

（三）制约与假设因素

1. 制约因素。制约因素是限制项目经理做出选择的因素。例如，如果需要大量地采购项目资源，那么处理合同的信息就需要更多考虑。当项目按照合同执行时，特定的合同条款也会影响沟通计划。

2. 假设因素。对计划中的目的来说，假设因素是被认为真实的确定的因素。假设通常包含一定程度的风险。

三、沟通计划编制的内容

项目沟通计划应该包括以下主要内容：

1. 信息沟通的方式。主要说明在项目的不同实施阶段，针对不同的项目相关组织及不同的沟通要求，拟采用的信息沟通方式和沟通渠道。即说明信息（包括状态报告、数据、进度计划、技术文件等）流向何人、将采用什么方法（包括口头、书面报告、会议等）分发不同类别的信息。

2．信息收集归档格式。用于详细说明收集和存储不同类别信息的方法。应包括对先前收集和分发材料、信息的更新和纠正。

3．信息的发布和使用权限。

4．发布信息说明。包括格式、内容、详细程度以及应采用的准则和定义。

5．信息发布时间。即用于说明每一类沟通将发生的时间，确定提供信息更新依据或修改程序，以及确定在每一类沟通之前应该提供的现时信息。

6．更新修改沟通管理计划的方法。

7．约束条件和假设。

第三节　沟通的程序、方式与渠道

一、沟通的程序

一般来讲，项目沟通应遵循以下程序：

1．根据项目的实际需要，预见可能出现的矛盾和问题，制定沟通与协调计划，明确原则、内容、对象、方式、途径、手段和所要达到的目标。

2．针对不同阶段出现的矛盾和问题，调整沟通计划。

3．运用计算机信息处理技术，进行项目信息收集、汇总、处理、传输与应用，进行信息沟通与协调，形成档案资料。

项目沟通的基本流程如图 13-1 所示。

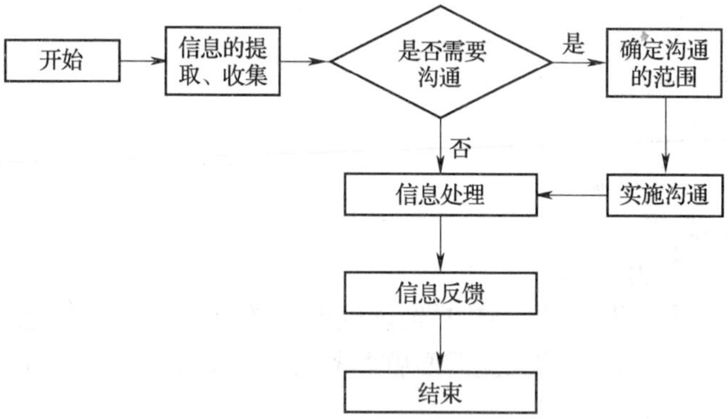

图 13-1　项目沟通基本流程图

二、沟通的方式

项目沟通的方式可以分为正式沟通和非正式沟通；上行沟通和下行沟通和平行沟通；单向沟通与双向沟通；书面沟通和口头沟通；言语沟通和体语沟通等类型。

（一）正式沟通与非正式沟通

1. 正式沟通是通过项目组织明文规定的渠道进行信息传递和交流的方式，如组织规定的汇报制度、例会制度、报告制度及组织与其他组织的公函来往。它的优点是沟通效果好，有较强的约束力；缺点是沟通速度慢。

2. 非正式沟通是指在正式沟通渠道之外的信息传递和交流，如员工之间的私下交谈、小道消息等。这种沟通的优点是沟通方便，沟通速度快，且能提供一些正式沟通中难以获得的信息；缺点是容易失真。

（二）上行沟通、下行沟通和平行沟通

1. 上行沟通。上行沟通是指下级的意见向上级反映，即自下而上的沟通，有层层传递和越级反映两种形式。

2. 下行沟通。下行沟通是指领导者对员工进行的自上而下的信息沟通。

3. 平行沟通。平行沟通是指组织中各平行部门之间的信息交流。在项目实施过程中，经常可以看到各部门之间发生矛盾和冲突，除其他因素外，部门之间互不通气是重要原因之一。保证平行部门之间沟通渠道畅通，是减少部门之间冲突的一项重要措施。

（三）单向沟通与双向沟通

1. 单向沟通。单向沟通是指一方只是发送信息，另一方只是接收信息，信息是单向传递的，这种方式信息传递速度快，但准确性较差，有时还容易使接受者产生抗拒心理。

2. 双向沟通。双向沟通是指发送者和接收者两者之间的位置不断交换，且发送者是以协商和讨论的姿态面对接收者，信息发出以后还需及时听取反馈意见，必要时双方可进行多次重复商谈，直到双方共同明确和满意为止，如交谈、协商等。其特点是沟通信息准确性较高，接受者有反馈意见的机会，产生平等感和参与感，增加自信心和责任心，有助于建立双方的感情。

（四）书面沟通和口头沟通

1. 书面沟通。书面沟通大多用来进行通知，确认和要求等活动，一般在描述清楚事情的前提下尽可能简洁，以免增加负担而流于形式。书面沟通一般在以下情况使用：项目团队中使用的内部备忘录，或者对客户和非公司成员使用报告的方式，如正式的项目报告、年报、非正式的个人记录、报事贴。

2. 口头沟通。口头通知包括会议、评审、私人接触、自由讨论等。这一方式简单有效，更容易被大多数人接受，但是不像书面形式那样“白纸黑字”留下记录，因此不适用于类似确认这样的沟通。口头沟通过程中应该明白、明确，避免由于文化背景、民族差异、用词表达等因素造成理解上的差异，这是特别需要注意的。沟通的双方一定不能带有想当然或含糊的心态，不理解的内容一定要表达出来，以求对方的进一步解释，直到达成共识。

（五）言语沟通和体语沟通

言语沟通是指用有言语的形式进行沟通。体语沟通是指用形体语言进行沟通。像手势、图形演示、视频会议都可以用来作为体语沟通方式。它的优点是摆脱了口头表达的枯燥，在视觉上把信息传递给接受者，更容易理解。

三、沟通的渠道

沟通渠道是指项目成员为解决某个问题和协调某一方面的矛盾而在明确规定的系统内部进行沟通协调工作时，所选择和组建的信息沟通网络。沟通渠道分为正式沟通渠道和非正式沟通渠道两种。每一种沟通渠道都包含多种沟通模式。

（一）正式沟通渠道

在信息的传递过程中，信息并非由发出信息的人直接传递给所需要这个信息的人，中间要经过一些人或组织的转达。这就形成了沟通渠道和沟通网络的问题。

对于正式的沟通渠道，通常存在链式、轮式、环式、Y 式、全通道式 5 种模式，如图 13-2 所示。

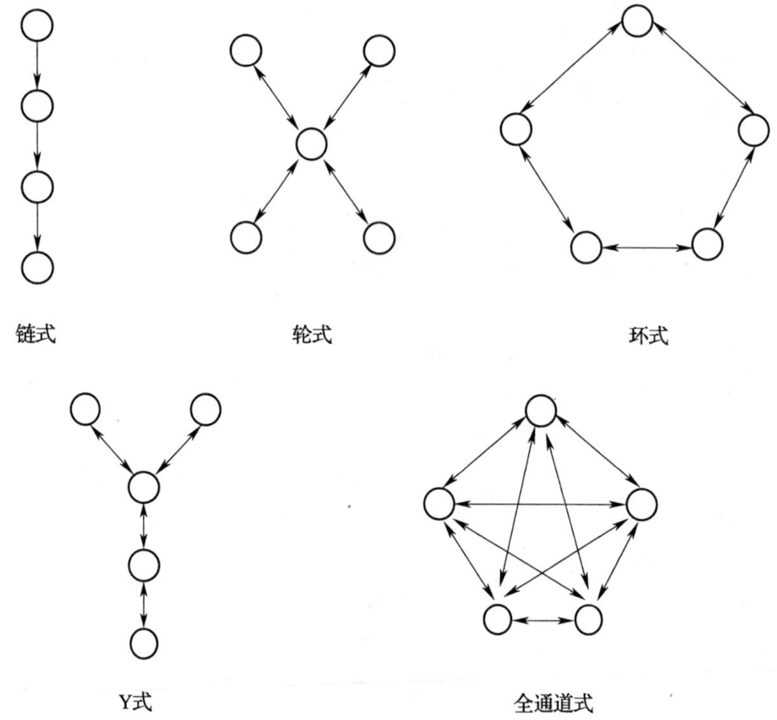

图 13-2　正式沟通渠道

图 13-2 中，每一个圆圈看成是一个成员或者组织的同等物，箭头表示信息传递方向。

1．链式沟通渠道。在链式网络种，信息按照高低层次逐级传递，信息可以自上而下或者自下而上进行交流。在这个模式中，居于两端的传递者只能与里面的每一个传递者相联系，居中的则可以分别与上下互通信息。各个信息传递者所接受的信息差异较大。该模式的优点是信息传递速度快，适用于项目组织庞大、实行分层授权控制的项目信息传递及沟通。

2．轮式沟通渠道。在轮式沟通模式中，重要的主管部门分别与下属部门发生沟通，成为个别信息的汇集点和传递中心。在这种模式中，只有位于主管位置的人员或组织才能全面了解情况，并由其向下属发出指令，而下级部门之间没有沟通联系，分别只掌握了本部门的情况。该沟通模式是加强控制、争时间、抢速度的一个有效方法和沟通模式。

3. 环式沟通渠道。信息通过不同成员之间依次联络沟通，有助于形成团队，提高成员士气，使大家都满意。

4. Y 式沟通模式。在该模式中，项目其中一个成员或组织位于沟通活动的中心，成为中间媒介与中间环节。

5. 全通道式沟通模式。该模式是一个开放的信息沟通系统，其中每一个成员之间都有一定的联系，彼此了解。通常适用于民主、合作精神强的组织中。

（二）非正式沟通渠道

在沟通当中，除了有正式沟通渠道，还有非正式沟通渠道。一部分信息是通过非正式沟通渠道进行传播的，也就是通常所说的小道消息。对于非正式的沟通渠道，即小道消息的传播，通常也有四种传播方式：单线式、流言式、偶然式和集束式，如图 13-3 所示。

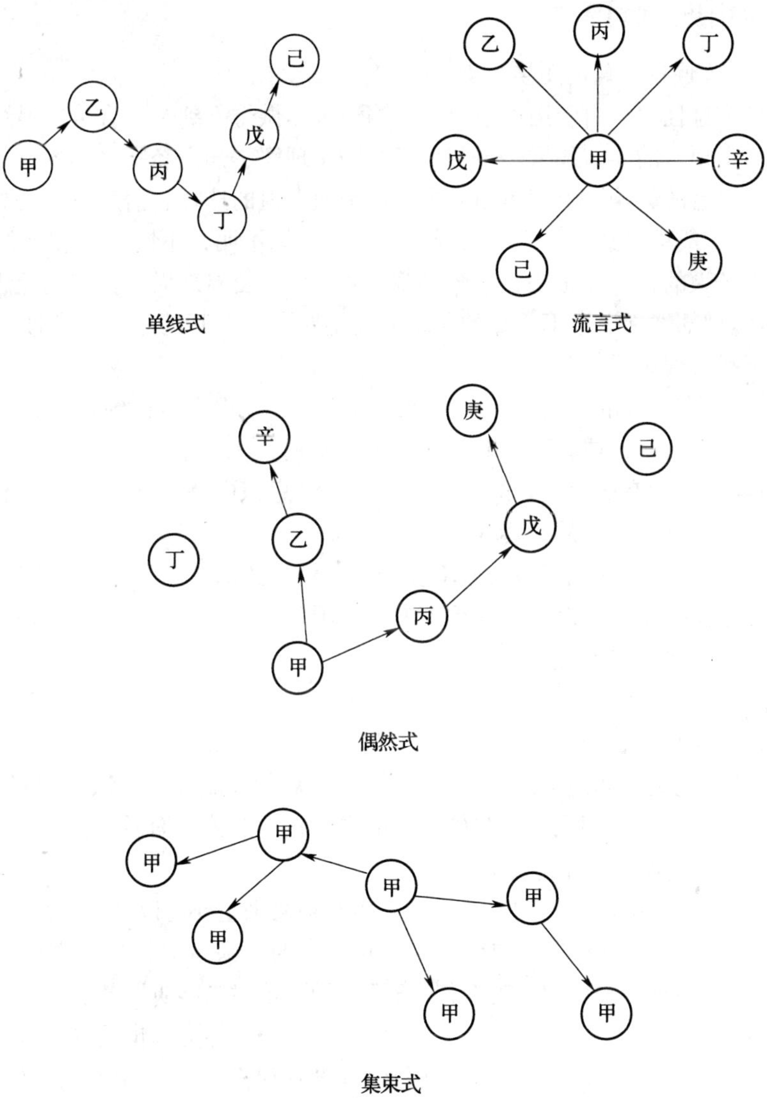

图 13-3　非正式沟通渠道

1. 单线式。消息甲通过一连串的人传播给最终的接受者。

2. 流言式。又称为闲谈传播式，是由一个人（如甲）主动地把小道消息传播给其他人，例如在小组会上传播小道消息。

3. 偶然式。又称机遇传播式。消息由甲按照偶然的机会传播给他人，他人又按照偶然的机会传播给另外的人，并没有固定的路线。

4. 集束式。又称为群集传播式。信息由甲有选择地告诉相关的人，相关的人也按照此方式进行信息的传播，这种沟通方式最为普遍。

第四节　沟通中的障碍与冲突管理

一、沟通中的障碍管理

（一）项目沟通中障碍的主要方面

在项目实施过程中，由于沟通不力或者沟通工作做得不到位，常常使得组织工作出现混乱，影响整个项目的实施效果。主要是存在语义理解、知识经验水平的限制、心理因素的影响、伦理道德的影响、组织结构的影响、沟通渠道的选择、信息量过大等的障碍。

1. 项目组织或项目经理部中出现混乱，总体目标不明，不同部门和单位兴趣与目标不同，各人有各人的打算和做法，甚至尖锐对立，而项目经理无法调解或无法解释。

2. 项目经理部经常讨论不重要的非事务性主题，所召开的会议常常被一些职能部门领导打断、干扰或偏离了主题。

3. 信息未能在正确的时间内，以正确的内容和详细程度传达到正确的位置，人们抱怨信息不够，或者太多，或者不及时，或者不得要领。

4. 项目经理中没有产生应有的争执，但是在潜意识中是存在的，人们不敢或者不习惯将争执提出来公开讨论，从而转入地下。

5. 项目经理部中存在或者散布着不安全、气愤、绝望、不信任等气氛，特别是在项目遇到危机、上层系统准备对项目做重大变更、项目可能不再进行、对项目组织做调整或项目即将结束时更加明显和突出。

6. 实施中出现混乱，人们对合同、指令、责任书理解不一或者不能理解，特别是在国际工程及国际合作项目中，有因不同语言的翻译造成理解的混乱。

7. 项目得不到组织职能部门的支持，无法获得资源和管理服务，项目经理花大量的时间和精力周旋于职能部门之间，与外界不能进行正常的信息沟通。

（二）项目沟通障碍的分析及处理

1. 沟通障碍产生的原因。沟通障碍的产生归纳起来主要有以下几方面原因：

（1）项目开始时或当某些参加者介入项目组织时，缺少对目标、责任、组织规则和过程统一的认识和理解。在项目制定计划方案、做决策时未能听取基层实施者的意见，项目经理自认为经验丰富，武断决策，不了解实施者的具体能力和情况等，致使计划不符合实际。在制定计划时以及制定计划后，项目经理没有和相关职能部门进行必要的沟通，就指令技术人员执行。

此外项目经理与使用单位之间缺乏了解，对目标和项目任务有不完整的甚至无效的理解。

项目前期沟通太少，例如在招标阶段给承包商编制投标文件的时间太短。

（2）目标之间存在矛盾或表达上有矛盾，而各参加者又从自己的利益出发解释，导致混乱。代建单位没能及时作出统一解释，使目标透明。

项目存在许多投资者，他们进行非程序干预，形成实质上的多头管理状况。

参加者来自不同的专业领域、不同的部门、有不同的习惯、不同的概念和理解，而在项目初期没有统一解释文本。

（3）缺乏对项目组织成员工作进行明确的结构划分和定义，人们不清楚他们的职责范围，项目经理部内部工作含混不清，职责冲突，缺乏授权。

（4）管理信息系统设计功能不全，信息渠道、信息处理有故障，没有按层次、分级、分专业进行信息化优化和浓缩。

（5）项目经理的领导风格和项目组织的运行风气不正；项目经理独裁，不允许提出不同意见和批评，内部言路堵塞；由于信息封锁，信息不畅，上层或职能部门人员故弄玄虚或存在幕后问题；项目经理部中有强烈的人际关系冲突，项目经理和职能经理之间互不信任，互不接受；不愿意向上司汇报坏消息，不愿意听那些与自己事先形成的观点不同的意见，采用封锁的办法处理争执和问题，相信问题都会自行解决；项目成员兴趣转移，不愿承担义务；将项目管理者看做是办公室的工作，做计划和决策仅依靠报表和数据，不注重与实施者直接面对面的沟通；经常以领导者的居高临下的姿态出现在成员面前，不愿多作说明和解释，习惯强迫命令，对承包商常常动用合同处罚或者以合同处罚相威胁。

（6）召开的沟通协调会议主题不明，项目经理权威性不强，或不能正确引导；与会者不守纪律，使正式的沟通会议成为聊天会议；有些职能部门领导过强或个性放纵，存在不守纪律、没有组织观念的现象，甚至拒绝任何批评和干预，而项目经理无力指责和干预。

（7）有人滥用分权和计划的灵活性原则，下层单位或子项目随便扩大它的自由处置权，过于注重发挥自己的创造性，这些违背或不符合总体目标，并与其他同级部门造成摩擦，与上级领导产生权力争执。

（8）使用矩阵式组织，但人们并没有从直线式组织的运作方式上转变过来。由于组织运作规则设计得不好，项目经理与组织职能经理的权力、责任界限不明确。一个新的项目经理要很长时间才能被企业、管理部门和项目组织接受和认可。

（9）项目经理缺乏管理技能、技术判断力或缺少与项目相应的经验，没有威信。

（10）发包人或组织经理不断改变项目的范围、目标、资源条件和项目的优先等级。

2. 对沟通障碍的处理。对于沟通障碍，沟通中可以采用下述方法：

（1）应重视双向沟通方法，尽量利用多种沟通渠道、正确运用文字语言等。

（2）信息沟通后必须同时设法取得反馈，以弄清沟通双方是否已经了解，是否愿意遵循并采取相应的行动等。

（3）项目经理部应当自觉以法律、法规和社会公德约束自身行为，在出现矛盾和问题时，首先应取得政府部门的支持、社会各界的理解，按程序沟通解决；必要时借助社会中介组织的力量，调解矛盾、解决问题。

（4）为了消除沟通障碍，应该熟悉各种沟通方式的特点，以便在进行沟通时能够采用恰当的方式进行交流。

二、沟通中的冲突管理

（一）冲突的产生与发展

在所有的项目中都存在冲突，冲突是项目组织的必然产物。冲突就是两个或两个以上的项目决策者在某个问题上的纠纷。

对待冲突，不同的人有不同的观念。传统的观点认为，冲突是不好的，害怕冲突，力争避免冲突。现代的观点认为，冲突是不可避免的，只要存在需要决策的地方，就存在冲突。冲突本身并不可怕，可怕的是对冲突处理方式的不当将会引发更大的矛盾，甚至可能造成混乱，影响或危及组织的发展。

1. 冲突的产生原因。冲突的产生有几个重要的来源，认清这几个重要因素，正确处理，尽可能在不影响项目计划之前化解冲突。

（1）人力资源。由于项目团队中的成员来自不同的职能部门，关于用人问题，会产生冲突；当人员支配权在职能部门领导手中时，双方会在如何合理分配成员任务上产生矛盾。

（2）成本费用。项目经理分配给各个职能部门的资金总被认为是不够的，因而在成本费用如何分配上产生冲突。

（3）技术冲突。在面向技术的项目中，在技术质量、技术性能要求、技术权衡以及实现性能的手段上都会发生冲突。

（4）管理程序。许多冲突来源于项目应如何管理，也就是项目经理的报告关系定义、责任定义、界面关系、项目工作范围、运行要求、实施的计划、与其他组织的协商工作。

（5）项目优先权。项目参加者经常对实现项目目标应该执行的工作活动和任务的次序关系有不同的看法。优先权冲突不仅仅发生在项目组织与其他职能部门之间，在项目组织内部也会发生。

（6）项目进度的冲突。围绕项目工作任务的时间确定次序安排和进度计划会产生冲突。

（7）项目成员个性。对于不同的人，有不同的价值观、判断事物的标准等，因而常常在项目团队中存在“以自我为中心”的思想，造成了项目组织中的冲突。

2. 冲突的发展过程。冲突是一个能动的、互相影响的过程，其发展过程通常有一定的规律可循，一般包括潜伏、被认知、被感觉、出现及结局五个阶段。

在第一阶段中，不存在公然的冲突，只是产生了冲突的条件，使冲突成为可能；第二阶段是冲突的被认知阶段，在这个阶段中，冲突各方开始注意到对冲突问题的争议；第三阶段冲突被感知，当一个或更多的当事人对存在的差异有情绪上的反应时，冲突就达到了被感觉的阶段；第四个阶段是冲突的出现，在这个阶段，冲突由认识上的发觉转化为行动。冲突的当事人选择对冲突进行处理；第五阶段形成了冲突的局面。通过分析冲突可能出现的结局可以为决策提供正确的信息。

（二）冲突管理中常用的处理方法

当冲突产生并有可能造成项目组织混乱、无序或分裂时，项目经理需要采取措施削弱和解决冲突，一般可考虑以下处理方法：

1. 回避和冷处理。项目经理对所有的冲突不应一概而论。当冲突微不足道、不值得花费大量时间和精力去解决时，回避是一种巧妙而有效的策略。通过回避琐碎的冲突，项目经理可以提高整体的管理效率。尤其当冲突各方情绪过于激动，需要时间使他们恢复平静时，或者立即采取行动所带来的负面效果可能超过解决冲突所获得的利益时，采取冷处理是一种明智的策略。总之，项目经理应该审慎地选择所要解决的冲突，不能天真地认为优秀的管理者就必须介入到每一个冲突中。

2. 强调共同的战略目标。共同的战略目标的作用在于使冲突各方感到使命感和向心力，意识到任何一方单凭自己的资源和力量无法实现目标，只有在全体参与方通力协作下才能取得成功。需要使各参与方意识到要从项目整体高度看待问题，而不是从各单位、甚至个人的角度。在这种情况下，冲突各方可能为这个共同的战略目标相互谦让或做出牺牲，避免冲突的发生。

3. 制度的建立和执行。制度的存在虽然让许多人觉得受到约束，但它是一条警戒线，足以规范各参与方的作为。因此通过制定一套切实可行的制度并将各参与方成员的行为纳入到制度的规范范围，靠法治而不是人治来回避和降低冲突。

4. 各方的妥协。所谓妥协就是在彼此之间的看法、观点的交集基础上，建立共识，彼此都做出一定的让步，达到各方都有所赢、有所输的目的。当冲突双方势均力敌或焦点问题纷繁复杂时，妥协是避免冲突，达成一致的有效策略。

5. 强制执行。这是同妥协相对立的解决方式，当项目经理需要对重大事件做出迅速的处理时，或者需要采取不同寻常的行动而无法顾及其他因素时，以牺牲某些利益来保证决策效率也是解决冲突的途径之一。

6. 正视。直接面对冲突是克服分歧，解决冲突的有效途径，通过这种方法，各参与方成员直接正视问题、正视冲突，要求得到一种明确的结局，这种方法既重视问题的解决，也重视各参与方之间的关系，暴露冲突和分歧，才能寻求最好的、最全面的解决方案。在这种方式下，各参与方之间关系是开放的、真诚的、友善的。

第十四章　项目风险管理

第一节　项目风险与管理

一、有关风险的基本概念

（一）风险的定义

风险（Risk）是指损失发生的不确定性，它是不利事件或损失发生的概率及其后果的函数，用数学公式表示为：R = f（P，C），其中 R 表示风险，P 表示不利事件发生的概率，C 表示该事件发生的后果。

用文字表述为：风险是人们因对未来行为的决策及客观条件的不确定性而可能引起的后果与预定目标发生多种负偏离的综合。

（二）风险因素

是指能够引起或增加风险事件发生的机会或影响损失的严重程度的因素，是造成损失的内在或间接原因。风险因素包括实质性风险因素、道德风险因素和心理风险因素等。

（三）风险事件

又称为风险事故，是指直接导致损失发生的偶发事件。

二、工程项目风险

工程项目的目标、设计和计划都是基于对将来情况（政治、经济、社会、自然等）预测基础上的，基于正常的、理想的技术、管理和组织条件之上的。而在项目实施过程中，这些因素都可能发生变化，在各个方面都存在不确定性。这些变化会使得原定的计划、方案受到干扰，使原定的目标不能实现。这些事先不能确定的内部和外部的干扰因素，称之为项目中的风险。

（一）工程项目风险的类型和特点

1. 项目风险的类型。根据不同的需要，从不同的角度，按不同的标准，可以对风险进行不同的分类。其目的在于理论上便于研究，实务上便于根据不同类别的风险采取不同的管理策略。

按风险的潜在损失形态可将风险分为财产风险、人身风险和责任风险；按风险事故的后果可将风险分为纯粹风险和投机风险；按风险产生的原因可将风险分为静态风险和动态风险；按风险波及的范围可将风险分为特定风险和基本风险；按损失产生的原因可将风险分为自然风险和人为风险；按风险作用的对象可将风险分为微观风险和宏观风险；按风险能否处理可将风险分为可管理风险和不可管理风险。

（1）按照产生风险原因的性质可划分成以下几类：

①政治风险：指工程项目所在地的政治背景与变化可能带来的风险。稳定的政治环境，会对工程建设产生有利的影响；反之，将会给各市场主体带来顾虑和阻力，加大工程

建设的风险；

②经济风险：指国家和社会一些大的经济因素的变化带来的风险，如通货膨胀带来的材料价格和人工费的大幅度上涨，国家或地区有关政策法规如税收保险等变化而引起的额外费用；

③自然风险：指自然因素带来的风险，如工程项目实施过程中出现超标准洪水、暴雨、地震、飓风等；

④技术风险：指一些技术条件的不确定性可能带来的风险，如勘察资料未能全面正确反映或解释工程的地质情况，采用新技术、设计文件、技术规范的失误等；

⑤商务风险：指合同条款中有关经济方面的条款及约定可能带来的风险，如支付、工程变更、风险分配、担保、违约责任等方面的条款；

⑥信用风险：指合同一方的业务能力、管理能力、财务能力等有缺陷或者没有圆满履行合同而给另一方带来的风险；

⑦其他风险：如工程项目所在地公众的习俗和对工程项目的态度，当地运输和生活供应条件等，都可能带来一定的风险。

（2）按风险事故的后果划分：

①纯风险：纯风险是指只造成损失而不会带来收益的风险；它的后果只有两种：损失或无损失，无论是哪种后果都不会带来收益；

②投机风险：投机风险是指那些既存在造成损失的可能性，也存在获得收益的可能性的风险；其后果有造成损失、无损失和收益三种结果，也就是说存在三种不确定状态。例如，某项工程项目中标后，其实施后可能会造成亏本、保本和盈利三种结果。

另外，纯风险和投机风险的区别还在于：在相同条件下，纯风险一般可能重复出现，因而人们可以更成功的预测其发生的概率，从而相对更容易采取防范措施。而投机风险重复出现的概率相对较小，因而预测其发生的概率的准确性相对较差。

2. 工程项目风险的特点。工程建设项目具有投资规模大、实施周期长、不确定性因素多、经济风险和技术风险大、对生态环境的潜在影响严重、在国民经济和社会发展中占有重要战略地位等特征。

随着科技的飞速发展和人们生活节奏的不断加快，社会环境瞬息万变，各工程项目所涉及的不确定因素日益增多，面临的风险也越来越多，风险所致损失规模也越来越大，这些都促使科研人员和实际管理人员从理论上和实践上重视对工程项目的风险管理。

工程项目从立项到完成后运行的整个生命周期中都必须重视对风险的管理，建筑工程项目的风险具有如下特点：

（1）客观性和普遍性。作为损失发生的不确定性，风险是不以人们的意志为转移并超越人们主观意识的客观实在，而且在项目建设的全寿命周期内，风险是无处不在、无时没有的。这些说明为什么虽然人类一直希望认识和控制风险，但直到现在也只能在有限的空间和时间内改变风险存在和发生的条件，降低其发生的频率，减少损失程度，而不能也不可能完全消除风险。工程项目实施过程中的自然界的各种突变，社会生活的各种矛盾都是客观存在的，不以人的意志为转移的。

（2）不确定性。指工程项目的风险活动或事件的发生及其后果都具有不确定性。一方面，不可能准确地预测风险的发生，另一方面，风险的不确定性并不代表风险就完全不可预测。某一具体风险发生的偶然性和大量风险发生的必然性。任一具体风险的发生都是诸多风险因素和其他因素共同作的结果，是一种随机现象。个别风险事故的发生是偶然的、杂乱无章的，但对大量风险事故资料的观察和统计分析，发现其呈现出明显的运动规律，这就使人们有可能用概率统计方法及其他现代风险分析方法去计算风险发生的概率和损失程度，同时也导致风险管理的迅猛发展。

（3）可变性。工程项目的可变性主要表现在风险性质的变化、后果的变化，出现新的风险或风险因素已消除。

（4）相对性。是指工程项目风险主体的相对性和风险大小的相对性。

（5）阶段性。工程项目风险阶段性包括在风险阶段、风险发生阶段和造成后果阶段具有明显的时段性特点。

（二）工程项目风险产生的原因

1. 工程建设项目的特点是规模大、技术新颖、结构复杂、技术标准和质量标准要求高、持续时间长、与环境接口复杂，导致实施和管理的难度增加。

2. 工程的参加单位和协作单位多，即使一个简单的工程也涉及委托方、使用单位、总包、分包、设备供应商、材料供应商、设计单位、监理单位、政府有关职能部门等。各方面责任界线的划分，权利和义务的定义异常复杂，产生矛盾的可能性加大，沟通协调的难度增加。

3. 由于工程实施时间长，涉及面广，受环境的影响大，如经济条件、社会条件、法律和自然条件的变化等。这些因素常常难以预测，不能控制，但都会妨碍正常实施，造成损失。

4. 现代建设项目科技含量高，是研究、开发、建设、运行的结合，而不仅仅是传统意义上的建筑工程。要求设计、供应、施工运营一体化。

5. 由于市场竞争激烈和技术更新速度加快，加之国有建筑企业改革，私营企业越来越多进入建筑市场，大量农民工成为建筑行业的主要生产者，使工程建设的质量控制和安全管理难度大大增加。

6. 新的融资方式、承包方式和管理模式不断出现，使工程项目的组织关系、合同关系实施和运行程序越来越复杂。

7. 项目所需资金、施工单位、技术、设备、咨询服务的国际化，如国际工程承包、国际投资和合作，增加了项目的风险。

8. 项目管理必须服从企业战略，满足用户和相关者的需求。现在投资者、使用单位、社会各方对工程项目的期望、要求和干预越来越多。

三、代建风险的来源

除了一般工程建设项目的风险以外，由于项目代建制度推行时间短，目前尚处于试点阶段，从国家到地方均存在法律法规不健全、代建单位法律地位不明确的问题，加之各级行政管理部门和建设单位（使用人）、监理单位、施工单位对代建制这一新生事物不了解，部分建设单位甚至对项目代建有抵触情绪，因此使项目代建工作增加很大难度，这也是项目代建风险产生的主要原因之一。

（一）法律法规不健全

到目前为止，从国家的层面上还没有制定有关代建项目的管理办法，各省、自治区、直辖市均只出台了一些代建暂行（试行）管理规定和管理办法。由于工程建设从立项到竣工涉及政府行政管理部门众多，参建单位各异，在项目具体执行过程中没有相应的法律制度保障，将会给代建工作带来很大的风险。

（二）代建单位实际法律地位不明确

从目前全国各地已经出台的有关政府投资项目代建制管理办法或规定中，归纳总结出代建单位在项目实施阶段具有以下地位：

1. 代建单位在项目的建设中与项目委托人和项目使用人是合同关系，即是一方独立的责任主体。

2. 代建单位在工程建设期间代理建设单位的职责，行使项目管理的职能。

但在项目执行中，代建单位并不能完全取代建设单位的地位。如在办理工程建设的有关手续时，有关政府部门并不认同代建单位的地位，仍然要求以建设单位的名义办理手续。这就造成在项目建设过程中，由于主体不明确，产生扯皮现象，从而影响工程建设进度。再如，在工程竣工验收后的资料向政府有关部门报送存档时，也会发生建设主体不明确的困难。

同时，在项目实施阶段对代建单位的权利制约较强。有些地方的代建制管理办法或委托代建合同中，对代建单位在工程实体建造过程中关于工程变更的处理权限做出限制性规定。比如《广西壮族自治区政府投资非经营性建设项目代建制管理办法（试行）》中明确规定：建设实施代建单位应按照批准的项目建设规模、建设内容、建设标准和概算投资，组织施工管理，控制项目预算，确保工程质量，按期交付使用。严禁在施工过程中利用施工洽商或者补签其他协议随意变更建设规模、建设标准、建设内容和总投资额。确因技术、水文、地质等原因必须进行设计变更的，由建设实施代建单位提出，经设计、监理和使用单位同意后，报自治区发改委及相关部门审批。

事实上，代建单位在工程建设的实际执行过程中，在要求代建单位以初步设计概算为投资控制目标的前提下，不同的建设项目依据委托代建合同的约定，对变更有不同的处理办法。如有的项目代建单位只负责建安工程费，在这种情况下，只能按图施工。还有的项目代建单位除负责建安工程费外，还负责管理预备费，在这种情况下，委托代建合同往往约定，发生变更时，对某一限额以上的变更费用，应报委托方批准，在此金额以下的变更，要求备案。但如果每一项变更、洽商均报有关部门审批，则势必严重影响工程进度，给参建各方造成损失。但对于不实行代建的工程项目，则建设单位（在代建项目中为使用单位）在管理工程建设时，并没有受到如此约束。实际上建设单位在工程实体建造过程中，即使在总投资固定的情况下，也仍然可以任意调整建设内容、建设标准。

（三）代建单位的责权利不匹配

由于在项目的具体执行中，代建单位一方面要承担管理承包的经济责任，面临无上限的经济处罚的巨大风险，另一方面又不允许代建单位在同一个项目上承担勘察、设计、监理、施工、材料设备供应等工作。因此，实际上代建单位与真正的建设单位比较，缺少了甲供设备、材料的权利，与工程总承包比较更缺少了勘察、设计、施工的权利，但同时在承担经济责任方面，与真正的建设单位比较，增加了巨大的经济处罚风险，与工程总承包比较，对施工承包的处罚上限是2%，而对代建单位的处罚没有上限。在工程项目建设的实践中，代建单位既没有真正建设单位的权威性，没有有效控制设计、监理、施工单位的手段，也没有自行组织设计、监理、施工的权利，处于两难的境地。

（四）来自行政管理方面的风险

目前有相当一部分地方政府的有关部门对代建制存在不理解，不支持的现象，特别是由于部门利益的影响，在代建单位办理有关手续、招标、建设资金拨付等方面存在推延、刁难的现象，这将直接影响工程建设的进展和资金控制，增加代建管理的不确定性。

（五）代建合同方面的风险

这也是代建单位的主要风险之一。由于目前绝大部分委托代建合同均对代建单位提出了苛刻的要求，如要求单方面提供履约保函、对代建单位的过失处罚没有上限等，因此代建单位的合同风险是非常大的。

（六）资金控制方面的风险

由于许多代建项目在设计阶段没有代建单位的参与，而委托代建合同均约定代建单位的造价控制以初步设计概算为基准。因此作为代建单位对初步设计概算的合理性无法确认，在这种情况下，要将工程造价控制在初步设计概算内是存在很大风险的。

（七）进度控制方面的风险

实践中许多代建项目都是当地政府的重点工程、庆典工程、形象工程、民心工程，因此政府对工程的进度要求非常严格，但同时对于建设工期是否合理作为代建单位无法控制。而委托代建合同又约定对于工期的延误代建单位要承担责任，对代建单位要进行处罚，且处罚同样没有上限。在这种情况下，要将工期控制在委托代建合同约定的时间内是存在很大风险的。

四、风险管理

（一）风险管理的概念

风险是客观存在的，不以人的意志为转移，因此，风险管理是必不可少的。所谓风险管理是指对可能遇到的风险进行预测、识别、分析，并在此基础上有效地处置风险，以最低成本实现最大安全保障的科学管理方法。工程项目的风险管理就是对工程项目中的风险进行管理，以降低工程项目中风险发生的可能性，减轻或消除风险的影响，用最低成本取得对工程项目保障的满意结果。

工程项目风险管理一般包括以下内容：工程项目风险的识别与预测、风险源排列分析、确定风险管理策略、制定风险管理计划、风险的分析与评估以及工程项目风险的防范与处置。在工程项目风险管理中依据工程项目的特点及其总体目标，通过程序化的决策，全面识别和衡量工程项目潜在的损失，从而制定一个与工程项目总体目标相一致的风险管理防范措施体系，是最大限度降低工程项目风险的最佳对策。

（二）风险管理的重要性

项目风险管理的重要性主要表现在：

1．项目风险管理事关工程项目各方的生死存亡。

2．项目风险管理直接影响参建各方的经济利益。

3．项目风险管理有利于工程建设顺利进行，化解各方可能发生的纠纷。风险管理不仅预防风险，更能在各方之间平衡、分配风险。

总之，工程项目风险管理是代建单位、施工单位和设计、监理等单位在施工过程中必须认真对待的工作。它不单纯是消极避险，更有助于各方积极地避害趋利，进而在竞争中处于优势地位。

第二节 风险管理目标与风险管理计划

一、风险管理目标

一般工程建设项目周期较长，项目计划很难保证已考虑到各种可能发生的意外事件，在实施过程中总会存在各种各样的风险。风险管理是整个项目管理过程中一个非常重要的环节。风险管理上的失误将不可避免地影响实现项目的某些目标，可能是项目的投资目标或工期目标，也可能是完成项目任务的其他方面目标。因此，风险管理应以确保项目管理目标的实现为目标。

风险管理的目标应为：使项目获得成功；为项目实施创造安全的环境；控制工程造价，使之不突破初步设计概算；保证工程质量；保证项目按计划、有节奏地施工，使项目实施始终处于良好的受控状态。

概括起来，风险管理的目标是：针对投资、质量、工期和安全的要求，尤其是项目设备和建筑材料的选型和采购、质量和总工期的要求，制定风险管理计划，变被动为主动控制，进行风险识别和分析，制定风险应对策略，并进行全过程监测和控制。

在整个项目的实施过程中，对风险的持续监控应当作为正常项目管理审查和汇报程序的一部分予以关注，以保证有效地管理已知风险，以及发现和预防因项目环境发生变化而可能产生的任何新的风险。

二、风险管理计划

制定风险管理计划是为了提升实现目标的机会，减少对项目目标的威胁。项目的风险管理计划是建立在风险识别、风险分析和风险控制的基础上。项目的风险管理计划主要针对项目建设过程中涉及的风险，包括在项目建设过程中可能出现的风险以及项目实施过程中外部环境的变化可能引起的风险等进行评估。在风险管理计划中应对所提到的风险逐一进行分析，并提出相应的风险回避措施。由于风险是在项目开始之后才开始对项目的建设起负面的影响，所以风险分析的不足，或是风险回避措施不得力，仍很有可能造成项目建设的损失。风险分析是一种事前估计，凭借一定的技术手段和丰富的经验，力争能够对项目建设的风险做出比较准确的估计，经过慎重的考虑提出可行的风险回避措施，是避免损失的重要环节。

项目的风险管理计划应包括：已识别的风险及其影响工作的方面；风险承担人及责任；定性和定量风险分析过程的结果；对每一种风险的应对措施，包括应对和防范措施；实施应对措施的具体行动；风险应对的预算和时间；应急计划和预备方案。

项目风险管理计划并没有固定的模式，风险管理应根据项目的具体情况自由构思这个计划。最初可以考虑从以下几方面来指导构思项目风险管理计划的内容。

1. 项目提要。主要包括项目的目标、总要求、关键环节、应达到的使用功能、应达到的技术特性、总体进度、应遵守的有关法规等。这部分内容和其他各种计划一样，它应为人们提供一个参考基准，以了解项目的概貌，还要说明项目组织各部门的职责和联系。

2. 风险管理途径。主要包括与项目有关的技术风险、经济风险、自然风险、社会风险等的确切定义、特性、判定方法以及对处理这些项目风险的合适方法的综述。

3. 风险管理实施的准备。包括对风险进行定性预测与识别、定量分析与评估的具体程序与过程，以及处置这些项目风险的具体措施，并做好项目风险预算的编制。

4. 对风险管理过程进行总结。并记录有关资料、信息的来源，以备查证。对周期很长的重大工程项目，在制订风险管理计划时，还应有短期与长期之分，短期计划主要是针对项目的现状而制定，而长期计划则具有战略性，是围绕风险回避、风险控制、风险转移、风险自留等而作的综合性行动预案。

在制订项目风险管理计划时，还应注意与其他相关计划的协调关系。如工程项目管理计划、综合保障计划等对项目风险的各种问题都有涉及，它们本来不是从风险角度出发编制的，但是留心项目风险问题的人阅读它们时，从中可以获得有价值的信息。

在制订了项目风险管理计划后，便要在项目运行过程中予以实施，具体实施过程中，应对实施情况进行跟踪监测，做好信息反馈。只有这样，才能及时调整风险管理计划，以适应不断变化的新情况，从而有效地管理项目风险。

【案例】某代建项目风险管理计划

一、项目概况（略）

二、风险条目表

（一）设计风险

➢ 方案设计质量达不到委托方或使用单位的要求

➢ 初步设计深度不够

➢ 施工图设计进度不能满足施工招标的要求

（二）拆迁风险

➢ 拆迁有关手续不能及时办理

➢ 拆迁补偿资金不能及时到位

➢ 被拆迁人不能按时搬迁

（三）资金风险

➢ 政府财政资金不能及时拨付

➢ 银行贷款不能到位

➢ 工程款由于程序繁杂不能及时支付

（四）建设成本风险

➢ 大宗建筑材料价格上涨

➢ 人工费上涨

（五）工程进度风险

➢ 施工单位资金投入不足

➢ 施工单位技术力量缺乏

➢ 相关手续办理不及时

三、风险分析

根据上述风险条目表制定风险分析计划如下（包括风险的定性和定量分析）。

（一）定性分析

定性分析采用概率分布法，主要针对风险概率及后果绩效进行定性分析评估，结果如下表所示。

类别	潜在风险事件	风险发生概率的定性等级	风险后果影响的定性等级	综合风险指数
设计风险	方案设计质量达不到委托方或使用单位的要求	中	中度	7
	初步设计深度不够	高	严重	5
	施工图设计进度不能满足施工招标的要求	极高	严重	5
拆迁风险	拆迁有关手续不能及时办理	中	轻度	9
	拆迁补偿资金不能及时到位	高	严重	5
	被拆迁人不能按时搬迁	中	严重	7
资金风险	政府财政资金不能及时拨付	中	严重	3
	银行贷款不能到位	中	严重	5
	工程款拨付程序繁杂不能及时支付	中	轻度	9
成本风险	大宗建筑材料价格随市场行情大幅上涨	中	严重	7
	人工费上涨	高	严重	7
进度风险	施工单位资金投入不足	高	严重	5
	施工单位技术力量缺乏	中	严重	5
	相关手续办理不及时	中	轻度	11

（1～5 是不能接受的风险；6～9 是不希望有的风险；10～17 是有控制地接受的风险；18～20 是不经评审即可接受的风险）

（二）定量分析

采用决策树分析法进行定量风险分析。决策树分析风险的步骤如下：

1. 决策树包含了决策点，通常用方格或方块表示，在该点表示决策者必须做出某种选择；机会点，用圆圈表示，通常表示有机会存在。先画一个方框作为出发点，叫做决策点。

2. 从决策点向右引出若干条支线，每条支线代表一个方案，叫做方案枝。

3. 在每个方案枝的末端画一个圆圈，叫做状态点。

4. 估计每个方案发生的概率，并把它注明在该种方案的分支上，称为概率枝。

5. 估计每个方案发生后产生的损益值，收益用正值表示，损失用负值表示。

6. 计算每个方案的期望价值，期望价值 = 损益值 × 该方案的概率。

7. 如果问题只需要一级决策，在概率枝末端画△表示终点，并写上各个自然状态的损益值。

8. 如果是多级决策，则用决策点□代替终点△重复上述步骤继续画出决策树，如下图所示。

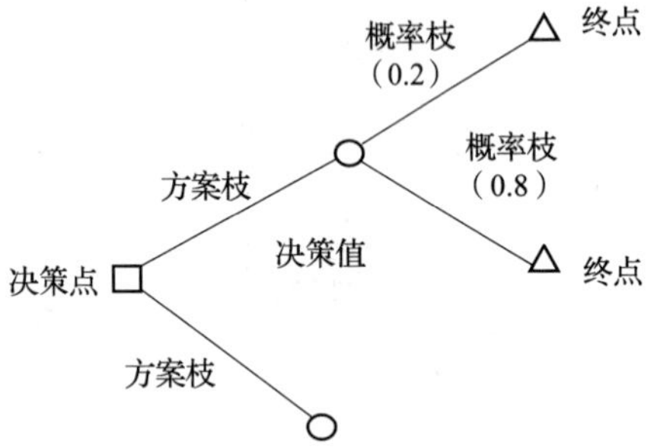

9. 计算决策期望值，决策期望值 = 由此决策而发生的所有方案期望价值之和。

10. 根据决策期望值做出决策。

四、风险管理清单

风 险 名 称	类别	概率	影响	排序
方案设计质量达不到委托方或使用单位的要求	设计风险	65%	7	3
初步设计深度不够	设计风险	90%	5	1
施工图设计进度不能满足施工招标的要求	设计风险	85%	5	2
拆迁有关手续不能及时办理	拆迁风险			
拆迁补偿资金不能及时到位	拆迁风险			
被拆迁人不能按时搬迁	拆迁风险			
政府财政资金不能及时拨付	资金风险			
银行贷款不能到位	资金风险			
工程款拨付程序繁杂不能及时支付	资金风险			
大宗建筑材料价格随市场行情大幅上涨	成本风险			
人工费上涨	成本风险			
施工单位资金投入不足	进度风险			
施工单位技术力量缺乏	进度风险			
相关手续办理不及时	进度风险			

五、风险应对措施

	风险识别		风险应对措施	
管理过程	潜在风险事件	风险发生后果	应急措施	预防措施
设计风险	方案设计质量达不到委托方或使用单位的要求	工期延误	重新征集方案	标书要明确
	初步设计深度不够	工期延误	修改初步设计	要求明确，跟踪审查
	施工图设计进度不能满足施工招标的要求	工期延误	分段招标	要求明确，跟踪审查
拆迁风险	拆迁有关手续不能及时办理	工期延误	请政府协调	及时沟通
	拆迁补偿资金不能及时到位	工期延误	请政府协调	强化计划，及时沟通
	被拆迁人不能按时搬迁	工期延误	请政府协调	及时沟通
资金风险	政府财政资金不能及时拨付	工期延误		
	银行贷款不能到位	工期延误		
	工程款拨付程序繁杂不能及时支付	工期延误	在保证资金安全的前提下，特事特办	制定最便捷的支付程序
成本风险	大宗建筑材料价格随市场行情大幅上涨	造价增加，工期延误	按程序报委托方	施工合同明确调价条款
	人工费上涨	造价增加，工期延误	按程序报委托方	施工合同明确调价条款
工程进度风险	施工单位资金投入不足	工期延误		施工合同明确约束条款
	施工单位技术力量缺乏	施工质量难以保证		合同明确约束条款
	相关手续办理不及时	工期延误	按程序报委托方，特事特办	代建合同明确约束条款

第三节　风 险 识 别

一、风险识别的定义

风险识别从不同的角度可以有不同的解释，以下是几种有关风险识别的定义：

1. 风险识别是指找出项目活动中潜在的各种风险和可能发生的各种损失。

2. 风险识别是指识别并记录可能对项目造成不利影响的因素，风险识别不是一次性的工作，而需要更多系统的、横向的思维。

3. 风险识别是指系统地、连续地识别并记录可能对项目造成不利影响的因素，包括列出所有与项目相关的过程、参与者及存在的问题，从中确定风险的来源、产生的条件。

二、风险识别的作用

风险如果不能被识别，它就不能被控制、转移或者管理。因而风险识别是风险分析和采取措施前的一个必要步骤。风险识别集中项目管理的注意力于风险的探测和控制上。风险识别是一项困难的任务，因为没有一个一成不变的程序可供利用。它严重依赖于项目有关人员的经验和洞察力。

风险识别是项持续性、制度性的工作。这个世界是变幻莫测的世界，任何事物都在变，如新科技、新工艺、新道德观均可能改变原来的风险的性质，也可能增加前所未有之风险。如非持续性的工作，实难发现所面临之风险。任何管理均讲究科学管理，也就是要有组织，要有制度。风险管理是一种科学管理方法，当然要讲求制度化。

三、风险识别的方法

风险能够用许多方法来识别，大多数的风险识别方法依赖过去类似项目的经验。如果没有人有类似的经验，就有必要组织有经验的人来一次头脑风暴。有一些风险是单独属于某个特定项目的。历史数据并不能自动地包含新的风险领域。为了精确地分析，识别过程非常重要。实际上，风险管理的益处来自于识别而不是分析阶段。

目前，用于项目风险识别的方法主要有：专家调查法、报表分析法、流程图法、现场考察法、分解法、环境分析法、故障树分析法等。但应注意采用唯一的识别方法是不可取的，必须将几种方法结合起来，相互补充。

（一）专家调查法

通过向有关专家、当事人提出一系列具有指导性和代表性的问题，以了解相关风险因素，并获得各种信息。

（二）报表分析法

分析财务报表有助于确定工程项目可能遭受哪些损失以及在何种情况下会遭受这些损失。通过分析资产负债表、现金流量表及有关补充资料，可以识别企业当前的所有资产、责任及人身损失风险。将这些报表和财务预测、预算结合起来，可以从财务角度发现面临的潜在风险。

（三）流程图法

将工程项目按步骤和阶段顺序以若干个模块形式组成一个流程图系列。每个模块中都标识出各种潜在风险，找出导致风险发生的因素，分析产生的后果、可能导致的损失以及对整个项目可能造成的不利影响。同时，运用流程图可以揭示项目的薄弱环节，发现流程管理中的潜在损失，给决策者一个清晰具体的印象。

（四）现场考察法

现场考察对于识别分析非常重要，通过直接考察现场，可以发现许多客观存在的静态因素，也有助于预测、判断某些动态因素。例如，对于大型工程，投标报价前的现场踏勘可以使投标人对拟投标的工程基本做到心中有数，特别是对于工程实施的基本条件、现场及周围环境可以取得第一手资料。此外，在现场考察时除要求获取直接资料外，还应设法获取间接资料，而且要对所掌握的资料认真研究以便去伪存真。

（五）分解法

通过将复杂事务分解成较简单的容易被识别的事务，并由相关部门系统地、连续不断地相互配合，共同分析判断。这不是任何一个部门一朝一夕的短暂行为，而是要在实践中结合具体情况贯穿工程项目的始终，根据变化不断修正。

（六）环境分析法

环境分析是对项目活动的外部环境与内在风险的联系进行分析，也是识别风险的重要方法。分析外部环境时应着重分析五项因素：项目的资金来源，项目的前提、假设等基本情况，可能的竞争对手，政府管理系统和材料供应商。

四、工程项目的风险识别

对于建设工程项目，可能产生风险的因素包括工程地质条件的变化、自然灾害的影响、政府有关部门的批复延后、国家有关基本建设投资方面的政策变动、资金到位情况、设计变更、施工进度滞后、工程质量事故、设备及材料市场价格的变动、汇率的变动，水、电价的变动及其他因素的影响等。总结归纳起来主要有以下风险：

1. 工程地质风险：自然灾害、岩土地质条件、水文地质条件、气象条件等。

2. 设计风险：勘察资料不准确，特别是地质资料错误或遗漏；设计内容不完善，规范应用不恰当；设计对未来施工的可能性考虑不周等。

3. 工期风险：由于项目前期各项审批手续办理的时间具有不确定性，一旦前期手续办理拖后，势必影响到整个工程的工期，因此，存在很大的工期风险。

4. 投资风险：工程地质的不确定性，工程变更，以及政策、价格和利率等的变化或资金使用安排不当等风险事件，最后会引起实际投资超出计划投资。

5. 质量风险：项目管理是一个比较复杂的过程，会有很多不确定因素影响项目质量，例如设计质量、施工质量等的影响。因此，项目亦存在着质量风险。

6. 施工风险：施工方案的可操作性、与现场情况的配合程度，是否严格执行物资采购计划、寻求最优的采购批量和供应间隔期、选择信誉优良的供货商等。

7. 管理风险：资金是否及时到位、分配是否合理、项目成本控制风险、合同控制是否严格、事故防范措施和计划是否严密、人身和信息安全控制计划是否周详；设计人员、监理工程师、施工单位管理人员的能力，部门设置不当造成工作效率不理想，权责规定不清造成工作配合和效率不理想等。

8．安全风险：因现场管理不善，造成人员伤亡，材料、设备等财产的损毁或被盗等。

表 14-1 为某代建项目初始风险清单。

表 14-1　某代建项目初始风险清单

风险因素		可能发生的风险事件	拟采取的对策
技术风险	设计	勘察资料不准确，特别是地质资料错误或遗漏；设计内容不完善，规范应用不恰当；设计对未来施工的可能性考虑不周；设计缺陷、错误和遗漏，出图时间滞后	要求招标人提供详细的地质勘察报告，对于地质资料不明或有错误、遗漏的，进行补充勘察；制定落实出图计划，认真审核设计图纸，做好设计交底工作；设计图纸严格按要求进行送审
	施工	施工单位管理水平差，管理人员素质低，工人技术水平低，施工安全措施不当，劳动力、材料投入不足	严格审查施工单位的施工组织设计，要求施工单位对主要技术工人进行培训，实行上岗证制度
非技术风险	自然与环境	地震、火灾、雷电等不可抗拒自然力，不可预见地下障碍，气候异常等	制定各种应急预案，提前做好应对措施
	拆迁	因拆迁补偿问题引起拆迁户对工程施工进度的干扰	提前做好调查摸底工作，根据本市有关拆迁补偿的有关规定和本项目的实际情况，按照以人为本的原则，制定好拆迁补偿管理办法
	前期报建	因前期不能及时取得相关报建手续而影响工程的进度	加强沟通，积极争取有关部门对本项目的支持
	组织协调	招标人和上级主管部门的协调，招标人和设计方、施工单位以及监理单位的协调，招标人内部的组织协调等，招标人直接发包的单位与总包单位的配合问题	加强参建各方的沟通、协调工作，制定严格的管理规章制度，严格办事程序
	投资风险	因法规、价格和利率等的变化或资金使用安排不当等风险事件引起的实际投资超出计划投资的数额	在施工合同中严格规定因法规、价格和利率等变化所引起的投资增加各方应分担的责任，尽量规避各种风险，同时加强投资计划管理，严格审批工程变更和现场工程签证，严格把关工程结算和工程竣工决算审查
	安全风险	因现场管理不善，造成人员伤亡，材料、设备等财产的损毁或被盗等	加强安全管理，逐级分解落实安全管理责任，同时制定各种安全处置的应急预案

续表 14-1

风险因素		可能发生的风险事件	拟采取的对策
非技术风险	合同管理	因合同条款遗漏、表达有误而出现合同纠纷，进而影响工程的施工进度	在合同谈判签订时，认真审核合同条款，做到严谨、细致、周密，将风险尽量从源头控制到最小
	人员	参建单位有关人员素质影响正常工作	撤换不称职人员
	材料设备	甲供材料、半成品、成品或设备供货不足或拖延，出现数量差错、类型不配套或质量问题，以及供货商不能满足进度计划要求、材料价格上涨等	制定工程所需材料设备进场验收管理办法，加强进场材料设备的检查。不管是甲供材料设备，还是施工单位自行采购材料设备，不合规定和要求的材料设备一律清退，不得用于工程施工。定期与各材料设备供应商进行沟通，了解供应商准备情况，督促材料设备供应商按计划供应

第四节　风险分析与评价

一、风险分析的定义

风险分析是指运用各种风险分析技术，用定性、定量或两者结合的方式处理不确定性的过程，其目的是评价风险的可能影响。风险分析和评价是分析识别和控制之间的纽带，是风险决策的基础。

在项目生命周期的全过程中，会出现各种不确定性，这些不确定性将对项目目标的实现产生积极或消极的影响。项目风险分析就是对将会出现的各种不确定性及其可能造成的各种消极影响和影响程度进行恰如其分的分析和评价。通过对不确定性的关注，对风险影响的揭示，对潜在风险的分析和对自身能力的评估，采取相应措施，从而达到降低风险不利影响或减少其发生的可能性的目的。

二、风险分析的主要内容

（一）风险存在和发生的时间分析

具体分析风险可能发生在项目实施的哪个阶段、哪个环节上。有许多风险有明显的阶段性，有的风险是直接与具体的工程活动相联系的。这种分析对风险的预警有很大的作用。例如概算缺、漏项发生的风险一定在初步设计阶段，设计变更的风险发生在施工阶段。

（二）风险的影响和损失分析

风险的影响是个复杂的问题，有的风险影响面较小，有的风险影响面很大，可能引起整个项目工期的拖延或建设资金的突破。而风险之间常常是有联系的，例如，通货膨胀不但会造成建筑材料价格上涨，而且可能引起委托方支付能力的削弱；由于施工图纸提供不及时，不仅会造成工期拖延，而且会造成费用增加，还可能使得工程不得不在原计划可以避免的冬雨季施工，造成更大的拖延和费用增加。

（三）风险发生的可能性分析

研究风险自身的规律性。

（四）风险级别分析

风险因素很多，涉及各个方面，但人们并不是对所有的风险都给予同等重视，否则将大大增加管理成本。因此，要对风险进行级别分析。

（五）风险的起因和可控性分析

对风险起因的分析是为预测、对策研究和责任分析服务的。风险的可控性是人们对风险影响进行控制的可能性，如有的风险是人力可以控制的，而有的却不能控制。例如，设计图纸的质量是人力可控制的，而物价的风险、反常的气候风险等则是不可控的。

三、风险分析的主要方法

对项目风险进行分析和评估是处置风险的前提，是制定和实施风险处置计划的科学根据，因此一定要对风险发生的概率及其后果做出尽量准确的定量估计，但由于历史资料的不完整、项目的复杂性、环境的多变性以及人们认识的局限性都会使人们在分析和评估项目风险时出现一些偏差，如何利用多种方法综合判断以便缩小这一偏差，是值得进一步研究的问题。

风险分析采取定性和定量方法。确定性风险可采用敏感性分析法和盈亏平衡分析法，不确定性风险采用概率分析法和期望值法。通过风险分析，对原项目进度和费用的计划进行分析，提出确认的项目周期、完工日期和项目投资，并提出对当前项目计划实现目标的可能性。

对项目进行风险分析和评估的具体方法很多，如调查和专家打分法、模拟法、计划评审技术（PERT）、主观概率法、故障树分析法（FTA）、外推法、模糊分析方法、敏感性分析法、影响图分析法等。

（一）调查和专家打分法

调查和专家打分法是一种最常用的、最简单的、易于应用的分析方法。具体步骤如下：

1．识别出某一项目可能遇到的所有风险，列出风险调查表。

2．利用专家经验，对可能的风险因素的重要性进行评价，确定每个风险因素的权重，以表征其对项目风险的影响程度。

3．确定每个风险因素的等级值，按可能性从大到小分为五个等级，分别以 1.0，0.8，0.6，0.4，0.2 打分。

4．将每项风险因素的权数与等级值相乘，求出该项风险因素的得分，再求出此项工程项目风险因素的总分。显然，总分越高说明风险越大。

（二）故障树分析法（FTA）

故障树分析法（FTA）是美国贝尔电话实验室的维森于 1962 年首先提出的，我国于1976年开始进行介绍和研究这种方法，并随之应用于许多项目中，取得了不少成果。FTA是一种具有广阔应用范围和发展前途的分析方法。故障树是由一些节点及它们间的连线所组成的，每个节点表示某一具体事件，而连线则表示事件之间的关系。FTA是一种演绎的逻辑分析方法，遵循从结果找原因的原则，分析项目风险及其产生原因之间的因果关系，即在前期预测和识别各种潜在风险因素的基础上，运用逻辑推理的方法，沿着风险产生的路径，求出风险发生的概率，并能提供各种控制风险因素的方案。FTA具有应用广泛、逻辑性强、形象化等特点，其分析结果具有系统性、准确性和预测性。

（三）外推法

外推法是进行项目风险分析和评估一种十分有效的方法，它可分为前推、后推和旁推三种类型。前推就是根据历史的经验和数据推断出未来事件发生的概率及其后果。如果历史数据具有明显的周期性，就可据此直接对风险做出周期性的分析和评估。如果从历史记录中看不出明显的周期性，就可用一条曲线或分布函数来拟合这些数据再进行外推。此外还要注意历史数据的不完整性和主观性。后推是在手头没有历史数据可供使用时所采用的一种方法。由于工程项目的一次性和不可重复性，所以在项目风险分析和评估时常用后推法。后推是把未知的想象的事件及后果与一已知事件与后果联系起来，把未来风险事件归结到有数据可查的造成这一风险事件的初始事件上，从而对风险做出分析和评估。旁推法就是利用类似项目的数据进行外推，用某一项目的历史记录对新的类似项目可能遇到的风险进行评估和分析，当然这还要充分考虑新环境的各种变化。这三种外推法在项目风险分析和评估中都得到了广泛的采用。

（四）模糊分析法

工程项目中潜在的各种风险因素很大一部分难以用数字来准确地加以定量描述，但都可以利用历史经验或专家知识，用语言生动地描述出它们的性质及其可能的影响结果。并且现有的绝大多数风险分析模型都是基于需要数字的定量技术，而与风险分析相关的大部分信息却是很难用数字表示的，但易于用文字或语句来描述，这种性质最适合于采用模糊数学模型来解决问题。

（五）敏感性分析法

一般在项目决策阶段的可行性研究中使用敏感性分析方法分析工程风险。使用这种方法，能向决策者简要地提供影响项目目标实现的因素的变化及其影响程度，使决策者在做最终决策时考虑这些因素的影响。因此，敏感性分析方法一般被认为是一个有用的决策工具。

敏感性分析方法只考虑影响工程项目成本的主要因素的变化，如利率、投资额等。敏感性分析有助于确定哪些风险对项目具有最大的潜在影响。它把所有其他不确定因素保持在基准值的条件下，考察项目的每项要素的不确定性对目标产生多大程度的影响。敏感性分析最常用的显示方式是龙卷风图。龙卷风图有助于比较具有较高不确定性的变量与相对稳定的变量之间的相对重要程度。

使用敏感性分析方法分析工程风险不可能得出具体的风险影响确定值，它只能说明一种影响程度。

（六）蒙特卡罗模拟方法

蒙特卡罗模拟方法又称随机抽样技术或统计试验方法，它是估计经济风险和工程风险常用的一种方法。使用蒙特卡罗模拟方法分析工程风险的基本步骤如下：

1．编制风险清单。通过结构化方式，把已识别出来的影响项目目标的重要风险因素构造成一份标准化的风险清单。这份清单应能充分反映出风险结构和层次性。

2．采用专家调查法确定风险的影响程度和发生概率，进一步编制出风险评价表。

3．采用模拟技术，确定风险组合。就是对专家的评价结果加以定量化。

4．分析与总结。通过模拟技术可以得到项目总风险的概率分布曲线。从曲线中可以看出项目总风险的变化规律，据此确定应急费用的大小。

在风险管理的过程中，风险管理人员要时刻把握工程进展的脉搏，通过建立项目管理信息系统，及时收集项目实施过程中的各种反馈信息，并进行统计分析，确定其走势，预测其对项目实施的影响。同时，密切关注市场形势和国家政策走向，分析其对项目实施的影响。

第五节 风 险 处 置

所谓风险处置（控制），就是对已经经过识别、分析、评价等过程的风险进行处理的过程。换句话说，风险处置就是利用某些技术来设法避开或控制风险，消灭或减少风险事件发生所造成的损失。风险控制的重点在于消除风险因素和减少风险损失。这其中包括风险回避、风险分散、风险转移、风险自留等不同方法。对于不同情况、不同风险采取不同的方法，也就是说要视具体风险情况来选择处理方法，而不是整齐划一的采用一样的方法。

一、风险处置的依据

风险处置的依据主要包括：

1．风险管理计划。

2．风险应急计划。

3．各类合同。

4．项目沟通。工作成果和各种项目报告可以表述项目的进展情况和项目风险。通常有事件记录、行动规程、风险预报等。

二、风险处置的途径

总的来说，风险处置的途径就是通过运用风险回避、风险分散、风险转移、风险自留等策略以及具体的控制方法，从而尽量避免风险发生或使风险发生的概率及造成的损失降到最低。

（一）风险回避

风险回避主要是中断风险来源，使其不发生或遏制其发展。在考虑到某项目的风险及其所致损失都很大时，主动放弃或终止该项目以避免与该项目相联系的风险及其所致损失的一种处置风险的方式，它是一种最彻底的风险处置技术。在风险事件发生之前将风险因素完全消除，从而完全消除了这些风险可能造成的各种损失，而其他风险处置技术，则只能减少风险发生的概率和损失的严重程度。在对某项目进行风险预测、识别、分析和评估后，如发现实施此项目将面临巨大风险，一旦发生事故，将造成项目实施单位无法承受的重大损失，而且又不可能采取有效措施减少其风险和损失大小，保险公司也认为该项目风险太大而拒绝承保，这时就应放弃或终止该项目的实施，以避免今后可能发生的更大损失。风险回避虽可彻底消除实施该项目可能造成的损失和可能产生的恐惧心理，但它是一种消极的风险处置方法，因为同时也失去了实施项目可能带来的收益。

（二）风险控制

风险控制是为了最大限度地降低风险事故发生的概率和减小损失幅度而采取的风险处置技术。为了控制工程项目的风险，美国学者认为可采取以下措施：根据风险因素的特性，采取一定措施使其发生的概率降至接近于零，从而预防风险因素的产生；减少已存在的风险因素；防止已存在的风险因素释放能量；改善风险因素的空间分布从而限制其释放能量的速度；在时间和空间上把风险因素与可能遭受损害的人、财、物隔离；借助人为设置的物质障碍将风险因素与人、财、物隔离；改变风险因素的基本性质；加强风险部门的防护能力；做好救护受损人、物的准备。这些措施有的可用先进的材料和技术达到，此外，还应有针对性地对实施项目的人员进行风险教育以增强其风险意识，还应制定严格的操作规程以控制因疏忽而造成不必要的损失。风险控制是实施任何项目都应采用的风险处置方法。

（三）风险分散

风险分散是通过增加风险承担的单位以减少总体风险的压力，达到共同分摊集体风险的目的。工程项目总的风险有一定的范围，这些风险必须在项目参建者之间进行分配。每个参建者都必须承担一定的风险责任，这样才有管理和控制风险的积极性。风险分配通常在任务书、责任书、合同、招标文件等文件中规定。在起草这些文件时都应对风险做出估计、定义和分配。

（四）风险转移

风险转移是指项目组将风险有意识地转给与其有相互经济利益关系的另一方承担的风险处置方式。转移风险并不一定会减少风险的危害程度，它只是将风险转移给另一方来承担。在某些情况下，转移风险可能会造成风险显著增加，这是因为接受风险的一方可能没有清楚地意识到他们所面临的风险。比如，总施工单位在和分包商签订分包合同时，可能会制定一个工期延误损害赔偿条款，该条款既包括分包商由于误期而需要对主合同所作的赔偿，又包括对主施工单位所遭受损失的赔偿，分包商可能没意识到这种转嫁给他的额外风险，并且分包商很可能不具备承担这些风险的经济能力。

目前对于发现潜在缺陷后的处理安排无法很好地满足委托方、施工单位或设计者的利益。对于委托方来说，存在一种风险，即他必须通过法律程序证明缺陷及其造成的损失是由其他方违反合同、忽略或忽视而引起的，以此来弥补委托方的诉讼费和修复费等。但同时也有些委托方可能因缺乏足够的资金而无法提出诉讼。对于施工单位和设计者来说，他们在项目完工后许多年中都存在着对委托方索赔所需承担的潜在的责任。而且，由于多方关系中的连带责任，可能导致工程各方中的一方或多方，将不得不承担赔偿中的一个不合理比例。因此这也是风险转移在日后需要完善的。

保险是最重要的风险转嫁方式，保险的理论研究和实践活动在风险管理发展的早期就已经得到了充分发展。非保险型转嫁方式是指项目组将风险可能导致的损失通过合同的形式转嫁给另一方，其主要形式有租赁合同。保证合同、委托合同、分包合同等。通过转移方式处置风险，风险本身并没有减少，只是风险承担者发生了变化。

（五）风险自留

风险自留是由项目组自行准备承担风险损失的风险处置方法，在实践过程中有主动自留和被动自留之分。主动自留是指在对项目风险进行预测、识别、分析和评估的基础上，明确风险的性质及其后果，风险管理者认为主动承担某些风险比其他处置方式更好，于是筹措资金将这些风险自留。被动自留则是指未能准确识别和评估风险及损失后果的情况下，被迫采取自身承担后果的风险处置方式。被动自留是一种被动的、无意识的处置方式，往往造成严重的后果，使项目组遭受重大损失。有选择地对部分风险采取自留方式，有利于项目组获利更多，但自留哪些风险，是风险管理者应认真研究的问题，如自留风险不当可能会造成更大的损失。

三、风险处置的方法

在建设工程中，不同的建设阶段和施工阶段，有着不同的风险源和风险，所以风险控制措施应该有相应的变化和调整。在建设决策阶段，应进行客观的可行性研究，以避免决策错误带来的风险；在勘测设计阶段，应进行详尽的勘测，获得可靠的地质资料，应该严格按照国家标准进行设计，充分考虑各种因素，做到既经济又安全；在施工阶段，应严格按照国家标准和有关规定进行施工，严格控制材料的质量，严格按照国家规定，按图施工；在建设过程中，应按照国家有关部委制定的基本建设程序进行各项建设工作。在选择设计单位和施工单位时，必须选择有相应资质的设计单位和施工单位进行设计和施工。

风险控制须采取各种措施，有工程的措施和非工程的措施，需要投入一定的费用，称为事故预防费。一般来说，事故预防费投入的越多，事故发生的概率越小。但是，它们之间并不是呈线性的关系，对事故预防费投入多少应该通过效益分析来确定。通常，对事故损失极小的风险可以不采取控制措施，而对会引起重大事故。造成巨大人员伤亡和财产损失的风险，则应该采取强有力的措施，投入充足的事故预防费。

事实上，建筑工程因为它规模大、投资大、周期长、涉及的方面比较多，因此在风险控制上，就需要综合应用各种方法。目前国际上应用的比较广泛而且比较有效的风险处置方法有工程担保和工程保险。

（一）工程担保

工程担保是指担保人（一般为银行、担保公司、保险公司、其他金融机构、商业团体或个人）应工程合同一方（申请人）的要求向另一方（债权人）做出的书面承诺。工程担保是工程风险转移措施的又一重要手段，它能有效地保障工程项目的顺利进行。许多国家政府都在法规中规定要求进行工程担保，在标准合同中也含有关于工程担保的条款。工程担保有以下几种类型：

1. 投标担保。是指投标人在投标报价之前或同时，向发包人提交投标保证金（俗称抵押金）或投标保函，保证投标人有能力和资格按照竞标价签订合同，完成工程项目，并能够提供发包人要求的履约和付款保证担保。投标担保可采用投标保证金、银行保函或担保公司担保书，具体方式可由发包人在招标文件中约定。采用投标保证金的，在确定中标人后，发包人应当及时向没有中标的投标人退还其投标保证金。除不可抗拒的原因外，中标人拒绝与发包人签订工程合同的，发包人可以将其投标保证金予以没收。除不可抗拒的因素外，发包人不与中标人签订工程合同的，发包人应当按照投标保证金的双倍返还中标人。一般投标保证金额为标价的0.5% ~5% 。

2. 履约担保。是指为保障施工单位履行承包合同所作的一种承诺。一旦施工单位没能履行合同义务，担保人给予赔付，或者接收工程实施义务，而另觅经发包人同意的其他施工单位负责继续履行承包合同义务。这是工程担保中最重要的，也是担保金额最大的一种工程担保。履约担保可采用履约保证金、银行保函或担保公司担保书，也可以引入施工单位的同业担保。即由实力雄厚、信誉好的施工单位为其他施工单位提供履约担保。履约担保的具体方式可由发包人在招标文件中约定。实行履约保证金的，应当按照《招标投标法》的有关规定执行。《招标投标法》第四十六条规定："招标文件要求中标人提交履约保证金的，中标人应当提交。"第六十条规定："中标人不履行与招标人订立的合同的，履约保证金不予退还，给招标人造成的损失超过履约保证金数额的，还应当对超过部分予以赔偿；没有提交履约保证金的，应当对招标人的损失承担赔偿责任。"

3. 付款担保。付款担保就是施工单位与发包人签订承包合同的同时，向发包人保证与工程项目有关的工人工资、分包商及供应商的费用，将按照合同约定由施工单位按时支付，不会给发包人带来纠纷。如果因为施工单位违约给分包商和材料供应商造成损失，在没有预付款保证担保的情况下，经常由发包人协调解决，甚至使发包人卷入可能的法律纠纷，在管理上造成很大负担，而在预付款保证担保的形势下，可以使发包人避免可能引起的法律纠纷和管理上的负担，同时也保证了工人、分包商和供应商的利益。此外，还有三种保证担保形式，一是质量保证担保，它保证施工单位在工程竣工预定期限内（合同预定或按照有关规定执行保修），负责质量的处理责任。若施工单位拒不对出现的质量问题进行处理，则由保证人负责维修或赔偿损失。这种保证也可以包括在履约保证担保之中，也有在工程竣工验收合格后签订，担保期限一般是1 ~5 年，保证金额通常为合同价款的5% ~25% 。二是不可预见款保证担保，即保证不可预见款全部用于工程项目。三是预付款保证担保，它保证发包人预付给施工单位的工程款用于该项建筑工程，而不被挪作他用及卷款潜逃。其保证金额一般为合同价款的10% ~50% ，费率视具体情况而定。

4. 其他类型。除了上述担保之外，还存在着其他一些类型的工程担保形式。

（1）保证金。前面已经提到过直接缴纳投标保证金或履约保证金的做法，这两种形式都是施工单位以现金形式直接向发包人提供信用保障，并未涉及第三方保证人出具信用担保。一般认为这两种做法既不能等同于保证担保，也不应视为抵押担保，而应归于押金性质的担保，是我国《担保法》规定之外的一种担保形式。施工单位正常履约后，发包人应如期退还这笔资金；若施工单位中途毁约，发包人将没收这笔资金。保证金可以是一笔抵押现金，也可以是一张保兑支票。这种做法的优点在于操作手续简便，缺点在于施工单位的一笔现金被冻结，不利于资金周转，对于工程更是如此。以1亿元的工程为例，履约保证金按10%计算，若直接缴纳履约保证金，施工单位将有1000万元的流动资金出现呆滞，负担是相当沉重的。

（2）保留金。每月验工计价给施工单位发放工程款时，发包人一般都要扣留一定比例作为保留金，以便当工程不符合质量要求时用于返工。国际上，工程合同中通常规定了预扣保留金的比例及保留金的限额，保留金通常是从每月验工计价中扣留10%，以合同价的5%作为累计上限。在签发工程验收证书时，工程师将向施工单位返还一半的保留金，当工程保修期满后，再全部返还保留金余额。FIDIC合同条件对于保留金的使用作出了明确规定。保留金作为履约保证的一种补充，可视为一种质量责任留滞担保。施工单位可以通过保证人提供保证，换回在押的全部保留金，即保留金保证。

（3）工程抵押。抵押属于约定担保。工程抵押担保是保证发包人遵照合同正常支付工程款的一种手段，是指发包人和施工单位在签订合同时约定，发包人在不转移对工程占有的前提下，将部分或全部工程作为一项财产向施工单位提供债权担保。若发包人逾期不支付工程款，施工单位有权将该工程折价、拍卖或变卖，并从获得的价款中优先受偿。

（4）工程留置。留置属于法定担保。工程留置是解决发包人拖欠工程款问题最为直接有效的担保形式。当发包人拒付或拖欠工程款时，施工单位可针对已完成的建设工程或发包人的机械设备保持留置权，直至发包人付清应当支付的所有款项。否则施工单位有权将属于发包人的工程或机械设备折价、拍卖或变卖，并从中优先受偿。

（5）信托基金。信托基金是指发包人和受托人签订信托合同，发包人将一笔信托基金交给受托人保存，如果发包人因故不能支付工程款，作为受益人的施工单位可从受托人那里得到相应的损失赔偿。严格来讲，信托基金应该属于信托制度，而并非属于担保制度。

（二）工程保险

1. 工程保险的种类。工程保险是指发包人和施工单位为了工程项目的顺利实施，向保险公司支付保险费，保险公司根据合同约定对在工程项目建设中可能产生的财产和人身伤害承担赔偿保险金责任。工程保险一般分为强制性保险和自愿保险两类。

强制性的工程保险主要有以下几种：建筑工程一切险（附加第三者责任险）、安装工程一切险（附加第三者责任险）、社会保险（如人身意外险、雇主责任险和其他国家法令规定的强制保险）、机动车辆险、10年责任险和5年责任险、专业责任险等等。其中，建筑工程一切险和安装工程一切险是对工程项目在实施期间的所有风险提供全面的保险，即对施工期间工程本身、工程设备和施工机具以及其他物质所遭受的损失予以赔偿，也对因施工而给第三者造成的人身伤亡和物质损失承担赔偿责任。在工业发达国家和地区，建筑师、结构工程师等设计、咨询专业人员均要购买专业责任险，对由于他们的设计失误或工作疏忽给发包人或施工单位造成的损失，将由保险公司赔偿。

（1）建筑工程一切险。建筑工程一切险简称建工险，是指以土木工程为主体的工程在整个建设期间因自然灾害和意外事故造成的物质损失，以及被保险人对第三者人身伤害或财产损失依法应承担的赔偿责任为保险标的保险。

建筑工程一切险的被保险人包括：发包人或所有人；施工单位或分包单位；技术顾问；其他关系户，如贷款银行等。凡是有一方以上被保险人时，均由投保人负责缴纳保险费。被保险人中的第一个被保险人往往是投保人，它必须代表自己和其他一起投保的被保险人交付保险费，实际上它成为同保险人协商保险的中间人。建筑工程一切险的保障范围是相当广泛的，总括下来有三个方面：自然灾害、意外事故和人为过失。

(2) 安装工程一切险。安装工程一切险简称安工险。承保工矿企业在安装过程中的机器设备、钢质结构等，在整个安装调试期间，对于除外责任以外的一切危险造成的保险标的的物质损失以及列明费用负赔偿责任。此外，在安装期间因安装造成第三者的财产损失或人身伤亡依法由被保险人承担的经济赔偿也予负责。

安装工程一切险包括工程第三者责任险，此险应由施工单位投保。该险的被保险人除了施工单位外，还有发包人和工程所有人、制造商和供应商、咨询监理公司、安装工程的信贷机构、待安装构件的买主等。

安装工程一切险的保险标的有以下几项：安装的机器及安装费等，为安装人使用的承包人的机器、设备；建筑工程项目；发包人或承包人在工程项目上的其他财产。

安装工程一切险从一开始保险人就承担着全部保险金额的保险责任；而建筑工程一切险的标的是在施工开始后逐步增加，保险责任从小到大逐步累进，到完工时，责任最高。一般情况下安装工程一切险的保险标的，由于大多数是在建筑物内部安装，因而遭受意外事故损失的可能性较小；而建筑工程一切险的保险标的遭受自然灾害损害的可能性比较大。安装工程在交接前到试车期内任何的潜在因素都可能造成损失，其损失发生频率根据以往经验要占整个安装工期的一半以上。

(3) 雇主责任险和人身意外伤害险。法律强制施工单位作为雇主为其雇员投保，使劳动者伤害的给付有所保障，不因雇主破产或停业而受影响。

(4) 机动车辆险。机动车辆险包括车辆本身和第三者责任险两个保险标的。一般出租用或拥有该车辆及使用驾驶人员的施工单位负责投保，一般规定由一些被保险人员自负责任，在一定程度上加强被保险人的责任心。

(5) 十年责任险（房屋建筑的主体工程）和两年责任险（细小工程）。此险为施工单位或分包商的一项强制性义务，要求在工程验收以前投保，否则不予验收，使发包人的权利在较长时间内得到保障。

2. 工程保险的作用。我国重新修订的《建筑工程施工合同示范文本》对工程一切险、第三者责任险、人身伤亡险和施工机械设备险设置了相应条款。工程保险的作用是十分明显的，主要包括：

(1) 具有防范风险的保障作用。建筑活动不同于其他工农业生产活动，建筑工程项目规模较大，建设周期长、投资额巨大，与人们的生命和财产息息相关，社会影响极其广泛，隐含在整个建设过程中的危险因素更多，建筑企业和发包人担负的风险更大。一方面建筑工程受自然灾害的影响大，另一方面，随着生产的不断进步，新的机械设备、材料及施工单位法不断推陈出新，工程技术日趋复杂，从而加大了工程投资者承担的风险。加之设计、工艺等方面的技术风险和政策法律、资金筹集等方面的非技术风险随时可能发生。而建筑工程保险就是着眼于在建筑过程中可能发生的不利情况和意外不测，从若干方面消除或补偿遭遇风险造成的一项特殊措施。它能对建筑工程质量事故进行及时，合理的赔偿，避免由于工程质量事故而导致企业倒闭，尽管这种对于风险后果的补偿只能弥补整个建筑工程项目损失的一部分，但在特定的情况下能保证建筑企业和发包人不至于因风险发生导致破产，从而使因风险给双方带来的损失降低到最低程度。

（2）有利于对建筑工程风险的监管。保险不仅是简单的收取保险费，也不仅仅是发生保险责任范围内的损失后赔偿的支付。在保险期内，保险管理机构要组织有关专家随着工程的进度对安全和质量进行检查，会因为利益关系而通过经济手段要求有关当事人进行有效的控制，以避免或减少事故，并提供合理的防灾防损意见，有利于防止或减少事故的发生。发生保险责任范围内的损失后，保险机构会及时进行勘查，按工程实际损失给予补偿，为工程的尽快恢复创造条件。

（3）有利于降低处理事故纠纷的协调成本。建筑工程保险让可能发生事故的损失事先用合同的形式制定下来，事故处理就可以简单、规范，避免了无谓的纠纷，降低了事故处理本身的成本，参加保险对于投保人来讲，虽然将会为获得此种服务付出额外的一笔工程保费，但由此而提高了损失控制效率，使风险减到最小。此外，工程施工期间，发生事故是不可预测的，这些事故可能会导致发包人与施工单位之间或施工单位与施工单位之间对事故所造成的经济损失由谁承担而相互扯皮。如果工程全部参加保险，工程的有关各方都是共同被保险人，只要是保险责任范围内的约定损失，保险人均负责赔偿，无需相互追偿，从而减少纠纷，保证工程的顺利进行

（4）有利于发挥中介机构的特殊作用，为市场提供良好的竞争环境。商业保险机制的确立，必然引入更强的监督机制，保险公司在自身利益的引导下，必然会对建筑工程各方当事人实行有效监督，必然会对投保的建筑企业进行严格的审查，对一个保险公司不予投保的建筑企业，发包人是不敢相信的，这就是中介机构在市场中发挥的特殊作用。

四、实践中风险处置的具体运用

（一）注重工程合同的风险管理

工程合同是工程项目风险管理的主要法律文件依据。工程项目的管理者必须具有强烈的风险意识，学会从风险分析与风险管理的角度研究合同的每一项条款，对工程项目可能遇到的风险因素有全面深刻的了解。否则，风险将给工程项目带来巨大的损失。合同是合同主体各方应承担风险的一种界定，风险分配通常在合同与招标文件中定义。在 FIDIC 合同条件中，明确规定了发包人与施工单位之间的风险分配。

针对代建项目中工程造价标的的重要性，在施工合同中应对工程承包的形式和计价方式给予明确约定，对施工单位的风险承担范围也应明确。

承包和计价方式。施工承包方式有单价合同和总价包干合同，计价方式也有定额计价和工程量清单计价方式。就计价方式而言，目前大部分工程均采用工程量清单计价方式，这也是国家推行的方式。在工程量清单计价规范中明确规定，政府投资项目必须采用工程量清单计价方式。一般来说，工程量清单计价方式是固定价方式，而定额计价方式是浮动价方式，即材料、人工、费率等随市场价格而变动。实行定额计价方式，对代建单位风险

太大，应尽量避免。对于工程量清单计价方式，可分为固定单价和固定总价（总价包干）方式，这两种方式各有利弊。对代建单位来说，固定单价存在工程量的风险，如果对施工图的工程量计算不准或有缺、漏项，会导致增加资金控制的风险。而总价包干方式原则上可将上述风险转移到施工单位身上。但另一方面，由于工程已经包死，会产生施工单位对包干范围内的工程没有积极性，在资金紧张时拖延工期，并想办法通过变更获取更大利益，由此可能会影响工期。特别是当总价包干范围内有的工程量清单与图纸的工程量比较时有缺、漏、少等情况时，施工单位更加会斤斤计较，会产生扯皮的现象。对固定单价合同，在单价比较合理的情况下，施工单位不太担心做工得不到计量，施工积极性可能会高一些。

（二）利用工程履约保证金、预付款保证金和质量保证金降低资金风险

履约保证金、预付款保证金和质量保证金均是工程担保的形式，其定义及具体内容将在下节中论述。鉴于目前国内建筑市场的现状，为了保护代建单位的切身利益，利用工程履约保证金、预付款保证金和质量保证金可以有效降低风险。但在项目代建管理实践中要注意以下几个问题。

1. 履约保证金。原国家计委等部委颁布的《工程建设项目施工招标投标办法》第六十二条规定："招标文件要求中标人提交履约保证金或者其他形式履约担保的，中标人应当提交；拒绝提交的，视为放弃中标项目。发包人要求中标人提供履约保证金或其他形式履约担保的，发包人应当同时向中标人提供工程款支付担保。"按照该项规定，在施工单位向代建单位提供履约担保的同时，代建单位应同时向施工单位提供工程款支付担保。但在工程建设实践中，代建单位作为代理项目管理单位，既不是真正的建设单位，也不是投资人，因此并没有此项担保的资金。从理论上来说，工程款的支付担保应由投资人提供，如果项目的建设资金来源于财政的话，则应由财政提供。由于各地代建项目管理办法中对此没有明确规定，因此地方财政也不能提供相应的担保。在实际操作中，就形成了单向担保的局面，即施工单位向代建单位提供履约担保，而代建单位不向施工单位提供工程款支付担保。但无论代建单位能不能提供工程款支付担保，必须要求施工单位提供履约担保，以降低代建单位的风险。

2. 质量保证金。对质量保证金的预留比例国家没有明确规定，各地方的具体规定也不一致，基本只规定了一定的范围。质量保证金预留比例的多少，直接涉及项目使用单位和施工单位的利益。从项目使用人的角度，希望预留的比例多一些，以降低保修阶段的风险，但从施工单位的角度，则希望预留的比例少一些，以便及时收回资金。因此作为项目代建单位应根据施工单位的承包范围、合同价、保修阶段工作量的多少等因素综合考虑约定质量保证金的预留比例。

（三）加强非计量型风险的防范与控制

非计量型风险指政治、经济及不可抗力风险。政治风险包括战争、动乱、政变、法律制度的变化等；经济风险包括外汇风险、通货膨胀、保护主义及税收歧视等。这些风险在国际工程项目中经常遇到。政治风险发生的概率较小，但一旦发生将导致灾难性后果。经济风险一般不可避免，应进行定性与定量相结合的分析研究。不可抗力引起的风险主要包括超过合同规定等级的地震、风暴、雨雪及海啸和特殊的地质条件和泥石流、泉眼、流沙等。按照一般合同条件，这类风险应由合同主体共同承担，施工单位一般只能得到工期延误的补偿。

非计量型的风险理论上不应由代建单位承担，因此，作为项目代建单位，应在委托代建合同中明确风险承担的范围，将非计量型的风险排除在代建单位的风险范围之外。

建立完善的工程风险管理机制要加强对工程项目风险的科学管理，还必须通过改革工程招投标方法和工程管理机制，培育工程保险和工程担保市场，建立起工程风险管理制度，推行工程担保与工程保险为核心的工程风险管理。

第十五章　项目信息与资料管理

工程项目信息与资料是工程建设项目的一个缩影，及时收集整理与工程建设有关的信息与资料并加强管理，有利于代建单位准确了解工程的建设情况，加强对工程的监督和管理，为项目代建管理提供必要的工程决策信息。真实可靠的信息资料是一个工程项目的历史，是一种重要的资源，通过信息与资料的积累有利于对其研究，提高以后的工程管理理论水平。从某种意义上讲，做好工程信息与资料管理与建设好工程具有同等重要的价值。

项目信息与资料管理是指对信息与资料的收集、整理、处理、储存、传递与应用等一系列工作的总称。工程信息与资料管理是项目代建管理的重要部分，随着工程项目，尤其是大型、复杂的建设工程项目的启动，与项目有关的合同、图纸、报告、文件、照片、音像、模型等各种各类纸介质和非纸介质信息会层出不穷地产生，项目信息与资料的管理变得越来越重要。

第一节　信息与资料管理的原则、内容与方法

一、信息与资料管理的原则

在项目代建管理过程中，将产生大量的信息与资料，数量巨大，种类繁多，为了便于信息与资料的收集、处理、储存、传递、利用和管理，在项目信息与资料管理时，应遵循以下基本原则：

（一）标准化原则

在项目代建管理过程中，应对有关信息与资料进行统一分类，规范其流程，并力求做到格式化和标准化。通过建立健全信息资料管理制度，从组织上、制度上保证信息与资料的生产、利用的高效率。

（二）定量化原则

工程项目产生的信息不应是项目实施过程中产生数据的简单记录，而应该是经过信息处理人员的整理、比较与分析。因此，在工程信息与资料管理工作中，采用定量工具对有关数据进行分析和比较是十分必要的。

（三）有效性原则

项目信息管理者所提供的信息应针对不同层次管理者的要求进行适当加工，针对不同管理层提供不同要求和浓缩程度的信息。例如对于项目的高层管理者而言，提供的决策信息应力求精练、直观，尽量采用形象的图表来表达，以满足其战略决策的信息需要。

（四）时效性原则

工程项目的信息都有一定的生产周期，如月报表、季度报表、年度报表等，这些都是为了保证信息产品能够及时服务于决策。所以，在代建项目管理过程中，应突出信息与资料的时效性，保证发挥信息与资料应有的作用。

（五）可预见原则

工程项目产生的信息作为项目实施的历史数据，可以用于预测未来的情况，管理者应通过采用先进的方法和工具对项目信息资料进行加工处理，为制定未来目标和行动规划提供必要的信息资源。如通过对以往投资执行情况的分析，对未来可能发生的投资偏差进行预测，以此作为采取预先控制措施的依据。

（六）高效处理原则

通过采用高性能的信息处理工具（工程项目信息管理系统），尽量缩短信息在处理过程中的延迟，项目信息管理者的主要精力应放在对处理结果的分析和控制措施的制定上。

二、信息与资料管理的内容

（一）信息与资料的分类

工程项目建设信息与资料是指工程项目在立项、可行性研究、招投标、勘察设计、施工、竣工验收及后评价等过程中所形成的，具有保存、查考、利用价值的各种文字、图纸、图表、声像、计算材料等各种形式和载体的文件材料，即项目前期文件、项目施工（安装）文件、项目竣工图文件、项目竣工文件、竣工验收文件。项目前期文件是开工以前在立项、谈判、审批、勘测、设计以及工程准备过程中形成的文件；项目施工（安装）文件是项目施工中形成的反映施工情况的文件；项目竣工图文件是施工完工后依据工程实际情况所绘制的图纸（简称竣工图）或文件；项目竣工文件是项目竣工前形成的反映项目建设过程中的真实面貌文件；项目竣工验收文件是项目完工后试运行中及验收时形成的文件。参见表 15-1。

表 15-1　工程项目信息与资料分类表

依据	信息与资料分类	主 要 内 容
管理目标	成本控制信息资料	与成本控制直接有关的信息包括： 施工项目成本计划、施工任务单、限额领料单、施工定额、成本统计报表、对外分包经济合同、原材料价格、机械设备台班费、人工费、运杂费等
	质量控制信息资料	与质量控制直接有关的信息包括： 国家或地方政府部门颁布的有关质量政策、法令、法规和标准等，质量目标的分解图表、质监控制的工作流程和工作制度、质量管理体系构成、质量抽样检查数据、各种材料和设备的合格证、质量证明书、检测报告等
	进度控制信息资料	与进度控制直接有关的信息包括： 施工项目进度计划、施工定额、进度目标分解图表、进度控制工作流程和工作制度、材料和设备到货计划、各分部分项工程进度计划、进度记录等

续表 15-1

依据	信息与资料分类	主要内容
管理目标	安全控制信息资料	与安全控制直接有关的信息包括： 施工项目安全目标、安全控制体系、安全控制组织和技术措施、安全教育制度、安全检查制度、伤亡事故统计、伤亡事故调查与分析处理等
	合同管理信息资料	与合同管理直接有关的信息包括： 国家法律、法规，委托代建合同、设计合同、施工合同、监理合同、物资设备供应合同等各类合同；工程变更、工程索赔、工程参与者违约等
生产要素	劳动力信息资料	劳动力需用量计划、劳动力流动、调配等
	材料信息资料	材料供应计划、材料库存、储备与消耗、材料定额、材料领发及回收台账等
	机械设备信息资料	机械设备需求计划、机械设备合理使用情况、保养与维修记录等
	技术信息资料	各项技术管理组织体系、制度和技术交底、技术复核、已完工程的检查验收记录等
	资金信息资料	资金收入与支出金额及其对比分析、资金来源渠道和筹措方式等
管理工作流程	计划信息资料	各项计划指标、工程施工预测指标等
	执行信息资料	项目施工过程中下达的各项计划、指示、命令等
	检查信息资料	工程的实际进度、成本、质量的实施状况等
	反馈信息资料	各项调整措施、意见、改进的办法和方案等
信息来源	内部信息资料	来自施工项目的信息：如工程概况、施工项目的成本目标、质量目标、进度目标、施工方案、施工进度、完成的各项技术经济指标、项目经理部组织、管理制度等
	外部信息资料	来自外部环境的信息：如监理通知、设计变更、国家有关的政策及法规、国内外市场的有关价格信息、竞争对手信息等
信息稳定程度	固定信息资料	在较长时期内，相对稳定，变化不大，可以查询得到的信息，各种定额、规范、标准、条例、制度等，如施工定额、材料消耗定额、施工质量验收统一标准、施工质量验收规范、生产作业计划标准、施工现场管理制度、政府部门颁布的技术标准、不变价格等
	流动信息资料	是指随施工生产和管理活动不断变化的信息，如施工项目的质量、成本、进度的统计信息、计划完成情况、原材料消耗量、库存量、人工工日数、机械台班数等

续表 15-1

依据	信息与资料分类	主 要 内 容
信息性质	生产信息资料	有关施工生产的信息，如施工进度计划、材料消耗等
	技术信息资料	技术部门提供的信息，如技术规范、施工方案、技术交底等
	经济信息资料	如施工项目成本计划、成本统计报表、资金耗用等
	资源信息资料	如资金来源、劳动力供应、材料供应等
信息层次	战略信息资料	提供给上级领导的重大决策性信息
	策略信息资料	提供给中层领导部门的管理信息
	业务信息资料	基层部门例行性工作产生或需用的日常信息

（二）信息与资料管理的内容

工程项目信息与资料管理通常包括信息与资料的收集、加工、传输、存储、检索、输出和反馈等内容。对施工项目的各种原始信息来源、要收集的信息内容、标准、时间要求、传递途径、反馈的范围、责任人员的工作职责、工作程序等有关问题作出具体规定，形成制度，认真执行，以保证原始资料的全面性、及时性、准确性和可靠性。

1. 信息资料的收集。过程项目信息资料的收集，就是收集项目决策和实施过程中的原始数据，这是很重要的基础工作，信息管理工作的质量好坏，很大程度上取决于原始资料的全面性和可靠性。其中，建立一套完善的信息采集制度是十分必要的。

（1）工程项目建设前期的信息资料收集。建设项目在正式开工之前，需要进行大量的工作，这些工作将产生大量的文件，文件中包含着丰富的内容，如：设计任务书及有关资料；设计文件及有关资料；招标投标合同文件及其有关资料。

（2）工程项目施工期的信息资料收集。建设项目在整个工程施工阶段，每天都发生各种各样的情况，相应地包含着各种信息，需要及时收集和处理。因此，项目的施工阶段，可以说是大量的信息发生、传递和处理的阶段。这些信息包括：

建设单位提供的信息；工程代建管理记录；工程监理的记录；工地会议信息。

（3）工程竣工阶段的信息收集。工程竣工并按要求进行竣工验收时，需要大量的与竣工验收有关的各种资料信息。这些信息一部分是在整个施工过程中，长期积累形成的；一部分是在竣工验收期间，根据积累的资料整理分析而形成的，完整的竣工资料应由承建单位编制，经工程监理单位和代建单位审查后，由代建单位移交使用单位并通过使用单位移交相关的政府主管部门。

2. 加工。这是信息处理的基本内容。原始数据收集后，需要将其进行加工，以使其成为有用的信息。根据不同管理层次对信息的不同需求，信息的加工从浅到深一般分为三个层次：

（1）初级加工。原始数据收集后，将其进行加工整理，如筛选、校核和整理等使其成为有用的信息。

（2）综合分析。将基础数据综合成决策信息，供有关管理人员决策使用。

（3）借助于数学模型统计分析和推断，根据具体信息或数据内容，借助已有的数学模型（如网络计划技术模型、线性规划模型、存储模型等）进行统计计算和预测，为工程项目管理工作提供辅助决策。

3. 传输。就是指信息借助于一定的载体（如纸张、胶片、磁带、软盘、光盘、计算机网络等）在参与工程项目管理工作的各部门、各单位之间进行传播。通过传输，形成各种信息流，畅通的信息流会不断地将有关信息传送到工程项目管理人员的手中，成为他们开展工作的依据。

信息传输应做到使项目相关人员及时得到各自所需的信息，可采用的传输方法或技术包括例会、在线交流、E-mail、备忘录、会议纪要、正式报告等形式，具体采取哪种应考虑下列因素：

（1）信息需求的紧迫性；

（2）技术的可获得性；

（3）项目参与者的经验与能力；

（4）项目周期、项目环境等。

4. 存储。是指对处理后的信息的存储。处理后的信息，有的并非立即就使用，有的虽然立即就使用，但日后还需使用或作参考，因此就需要将它们存储起来，建立档案，妥为保管。

5. 检索。是指对某个或某些要用的信息进行查找的方法和手段。工程项目管理工作中存储有大量的信息，为了查找方便，就需要建立一套科学、迅速的检索方法，以便项目管理人员能全面、及时、准确地获得所需要的信息。

6. 输出。就是将处理好的信息按各管理层次的不同要求，编制打印成各种报表和文件，或者以电子邮件、Web 网页等电子形式加以发布。

7. 反馈。即项目管理人员使用信息后提出意见、建议等，有助于检查信息管理计划的落实情况、实施效果以及信息的有效性、信息成本等，以便及时采取处置措施，从而不断提高信息管理工作水平。

在工程项目信息与资料管理中，应加大计算机应用的比重，做到快捷、准确、适用、经济。对于较大规模的项目，在条件具备的情况下，还可以建立项目管理信息系统，实现信息过程管理电子化、自动化。

另外，在工程项目信息与资料管理过程中，代建单位应加强信息与资料的安全和保密管理。工程项目信息与资料管理工作应严格遵循国家的有关法律、法规和地方主管部门的有关管理规定，制定信息与资料管理的安全责任制度，要采取必要的安全保密措施，包括信息的分级、分类管理，确保工程项目信息与资料在传递、使用过程中的安全，达到工程项目信息与资料的安全、合理、有效使用。

三、信息与资料管理的方法

代建单位应通过建立工程项目信息与资料管理系统，完善信息与资料管理的各项制度和办法，优化信息结构，确保动态、高效、高质的信息资料处理和信息资料渠道的通畅，使项目经理和各层面管理人员能全面、及时、准确地获取所需的信息，为工程项目管理提供科学的依据。

工程项目信息与资料管理系统能实测工程项目的各种运行情况，利用过去的数据预测未来，利用信息辅助进行工程项目的决策，有效控制工程项目的执行状态，帮助实现工程项目规划的各项预期目标。

工程项目信息资料管理系统是一个针对工程建设项目的计算机应用软件系统，通过及时地提供工程建设项目的有关信息，支持项目管理人员进行项目规划以及在项目实施中控制项目目标，即费用目标、进度目标和质量目标。

代建项目管理团队需要信息，用来连续地监控、评估和控制项目中所使用的资源。同样，更高级别的管理层必须时刻知道项目的状况，以实施它的战略责任。一个大型建设项目的信息与资料管理涉及项目代建单位、规划设计单位、勘察设计单位、技术设计单位、政府相关部门（环保、土地、质监、建设、园林、消防、人防、金融等）、施工单位、设备制造与供应单位、材料供应单位、监理单位等众多项目参与方（信息源），每个项目参与方既是项目信息的供方（源头），也是项目信息的需方（用户），每个项目参与方由于在项目生命周期中所处的阶段与工作不同，相应的工程项目信息与资料管理系统的结构和功能会有所不同。

对于代建单位，必须在项目策划阶段对项目信息与资料管理系统的内部信息处理流程和外部信息供需关系进行战略规划与设计。为实现资源共享，提高数据处理的效率和质量，应建立计算机辅助管理的系统。

为了建立工程项目信息与资料管理系统，并借助计算机进行工程项目信息与资料的管理，需要对工程项目信息与资料进行编码。编码是信息与资料处理的一项重要的基础工作，一个工程项目有不同类型和不同用途的信息和资料，为了有组织地存储信息，方便信息与资料的检索和加工整理，必须对工程项目的信息与资料进行编码。工程项目信息与资料的编码是由一系列符号（如文字）和数字组成，包括：项目的结构编码；项目管理组织结构编码；项目的政府主管部门和各参与单位编码（组织编码）；项目实施的工作项编码（项目实施的工作过程的编码）；项目的投资项编码（代建单位）/成本项编码（施工单位）；项目的进度项（进度计划的工作项）编码；项目进展报告和各类报表编码；合同编码；函件编码；工程档案编码等。

以上这些编码是因不同的用途而编制的，如投资项编码（代建单位）/成本项编码（施工单位）服务于投资控制工作/成本控制工作；进度项编码服务于进度控制工作。但是有些编码并不是针对某一项管理工作而编制的，如投资控制/成本控制、进度控制、质量控制、合同管理、编制项目进展报告等都要使用项目的结构编码，因此就需要进行编码的组合和细化。

1. 项目的结构编码对项目结构的每一层的每一个组成部分进行编码。

2. 项目管理组织结构编码对每一个工作部门进行编码。

3. 项目的政府主管部门和各参与单位的编码包括政府主管部门、委托方及其上级单位或部门、金融机构、监理单位、设计单位、施工单位、物资供应单位等。

4. 项目实施的工作项编码应覆盖项目实施的工作任务目录的全部内容，包括设计准备阶段的工作项、设计阶段的工作项、招投标工作项、施工和设备安装工作项、项目动用前的准备工作项等。

5. 项目的投资项编码并不是概预算定额确定的分部分项工程的编码，它应综合考虑概算、预算、标底、合同价和工程款的支付等因素，建立统一的编码，以服务于项目投资目标的动态控制。

6. 项目的进度项编码应综合考虑不同层次、不同深度和不同用途的进度计划工作项的需要，建立统一的编码，服务于项目进度目标的动态控制。

7. 项目进展报告和各类报表编码应包括项目管理形成的各种报告和报表的编码。

8. 合同编码应参考项目的合同结构和合同的分类，应反映合同的类型、相应的项目结构和合同签订的时间等特征。

9. 函件编码应反映发函者、收函者、函件内容所涉及的分类和时间等，以便函件的查询和整理。

10. 工程档案的编码应根据有关工程档案的规定、项目的特点和项目实施单位的需求而建立。

第二节　信息与资料管理的总体要求

工程项目信息与资料管理是在工程项目代建管理过程中形成的文字、图表、声像等各种信息记录，它是体现代建管理活动的重要形式，是反映工程质量的重要依据，是处理质量、安全事故和延期、索赔、合同争议及违约事件的有效凭证，对于工程建设及建成后的运行管理具有长期或永久的查询、考证和指导作用。因此，工程项目信息与资料管理的总体要求是：及时、真实、有效、完整、清晰、闭合。

一、及时性管理

及时性是做好信息与资料管理的前提。工程信息与资料是对建设工程实物质量情况的真实反映，因此要求各项工程项目的信息与资料必须按照建设工程施工的进度及时收集，并加以整理。质量控制、进度控制和投资控制要求工程项目信息与资料的整理必须及时，为各项目标的控制提供可靠的依据。因此，工程项目信息与资料的整理应杜绝拖沓滞后，资料收集、整理、编制、归档要及时。

二、真实性及有效性管理

真实性是做好工程项目信息与资料管理的灵魂。信息与资料的收集整理应该实事求是，客观准确，不能歪曲事实。所有信息与资料的整理应与施工过程同步。同时，应通过加强宣传、审核、监督等办法，杜绝编造虚假施工数据的行为。

三、完整性、 清晰性管理

完整性是做好工程项目信息与资料管理的基础。不完整的项目信息与资料将会导致片面性，不能系统地、全面地了解工程项目的运行状况。另外，工程项目信息与资料的卷目应符合资料结构的要求，保证内容完整，涉及的时间、地点、人员、过程要素清晰，具有可追溯性；编目应清晰，前后一致。应编制立卷总目录、各卷分目录；收发文、资料流转均应认真登记签收，资料移交应填写移交清单并签字，防止资料在传送、移交过程中缺失。

四、闭合性管理

工程项目信息与资料闭合性管理包括时间闭合和过程闭合管理。对具有持续进行特征的过程、事件，其时间记载应有连续性，有始有终；其过程也应闭合，比如施工组织设计、施工方案、施工进度计划审查要求修改补充的，工序报验不能通过要求修改的，必须有修改后重新报审、重新审核批复的资料；材料、设备不合要求指令退场的必须有退场报告；对施工缺陷发出整改指令必须取得施工回复并签署重新检查、批复意见。

第三节　档案资料的收集与质量要求

一、档案资料收集的范围

与工程项目建设有关的重要活动、记载工程建设主要过程和现状、具有保存价值的各种载体的文件，均应收集齐全，整理立卷后归档。具体资料收集、归档范围如表 15-2 所示。

表 15-2　工程项目资料收集、归档范围表

序号	归 档 文 件	备　注
一	可行性研究	
1	项目建议书及批复	
2	可行性研究报告	
3	项目评估	
4	环境预测、调查报告	
5	设计任务书、计划任务书、可行性报告的批复	
二	设计基础材料	
1	工程地质、水文地质、勘察设计、勘察报告、重要土岩说明	
2	水文、气象等其他设计基础材料	
三	设计文件	
1	总体规划设计	
2	初步设计文件及有关审批文件	
3	施工图设计	
4	审批的设计变更文件	
5	用地图	

续表 15-2

序号	归 档 文 件	备 注
四	工程管理文件	
1	征用土地批准文件及红线图	
2	建设用地呈报表	
3	征地数量明细表	
4	拆迁、补偿协议书	
5	承、发包及委托合同、协议、招标、租赁文件	
6	技术规范的补充文件和修改文件	
7	施工执照	
8	环保、劳动安全卫生、消防、规划等文件	
9	水、电、暖等供应协议书	
五	施工文件	
1	开工报告、工程技术要求、技术交底、图纸会审纪要	
2	施工组织设计、施工方案、施工计划、重要施工措施	
3	分项工程开工申请单及附件	
4	原材料及构成件出厂证明、质量鉴定报告	
5	原材料试验报告	
6	设计变更、工程更改洽商单、材料代用审批手续	
7	施工原始资料	
8	试验材料汇总表	
9	中间检验报检单及试验资料	
10	隐蔽工程验收记录	
11	工程记录及测试、沉降观测记录、事故处理报告	
12	分项、分部、单位工程质量检验评定报告	
13	施工总结、技术总结	
14	设备安装及调试记录	
15	工程声像资料	
六	监理文件	
1	监理规划	

续表 15-2

序号	归档文件	备注
2	各专业监理实施细则	
3	监理年度报告	
4	监理日志	
5	计量支付（含索赔文件）	
6	监理平行检验或实施记录材料	
7	监理过程中的声像材料	
8	监理会议纪要	
9	监理通知	
10	监理与项目法人、承包商、质检站等有关工程的来往文件	
七	项目代建管理文件	
1	工程项目代建管理规章制度（包括管理细则，管理手册等）	
2	项目招投标文件	
3	项目合同（包括项目代建、勘察、设计、监理、施工等合同）	
4	项目施工准备管理资料	
5	项目施工过程管理资料（包括质量、进度、投资、安全环保等）	
6	工程业务联系单（对委托方、使用单位、设计、监理和施工单位的来往文）	
7	项目代建周报、月报、会议纪要、通知等	
8	项目竣工验收和保修阶段管理资料等	

二、档案资料的收集

（一）项目建设各阶段文件的收集及其责任

1. 项目准备阶段。代建单位负责收集、积累和整理项目前期文件以及设备、工艺和涉外文件；勘察、设计单位负责收集、积累勘察、设计文件，并按规定向建设单位档案部门提交有关设计基础资料和设计文件。

2. 项目施工阶段。项目实行总承包的，由各分包单位负责其分包项目全部文件的收集、积累、整理，并提交总承包单位汇总；由委托方（或使用单位）分别向几个单位发包的，由各承包单位负责收集、积累其承包项目的全部文件；项目监理单位负责收集、积累项目监理文件。

工程项目代建单位负责监督、检查项目建设中文件收集、积累和完整、准确、系统情况，审核、签署竣工文件，并向委托方（或使用单位）提交有关专项报告、验证材料及其他文件。

3. 项目试运行阶段。使用单位负责收集、积累在生产技术准备和试运行中形成的文件；项目器材供应、财务管理单位或部门应负责收集、积累所承建项目的器材供应和财务管理中形成的文件。

（二）工程档案资料的载体

所谓载体，就是建设工程档案被记录的形式和方法，目前使用的载体有以下一些，其中最常用的为纸质载体。

1. 纸质载体：以纸张为基础的载体形式。

2. 微缩品载体：以照片为基础，利用微缩技术对工程资料进行保存的载体形式。

3. 电子载体：以计算机为基础，利用计算机技术对工程资料进行储存的形式。

4. 磁性载体：以磁性记录材料（磁带、磁盘等）为基础，对工程资料的电子文件、声音、图像进行储存的方式。

三、档案资料的质量要求

工程档案资料质量的基本要求是完整、准确、系统、安全、规范。

（一）工程档案资料的完整性

工程档案要齐全成套，并且种类也应完备。一方面，就单项工程建设活动形成的工程档案而言，应包括该活动全过程中形成的所有具有保存价值的文件，符合成套性的要求；另一方面，工程项目应按系统科学排列档案，使工程项目档案从个体到整体的构成更加合理，维护工程档案的不可分散性。

（二）工程档案资料的准确性

工程档案必须是真实的历史记录，并且在内容上始终与所反映的实际内容相一致。首先要求工程档案是其工程施工活动同期形成的真实的历史记录，保证如实地记录和反映工程建设的历史面貌。

（三）工程档案资料的系统性

保持工程档案之间的有机联系，不得任意肢解与组合，并且实现工程档案排列的有序化。

（四）工程档案的安全性

保证工程档案实体的安全，尽可能延长其自然寿命；同时还要求保护工程档案信息的安全，保护知识产权。

（五）工程档案的规范性

1. 归档的文件应为原件。

2. 工程文件的内容及其深度必须符合国家有关工程勘察、设计、施工、监理等方面的技术规范、标准和规程。

3. 工程文件的内容必须真实、准确，与工程实际相符合。

4. 工程文件应采用耐久性强的书写材料，如碳素墨水、蓝黑墨水，不得使用易褪色的书写材料，如红色墨水、纯蓝墨水、圆珠笔、复写纸、铅笔等。

5. 工程文件应字迹清楚，图样清晰，图表整洁，签字盖章手续完备；文字材料幅面尺寸规格宜为A4幅面（297mm×210mm）。

6. 文字材料编制的具体要求：

（1）文字材料的规格为A4幅面（297mm×210mm），小于A4规格的要进行托裱。应用A4纸（297mm×210mm）的白纸裱衬。托裱时，文件右边与白纸右边靠齐，左边应预留25mm装订边。同一卷内要求同样规格（整卷的文字材料都是16K幅面的可以不裱）。

凡纸张破损必须裱糊。

（2）归档的文字材料必须书写工整、字迹清晰、格式统一，一律以档案墨水笔（或者碳素墨水笔）书写，严禁使用圆珠笔或其他彩色笔书写、绘制、签批。

（3）文件材料要求各栏目填写完整、齐全、准确、不漏项、不漏签名和盖章。

（4）文件材料装订采用线装法。必须使用专用蜡线装订，装订孔采用三孔一线方法（孔间距80mm），装订线头外露在封底后。装订后的文件材料要求下边对齐、右边对齐，要求整齐、牢固、便于保管和利用。装订前应对文件材料逐份检查，并除去装订金属物，以免锈蚀纸张。

（5）每卷案卷装订时排列格式为：案卷封面——卷内目录——文件材料——备考表——封底。

（6）档案每卷案卷装订厚度应小于30mm（200页），否则一律重新装订。

（7）卷内文件页号的编写。卷内文件有书写内容的页面必须编写页号，要求正面标在右下角、反面标在左下角，卷内目录、备考表、封面均不编页号；托裱的文件编号标在原文件上，不能编在托裱的白纸上；每卷从"001"开始用号码机顺序编号。各卷之间不连号，一卷一个顺序号。

（8）案卷的卷内目录、案卷目录必须按建设单位规定的统一格式及要求进行打印。要求字迹清楚、图表整洁、签字手续完备。

（9）录音、录像文件应保证载体的有效性。

（10）复印、打印文件及照片的字迹、线条和影像的清晰及牢固应符合标定质量的要求。

7. 复印、打印文件及照片的字迹、线条和影像的清晰及牢固程度应符合设备标定质量的要求。

8. 录音、录像文件应保证载体的有效性。

（1）声像档案包括照片、录音带、录像带、影视片等载体。凡是归档的声像材料，必须图像清晰、声音清楚，同时必须是原版、原件，并加以必要的文字说明，文字、图片、档号、备考表相互注明。

（2）照片档案的构成应当由照片、底片（向外单位收集的可以没有底片）和文字说明三部分组成，归档时缺一不可。对有特殊保存意义的，应当复制成黑色底片保存。照片档案的整理应根据项目建设程序，按阶段——问题进行分类，并按照重要程度或时间顺序进行排列。

（3）录音带、录像带的整理按问题（内容、事由）进行分类。做到：永久性和周转性分开；机密性和一般性分开；不同版种（原版、复制版）分开。每盒（盘）的外套上要贴有标签，注明：内容、主要人物、形成日期、带长（分钟）、编号、型号和保管期限，并填写目录。

9. 长期存储的电子文件应使用不可擦除型光盘。

10. 竣工文件编制要求：

（1）项目施工及调试完成后，施工单位、监理单位应根据工程实际情况和标准要求编制项目竣工文件。

（2）项目前期文件由使用单位或者代建单位负责整理。

（3）竣工文件由施工单位负责编制，监理单位负责审核。主要内容有：施工综合管理文件，原始记录及质量评定文件、材料（构、配件）质量保证书及复试文件、测试（调试）及随工检查记录、建筑安装工程总量表、工程说明、竣工图、重要工程质量事故报告等。

(4) 对施工文件、施工图及设备技术文件的准确性和更改情况进行核实，并按要求修改或补充标注到相应的文件上。

(5) 与施工图有关的设计变更、现场洽商和材料变更应与竣工图编制在一起。

(6) 工程主管技术人员应对分管的项目文件进行审核把关，对相应的案卷进行检查并签字，对档案的真实性负责。

(7) 凡为易褪色材料（如复写纸、热敏纸）形成的文件，应附一份复印件。

(8) 施工技术文件除原始记录外均应微机打印。

(9) 资料要签字齐全，字迹清晰，纸质优良，保持整洁。不得用易褪色的书写材料书写、绘制，数据翔实准确，签署手续完备，符合规范化要求。分类分项明确，封面、目录、清单资料齐全，排列有序，逐页编码。

11. 竣工图编制要求：

(1) 工程竣工时要编制竣工图，竣工图由施工单位负责编制。

(2) 竣工图应完整、准确、清晰、规范，修改到位，真实反映项目竣工验收时的实际情况。

(3) 按施工图施工没有变动的，由竣工图编制单位在施工图上加盖并签署竣工图章。

(4) 一般性图纸变更及符合杠改或划改要求的变更，可在原图上更改，加盖并签署竣工图章。

(5) 涉及结构形式、工艺、平面布置、项目等重大改变及图面变更面积超过35%的，应重新绘制竣工图。重绘图按原图编号，末尾加注“竣”字，或在新图图标内注明“竣工阶段”，加盖并签署竣工图章。

(6) 同一建筑物、构筑物重复的标准图、通用图可不编入竣工图中，但应在图纸目录中列出图号，指明该图所在位置并在编制说明中注明；不同建筑物、构筑物应分别编制。

(7) 编制竣工图总说明及各专业的编制说明，叙述竣工图编制原则、各专业编制情况。

12. 竣工图的更改方法：

(1) 文字、数字更改一般是杠改；线条更改一般是划改；局部图形更改可以圈出更改部位，在原图空白处重新绘制。

(2) 利用施工图更改，应在更改处注明更改依据文件的名称、日期、编号和条款号。

(3) 无法在图纸上表达清楚的，应在标题栏上方或左边用文字说明。

(4) 图上各种引出说明应与图框平行，引出线不交叉，不遮盖其他线条。

(5) 有关施工技术要求或材料明细表等有文字更改的，应在修改变更处进行杠改，当更改内容较多时，可采用注记说明。

(6) 新增加的文字说明，应在其涉及的竣工图上作相应的添加和变更。

13. 竣工图章的使用：

(1) 竣工图章形式可从图15-1、图15-2中选用其一。

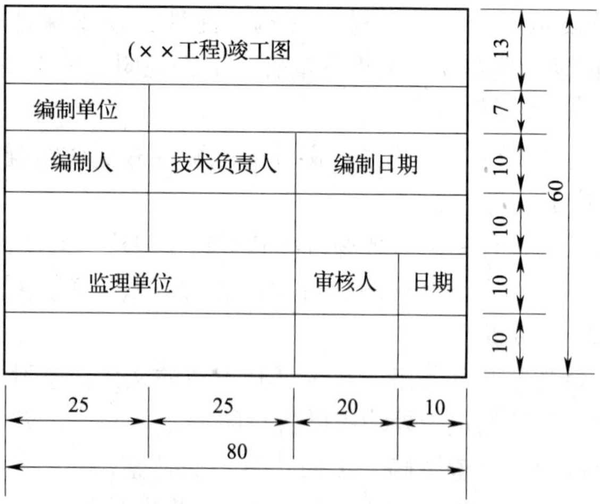

图 15-1　竣工图确认章（一）（比例 1:1，单位 mm）

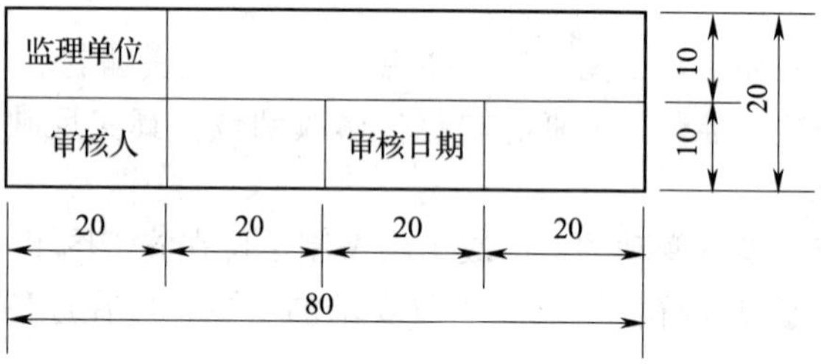

图 15-2　竣工图确认章（二）（比例 1:1，单位 mm）

（2）所有竣工图应由编制单位逐张加盖并签署竣工图章。竣工图章中的内容填写应齐全、清楚。

（3）竣工图章中所列各项签署者应为第一责任人，不能代签，由竣工图的编制和修改单位负责把关。其中，技术负责人指对该项目工程直接负责的技术人员。

（4）竣工图章应使用红色印泥，盖在标题栏附近空白处。

第四节　档卷内文件的排列、编目与装订

一、档卷内文件的排列

档卷内文件排列是指将每个档卷内的文件用一定的规律和顺序进行系统化排列，保持文件之间的有机联系和条理性，使每一份文件在档卷内都有一个固定的位置。卷内文件在系统排列以后，应当给卷内文件编写页码，以固定它们的排列顺序，有利于档卷内文件的统计和保护。

（一）卷内文件的整理

1. 文件的整理应遵循其自然形成规律，保持文件间的有机联系。

2. 一个项目由多个单位工程组成时，其文件应按单位工程进行整理。

3. 文件的分类排列：

(1) 将项目文件按项目前期文件、代建管理文件、监理管理文件、施工管理文件、竣工图和竣工验收文件等特征分开。

(2) 对各类文件进行系统整理，将不同属类、性质或不同阶段、专业、问题的文件，按程序、时间等顺序排列。

(二) 卷内文件的立卷

1. 立卷的基本原则：立卷应遵循工程文件的自然形成规律，保持卷内文件的有机联系，便于档案的保管和利用。一个建设工程由多个单位工程组成时，工程文件应按单位工程组卷。

2. 立卷的方法：工程文件可按建设程序划分为工程准备阶段文件、代建管理文件、监理管理文件、施工管理文件、竣工图、竣工验收文件六部分。工程准备阶段文件可按建设程序、专业、形成单位等组卷；代建管理文件可按代建管理程序、专业、形成单位等组卷；监理管理文件可按单位工程、分部工程、专业、阶段等组卷；施工管理文件可按单位工程、分部工程、专业、阶段等组卷；竣工图可按单位工程、专业等组卷；竣工验收文件按单位工程、专业等组卷。

3. 立卷过程中宜遵循以下要求：案卷不宜过厚，一般不超过30mm。案卷内不应有重份文件；不同载体的文件一般应分别组卷。

(三) 卷内文件的排列

1. 卷内文件一般文字在前，图样在后；批文在前，请示在后；正件在前，附件在后；印件在前，定稿在后；译文在前，外文在后。

2. 图纸一般折叠为297mm×210mm统一幅面，折叠方法采用“手风琴”式，图面朝里，标题栏外露。

(四) 卷内文件的编码

工程项目代建部门卷内文件的编码建议一般采用三段式：

第一段：为工程项目标识符，由汉语拼音或数字组成，一般采用项目名称的第一个拼音字母组成。

第二段：为文件和资料的大类中的分类顺序号，由两位阿拉伯数字组成，如大类中另有划分小类，则由四位阿拉伯数字组成，前两位为大类顺序号，后两位为小类顺序号。

第三段：为同一类文件和资料的顺序号，用三位阿拉伯数字表示，从“001”开始。段与段之间用短划线“-”隔开。

二、档卷内文件的编目

(一) 编写页号

1. 卷内按有书写内容的页面编写页号。每卷单独编号，案卷内页号顺序均从“1”开始，用阿拉伯数字依次标注，不装订的档卷，以件为单位，件内页号均从“1”起编写。

2. 页号编写位置：单面书写的文件在右下角；双面书写的文件，正面在右下角，背面在左下角。折叠后的图纸一律在右下角。

3. 成套图纸或印刷成册的文件自成一卷的，原目录可替代卷内目录，不必重新编写页号。

4. 两张以上小幅面文件托裱在同一页纸上的，按一页编写页号。

5. 案卷封面、卷内目录、卷内备考表不编写页号。

（二）填写卷内目录编制

卷内文件目录由顺序号、文件编号、文件题名、责任者、日期、页号、备注组成。各项内容均应填写清楚，具体格式详见附表 1。

1. 顺序号。用阿拉伯数字从“1”起依次标注卷内文件顺序，一份文件一个号。

2. 文件题名。填写文件标题全称。

3. 文件编号。填写文件的文号或图号，或设备、项目代号。

4. 责任者。填写文件的直接形成单位和个人，有多个责任者时，选择两个主要责任者，其余用“等”代替。

5. 日期。填写文件的形成日期。用八位阿拉伯数字填写。如：2008 年 1 月 1 日写作 20080101。

6. 页号。填写文件在卷内的起始页号。最后一份文件填写起止页号，用“首页号/末页号”表示。不装订的案卷填写每份文件的页数。

7. 卷内目录排列在案卷内首份文件之前。

（三）填写备考表

1. 卷内备考表主要表明卷内文件的总页数、各类文件页数（照片张数），以及立卷单位对案卷情况的说明。

2. 整理人。由立卷人签名。

3. 卷内备考表排列在卷内文件尾页之后。

4. 说明。案卷备考表的说明，主要说明卷内文件复印件情况、页码错误情况、文件的更换情况等。没有需要说明的事项可不必填写说明。具体格式详见附表 2。

（四）填写案卷封面

1. 案卷封面印刷在卷盒、档案盒、卷夹的正表面，也可采用内封面形式。案卷封面的式样应符合有关规定的要求。

2. 案卷封面的内容应包括：档号、案卷题名、编制单位、起止日期、密级、保管期限、共几卷、第几卷。

3. 档号应由分类号、项目号、案卷号组成。档号由档案保管单位填写。

4. 案卷题名应简明准确地揭示卷内文件的内容，一般包括单位或地区名称、项目名称（代字、代号）、卷内文件归纳内容及主要文种。

5. 编制单位应填写案卷内文件的组卷部门或项目负责部门。

6. 起止日期应填写案卷内全部文件形成的起止日期。

7. 保管期限分为永久、长期、短期三种期限。永久是指工程档案需永久保存。长期是指工程档案的保存期限等于工程的使用寿命。短期是指工程档案保存 20 年以下。同一类卷内有不同保管期限的文件，该案卷保管期限应从长。

8. 密级分为绝密、机密、秘密三种。同一案卷内有不同密级的文件，应以高密级为本卷密级。保管期限与密级均按有关规定填写。

9. 封面所用数字除案卷题名外，一律采用阿拉伯数字。具体格式详见附表 3。

（五）卷盒、卷夹、案卷脊背

1. 案卷装具一般采用卷盒、卷夹两种形式（公司统一为采用卷盒）。

（1）卷盒外表尺寸为310mm×220mm，厚度分别为20mm、30mm、40mm、50mm。

（2）卷夹外表尺寸为310mm×220mm，厚度一般为20～30mm。

（3）卷盒、卷夹应采用无酸纸制作（无酸纸档案盒）。

2. 案卷脊背的内容包括档号、案卷题名。案卷题名采用竖写形式自左至右书写。具体格式详见附表4。

三、档卷内文件的装订

档卷内文件的装订，是为了固定文件之间的排列顺序，保护文件不受损坏和散失，便于保管和利用。案卷装订的要求是；整齐、牢固，不影响阅读。

（一）文件的修整

为使档案能安全保存和有效利用，装订前对不符合利用要求的归档文件材料进行必要的修整。

1. 修裱破损文件。文件材料使用不当，就容易发生破损、局部残缺等现象。如有这种情况，文件装订前就需要进行修补。修裱是指使用黏合剂和纸张对破损文件进行修补和托裱，借以恢复文件的原有面貌，从而增加强度，延长寿命的过程。

2. 拆除易锈蚀的金属装订用品。文件装订时普遍使用的订书钉、大头针、曲别针等，其材料主要是铁、铝等金属，容易被空气中的有害气体氧化和腐蚀，进而损害文件纸张。所以在归档时应拆除金属物。

3. 复制字迹模糊或易褪变的文件。档案字迹材料的耐久性是决定档案寿命的重要因素。档案字迹材料因褪色、扩散而变得模糊不清时，就会影响档案的提供利用，因此需对字迹模糊或易褪变的文件进行复制。

4. 超大纸张折叠。档案盒尺寸是按照A4纸张的大小设计的，但实际工作中报表、图样等特殊形式的文件，幅面往往大于A4规格，因此需要折叠。折叠要求比较简单，一要尽量减少折叠次数，二是折痕应尽量处于文件字迹之外，三是面数较多时，宜单张折叠，便于日后的查阅利用。

（二）装订

1. 档卷内文件按件装订。装订时，正文在前，底稿在后；正文在前，附件在后；原件在前，复制件在后；转发文在前，被转发文在后；来文与复文作为一件时，复文在前，来文在后；结论性材料在前，依据性材料在后。有文件处理单的，应放在最前面，可以作为首页。不同文字的文本，无特殊规定的中文文本在前，外文文本在后，此外，若文件处理上有领导重要批示的，应将文件处理单保留并放在前面。

2. 为便于装订后的翻阅利用，装订前应将归档文件的“卷”内各页按一定方式对齐。通常情况下，采用左上角装订的，应将左、上侧对齐；采用左侧装订的，应将左、下侧对齐。对永久、长期保存的归档文件，要去掉金属物，文件材料薄的（一般掌握在5页以内）用化学胶棒粘贴左上角，文件材料一件较厚的，可采用三孔一线方法在左侧装订，对于装订成册不便拆钉的刊物、书籍等，不再拆钉重装，文件装订后用信封角套在左上角。对短期保存的归档文件，不必拆除原有书钉。

图15-3～图15-6档卷目录等式样。

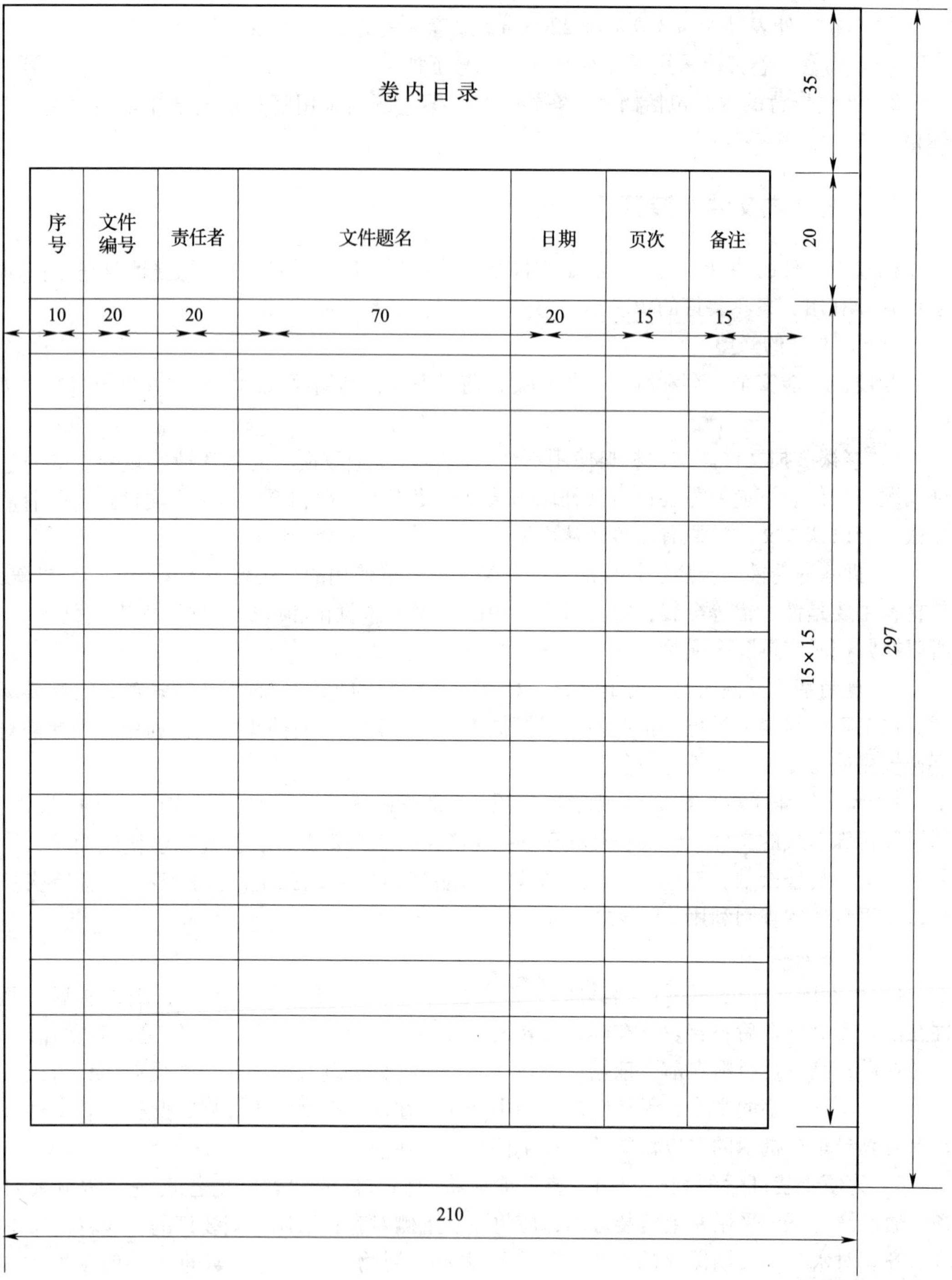

尺寸单位统一为: mm

比例1:2

图 15-3　卷内目录式样

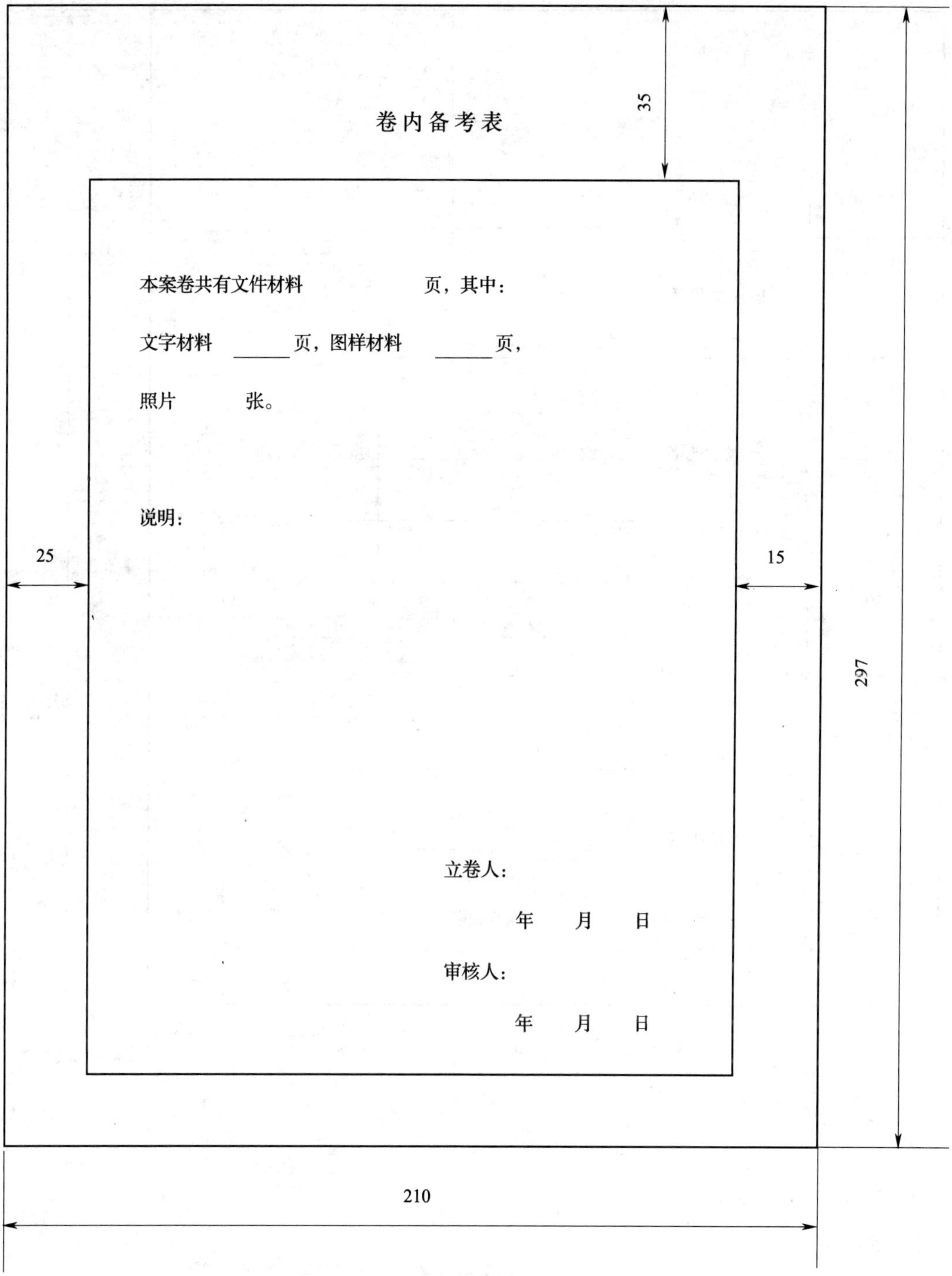

尺寸单位统一为:mm

比例1：2

图 15-4　卷内备考表式样

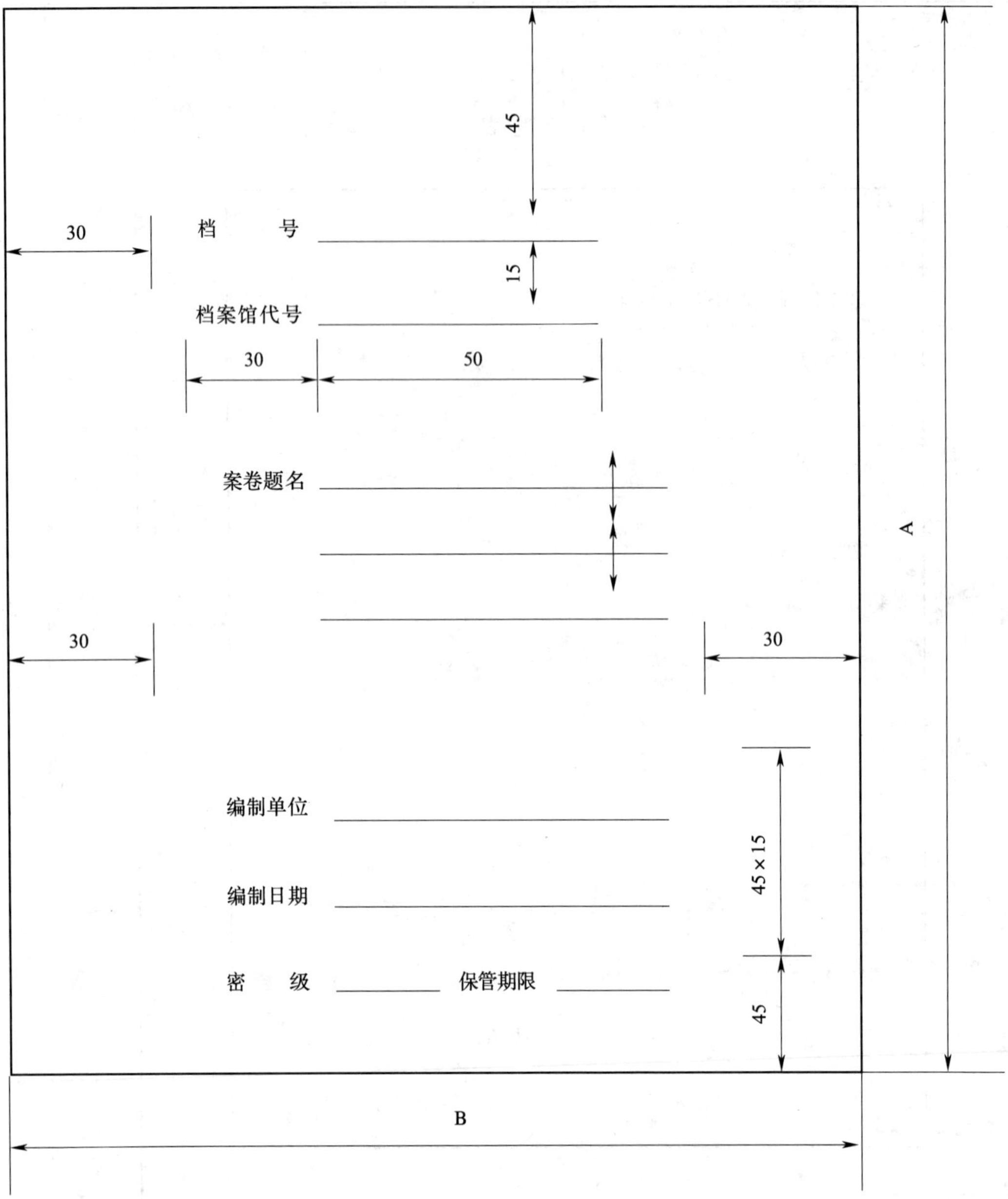

卷盒、卷夹封面A × B = 310 ×220

案卷封面A × B = 297 ×210

尺寸单位统一为：mm

比例1：2

图 15-5　案卷封面式样

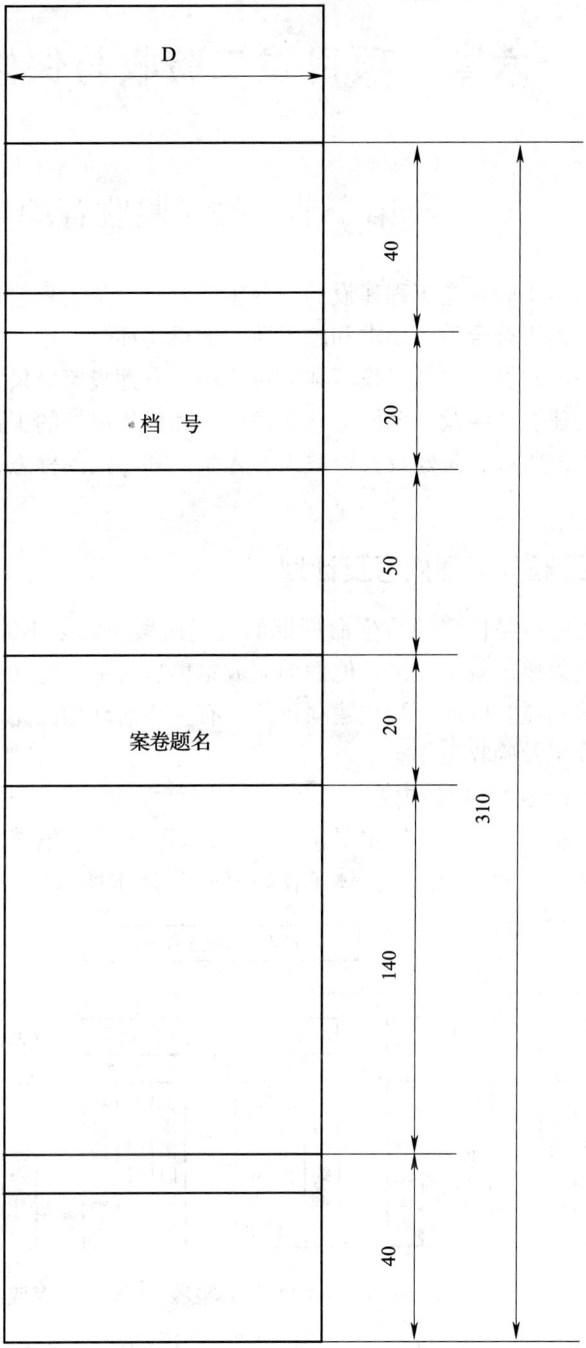

D = 20mm、30mm、40mm、50mm
尺寸单位统一为：mm
比例1：2

图 15-6 案卷脊背式样

第十六章　项目竣工验收与保修阶段管理

第一节　竣工验收管理

工程项目竣工验收是工程建设的一个主要阶段，是工程建设的最后一个程序，是全面检验工程建设是否符合设计要求和施工质量的重要环节；也是检查工程项目各参建方合同执行情况，促进建设项目及时投产和交付使用，发挥投资效果；同时，通过竣工验收，总结工程项目代建管理经验，全面考核建设成果和代建单位的工作绩效，为今后的项目代建管理工作积累经验。它是建设投资效果转入生产和使用的标志，也是代建单位的一项重要工作。

一、竣工验收管理内容及计划

竣工验收阶段是代建项目生命周期的最后阶段，如果不能做好必要的收尾及验收工作，项目各相关单位就不能终止他们为完成本项目所承担的义务和责任，也不能及时从项目获取应得的利益。因此，当代建项目的所有主要活动均已完成，项目经理部应当着手组织做好项目收尾及验收工作。

（一）竣工验收管理的内容

项目竣工验收管理的内容主要包括竣工收尾、验收、结算、决算、回访保修、管理考核评价及总结等方面的管理。具体工作内容如图 16-1 所示。

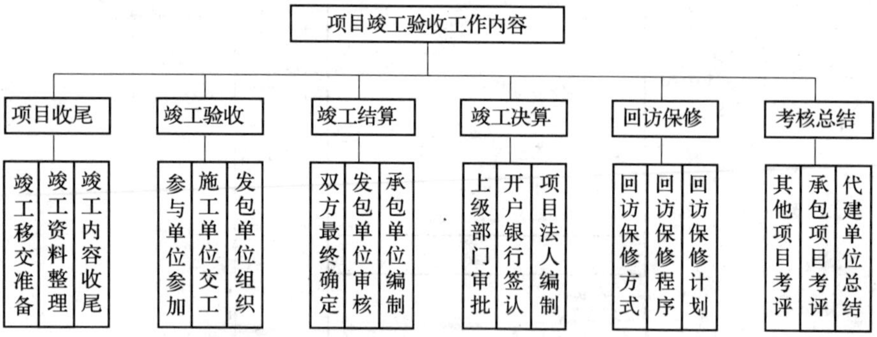

图 16-1　项目竣工验收管理内容构成图

1. 项目收尾。在项目竣工验收前，项目经理部应检查合同约定的哪些工作内容已经完成，或完成到什么程度，并将检查记录形成文件；总分包之间还有哪些连带工作需要收尾接口，项目近外层和远外层关系还有什么工作需要沟通协调，以保证竣工收尾顺利完成。

2. 竣工验收。项目竣工验收之前的有关收尾工作内容按计划完成后，除了施工单位自检评定外，应及时向代建单位和有关单位递交竣工申请验收报告。实行工程监理的项目，监理单位还应当签署工程竣工审查意见。代建单位应按竣工验收有关管理办法和法规，向参与项目各方发出竣工验收通知单，组织进行项目竣工验收。

3. 竣工结算。项目竣工验收条件具备后，施工单位应按合同约定和工程价款结算的规定，及时编制并向代建单位递交项目竣工结算报告及完整的结算资料，经双方确认后，按有关规定办理项目竣工结算。之后施工单位应按时移交工程成品，并建立交接记录，完善交工手续。

4. 竣工决算。项目竣工决算是由委托方（或代建单位代委托方）编制的从筹建到竣工投产或使用全过程的全部实际支出费用的经济文件。竣工决算综合反映竣工项目建设成果和财务情况，是竣工验收报告的重要组成部分。按国家有关规定，所有新建、扩建、改建的项目竣工后都要编制竣工决算。

5. 回访保修。项目竣工验收后代建单位应组织施工单位按有关规定采取适宜的回访方式为顾客提供售后服务，并将此纳入各自单位的质量管理体系。

6. 考核总结。项目结束后，应对项目管理的运行情况进行全面考核评价。通过定量指标和定性指标的分析、比较，从不同角度总结项目管理经验，找出差距，提出改进处理意见。

（二）竣工验收管理计划

工程项目进入竣工收尾阶段后，其工作最大特点是：大量的施工任务已经完成，小的修补任务却十分零碎，存在大量资料综合、整理工作。因此，在这个阶段，项目代建单位必须做好收尾、竣工准备和善后工作。要编制详细的管理工作计划，明确分工管理责任制，做到因事设岗，以岗定则，以则考核，限期完成。

竣工验收管理计划的内容应包括现场施工和资料整理两部分，两者缺一不可，两部分都关系到竣工条件的形成，主要内容应包含以下几个方面：

1. 竣工项目名称。
2. 竣工项目收尾具体内容。
3. 竣工项目质量要求。
4. 竣工项目进度计划安排。
5. 竣工项目文件档案资料整理要求。

项目竣工验收管理计划的内容编制格式如表 16-1 所示。

表 16-1　项目竣工验收管理计划

序号	项目名称	简要内容	起止时间	作业队组	班组长	竣工资料	整理人	验证人

项目经理：　　　　　　　　　　技术负责人：　　　　　　　　　编制人：

项目竣工验收工作完成前，代建单位应定期和不定期地组织有关单位对项目竣工验收管理计划进行反复的检查，对列入管理计划的内容逐项进行核对，做到完工一项、验证一项、消除一项，不给竣工收尾留下遗憾。

二、竣工验收的范围及依据

（一）竣工验收的范围

1. 正常情况下的验收范围。根据国家颁布的有关工程建设法律法规的规定，凡新建、扩建、改建的基本建设项目（工程）和技术改造项目，按照批准的设计文件所规定的内容建成，符合验收标准的，即工业项目经过投料试车调试（带负荷运转）、能生产出合格产品、形成生产能力的，非工业项目符合设计要求，能够正常使用的，必须及时组织验收，办理固定资产移交手续。

2. 特殊情况下的验收范围。在某些特殊情况下，工程施工虽未全部按设计要求完成，也可以进行验收。这些特殊情况包括：

（1）因少数非主要设备或某些特殊材料短期内不能解决，虽然工程内容尚未全部完成，但已可以投产或使用的工程项目；

（2）按规定的内容已经建设完成，但因外部条件的制约，而使已建成工程不能投入使用的项目；

（3）有些建设工程项目或单项工程，已经形成部分生产能力，或实际上生产单位已经使用，但近期内不能按原设计规模续建，应从实际情况出发，报主管部门（公司）批准后，可以缩小规模，对已完成的工程和设备，应组织竣工验收，移交固定资产。

（二）竣工验收的依据

按照我国现行的有关规定，项目竣工验收的依据主要包括：

1. 国家有关行政主管部门对该项目的批复文件，包括可行性研究报告及批复文件、环境影响评价报告及批复文件、设计任务书、初步设计批复文件，以及与项目建设有关的各种文件。

2. 工程设计文件，包括初步设计或扩大初步设计、技术设计、施工图设计和设计说明。

3. 设备技术资料，主要包括设备清单及其技术说明书。

4. 与项目相关的标准规范，包括现行的工程施工及验收规范、工程质量检验评定标准等。

5. 招标及合同文件，包括施工单位的工作内容和应达到的标准，以及施工过程中的设计修改变更通知书等。

6. 全部竣工资料，包括全部工程的竣工图和说明。

在正式竣工验收时，还应审查建设项目的规模、工艺流程、各种管线、土地使用、建筑工程的建筑面积和结构形式、技术装备、技术标准、环境保护设施、劳动卫生、安全消防等是否与各种批准的文件内容和合同文件相一致；对从国外引进新技术、关键设备或成套设备的项目，以及中外合资建设的项目，还应按照签订的合同和外国提供的设计文件等资料进行审核验收。

三、竣工验收的条件

项目竣工验收一般应达到以下条件：

1. 生产性项目和辅助性公用设施，已按设计要求建成，能满足生产使用。

2. 主要工艺设备配套设施经联动有负荷试车合格，形成生产能力，能够生产出符合设计文件规定的合格产品。

3. 生产准备工作能适应投产的需要。

4. 环境保护设施、劳动安全卫生设施、消防设施以及必需的生活设施已按设计要求与主体工程同时建成，并经有关专业部门验收合格可交付使用。

5. 有完整的技术档案和施工管理资料。

6. 有工程使用的主要建设材料、建筑构配件和设备的进场试验报告。

7. 有勘察、设计、施工、监理等单位分别签署的质量合格文件。

8. 有施工单位签署的工程质量保修书。

以上是项目竣工验收应达到的基本条件。不同行业、不同性质的项目有不同的要求，各工程项目除了应遵循这些共同标准外，还应按照各个行业的规定执行。竣工验收前是否要经过生产试运行阶段，不同的行业、不同性质的项目也会有不同的要求，也应按照各个行业的规定办理。

四、竣工验收的程序

根据建设项目的规模大小和复杂程度，可分为初步验收和正式验收两个阶段。建设规模较小而且简单的项目，可以采用一次性全部建设项目竣工验收；建设规模较大且较复杂的项目，一般应先进行初验，然后进行全部建设项目的竣工验收。

（一）竣工验收准备

1. 竣工验收方案的编制。在竣工验收前，代建单位要与有关单位共同制定详细周密的验收方案，以保证验收工作的顺利实施。竣工验收方案的内容包括：

（1）验收目标及要求。根据施工合同规定的目标，提出具体要求；

（2）验收评定标准。国家验收规范、设计文件、施工合同规定的质量标准；

（3）验收进度计划。应排出各单位初验时间、消除缺陷整改期限及整体正式验收时间；

（4）验收程序及步骤。根据国家有关规定，确定验收的程序及步骤；

（5）验收组织与分工。确定验收领导小组成员、专家组成员、专业验收单位及成员、验收人员职责；

（6）竣工资料的整理要求。包括开数、份数、卷宗编号、装订要求、资料内容要求及完成时间等。

2. 竣工验收申报前各项工作的准备。建设项目全部完成，经过各单位工程的验收，符合设计要求，经过工程质量核定达到合格标准。施工单位要按照国家有关规定，整理各项交工文件及技术资料，工程盘点清单，工程决算书，工程总结等必要文件资料，交工报告。代建单位要督促和配合施工单位、监理单位、设计单位做好工程盘点、工程质量评价、资料文件的整理，具体包括：

（1）建设项目所有申报及批复文件；

（2）建设项目开工报告、竣工报告；

（3）竣工工程项目一览表（含工程名称、位置、面积、概算、装修标准、功能）；

（4）设备清单（含设备名称、规格、数量、产地、主要性能、单价、备品备件名称与数量等）；

（5）建设项目土建施工记录，隐蔽验收记录及施工日志；

（6）建筑物的原形测试记录（含沉降、变形、防震、绝缘、密闭、隔热等）；

（7）设计交底、设计图会审记录、设计变更通知书、技术变更核实单等；

（8）工程质量事故调查、处理记录；

（9）工程质量检验评定资料；

（10）试车调试、生产试运行原始记录及总结资料；

（11）环境、安全卫生、消防安全考核记录；

（12）全部建设项目的竣工图；

（13）建设项目文件资料全部立案归档；

（14）各项专业验收组的验收报告及验收纪要；

专业验收一般为移民与安置、环境保护、工业卫生、档案管理、人防、消防等。不同的行业有不同的验收范围、要求和规定。

（15）竣工决算报告；

（16）其他相关资料的准备。

（二）自检和初步验收（预验收）

代建单位确认达到竣工条件后，应按规定向所在上级主管部门及委托方报告，进行项目竣工自查验收，填写工程质量竣工验收记录、质量控制资料核查记录、工程质量观感记录表，并对工程施工质量做出合格结论。施工单位自检的步骤如下：

1. 属于施工单位独立承包的施工项目，应由企业技术负责人组织施工单位有关人员对工程质量进行自检评定，并做好质量检验记录。

2. 依法实行总分包的项目，应按照法律、行政法规的规定，施工单位应承担质量连带责任，并按规定的程序进行自检、复检和报审，直到项目竣工交接报验结束为止。建设工程项目总分包竣工报检的一般程序如图 16-2 所示。

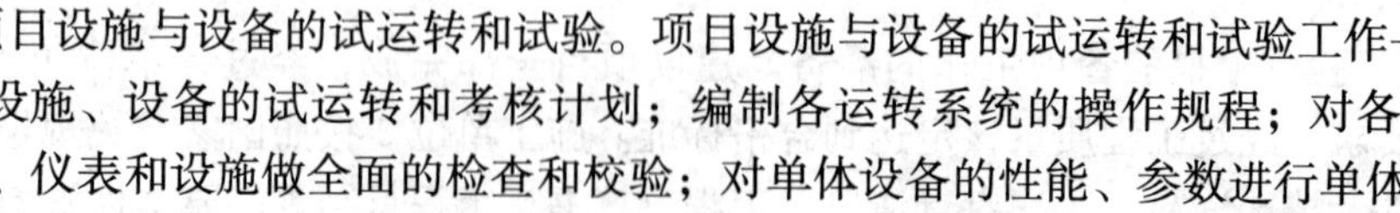

图 16-2　项目总分包竣工报检程序

3. 项目设施与设备的试运转和试验。项目设施与设备的试运转和试验工作一般包括：安排各种设施、设备的试运转和考核计划；编制各运转系统的操作规程；对各种工艺设备、电器、仪表和设施做全面的检查和校验；对单体设备的性能、参数进行单体运转和考核；进行电气工程的全负荷试验，管网工程的试水、水压试验等。试车及竣工程序如图 16-3 所示。

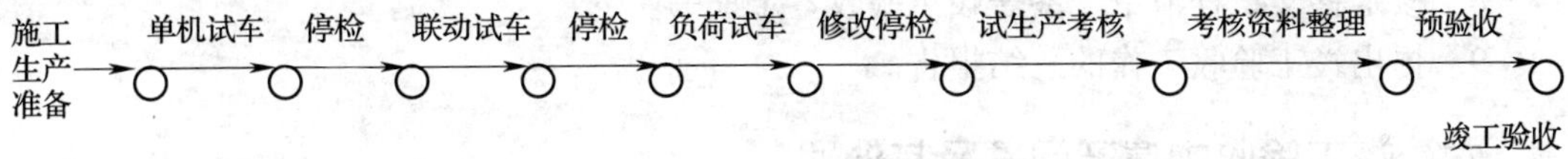

图 16-3　试车及竣工程序图

当项目达到竣工报检条件后，施工单位应向监理单位递交工程竣工报验单，提请监理单位组织竣工预验收，审查工程是否达到正式竣工验收的要求，并对各项文件、资料进行审查。经过初步验收，找出不足之处，进行整改。然后由代建单位提请委托方或使用单位向负责验收的单位或部门提出竣工验收申请报告。

（三）正式验收

政府主管部门或负责验收的单位接到正式验收申请报告后，经审查符合验收条件时，要及时组织安排验收。组成有关专家、部门代表及有关单位人员参加的验收委员会，对竣工验收报告分专业进行认真审查，然后提出竣工验收鉴定书。

五、竣工验收的组织

项目竣工验收组织形式一般可分为三种：对于建设规模大和工程复杂的项目，组建项目验收委员会进行验收；对于规模小而且工程简易的项目，则组成建设项目验收组进行验收；对于特大型项目和项目特别复杂的，除组建验收委员会外，还应另外组织专家咨询机构，为竣工验收做细致的准备和复核工作。

（一）验收委员会（组）成员组成

项目验收委员会或验收组由项目使用单位负责组织，其成员除验收主管部门外，应由贷款银行、环保、消防、劳动、统计等有关部门的专业技术人员和专家组成；使用单位、代建单位、监理单位、施工单位、勘察设计单位、主要材料设备供应商以及项目建设的相关单位也应参加工程验收。

（二）验收委员会或验收组的主要职责和任务

1. 听取建设项目使用单位或代建单位全面工作汇报和有关单位的工作总结报告。

2. 审查工程档案资料。如建设项目可行性研究报告、设计文件、有关重要会议记录和各种批文、主要合同、协议，建设项目竣工图资料等各项主要技术资料和项目文件。

3. 查验建设工程现场。结合现场生产运营情况，实地查验建筑工程和设备安装工程，对主要工程部位的施工质量和主要生产设备的安装质量进行复验和鉴定，对工程设计的先进性、合理性、适用性、经济性进行评审鉴定。

4. 审查生产准备。生产试车调试、生产试运行、各项生产准备工作情况，以及操作规程、生产管理规章制度等。

5. 审核竣工决算。核实建设项目全部投资的执行情况和投资效果。

6. 作出全面评价结论。对工程设计、施工和设备质量、环境保护、安全卫生、消防等方面，作出客观、求实的评价，对整个工程做出全面验收鉴定，对项目投入生产运行作出可靠性结论。

7. 核定工程收尾项目，对遗留问题提出具体解决意见，限期落实完成。

8. 核定移交工程清单，签署竣工验收鉴定证书。

9. 提出竣工验收工作的总结报告。

六、竣工验收中遗留问题及其处理

（一）遗留问题的种类

一个大型或特大型项目，竣工验收时不可避免地存在或多或少的遗留问题，常见的遗留问题主要有以下几种：

1. 遗留的尾工。属于承包合同范围内遗留的尾工，要求施工单位在限定的时间内扫尾完成；属于各承包合同之外的少量工程尾工，项目使用单位可以一次或分期划给生产单位包干实施；分期建设分期投产的工程项目，前一期工程验收时遗留的少量尾工，可以在建设后一期工程时一并组织实施。

2. 协作配套工程。投产后原材料、协作配套供应的物资等外部条件不落实或发生变化，验收交付使用后由建设项目使用单位和有关主管部门抓紧解决；由于产品成本高、价格低，或产品销路不畅，验收投产后要发生亏损的工业项目，仍应按时组织验收。

3. “三废”治理工程。“三废”治理工程必须严格按照规定与主体工程同时设计、同时施工、同时投产交付使用，对于不符合要求的情况，验收委员会应会同地方环保部门，予以认真对待，凡危害严重的“三废”治理，在未解决前不允许投料试车，否则要追究责任。

4. 劳保安全措施。劳保安全措施必须严格按照规定与主体工程同时建成，同时交付使用。对竣工时遗留的或试车中发现必须新增的安全、卫生保护措施，要安排投资和材料限期完成。完成后另行组织验收。

5. 工艺技术和设备缺陷。对于工艺技术有问题、设备有缺陷的项目，除应追究有关方的经济责任和索赔外，可根据不同情况区别对待。

（1）经过投料试车考核，证明设备性能确实达不到设计能力的项目，在索赔之后征得原批准单位同意，可在验收中根据实际情况重新核定设计能力；

（2）主管部门审查同意，继续作为投资项目调整、公关，以期达到预期生产能力，或另行调整用途。

（二）遗留问题的处理

办理竣工验收时，对于这些遗留问题应根据《建设项目（工程）竣工验收办法》，按照“对遗留问题提出具体解决意见，限期落实完成”的规定，实事求是地进行妥善处理，核实剩余工程数量，按工程设计留足投资和工程材料，明确负责单位，限期完成。

七、竣工验收中有关工程质量的验收与处理

根据《建筑工程施工质量验收统一标准》及各行业工程施工质量验收标准，工程质量验收的层次划分为：检验批、分项工程、分部（子分部）工程、单位（子单位）工程。其中检验批和分项工程是质量验收的基本单元，分部工程是在所含全部分项工程验收的基础上进行验收的，它们是施工过程中随完工随验收；而单位工程是完整的具有独立使用功

能的建筑产品，需要进行最终的竣工验收。

（一）单位（子单位）工程质量验收

1．单位（子单位）工程质量合格规定：

（1）单位（子单位）工程所含分部（子分部）工程的质量应验收合格；

（2）质量控制资料应完整；

（3）单位（子单位）工程所含分部工程有关安全和功能的检验资料应完整；

（4）主要功能项目的抽查结果应符合相关专业质量验收规范的规定；

（5）观感质量验收应符合要求。

2．单位（子单位）工程质量验收程序：

（1）单位（子单位）工程质量验收程序。当单位（子单位）工程完工后，施工单位应进行自检。自检合格后，向监理单位提交工程竣工报验单，由监理单位进行工程初验。监理单位验收单位工程的程序如下：

①审查施工单位提交的验收资料，包括各种质量控制资料、试验报告以及各种有关的技术性文件等。若所提交的文件资料不齐全或有相互矛盾和不符之处，应指令施工单位补充、核实及改正；

②审核施工单位提交的竣工图，并与已完工程、有关的技术文件（如设计图纸、工程变更文件、施工记录等）对照进行核查；

③进行现场检查。如发现质量问题，应指令施工单位进行处理；

④初验合格后，签认施工单位提交的工程竣工报验单并上报代建单位，同时提出工程质量评估报告。

（2）质量评估报告的主要内容。工程质量评估报告主要包括以下内容：

①工程项目建设情况概述，参建各方的单位名称、负责人；

②工程检验批、分项工程、分部工程、单位工程的划分情况；

③工程质量验收标准，各检验批、分项工程、分部工程的质量验收情况；

④地基与基础分部工程中，涉及桩基工程的质量检测结论，基槽承载力检测结论；涉及结构安全及使用功能的检测结论；建筑物沉降观测资料；

⑤施工过程中出现的质量事故及处理情况，验收结论；

⑥结论。本单位工程是否达到合同约定；是否满足设计文件要求；是否符合国家强制性标准规定等。

3．单位（子单位）工程质量竣工验收内容。单位工程质量验收也称质量竣工验收，是建筑工程投入使用前的最后一次验收，也是最重要的一次验收。验收合格的条件有五个：除构成单位工程的各分部工程应该合格，并且有关的资料文件应完整以外，还应进行以下三方面的检查：

（1）对涉及安全和使用功能的分部工程进行检验资料的复查。不仅要全面检查其完整性（不得有漏检缺项），而且对分部工程验收时补充进行的见证抽样检验报告也要进行复核。这种强化验收的手段体现了对安全和主要使用功能的重视。

（2）对主要使用功能进行抽查。使用功能的检查是对建筑工程和设备安装工程最终质量的综合检查，也是用户最为关心的内容。因此，在分项、分部工程验收合格的基础上，竣工验收时须再作全面检查。抽查项目是在检查资料文件的基础上由参加验收的各方人员商定，并用计量、计数的抽样方法确定检查部位。检查时按有关专业工程施工质量验收标准的要求进行。

（3）由参加验收的各方人员共同进行观感质量检查。检查的方法、内容、结论等应在分部工程的相应部分中阐述，最后共同确定是否通过验收。

4. 单位（子单位）工程质量竣工验收记录。单位工程质量验收的汇总表，单位（子单位）工程质量验收表。要与分部（子分部）工程验收记录和单位（子单位）工程质量控制资料核查记录、单位（子单位）工程安全和功能检验资料核查及主要功能抽查记录、单位（子单位）工程观感质量检查记录配合使用。

验收记录由施工单位填写，验收结论由监理单位或代建单位填写。综合验收结论由参加验收各方共同商定，使用单位填写，应对工程质量是否符合设计和规范要求及总体质量水平做出评价。

（二）工程质量不符合要求时的处理

一般情况下，不合格现象在检验批的验收时就应发现并及时处理，所有质量隐患必须尽快消灭在萌芽状态，否则将影响后续检验批和相关的分项工程、分部工程的验收。但非正常情况可按下述规定进行处理：

1. 经返工重做或更换器具、设备的检验批，应重新进行验收。这种情况是指主控项目不能满足验收规范规定或一般项目超过偏差限制的子项不符合检验规定的要求时，应及时进行处理的检验批。其中，严重的缺陷应推倒重来；一般的缺陷通过返修或更换器具、设备予以解决，应允许施工承包单位在采取相应的措施后重新验收。如能够符合相应的专业工程质量验收规范，则应认为该检验批合格。

2. 经有资质的检测单位鉴定达到设计要求的检验批，应予以验收。这种情况是指个别检验批发现试块强度等不满足要求等问题，难以确定是否验收时，应请具有资质的法定检测单位检测，当鉴定结果能够达到设计要求时，该检验批应允许通过验收。

3. 经有资质的检测单位鉴定达不到设计要求但经原设计单位核算认可能满足结构安全和使用功能的检验批，可予以验收。

一般情况下，规范标准给出了满足安全和功能的最低限度要求，而设计往往在此基础上留有一些余量。不满足设计要求和符合相应规范标准要求，两者并不矛盾。

4. 经返修或加固的分项、分部工程，虽然改变外形尺寸但仍能满足安全使用要求，可按技术处理方案和协商文件进行验收。

这种情况是指更为严重缺陷或范围超过检验批的更大范围内的缺陷可能影响结构的安全性和使用功能。如经法定检测单位检测鉴定以后认为达不到规范标准的相应要求，即不能满足最低限度的安全储备和使用功能，则必须按一定的技术方案进行加固处理，使之能保证其满足安全使用的基本要求。这样会造成一些永久性的缺陷，如改变结构的外形尺寸，影响一些次要的使用功能等。为了避免社会财富更大的损失，在不影响安全和主要使用功能的条件下，可按处理技术方案和协商文件进行验收，但不能作为轻视质量而回避责任的一种出路，这是应该特别注意的。

5. 通过返修或加固仍不能满足安全使用要求的分部工程、单位（子单位）工程，严禁验收。

八、竣工资料与工程移交

（一）竣工资料移交

竣工档案是项目竣工验收的重要条件之一，来自于项目参建各单位在项目实施期间收集积累的工程文档资料。工程档案资料管理的好坏，直接影响到竣工档案的系统性、完整性和准确性。代建单位应根据《基本建设项目档案资料管理暂行规定》、《建设项目竣工文件编制及档案管理规范》以及《建设工程文件规定管理规范》的规定，要求所有参加项目建设的单位，包括设计、施工、监理等单位，要在代建单位的统一组织安排下，分工负责，按照工程编序建立项目档案体系，对本单位分管项目的工程文档进行全面系统的收集、整理、归档后妥善保存；在单项（单位）工程交工验收时，经监理工程师签证、代建单位检查复核后，移交给项目委托方保管。竣工移交资料主要包括：

1. 项目审批文件。包括项目立项、可行性研究、环境影响评价、项目评估等所有申报及批复文件，规划、环保、消防、卫生、人防、抗震等文件；建设项目用地、征地拆迁文件；工程勘察、测绘和工程设计文件；工程超标及相关合同文件；工程概算、施工预算；工程监理文件；工程施工总结等。

2. 项目技术文件。包括施工文件；施工组织设计、技术交底、开工报告等；图纸会审、设计变更洽商记录；原材料试验报告、定位测量等；设备试验报告记录；预检记录、隐蔽检验记录；工程质量事故处理记录。

3. 项目设备清单。包括设备名称、规格、数量、产地、出厂合格证、设备图纸、说明书、设备性能、备品备件名称等。

4. 项目竣工文件。包括竣工验收及批复，验收会议文件等；竣工技术资料；建设项目竣工图；水、暖、电器、管线等设备系统布置图及设计说明书；生产设备安装施工图及说明书；建设项目质量评审资料，工程设计总说明书以及竣工验收委员会（小组）会议记录及鉴定书等；建设项目财务决算，建设项目审计结论。

5. 项目财务文件。包括年度财务计划；建设项目概算、预算和决算；固定资产移交清单及交接凭证；主要耗材、器材移交清单。

6. 项目运行技术文件。包括运行技术设备；试车调试、生产试运行原始记录和总结资料；生产操作规程、事故分析报告等。

7. 项目科研文件。包括科研计划；试验分析、计算等。

8. 项目涉外文件。包括项目涉外有关文件；项目涉外有关技术问题。

9. 环境、安全卫生、消防安全考核记录。

10. 相应的单个专业验收组的验收报告及验收纪要。

（二）工程移交

在项目竣工结算价款支付完后，施工单位应按承包的工程项目名称和约定的交工方式，向代建单位和使用单位移交工程项目。办理工程移交的工作内容主要包括：

1. 向代建单位和使用单位移交工程时，施工单位应将工程室内外卫生打扫干净，达到窗明、地净、灯亮、水通、排污畅通，动力系统可以使用。

2. 向代建单位和使用单位移交工程竣工资料，在规定的时间内，按工程竣工资料清单目录，进行逐项交接，办清交验签章手续。

3. 原施工合同中未包括工程质量保修书附件的，在移交竣工工程时，应按有关规定签署或补签工程质量保修书。

第二节　竣 工 结 算

项目竣工结算是施工单位在所承包的工程按照合同规定的内容全部完工，并通过竣工验收之后，与发包人进行的最终工程价款的结算。这是建设工程施工合同双方围绕合同最终总的结算款的确定所开展的工作。

一、竣工结算的编制

项目竣工结算的编制可依据下列资料：

1. 施工合同。
2. 中标投标书的报价单。
3. 施工图及设计变更通知单、施工变更记录、技术经济签证。
4. 工程预算定额、取费定额及调价规定。
5. 有关施工技术资料。
6. 工程竣工验收报告。
7. 工程质量保修书及其他有关资料。

项目竣工结算是在原项目投标报价或合同价的基础上，根据所收集、整理的各种结算资料，如设计变更、技术核定、现场签证、工程量核定单等，进行直接费的增减调整计算，按取费标准的规定计算各种费用，最后汇总为工程结算造价。项目竣工结算由施工单位负责编制，代建单位审查或委托工程造价咨询单位审核，施工单位和代建单位最终确定。

编制工程竣工结算，除应具备设计施工图和竣工图、工程预算定额、取费标准、调价规定等依据外，还应包括工程变更、修改、签证和与办理竣工结算有关的其他资料。

二、竣工结算的程序

项目竣工结算的程序可按以下三种方式进行：

1. 一般工程结算程序，如图 16-4 所示。

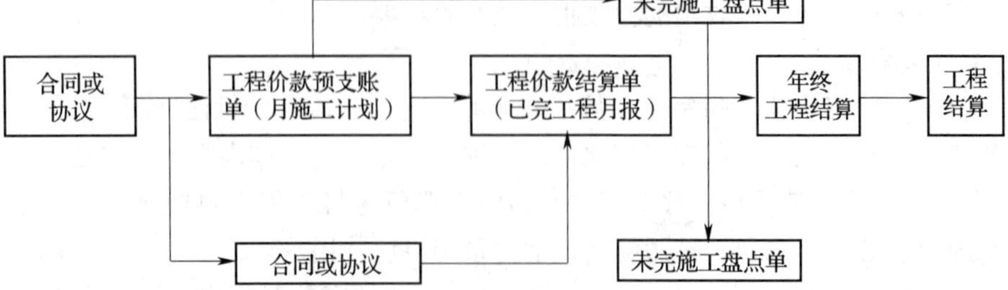

图 16-4　一般工程结算程序图

2. 竣工验收一次结算程序，如图 16-5 所示。

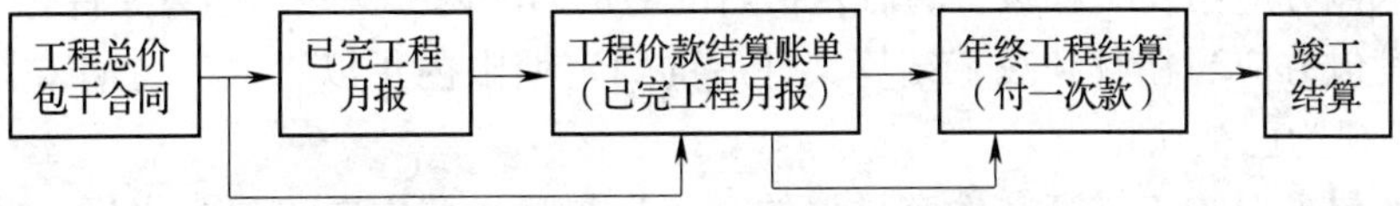

图 16-5　竣工验收一次结算程序图

3. 分包工程结算程序，如图 16-6 所示。

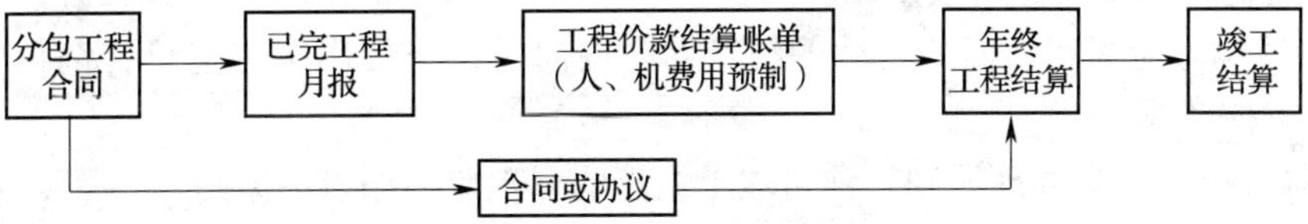

图 16-6　分包工程结算程序图

三、竣工结算的办理

1. 项目竣工结算办理规定。《建设工程施工合同文本（范本)》通用条款对竣工结算作了如下规定：

(1) 工程竣工验收报告经发包人认可后 28 天内，承包人向发包人递交竣工结算报告及完整的结算资料，双方按照协议书约定的合同价款及专用条款约定的合同价款调整内容，进行工程竣工结算。

(2) 发包人收到承包人递交的竣工结算报告及结算资料后 28 天内进行核实，给予确认或者提出修改意见。发包人确认竣工结算报告通知经办银行向承包人支付工程竣工结算价款。承包人收到竣工结算价款后 14 天内将竣工工程交付发包人。

(3) 发包人收到竣工结算报告及结算资料后 28 天内无正当理由不支付工程竣工结算价款，从第 29 天起按承包人同期向银行贷款利率支付拖欠工程价款的利息，并承担违约责任。

(4) 发包人收到竣工结算报告及结算资料后 28 天内不支付工程竣工结算价款，承包人可以催告发包人支付结算价款。发包人在收到竣工结算报告及结算资料后 56 天内仍不支付的，承包人可以与发包人协议将该工程折价，也可以由承包人申请人民法院将该工程依法拍卖，承包人就该工程折价或者拍卖的价款优先受偿。

(5) 工程竣工验收报告经发包人认可后 28 天内，承包人未能向发包人递交竣工结算报告及完整的结算资料，造成工程竣工结算不能正常进行或工程竣工结算价款不能及时支付，发包人要求交付工程的，承包人应当交付；发包人不要求交付工程的，承包人承担保管责任。

(6) 发包人承包人对工程竣工结算价款发生争议时，按本通用条款第 37 条关于争议的约定处理。

为加强结算管理，原建设部颁布的《建筑工程施工发包与承包计价管理办法》中对竣工结算也作了相关规定：

建筑工程发承包双方应当按照合同约定定期或者按照工程进度分段进行工程款结算。

工程竣工验收合格，应当按照下列规定进行竣工结算：

（1）承包方应当在工程竣工验收合格后的约定期限内提交竣工结算文件。

（2）发包方应当在收到竣工结算文件后的约定期限内予以答复。逾期未答复的，竣工结算文件视为已被认可。

（3）发包方对竣工结算文件有异议的，应当在答复期内向承包方提出，并可以在提出之日起的约定期限内与承包方协商。

（4）发包方在协商期内未与承包方协商或者经协商未能与承包方达成协议的，应当委托工程造价咨询单位进行竣工结算审核。

（5）发包方应当在协商期满后的约定期限内向承包方提出工程造价咨询单位出具的竣工结算审核意见。

2．项目竣工结算办理原则。项目竣工结算的办理应遵循以下原则：

（1）以单位工程或施工合同约定为基础，对工程量清单报价的主要内容，包括项目名称、工程量、单价及计算结果，进行认真的检查和核对，若是根据中标价订立合同的应对原报价单的主要内容进行检查和核对。

（2）在检查和核对中若发现有不符合有关规定，单位工程结算书与单项工程综合计算书有不相符的地方，有多算、漏算或计算误差等情况时，均应及时进行纠正调整。

（3）建设工程项目由多个单项工程构成的，应按建设项目划分标准的规定，将各单位工程竣工结算书汇总，编制单项工程竣工综合结算书。

（4）若建设工程是由多个单位工程构成的项目，实行分段结算并办理了分段验收计价手续的，应将各单项工程综合结算书汇总编制成建设项目总结算书，并撰写编制说明。

四、竣工结算的审核

项目竣工结算审核主要根据国家有关法规和政策，依据国家建设行政主管部门颁发的工程定额、工程消耗标准、取费标准以及人工、材料、机械台班价格参数、设计图纸和工程实物量，工程造价的确认和控制进行有效的监督检查。在工程项目实施阶段，以承包合同为基础，在竣工验收后结合施工变更、工程签证的情况，作出符合施工实际的竣工结算。

项目竣工结算审核以单位工种为标的，只对单位工程造价的合同负责。

项目竣工结算审核以施工承包合同为基础，以承发包双方发生的实物交易为依据，按照国家或地方施工工、料、机消耗标准进行核算，对双方有约束力。其工程结算审核结果可作为双方结算的法律依据。

项目竣工结算审核是运用科学、技术原理和经济法律手段，解决工程建设活动中工程造价的确定与控制。从而达到提高经济效益目的的行为，是确定造价的实施过程和行为。

项目竣工结算先由施工单位内部组织校审，然后报送代建单位和委托方进行审查，代建单位和委托方也可委托具有相应资质的工程造价咨询单位进行审查。

第三节　竣 工 决 算

项目竣工决算是指所有建设工程项目竣工验收后，代建单位或委托方按照国家有关规定编制的综合反映该工程项目从筹建到竣工投产全过程中各项资金的实际运用情况、建设成果及全部建设费用的总结性经济文件。项目竣工决算是正确核定新增固定价值，考核分析投资效果，建立健全经济责任制的依据，也是项目竣工验收报告的重要组成部分。

一、竣工决算的作用

项目竣工决算以实物数量和货币为计量单位，综合反映项目竣工验收的建设工程项目或单项工程的实际造价和投资效益。它既是建设项目竣工验收报告的重要组成部分，也是单项工程验收和全部验收的依据之一，还是对建设工程项目进行财务监督的依据。

工程竣工后，及时编制竣工决算，有以下几方面的作用：

1. 可作为正确核定固定资产价值，办理交付使用、考核和分析投资效果的依据。

2. 及时办理竣工决算，并据此办理新增固定资产移交转账手续，可缩短工程建设周期，节约基建投资。对已完工并具备交付使用条件或已验收并投产使用的工程项目，如不及时办理移交手续，不仅不能提取固定资产折旧，而且发生的维修费和职工工资等，都要在基建投资中支付，这样既增加了基建投资支出，也不利于生产管理。

3. 对完工并已验收的工程项目，及时办理竣工决算及交付手续，可使建设单位对各类固定资产做到心中有数。工程移交后，建设单位掌握所有工程竣工图，便于对地下管线进行维护与管理。

4. 办理竣工决算后，建设单位可以正确地计算已投入使用的固定资产折旧费，合理计算生产成本和利润，便于经济核算。

5. 通过编制竣工决算，可以全面清理基本建设财务，做到工完账清。便于及时总结经验，积累各项技术经济资料，提高基本建设管理水平和投资效果。

6. 正确编制竣工决算，有利于正确地进行“三算”对比，即设计概算、施工预算和竣工决算。

二、竣工决算编制的依据

建设工程项目竣工决算编制应当依据以下文件、资料编制：

1. 经批准的可行性研究报告、初步设计、概算或调整概算、变更设计以及开工报告等文件。

2. 历年的年度基本建设投资计划。

3. 经审核批复的历年年度基本建设财务决算。

4. 编制的施工图预算，承包合同、工程结算等有关资料。

5. 历年有关财产物资、统计、财务会计核算、劳动工资、审计及环境保护等有关资料。

6. 工程质量鉴定、检验等有关文件，工程监理有关资料。

7. 施工企业交工报告等有关技术经济资料。

8. 有关建设项目附产品、简易投产、试运营（生产）、重载负荷试车等产生基本建设收入的财务资料。

9. 有关征地拆迁资料（协议）和土地使用权确权证明。

10. 其他有关的重要文件。

三、竣工决算编制的程序

项目竣工决算应按照以下程序进行编制：

1．收集整理有关项目竣工决算依据。在项目竣工决算编制之前，应认真收集、整理各种有关的项目竣工决算依据，做好各项基础工作，保证项目竣工决算编制的完整性。项目竣工决算的编制依据是各种研究报告、投资估算、设计文件、设计概算、批复文件、变更记录、招标标底、投标报价、工程合同、工程结算、调价文件、基建计划、竣工档案等各种工程文件资料。

2．清理项目账务、债务和结算物资。项目账务、债务和结算物资的清理核对是保证项目竣工结算编制工作准确有效的重要环节。要认真核实项目交付使用资产的成本，做好各种账务、债务和结余物资的清理工作，做到及时补偿、及时回收。清理的具体工作要做到逐项清点、核实账目、整理汇总、妥善管理。

3．填写项目竣工决算报告。项目竣工决算报告的内容是项目建设成果的综合反映。项目竣工决算报告中各种财务决算表格中的内容应依据编制资料进行计算和统计，并符合有关规定。

4．编写竣工决算说明书。项目竣工结算说明书具有建设项目竣工决算系统性的特点，综合反映项目从筹建开始到竣工支付使用为止，全过程的建设情况，包括项目建设成果和主要技术经济指标的完成情况。

5．报上级审查。项目竣工决算编制完毕后，应将编写的文字说明和填写的各种报表，经过认真反复校稿核对，确认无误后装帧成册，形成完整的项目竣工决算文件报告，及时上报审批。

四、竣工决算报告的内容

建设工程项目竣工决算应包括从筹建到竣工投产全过程的全部实际支出费用，即建筑工程费用、安装工程费用、设备工器具购置费用和其他费用等。项目竣工决算报告的内容主要包括项目竣工财务决算说明书、项目竣工决算报表、项目造价分析资料表三部分。

1．项目竣工财务决算说明书。竣工决算报告情况说明书主要反映竣工工程建设成果和经验，是对竣工决算报表进行分析和补充说明的文件，是全面考核分析工程投资与造价的书面总结，其内容主要包括：

（1）建设项目概况，对工程总的评价。一般从进度、质量、安全和造价、施工单位方面进行分析说明。进度方面主要说明开工和竣工时间，对照合理工期和要求，分析工期是提前还是延期；质量方面主要根据竣工验收委员会的验收评定结果；安全方面主要根据劳动工资和施工部门的记录，对有无设备和人身事故进行说明；造价方面主要对照概算造价，说明是节约还是超支，用金额和百分率进行分析说明。

（2）资金来源及运用等财务分析。主要包括工程价款结算、会计账务的处理、财产物资情况及债权债务的清偿情况。

（3）基本建设收入、投资包干结余、竣工结余资金的上交分配情况。通过对基本建设投资包干情况的分析，说明投资包干数、实际支用数和节约额、投资包干节余的有机构成和包干节余的分配情况。

（4）各项经济技术指标的分析。概算执行情况分析，根据实际投资完成额与概算进行对比分析；新增生产能力的效益分析，说明支付使用财产占总投资额的比例、占支付使用财产的比例，不增加固定资产的造价占投资总额的比例，分析有机构成和成果。

（5）工程建设的经验及项目管理和财务管理工作以及竣工财务决算中有待解决的问题。

（6）决算与概算的差异和原因分析。

（7）需要说明的其他事项。

2. 项目竣工财务决算报表。根据财政部的规定，建设项目竣工决算报表一般包括大中型建设项目竣工财务决算报表和小型建设项目竣工财务决算表。

（1）大中型建设项目竣工财务决算报表包括竣工工程概况表、竣工财务决算表、交付使用财产总表。

（2）小型建设项目竣工财务决算报表。小型项目竣工决算报表则由小型建设项目交付使用财产明细表和小型建设项目竣工决算总表组成。

（3）项目造价分析资料表。在竣工决算报告中必须对控制工程造价所采取的措施、效果及其动态的变化进行认真的比较分析，总结经验教训。批准的概算是考核建设工程造价的依据，在分析时，可将决算报表中所提供的实际数据和相关资料与批准的概算、预算指标进行对比，以确定竣工项目总造价是节约还是超支。

为考核概算执行情况，正确核实建设工程造价，财务部门首先必须积累各种概算动态变化资料表和设计方案变化，以及对工程造价有重要影响的设计变化资料；其次，考察竣工形成的实际工程造价节约或超支的数额，为了便于进行比较，可先对比整个项目的总概算，之后对比工程项目（或单项工程）的综合概算和其他工程概算费用；最后，再对比单位工程概算，并分别将建筑安装工程、设备、工器具购置和其他基建费用逐一与项目竣工决算编制的实际工程造价，找出节约或超支的具体环节，实际工作中，应主要分析以下内容：主要实物工程量；主要材料消耗量；考核建设单位管理费、建筑及安装工程间接费的取费标准。

五、竣工决算的审查

项目竣工决算编制完成后，在建设单位和委托咨询单位自查的基础上，应及时上报主管部门并抄送有关部门审查，必要时，应经有权机关批准的社会审计机构组织的外部审查。大中型建设项目的竣工决算，必须报该建设项目的批准机关审查，并抄送省、自治区、直辖市财政厅、局和财政部审查。

1. 项目竣工决算审查的内容。建设工程项目竣工结算一般由建设主管部门会同建设银行进行会审。重点审查以下内容：

（1）根据批准的设计文件，审查有无计划外的工程项目；

（2）根据批准的概（预）算或包干指标，审查建设成本是否超标，并查明超标原因；

（3）根据财务制度，审查各种费用开支是否符合规定，有无乱挤建设成本、扩大开支范围和提高开支标准的问题；

（4）报废工程和应核销的其他支出中，各项损失是否经过有关机构的审批同意；

(5) 历年建设资金投入的结余资金是否真实准确;
(6) 审查和分析投资效果。
2. 项目竣工决算审查的程序。项目竣工决算的审查一般程序为:
(1) 建设项目开户银行应签署意见并盖章;
(2) 建设项目所在地财政监察专员办事机构应签署审批意见盖章;
(3) 最后由主管部门或地方财政部门签署审批意见。

第四节 项目保修阶段管理

根据国家《建筑法》和《建设工程质量管理条例》的规定,建设工程实行质量保修制度。实行工程质量保修制度,对于促进承包人加强工程质量管理,保护用户及消费者的合法权益可以起到重要的保障作用。

一、项目回访工作计划

回访工作计划应由代建单位统一编制。根据项目交付竣工验收的先后,交工工程所在区域,分别组织。代建单位对回访工作应引起重视,不能草率行事,流于形式。项目回访工作计划的格式可参考表 16-2。

表 16-2 回访工作计划

序号	工程名称	保修期限	时间安排	参加部门	执行单位

根据回访工作计划,每次回放结束,代建单位应填写《回访工作记录》,回访工作记录格式可参考表 16-3。

表 16-3 回访工作记录

<table>
<tr><td>委托单位</td><td></td><td>使用单位</td><td></td></tr>
<tr><td>工程名称</td><td></td><td>建筑面积</td><td></td></tr>
<tr><td>施工单位</td><td></td><td>保修期限</td><td></td></tr>
<tr><td>项目组织</td><td></td><td>回访日期</td><td></td></tr>
<tr><td colspan="4">回访工作纪要</td></tr>
<tr><td colspan="4"></td></tr>
<tr><td>回访负责人</td><td></td><td>回访记录人</td><td></td></tr>
</table>

回访工作纪要一般应包括:存在哪些质量问题;使用人有什么意见;事后应采取什么措施处理;公正客观地记录正反两方面的评价意见。

二、工程质量保修

根据《建设工程质量管理条例》第三十九条的规定：

“建设工程实行质量保修制度。建设工程承包单位在向建设单位提交工程竣工验收报告时，应当向建设单位出具质量保修书。质量保修书中应当明确建设工程的保修范围、保修期限和保险责任等。”

（一）工程质量保修书

原建设部和国家工商行政管理局根据《建设工程质量管理条例》和《房屋建筑工程质量保修办法》的有关规定，印发了《房屋建筑工程质量保修书（示范文本）》，要求与《建设工程施工合同（示范文本）》一并执行，同时各行业也相应制定了本行业工程质量保修的规定。以房屋建筑工程为例，工程质量保修书的格式和内容如下：

房屋建筑工程质量保修书

（示范文本）

发包人（全称）：________________

承包人（全称）：________________

发包人、承包人根据《中华人民共和国建筑法》、《建设工程质量管理条例》和《房屋建筑工程质量保修办法》，经协商一致，对________________（工程全称）签定工程质量保修书。

1. 工程质量保修范围和内容

承包人在质量保修期内，按照有关法律、法规、规章的管理规定和双方约定，承担本工程质量保修责任。

质量保修范围包括地基基础工程、主体结构工程，屋面防水工程、有防水要求的卫生间、房间和外墙面的防渗漏，供热与供冷系统，电气管线、给排水管道、设备安装和装修工程，以及双方约定的其他项目。具体保修的内容，双方约定如下：

____

____。

2. 质量保修期

双方根据《建设工程质量管理条例》及有关规定，约定本工程的质量保修期如下：

（1）地基基础工程和主体结构工程为设计文件规定的该工程合理使用年限；

（2）屋面防水工程、有防水要求的卫生间、房间和外墙面的防渗漏为____年；

（3）装修工程为____年；

（4）电气管线、给排水管道、设备安装工程为____年；

（5）供热与供冷系统为____个采暖期、供冷期；

（6）住宅小区内的给排水设施、道路等配套工程为____年；

（7）其他项目保修期限约定如下：____。

质量保修期自工程竣工验收合格之日起计算。

3. 质量保修责任

（1）属于保修范围、内容的项目，承包人应当在接到保修通知之日起7天内派人保修。承包人不在约定期限内派人保修的，发包人可以委托他人修理。

（2）发生紧急抢修事故的，承包人在接到事故通知后，应当立即到达事故现场抢修。

（3）对于涉及结构安全的质量问题，应当按照《房屋建筑工程质量保修办法》的规定，立即向当地建设行政主管部门报告，采取安全防范措施；由原设计单位或者具有相应资质等级的设计单位提出保修方案，承包人实施保修。

（4）质量保修完成后，由发包人组织验收。

4．保修费用

保修费用由造成质量缺陷的责任方承担。

5．其他

双方约定的其他工程质量保修事项：____
____。

本工程质量保修书，由施工合同发包人、承包人双方在竣工验收前共同签署，作为施工合同附件，其有效期限至保修期满。

发包人（公章）：	承包人（公章）：
法定代表人（签字）：	法定代表人（签字）：
年　　月　　日	年　　月　　日

（二）项目质量保修范围

一般来讲，凡是施工单位的责任或者由于施工质量不良而造成的问题，都应该实行保修。而一般结构工程不划归工程保修范围，如果工程结构上存在质量问题，则不能进行该分项验收，必须要由具有相应资质的工程检测机构及房屋安全鉴定机构对此工程结构的质量情况进行检测，并出具检测报告，再由原设计单位根据检测的结果进行验算是否符合安全要求，不符合时必须由施工单位提交工程的结构补强方案，由建设、监理、施工、设计、检测、质监等单位共同参加的专题会议研究讨论，确定方案后由施工单位严格执行。

根据以往的经验，保修的内容主要有以下几方面：屋面、地下室、外墙、阳台、厕所、浴室、卫生间及厨房等处渗水、漏水；各种管道渗水、漏水、漏气；通风孔和烟道阻塞；水泥地面大面积起砂、裂缝、空鼓；墙面抹灰大面积起泡、空鼓、脱落；暖气局部不热，接口不严渗漏，以及其他使用功能不能正常发挥的部位。

凡是由于用户使用不当而造成建筑功能不良或损坏者，不属于保修范围；凡属工业产品发生问题者，亦不属于保修范围，应由建设单位自行组织修理。

（三）工程质量最低保修期限规定

《建设工程质量管理条例》第四十条对保修期限有如下规定：

“在正常使用条件下，建设工程的最低保修期限为：

1．基础设施工程、房屋建筑的地基基础工程和主体结构工程，为设计文件规定的该工程的合理使用年限；

2．屋面防水工程、有防水要求的卫生间、房屋和外墙面的防渗漏，为5年；

3．供热与供冷系统，为2个采暖期、供冷期；

4. 电气管线、给排水管道、设备安装和装修工程，为2年。

其他项目的保修期限由发包方与承包商约定。

建设工程的保修期，自竣工验收合格之日起计算。”

根据国家有关规定，发包人和承包人在签署工程质量保修书时，应约定在正常使用条件下的最低保修期限。保修期限应符合下列原则：

1. 条例已有规定的，应按规定的最低保修期限执行。

2. 条例中没有明确规定的，应在工程质量保修书中具体约定保修期限。

3. 保修期应自竣工验收合格之日起计算，保修有效期限至保修期满为止。

（四）工程质量保修义务承诺履行

《建设工程质量管理条例》第四十一条对工程质量保修义务作了如下规定：“建设工程在保修范围和保修期限内发生质量问题的，施工单位应当履行保修义务，并对造成的损失承担赔偿责任。”

按照国家有关规定，承包人自收到使用人工程质量修理通知书后，应按工程质量保修的承诺，在规定的期限内，为使用人及时提供保修服务，对执行修理任务的单位和人员，实行严格的修理责任制，使保修业务工作落到实处。

若工程属于发包人或使用人委托的修理、维护内容，承包人仍然应按另有约定的承诺，为发包人或使用人提供应有的服务。

修理任务完成，执行项目修理部应安排专职质量人员到现场对修理结果进行自检评定，并签署评定结论。使用人对修理结果认可，应在工程质量修理通知书上签署验收意见，将自留的一份一并移交承包人归档，建立保修业务档案。

（五）工程质量缺陷保修责任界定

工程质量缺陷是产生工程质量保修的根源。进行质量保修，必须划清经济责任。所谓质量缺陷是指工程发生了不符合国家或行业现行的有关技术标准、设计文件及合同中对质量的要求等。但是，工程发生质量缺陷问题的情况比较复杂，修理项目往往由多种原因造成，不能“一刀切”。因设计、施工、供应、建设、使用等多方面的影响，都有可能产生质量缺陷问题。

对产生工程质量缺陷的问题应进行具体分析，对经济责任的性质应进行区别、划分，主要目的是便于澄清问题，加强质量管理。因设计、施工、建设、使用等不同原因造成的质量问题，应当由责任方承担经济责任。

根据有关法律、行政法规和部门规章的规定，由不同原因造成的质量问题，应由责任方负责修理并承担由此而产生的经济责任。

1. 属于承包人的原因。承包人未严格按照国家现行施工及验收规范、工程质量验收标准、设计文件要求和施工合同约定组织施工，由此而造成的工程质量缺陷，所产生的工程质量保修，应当由承包人负责修理并承担经济损失。

由承包人采购的建筑材料、建筑构配件和设备等不符合质量要求或承包人应进行而没有进行试验或检验，进入施工现场放行使用造成工程质量问题的，应由承包人负责修理并承担经济责任。

2. 属于设计人的原因。因设计原因造成的工程质量缺陷，可由承包人进行修理，但设计人应承担经济责任，其费用可按合同约定，通过发包人向设计人索赔，不足部分由发包人补偿。

3．属于发包人及使用人的原因。因发包人供应的建筑材料、建筑构配件和设备等不合格，发包人明示或暗示承包人使用造成工程质量缺陷的，或使用人竣工验收后自行改建造成的工程质量缺陷，应由发包人或使用人自行承担经济责任。

因发包人指定分包人或不该肢解而肢解发包的工程，致使施工中接口处理不好、造成工程质量缺陷的，或因发包人或使用人竣工验收后使用不当造成的损坏，应由发包人或使用人自行承担经济责任。

4．其他原因。根据原建设部令《房屋建筑工程质量保修办法》规定，不可抗力造成的质量缺陷不属于规定的保修范围。所以，因地震、洪水、台风等不可抗力造成损坏或非施工原因造成的紧急抢修事故，承包人不承担经济责任。

不属于承包人保修范围的工程，但发包人或使用人有意委托承包人修理、维护时，承包人应本着“为用户服务”的精神，为发包人或使用人提供修理、维护等服务，但应签订协议约定。所发生的费用，应由委托方按协议约定的结算方式支付。

5．保修保险。推行工程风险管理可以有效地转移、分解和规避风险，对发承包双方都是有利的，这种做法符合国际惯例。有的建设工程项目经发包人与承包人协商，根据工程合理使用年限，采用保修保险方式投保的项目，保险费用由发包人支付，承包人应按约定的保修承诺，履行其保修责任和义务。保修保险，解决了费用立项和来源问题，合情合理，最终受益还是发包人或投资人。

第十七章　对勘察设计、监理及施工单位的管理

第一节　对勘察设计单位的管理

一、对勘察设计单位管理的依据

在项目实施过程中，代建单位对勘察设计单位管理的依据主要包括国家和行业有关的法律法规、规范，以及委托设计合同或补充协议。

（一）有关勘察设计单位及专业设计人员要求的规定

《中华人民共和国建筑法》对勘察设计单位及从业人员要求作了如下规定：

1. 从事建筑活动的建筑施工企业、勘察单位、设计单位和工程监理单位，按照其拥有的注册资本、专业技术人员、技术装备和已完成的建筑工程业绩等资质条件，划分为不同的资质等级，经资质审查合格，取得相应等级的资质证书后，方可在其资质等级许可的范围内从事建筑活动。

2. 从事建筑活动的专业技术人员，应当依法取得相应的执业资格证书，并在执业资格证书许可的范围内从事建筑活动。

（二）有关勘察设计单位及专业人员质量与安全职责的规定

《中华人民共和国建筑法》、《建设工程勘察设计管理条例》、《建设工程质量管理条例》和《建设工程安全生产管理条例》等对勘察设计单位及专业人员质量与安全方面的职责作了如下规定：

1. 建筑工程设计应当符合按照国家规定制定的建筑安全规程和技术规范，保证工程的安全性能。

2. 建筑工程的勘察、设计单位必须对其勘察、设计的质量负责。勘察、设计文件应当符合有关法律、行政法规的规定和建筑工程质量、安全标准、建筑工程勘察、设计技术规范以及合同的约定。

3. 编制建设工程勘察文件，应当真实、准确，满足建设工程规划、选址、设计、岩土治理和施工的需要。编制方案设计文件，应当满足编制初步设计文件和控制概算的需要。编制初步设计文件，应当满足编制施工招标文件、主要设备材料订货和编制施工图设计文件的需要。编制施工图设计文件，应当满足设备材料采购、非标准设备制作和施工的需要，并注明建设工程合理使用年限。

4. 勘察、设计单位必须按照工程建设强制性标准进行勘察、设计，并对其勘察、设计的质量负责。注册建筑师、注册结构工程师等注册执业人员应当在设计文件上签字，对设计文件负责。

5. 设计单位应当根据勘察成果文件进行建设工程设计。设计文件应当符合国家规定的设计深度要求，注明工程合理使用年限。

6. 设计单位在设计文件中选用的建筑材料、建筑构配件和设备，应当注明规格、型

号、性能等技术指标，其质量要求必须符合国家规定的标准。除有特殊要求的建筑材料、专用设备、工艺生产线等外，设计单位不得指定生产厂、供应商。

7. 设计单位应当按照法律、法规和工程建设强制性标准进行设计，防止因设计不合理导致生产安全事故的发生。设计单位应当考虑施工安全操作和防护的需要，对涉及施工安全的重点部位和环节在设计文件中注明，并对防范生产安全事故提出指导意见。采用新结构、新材料、新工艺的建设工程和特殊结构的建设工程，设计单位应当在设计中提出保障施工作业人员安全和预防生产安全事故的措施建议。

设计单位和注册建筑师等注册执业人员应当对其设计负责。

（三）有关程序性方面的规定

《中华人民共和国建筑法》、《建设工程勘察设计管理条例》、《建设工程质量管理条例》等对勘察设计有关程序性方面作了如下规定：

1. 涉及建筑主体和承重结构变动的装修工程，建设单位应在施工前委托原设计单位或者具有相应资质条件的设计单位提出设计方案；没有设计方案的，不得施工。

2. 建设单位、施工单位、监理单位不得修改建设工程勘察、设计文件；确需修改建设工程勘察、设计文件的，应当由原建设工程勘察、设计单位修改。经原建设工程勘察、设计单位书面同意，建设单位也可以委托其他具有相应资质的建设工程勘察、设计单位修改。修改单位对修改的勘察、设计文件承担相应责任。施工单位、监理单位发现建设工程勘察、设计文件不符合工程建设强制性标准、合同约定的质量要求的，应当报告建设单位，建设单位有权要求建设工程勘察、设计单位对建设工程勘察、设计文件进行补充、修改。建设工程勘察、设计文件内容需要作重大修改的，建设单位应当报经原审批机关批准后，方可修改。

3. 建设工程勘察、设计单位应当在建设工程施工前，向施工单位和监理单位说明建设工程勘察、设计意图，解释建设工程勘察、设计文件。建设工程勘察、设计单位应当及时解决施工中出现的勘察、设计问题。

4. 县级以上人民政府建设行政主管部门或者交通、水利等有关部门应当对施工图设计文件中涉及公共利益、公众安全、工程建设强制性标准的内容进行审查。施工图设计文件未经审查批准的，不得使用。

二、对勘察设计单位管理的内容

在工程项目实施中，代建单位与设计单位之间可能存在合同关系，也可能没有合同关系，这主要取决于代建单位与项目委托单位和项目使用单位签订的委托代建合同的约定。针对具体情况，代建单位对设计单位的管理也分为合同框架下的管理与非合同框架下的管理。不论代建单位与设计单位有无合同关系，由于工程建设的特定环境，作为工程建设过程的代建单位，必然要与设计单位发生关系，也必然存在管理的问题。

由于项目代建最重要的目标是投资控制，即将投资控制在初步设计概算内，并且由于在项目实施阶段，代建单位必须照图施工，不能任意增减图纸内容、规模、标准，因此对设计单位及设计图纸的要求就比较高。在这种情况下，应尽可能使代建单位对设计单位有一定的约束作用，且能与设计单位的经济利益挂钩，才能从设计这个源头控制投资。例如某代建项目的室外工程，初步设计概算 400 万元，概算中只列出了土方、水池、广场砖、混凝土道路、给排水管线、电气管线、弱电管线、夜景照明等项目及概算额，但没有施工图纸，没有具体内容。到施工图出来后，在工程招标时，招标公司做出的预算控制价已达到550万元。到施工阶段又发现混凝土道路没有具体做法，因此没有计算到预算控制价中，水池池壁的花岗岩石材的具体做法在室内工程的建筑图中（竟然如此设计）也没有计算到预算控制价中，如此等等还有许多。虽然为了转移风险，在招标时，室外工程采取总价包干的方式，但是由于施工图中没有做法，施工单位确实没有办法承担，结果又增加工程量，导致室外工程进一步超概算，最终室外工程的总造价超概算约50%，达到600多万元。再如，某代建项目的初步设计概算中对于旧建筑物的拆除仅列出拆除费50万元，并没有考虑地下基础的拆除费用，致使在施工过程中代建单位为旧基础的拆除多支付40余万元。

对设计单位的管理按照工程建设的不同阶段可以划分为工程前期阶段（初步设计阶段）、工程施工图设计阶段和工程实施阶段。在工程建设的不同阶段管理的内容和重点也不尽相同。此外，项目代建单位与工程设计单位有无合同关系也使管理的具体做法有所不同。

（一）工程建设前期阶段对设计单位的管理

工程项目建设前期阶段对设计单位管理的主要内容包括合同谈判及签订工作的管理、对设计团队的监督管理、对主要设计人员的监督管理、对设计单位与项目使用人及政府有关部门的协调管理等。

1. 合同谈判、签订工作的管理。对设计单位管理的主要依据就是设计合同，所以设计合同内容是否完善、要求是否清楚、责任是否明确就成为对设计单位管理的关键环节。特别是在设计合同的专用条款中，应对设计目标、设计范围、设计内容、设计时限、针对具体项目的特殊要求、设计团队、主要设计人员、设计费的支付、有无延伸服务、设计成果的归属等有明确而详细的约定。

2. 对设计团队的监督管理。设计团队的水平决定设计成果的水平。鉴于目前建筑设计市场的现状，设计单位逐步改制，设计转包现象的出现，作为项目代建单位，应加强对设计团队的管理。

对设计团队的管理，应考虑设计团队的以往业绩、人员的组成（包括是否本单位正式员工）、团队内部的管理机制和能力。应动态地掌握设计团队的运作是否正常，当出现非正常的苗头时，应及时沟通提示，必要时向设计单位的领导反映。当发现设计团队不能满足要求时，应要求设计单位的领导对设计团队进行必要的调整。

3. 对主要设计人员的监督管理。方案设计或初步设计的主要设计人员对设计成果的最终价值体现具有决定性影响。特别是方案设计，往往取决于领军人物。因此对主要设计人员必须做到心中有数。要了解主要设计人员的资质、业绩、专业特长、在设计团队中的地位、职业道德、沟通能力等方面，甚至还要了解其与设计团队其他人员的关系情况。

在设计实施过程中，要随时掌握主要设计人员的工作情况和有可能影响设计工作的其他情况，当发现不正常的苗头时，应及时了解、沟通，必要时向设计单位的领导反映。当发现主要设计人员不能满足要求时，应要求设计单位的领导对设计人员进行必要的调整。

4. 对设计单位与项目使用人及政府有关部门的协调管理。在项目前期工作阶段，设计单位需要根据政府和使用人提出的项目使用功能要求、规模、标准，甚至外观造型等基本参数开展设计活动。而政府和使用人对如何将这些要求按照设计专业的规范表述形式表达在设计任务书中可能有一定困难，这往往需要代建单位进行协调、沟通。此外，针对具体项目是否有特殊要求，也需要在设计单位与政府和使用人之间进行沟通。项目前期设计阶段往往是概念创新的阶段，只有项目使用人、政府和设计人员充分沟通，深刻理解使用需求，设计人员才能发挥聪明才智，碰撞出思想火花，得到各方满意的设计成果。同时，代建单位又要控制投资规模和标准，以保证工程造价在政府允许的范围内。

（二）施工图设计阶段对设计单位的管理

1. 合同谈判、签订工作的管理。在施工图设计阶段，对设计单位管理的主要依据仍然是设计合同，所以设计合同必须做到内容完善、要求清楚、责任明确。在设计合同的专用条款中，应对设计目标、设计范围、设计内容、设计时限、针对具体项目的特殊要求、设计团队、主要设计人员、设计费的支付、有无延伸服务、设计成果的归属等有明确而详细的约定。特别是要强调限额设计，并对由于图纸质量缺陷或标准不适当造成的造价增加承担经济责任。

此外，如果工程建设地点与设计单位不在同一城市，则必须在设计合同中明确有关现场服务的条款，这对于项目实施阶段是至关重要的。任何一个建筑工程的设计图纸不可能完全没有缺陷，也做不到施工与设计图纸完全一样，因此专业设计人员现场服务是必不可少的。而专业设计人员进行现场服务是要有成本的，因此在设计合同中必须约定专业设计人员现场服务的方式、时间、期限、人员构成、是否付费、付费方式、金额，以及服务质量标准等条款。

2. 对设计团队的监督管理。鉴于目前建筑设计市场的现状，设计单位逐步改制，设计转包现象逐步增多，特别是施工图的设计，转包的可能性更大。作为项目代建单位，要考虑到由于设计单位管理不善，可能造成设计图纸质量缺陷，应加强对设计团队的管理。

对设计团队的管理，应考虑设计单位以往施工图纸的质量声誉、人员的组成（包括是否本单位正式员工）、团队内部的管理机制和能力。应动态地掌握设计团队的运作是否正常，当出现非正常的苗头时，应及时沟通提示，必要时向设计单位的领导反映。当发现设计团队不能满足要求时，应要求设计单位的领导对设计团队进行必要的调整。

3. 对专业设计人员的监督管理。主要专业如结构专业、建筑专业、电气专业、暖通专业的设计人员对设计成果的质量具有决定性影响。因此对主要设计人员必须做到心中有数。要了解主要设计人员的资质、业绩、专业特长、在设计团队中的地位、职业道德、沟通能力等方面，甚至还要了解其与设计团队其他人员的关系情况。

在设计实施过程中，要随时掌握主要设计人员的工作情况和有可能影响设计工作的其他情况，当发现不正常的苗头时，应及时了解、沟通，必要时向设计单位的领导反映。当发现主要设计人员不能满足要求时，应要求设计单位的领导对设计人员进行必要的调整。

4. 对设计单位与项目使用人及政府有关部门的协调管理。在施工图设计阶段，设计单位需要在初步设计的基础上，考虑政府和使用人提出的详细使用功能要求、空间布局、设备及建筑材料的标准等开展设计活动，同时又不能突破初步设计概算。因此需要与政府和使用人进行沟通，这往往需要代建单位进行协调。此外，针对具体项目是否有特殊要求，也需要在设计单位与政府和使用人之间进行沟通。

(三)项目实施阶段对设计单位的管理

1. 对与设计有关的问题处理的程序管理。由于任何一个建筑工程的设计图纸不可能完全没有缺陷，也做不到施工与设计图纸完全一样，因此在施工过程中，必然要处理诸如施工图纸差错、漏项、图纸标注不清、施工工序或施工技术导致施工现场与施工图纸不符等问题。这些问题的处理需要专业设计人员的配合，比较重大的问题还需要设计单位对各专业进行协调。

处理涉及设计的有关问题，有时不需要专业设计人员亲临现场，但有时就必须由专业设计人员到现场解决。无论专业设计人员是否到现场，都必须解决处理问题的程序问题。事实上程序问题牵涉到处理过程的合法性问题，也影响工程的投资控制和进度控制。同时涉及各方，特别是施工单位的经济利益。

首先要确定涉及设计问题的有关文件的传递程序。因为按照有关法规、规范、规定及合同的规定或约定，有关文件涉及施工单位、监理、代建单位、设计单位，有时还涉及使用人和代建委托人。因此必须制定文件的传送程序，才能使工作合法，有条理，提高工作效率。例如某工程规定，所有施工单位提出的工程联系单，必须按照以下程序：施工单位→监理→代建单位→使用单位→设计单位，各单位签署意见并加盖公章方为有效。

同样规定，设计单位的回复意见也必须按照以下程序：设计单位→使用单位→代建单位→监理→施工单位。

2. 对设计单位现场人员的管理。任何建筑工程，专业设计人员现场服务是必不可少的。作为代建单位，根据与设计单位是否有合同关系，采用不同的管理方法。

在代建单位与设计单位有合同关系的情况下，首先应在合同有关条款中约定专业设计人员现场服务的人员、时间、期限、服务质量标准以及相关的程序等。例如，专业设计人员是否常驻施工现场。对于设计单位与施工地点不在同一个城市的情况，应要求设计单位派人常驻施工现场，这样有利于及时解决施工中出现的问题。但同时也要考虑设计单位的服务成本，不可能所有专业均有设计人员常驻现场，应允许设计单位派驻现场设计代表，负责联络、处理一般事务。当需要某专业设计人员现场解决问题时，由设计代表负责具体安排。

其次，应督促监理随时掌握施工过程中出现的问题，并由监理负责监督施工单位将所有有关问题汇总，做好准备后，再通知代建单位、设计代表或设计单位，确定现场服务的专业及时间，在此之前还应将汇总的有关问题提交设计单位，以便设计单位预先准备。

当专业设计人员抵达现场后，应由施工单位或监理负责组织所有相关人员踏勘现场，组织专题会议研究解决问题，并应形成会议纪要，作为工程文件存档。同时也要依据会议纪要再履行必要的程序。

代建单位一方面应监督专业设计人员的现场服务，另一方面也应积极配合，给专业设计人员提供便利条件，需要代建单位决策的要在听取各方意见的基础上果断拍板。

代建单位对专业设计人员服务质量要做出评价，并通报设计单位。

在无合同关系的情况下，代建单位就应按照程序通过使用单位与设计单位进行沟通，对专业设计人员的要求和意见也应通过使用人转达。

3. 对设计单位现场服务专业设计人员与项目使用人、施工单位的协调管理。在施工阶段，由于工程实体关系到使用人将来的使用，关系到施工单位的施工，同时又关系到代建单位的投资控制与进度控制，同时又不能突破初步设计概算。因此需要与政府和使用人进行沟通，这往往需要代建单位进行协调。此外，针对具体项目是否有特殊要求，也需要在设计单位与政府和使用人之间进行沟通。

第二节　对监理单位的管理

一、对监理单位管理的依据

在项目实施过程中，代建单位对监理单位管理的依据主要包括国家和行业有关的法律法规、规范、规程，以及委托监理合同或补充协议。

（一）对监理单位及监理人员要求的规定

《中华人民共和国建筑法》、《建设工程质量管理条例》、《建设工程监理规范》等法律法规和规范对监理单位及监理人员的要求作了如下规定：

1．从事建筑活动的建筑施工企业、勘察单位、设计单位和工程监理单位，按照其拥有的注册资本、专业技术人员、技术装备和已完成的建筑工程业绩等资质条件，划分为不同的资质等级，经资质审查合格，取得相应等级的资质证书后，方可在其资质等级许可的范围内从事建筑活动。

2．从事建筑活动的专业技术人员，应当依法取得相应的执业资格证书，并在执业资格证书许可的范围内从事建筑活动。

3．实行监理的建筑工程，由建设单位委托具有相应资质条件的工程监理单位监理。建设单位与其委托的工程监理单位应当订立书面委托监理合同。

4．工程监理单位应当在其资质等级许可的监理范围内，承担工程监理业务。工程监理单位应当根据建设单位的委托，客观、公正地执行监理任务。工程监理单位与被监理工程的承包单位以及建筑材料、建筑构配件和设备供应单位不得有隶属关系或者其他利害关系。工程监理单位不得转让工程监理业务。

5．工程监理单位应当选派具备相应资格的总监理工程师和监理工程师进驻施工现场。未经监理工程师签字，建筑材料、建筑构配件和设备不得在工程上使用或者安装，施工单位不得进行下一道工序的施工。未经总监理工程师签字，建设单位不拨付工程款，不进行竣工验收。

6．监理人员应包括总监理工程师、专业监理工程师和监理员，必要时可配备总监理工程师代表。总监理工程师应由具有三年以上同类工程监理工作经验的人员担任；总监理工程师代表应由具有二年以上同类工程监理工作经验的人员担任；专业监理工程师应由具有一年以上同类工程监理工作经验的人员担任。项目监理机构的监理人员应专业配套、数量满足工程项目监理工作的需要。

（二）对监理单位及监理人员质量、进度、投资与安全职责的规定

《中华人民共和国建筑法》、《建设工程质量管理条例》、《建设工程安全生产管理条例》、《建设工程监理规范》等法律法规和规范对监理单位及监理人员的质量、进度、投资与安全方面的职责作了如下规定：

1．建筑工程监理应当依照法律、行政法规及有关的技术标准、设计文件和建筑工程承包合同，对承包单位在施工质量、建设工期和建设资金使用等方面，代表建设单位实施监督。工程监理人员认为工程施工不符合工程设计要求、施工技术标准和合同约定的，有权要求建筑施工企业改正。工程监理人员发现工程设计不符合建筑工程质量标准或者合同约定的质量要求的，应当报告建设单位要求设计单位改正。

2. 工程监理单位与被监理工程的施工承包单位以及建筑材料、建筑构配件和设备供应单位有隶属关系或者其他利害关系的，不得承担该项建设工程的监理业务。

3. 工程监理单位应当依照法律、法规以及有关技术标准、设计文件和建设工程承包合同，代表建设单位对施工质量实施监理，并对施工质量承担监理责任。

4. 监理工程师应当按照工程监理规范的要求，采取旁站、巡视和平行检验等形式，对建设工程实施监理。

5. 工程监理单位应当审查施工组织设计中的安全技术措施或者专项施工方案是否符合工程建设强制性标准。工程监理单位在实施监理过程中，发现存在安全事故隐患的，应当要求施工单位整改；情况严重的，应当要求施工单位暂时停止施工，并及时报告建设单位。施工单位拒不整改或者不停止施工的，工程监理单位应当及时向有关主管部门报告。

工程监理单位和监理工程师应当按照法律、法规和工程建设强制性标准实施监理，并对建设工程安全生产承担监理责任。

6. 在设计交底前，总监理工程师应组织监理人员熟悉设计文件，并对图纸中存在的问题通过建设单位向设计单位提出书面意见和建议。

7. 工程项目开工前，总监理工程师应组织专业监理工程师审查承包单位报送的施工组织设计（方案）报审表，提出审查意见，并经总监理工程师审核、签认后报建设单位。

8. 分包工程开工前，专业监理工程师应审查承包单位报送的分包单位资格报审表和分包单位有关资质资料，符合有关规定后，由总监理工程师予以签认。

9. 在施工过程中，总监理工程师应定期主持召开工地例会。会议纪要应由项目监理机构负责起草，并经与会各方代表会签。

10. 总监理工程师或专业监理工程师应根据需要及时组织专题会议，解决施工过程中的各种专项问题。

11. 监理单位应定期检查承包单位的直接影响工程质量的计量设备的技术状况。

12. 总监理工程师应安排监理人员对施工过程进行巡视和检查。对隐蔽工程的隐蔽过程、下道工序施工完成后难以检查的重点部位，专业监理工程师应安排监理员进行旁站。

13. 专业监理工程师应对承包单位报送的分项工程质量验评资料进行审核，符合要求后予以签认；总监理工程师应组织监理人员对承包单位报送的分部工程和单位工程质量验评资料进行审核和现场检查，符合要求后予以签认。

14. 监理人员发现施工存在重大质量隐患，可能造成质量事故或已经造成质量事故，应通过总监理工程师及时下达工程暂停令，要求承包单位停工整改。整改完毕并经监理人员复查，符合规定要求后，总监理工程师应及时签署工程复工报审表。总监理工程师下达工程暂停令和签署工程复工报审表，宜事先向建设单位报告。

15. 对需要返工处理或加固补强的质量事故，总监理工程师应责令承包单位报送质量事故调查报告和经设计单位等相关单位认可的处理方案，项目监理机构应对质量事故的处理过程和处理结果进行跟踪检查和验收。

总监理工程师应及时向建设单位及本监理单位提交有关质量事故的书面报告，并应将完整的质量事故处理记录整理归档。

16. 监理单位应按规定程序和要求进行工程计量和工程款支付工作。

17. 监理单位应按规定程序和要求进行竣工结算。

18. 总监理工程师应从造价、项目的功能要求、质量和工期等方面审查工程变更的方案，并宜在工程变更实施前与建设单位、承包单位协商确定工程变更的价款。

19. 专业监理工程师应检查进度计划的实施，并记录实际进度及其相关情况，当发现实际进度滞后于计划进度时，应签发监理工程师通知单指令承包单位采取调整措施。当实际进度严重滞后于计划进度时应及时报总监理工程师，由总监理工程师与建设单位商定采取进一步措施。

20. 监理单位应按规定程序和要求处理工程变更和索赔事件。

21. 监理单位接到合同争议的调解要求后应按有关规定和程序进行处理。

22. 总监理工程师应组织专业监理工程师，依据有关法律、法规、工程建设强制性标准、设计文件及施工合同，对承包单位报送的竣工资料进行审查，并对工程质量进行竣工预验收。对存在的问题，应及时要求承包单位整改。整改完毕由总监理工程师签署工程竣工报验单，并应在此基础上提出工程质量评估报告。工程质量评估报告应经总监理工程师和监理单位技术负责人审核签字。

23. 监理单位应参加由建设单位组织的竣工验收，并提供相关监理资料。对验收中提出的整改问题，项目监理机构应要求承包单位进行整改。工程质量符合要求，由总监理工程师会同参加验收的各方签署竣工验收报告。

24. 监理单位承担质量保修期监理工作时，监理单位应安排监理人员对建设单位提出的工程质量缺陷进行检查和记录，对承包单位进行修复的工程质量进行验收，合格后予以签认。

（三）程序性方面的规定

《中华人民共和国建筑法》、《建设工程监理规范》对工程监理有关程序性方面作了如下规定：

1. 实施建筑工程监理前，建设单位应当将委托的工程监理单位、监理的内容及监理权限，书面通知被监理的建筑施工企业。

2. 建设工程监理应实行总监理工程师负责制。

3. 监理单位履行施工阶段的委托监理合同时，必须在施工现场建立项目监理机构。项目监理机构在完成委托监理合同约定的监理工作后可撤离施工现场。

4. 监理单位应于委托监理合同签订后十天内将项目监理机构的组织形式、人员构成及对总监理工程师的任命书面通知建设单位。当总监理工程师需要调整时，监理单位应征得建设单位同意并书面通知建设单位；当专业监理工程师需要调整时，总监理工程师应书面通知建设单位和承包单位。

5. 一名总监理工程师只宜担任一项委托监理合同的项目总监理工程师工作。当需要同时担任多项委托监理合同的项目总监理工程师工作时，须经建设单位同意，且最多不得超过三项。

6. 监理单位应根据工程项目类别、规模、技术复杂程度、工程项目所在地的环境条件，按委托监理合同的约定，配备满足监理工作需要的常规检测设备和工具。

二、对监理单位管理的内容

根据目前代建项目的实践情况，一般只在项目建设实施阶段，也就是工程施工阶段才聘请监理。因此，对监理单位的管理主要体现在对监理现场机构的管理，也就是对施工现场监理部及其人员的管理。从目前全国各地实行代建制的情况来看，有的地方将对监理单位的招标和管理权交给了代建单位，代建单位与监理单位具有合同关系，但也有的地方没有将对监理单位的招标和管理权交给代建单位，则代建单位与监理单位不具有合同关系。在工程建设实践中，还有的地方对监理单位的招标由委托方负责，而建设过程中对监理的管理交由代建单位负责。在这种情况下，虽然代建单位与监理单位没有合同关系，但具有委托人授予的管理权。

监理单位是项目实施过程中对工程的主要监督、控制者之一，如何加强对监理单位的管理，确保监理认真、负责的监管工程，确保监理活动处于受控状态，是项目代建单位的主要任务之一。

无论项目代建单位与监理单位有无合同关系，作为委托方或代建单位聘请的专业项目管理机构，都有义务依据国家有关法律法规及规范，在代建单位的监督指导下，开展监理工作。从某种意义上来说，监理的工作就是代建项目管理工作的延伸。监理单位的监理控制目标，包括投资控制目标、进度控制目标、质量控制目标、安全控制目标，都必须与代建单位的管理目标一致。在工程建设实施过程中，必须积极贯彻代建单位的意图，配合代建单位对施工单位进行管理，在代建单位的指导下，协调各方的关系。另外，从项目代建单位的角度，由于代建单位现场项目管理机构的人员限制，需要充分发挥监理的作用，依靠现场监理机构来减轻代建机构的工作强度。特别是在投资控制方面，如果对监理的力量使用得当，会大大减少代建的工作压力。

（一）合同谈判、签订工作的管理

代建单位对监理单位的管理除依据国家有关法律法规和《建设工程监理规范》等文件外，主要依据委托监理合同。

监理单位确定后，为能及时开展监理工作，明确委托和被委托方的责任和义务，权利和利益，以及对监理人员授权的范围，就必须签订一份委托监理合同。监理合同必须依法签订，合同一经签订不得随意更改和解除，一方因不履行合同规定义务，就应承担违约责任。签订一个较为完备的监理合同，约束双方严格履行各自的义务，是确保工程顺利完成的基础。

在代建单位与监理单位有合同关系或代建单位可以协助委托方签订委托监理合同的情况下，代建单位在委托监理合同的专用条款中应对监理的工作内容和要求尽量详细、具体、明确。如果委托监理合同的签订与代建单位毫无关系，则代建单位可以另行制定详细的现场监理管理办法，从而形成有效的约束机制，加强对监理的管理。委托监理合同专用条款或现场监理管理办法主要应明确下述几点：

1. 对项目总监理工程师、专业监理工程师、监理员的要求。
2. 明确总监及其他监理人员的到岗率、出勤率。
3. 明确现场监理活动程序及事项。

4．明确对监理人的考核办法。

5．界定监理的权利范围。

6．对于监理的不作为或失职行为，拟定对应的处罚。

（二）对总监理工程师的管理

监理单位选定后，根据监理单位提供的总监工程师候选名单，代建单位要详细考察，认真选择总监理工程师。这是因为总监理工程师，是监理单位派驻到建设项目上履行委托监理合同的全权负责人，他直接和代建单位、承包人协调工作。在项目监理过程中，扮演着一个很重要的角色，承担工程监理最终责任，因此要求总监理工程师必须具备较高的技术水平和丰富管理经验，能够公正、公平、守法、诚实、信用的原则执行合同，具备较高素质并已取得监理工程师资格和注册证书的人选。在具体选择时应考虑以下因素：

1．被选择的总监理工程师必须精通所承担监理业务的专业技术知识，且专业对口，能够正确处理重大技术问题。

2．被选择的总监理工程师，必须具有广泛的管理知识和丰富的工程实践经验。

3．被选择的总监理工程师必须有良好的理论和道德修养。

4．被选择的总监理工程师还应具有较强的组织协调与沟通能力，能与代建单位、施工单位、专业设计人员进行良好的沟通，对施工过程中出现的问题，能够进行协调，同时具备决策应变能力。

总之被选总监理工程师不论在专业技术、管理水平、实践经验、领导艺术还是在组织协调能力上都要有较高造诣，很好的素质，才能有效地领导监理工程师完成监理任务。

（三）对现场监理机构的管理

工程监理工作是一项技术性很强的工作，监理人员同样需要具备良好的素质，不仅要懂设计、施工、试验和合同管理，而且更要有强烈的责任心和职业道德。监理人员配备，一般由总监理工程师选配，但代建单位也应对监理工程师的选配提出明确要求。在配备时不仅要配足监理人员，更重要的要注意各专业人员的搭配。根据人员配备情况由监理单位向工地派驻项目监理机构，监理机构在总监理工程师领导下，开展监理工作。要建立严格的岗位责任制，并由总监理工程师委派总监理工程师代表，并授权，使其对总监理工程师负责。形成一个完整的监理机构，开展监理工作。监理工程师和监理员分工负责，各司其职。

代建单位应对施工现场监理机构的监理工程师在人数和在岗时间方面提出明确要求。根据以往的经验，监理单位从成本方面考虑，往往尽量减少现场配备的监理人数，甚至一些监理工程师还同时兼任其他工地的监理工作。为了保证现场监理机构能够有效开展工作，代建单位在对监理人员的人数和在岗时间方面提出明确要求的同时，还应从经济方面约定具体的处罚措施。如监理费的支付与监理人员的人数挂钩，如果现场监理人数达不到要求的数量，则按比例扣减相应的监理费。再如，监理规范明确规定，监理工程师不得在其他工地兼职，因此可约定，当发现监理人员在施工现场的时间少于90%时，相应扣减监理费。

代建单位的首要控制目标是投资控制，而投资控制在施工阶段是一项非常繁杂的工作，需要耗费大量的精力。对于施工单位来说，最重要的任务就是经济利益最大化。因此必然在工程造价方面与代建单位形成对立的关系。代建单位要减轻投资控制的压力，就必须将一部分工作转移到监理的身上。代建单位对于现场监理机构人员的配备要明确造价工程师的人数、工作内容、工作时间、工作成果的质量标准。如对于工程变更，凡涉及造价的变动，可要求必须先由监理工程师对工程量进行计量，再由造价工程师对施工单位提交的工程造价进行审核，必要时要进行复算，如果代建单位审查发现经造价工程师审核后的造价有明显错误，应视不同程度对监理机构和造价工程师进行相应的处罚。

（四）对现场监理机构日常活动的管理

代建单位对现场监理机构日常活动的管理主要应依据监理规范和委托监理合同的有关约定进行监督，考核其是否尽职尽责。监督考核的内容主要有总监理工程师的在岗时间，其他监理人员的到岗率，专业监理工程师日常巡检工作，对进场的材料设备的检验情况，对分部分项及隐蔽工程的验收情况，对工程变更及现场签证履行监理职责的情况，对资料的管理情况等。当发现监理人员有不作为的现象时，应及时与总监理工程师进行沟通，督促其进行整改。当代建与监理意见不一致，产生矛盾时，也应通过沟通解决，尽量避免强制命令。同时应注意方式方法，注意维护监理的威信。

（五）代建单位应大力支持监理工作

监理由委托方或代建单位通过委托的方式，聘请来帮助委托方或代建单位工作。因此，监理的各项工作离不开代建单位的支持。监理单位受委托方或代建单位的委托，依据代建单位与施工单位签订的《施工合同》和与监理单位签订的《委托监理合同》进行质量、投资、进度、安全控制，对合同和信息进行管理，当代建单位与施工单位发生矛盾时要进行协调。因此监理任务艰巨，责任也很大，但监理单位和施工单位只是监理与被监理的关系，又无合同关系，双方均系代建单位雇用，监理要站在代建单位的立场上对工程建设质量、安全、工期、投资进行检查与评定，实施控制管理。监理必须发出对不合格的工程整改返工，核减结算工程量等指令。在这些重大问题上，代建单位的态度至关重要。因此代建单位对监理提出的合理意见和请求应给了支持，同时要为监理人员提供一个良好的工作环境，以利于监理工作的开展。

（六）代建单位要有所为，有所不为

既然实行建设监理制，聘请了监理单位，则代建单位和监理单位要合理分工，各有侧重。根据代建单位和施工单位、监理单位签订的《施工合同》和《委托监理合同》，代建单位应把主要精力放在积极创造施工的基本条件和外部环境工作方面，包括组织建设投资到位，订购材料设备，申请办理征地拆迁，联系水电供应和对外交通，决定工程建设的重大设计变更，以及同地方政府组织协调，协调设计、监理单位的关系，处理好设计变更。监理单位的主要精力应放在搞好工程项目管理工作上，具体的要协助代建单位选择好承包单位，签订好工程施工合同，督促双方履行合同义务，审核施工图纸、设计变更和施工技术方案组织，审查施工组织设计，搞好检查和验收。工程质量、工程进度和造价控制。进行工程计量和掌握工程款项支付，调解各方争议，处理索赔等。总的来讲，代建单位“主外”，监理“主内”，“内外”配合，相互呼应才能搞好工程建设管理。如果代建单位过多插手施工管理工作，就会造成职责不分，责任不清，该管的事没管好，不该管的事插手去管。结果会降低工程管理水平，造成混乱，加重代建单位的负担，促使监理不负责任。因此，代建单位应“有所为”“有所不为”。

第三节　对施工单位的管理

一、对施工单位管理的依据

在项目实施过程中，代建单位对施工单位管理的依据主要包括国家和行业有关的法律法规、规范、规程，以及施工合同或补充协议。

（一）有关施工单位及人员要求的规定

《中华人民共和国建筑法》、《建设工程安全生产管理条例》等法律法规和规范对监理单位及监理人员的要求作了如下规定：

1. 从事建筑活动的建筑施工企业、勘察单位、设计单位和工程监理单位，按照其拥有的注册资本、专业技术人员、技术装备和已完成的建筑工程业绩等资质条件，划分为不同的资质等级，经资质审查合格，取得相应等级的资质证书后，方可在其资质等级许可的范围内从事建筑活动。

2. 承包建筑工程的单位应当持有依法取得的资质证书，并在其资质等级许可的业务范围内承揽工程。禁止建筑施工企业超越本企业资质等级许可的业务范围或者以任何形式用其他建筑施工企业的名义承揽工程。禁止建筑施工企业以任何形式允许其他单位或者个人使用本企业的资质证书、营业执照，以本企业的名义承揽工程。

3. 建筑工程总承包单位可以将承包工程中的部分工程发包给具有相应资质条件的分包单位；但是，除总承包合同中约定的分包外，必须经建设单位认可。施工总承包的，建筑工程主体结构的施工必须由总承包单位自行完成。建筑工程总承包单位按照总承包合同的约定对建设单位负责；分包单位按照分包合同的约定对总承包单位负责。总承包单位和分包单位就分包工程对建设单位承担连带责任。禁止总承包单位将工程分包给不具备相应资质条件的单位。禁止分包单位将其承包的工程再分包。

4. 施工单位应当设立安全生产管理机构，配备专职安全生产管理人员。

专职安全生产管理人员负责对安全生产进行现场监督检查。发现安全事故隐患，应当及时向项目负责人和安全生产管理机构报告；对违章指挥、违章操作的，应当立即制止。

（二）有关施工单位及监理人员质量、进度与安全职责的规定

《中华人民共和国建筑法》、《建设工程质量管理条例》、《建设工程安全生产管理条例》等法律法规和规范对施工单位及施工人员的质量、进度、投资与安全方面的职责作了如下规定：

1. 施工单位对工程的施工质量负责。施工单位必须按照工程设计图纸和施工技术标准施工，不得偷工减料。工程设计的修改由原设计单位负责，施工单位不得擅自修改工程设计。

2. 施工单位必须按照工程设计要求、施工技术标准和合同的约定，对建筑材料、建筑构配件和设备进行检验，不合格的不得使用。

3. 施工单位应当建立质量责任制，确定工程项目的项目经理、技术负责人和施工管理负责人。建设工程实行总承包的，总承包单位应当对全部建设工程质量负责；建设工程勘察、设计、施工、设备采购的一项或者多项实行总承包的，总承包单位应当对其承包的建设工程或者采购的设备的质量负责。

4. 施工单位依法将建设工程分包给其他单位的，分包单位应当按照分包合同的约定对其分包工程的质量向总承包单位负责，总承包单位与分包单位对分包工程的质量承担连带责任。

5. 施工单位必须建立、健全施工质量的检验制度，严格工序管理，做好隐蔽工程的质量检查和记录。隐蔽工程在隐蔽前，施工单位应当通知建设单位和建设工程质量监督机构。

6. 建设工程在保修范围和保修期限内发生质量问题的，施工单位应当履行保修义务，并对造成的损失承担赔偿责任。

7. 施工单位在编制施工组织设计时，应当根据建筑工程的特点制定相应的安全技术措施；对专业性较强的工程项目，应当编制专项安全施工组织设计，并采取安全技术措施。

8. 施工单位应当在施工现场采取维护安全、防范危险、预防火灾等措施；有条件的，应当对施工现场实行封闭管理。施工现场对毗邻的建筑物、构筑物和特殊作业环境可能造成损害的，施工单位应当采取安全防护措施。

9. 施工单位应当遵守有关环境保护和安全生产的法律、法规的规定，采取控制和处理施工现场的各种粉尘、废气、废水、固体废物以及噪声、振动对环境的污染和危害的措施。

10. 施工单位必须依法加强对建筑安全生产的管理，执行安全生产责任制度，采取有效措施，防止伤亡和其他安全生产事故的发生。建筑施工企业的法定代表人对本企业的安全生产负责。

11. 施工单位和作业人员在施工过程中，应当遵守有关安全生产的法律、法规和建筑行业安全规章、规程，不得违章指挥或者违章作业。作业人员有权对影响人身健康的作业程序和作业条件提出改进意见，有权获得安全生产所需的防护用品。作业人员对危及生命安全和人身健康的行为有权提出批评、检举和控告。

12. 施工单位主要负责人依法对本单位的安全生产工作全面负责。施工单位应当建立健全安全生产责任制度和安全生产教育培训制度，制定安全生产规章制度和操作规程，保证本单位安全生产条件所需资金的投入，对所承担的建设工程进行定期和专项安全检查，并做好安全检查记录。

施工单位的项目负责人应当由取得相应执业资格的人员担任，对建设工程项目的安全施工负责，落实安全生产责任制度、安全生产规章制度和操作规程，确保安全生产费用的有效使用，并根据工程的特点组织制定安全施工措施，消除安全事故隐患，及时、如实报告生产安全事故。

13. 施工单位对列人建设工程概算的安全作业环境及安全施工措施所需费用，应当用于施工安全防护用具及设施的采购和更新、安全施工措施的落实、安全生产条件的改善，不得挪作他用。

14. 施工单位应当在施工组织设计中编制安全技术措施和施工现场临时用电方案，对下列达到一定规模的危险性较大的分部分项工程编制专项施工方案，并附具安全验算结果，经施工单位技术负责人、总监理工程师签字后实施，由专职安全生产管理人员进行现场监督：

（1）基坑支护与降水工程；

（2）土方开挖工程；

（3）模板工程；

（4）起重吊装工程；

（5）脚手架工程；

（6）拆除、爆破工程；

（7）国务院建设主管部门或者其他有关部门规定的其他危险性较大的工程。

对前款所列工程中涉及深基坑、地下暗挖工程、高大模板工程的专项施工方案，施工单位还应当组织专家进行论证、审查。

15. 施工单位应当在施工现场入口处、施工起重机械、临时用电设施、脚手架、出入通道口、楼梯口、电梯井口、孔洞口、桥梁口、隧道口、基坑边沿、爆破物及有害危险气体和液体存放处等危险部位，设置明显的安全警示标志。安全警示标志必须符合国家标准。

施工单位应当根据不同施工阶段和周围环境及季节、气候的变化，在施工现场采取相应的安全施工措施。施工现场暂时停止施工的，施工单位应当做好现场防护，所需费用由责任方承担，或者按照合同约定执行。

16. 施工单位应当将施工现场的办公、生活区与作业区分开设置，并保持安全距离；办公、生活区的选址应当符合安全性要求。职工的膳食、饮水、休息场所等应当符合卫生标准。施工单位不得在尚未竣工的建筑物内设置员工集体宿舍。

施工现场临时搭建的建筑物应当符合安全使用要求。施工现场使用的装配式活动房屋应当具有产品合格证。

17. 施工单位对因建设工程施工可能造成损害的毗邻建筑物、构筑物和地下管线等，应当采取专项防护措施。

施工单位应当遵守有关环境保护法律、法规的规定，在施工现场采取措施，防止或者减少粉尘、废气、废水、固体废物、噪声、振动和施工照明对人和环境的危害和污染。

在城市市区内的建设工程，施工单位应当对施工现场实行封闭围挡。

18. 施工单位应当在施工现场建立消防安全责任制度，确定消防安全责任人，制定用火、用电、使用易燃易爆材料等各项消防安全管理制度和操作规程，设置消防通道、消防水源，配备消防设施和灭火器材，并在施工现场入口处设置明显标志。

19. 施工单位采购、租赁的安全防护用具、机械设备、施工机具及配件，应当具有生产（制造）许可证、产品合格证，并在进入施工现场前进行查验。

施工现场的安全防护用具、机械设备、施工机具及配件必须由专人管理，定期进行检查、维修和保养，建立相应的资料档案，并按照国家有关规定及时报废。

20. 施工单位在使用施工起重机械和整体提升脚手架、模板等自升式架设设施前，应当组织有关单位进行验收，也可以委托具有相应资质的检验检测机构进行验收；使用承租的机械设备和施工机具及配件的，由施工总承包单位、分包单位、出租单位和安装单位共同进行验收。验收合格的方可使用。

《特种设备安全监察条例》规定的施工起重机械，在验收前应当经有相应资质的检验检测机构监督检验合格。

施工单位应当自施工起重机械和整体提升脚手架、模板等自升式架设设施验收合格之日起30日内，向建设行政主管部门或者其他有关部门登记。登记标志应当置于或者附着于该设备的显著位置。

21. 施工单位应当为施工现场从事危险作业的人员办理意外伤害保险。

意外伤害保险费由施工单位支付。实行施工总承包的，由总承包单位支付意外伤害保险费。意外伤害保险期限自建设工程开工之日起至竣工验收合格止。

22. 施工单位应当根据建设工程施工的特点、范围，对施工现场易发生重大事故的部位、环节进行监控，制定施工现场生产安全事故应急救援预案。实行施工总承包的，由总承包单位统一组织编制建设工程生产安全事故应急救援预案，工程总承包单位和分包单位按照应急救援预案，各自建立应急救援组织或者配备应急救援人员，配备救援器材、设备，并定期组织演练。

23. 施工单位发生生产安全事故，应当按照国家有关伤亡事故报告和调查处理的规定，及时、如实地向负责安全生产监督管理的部门、建设行政主管部门或者其他有关部门报告；特种设备发生事故的，还应当同时向特种设备安全监督管理部门报告。接到报告的部门应当按照国家有关规定，如实上报。

实行施工总承包的建设工程，由总承包单位负责上报事故。

二、对施工单位管理的内容

（一）合同谈判、签订工作的管理

代建单位对施工单位的管理除依据国家有关法律法规和工程技术规范、施工图纸等文件外，主要依据施工合同。签订一份较为完备的施工合同，约束双方严格履行各自的义务，是确保工程顺利完成的基础。

除国家制定的施工合同通用条款的内容外，代建单位需要在专用条款和补充条款中对施工单位的承包内容和要求尽量详细、具体、明确。特别关注以下几个方面：

1. 承包的方式。即是固定单价合同还是总价包干合同或可变价合同。要明确施工单位的风险范围。如某施工合同为固定单价合同，合同专业条款中约定：合同价款中包括的风险范围除工程变更、政策性调整和工程暂定价以外的其他风险。这说明除非政府出台人工费或材料的调价文件，否则综合单价是不能调的。再如，某施工合同为固定总价合同，合同专业条款中约定：合同价款采用单位工程总价固定合同，图纸项量与工程量清单项量差均已含在总价中，不做调整。合同价款中包括的风险范围除设计变更、工程暂定价、材料及设备暂定价以外的其他风险。风险费用的计算方法：本工程预算包干费按直接费的4%计算，风险费用已计算在其总价中，结算时不再另行计算支付。

2. 工程承包范围，特别是界面的划分。当工程划分为几个标段，分别进行招标时，对承包范围和界面的划分必须明确、详细，否则会出现扯皮现象，甚至增加工程造价。如某工程划分为代建与自建两部分进行施工，在代建部分的机电安装施工合同中对电气照明部分的界面划分约定：代建部分均做到自建部分的配电箱上口，含配电箱（柜）安装。同时，对界面点的施工约定：以上界面划分中界面点的责任由后施工的施工单位负责。

3. 对施工过程中各种费用的承担。包括场地占用费、成品保护费、建筑垃圾清运费、深化图纸的费用、总包服务费、各种检测、验收的费用、办理各种手续的费用等。如某总价包干合同专用条款中约定：本次招标范围内由承包人深化设计的设计费用、图纸转化增加的工程量、施工图纸费、异地加工及运输费，专业工程的检测验收费（幕墙工程安全气密性等三性检测费除外）等均包含在投标报价中。

4. 当发生变更时，有关工程量的计量与价格调整方法。如某总价包干合同专用条款中约定：设计变更引起工程项目、工程量变化的，超过分部分项工程量清单中相应分项子目工程量的3%时，超出部分予以调整，调整方法为：与中标人投标人的工程量清单报价中的工程子项相同或相近时，按其投标时的工程量清单报价的单价进行计算；新增项目与中标人投标文件中工程子项不同或不相近时，按有关规定套定额计算，并乘以规定的下浮系数（下浮系数=投标总报价/预算控制价总价），材料预算价按当地工程造价管理部门发布的信息价计算，无信息价的由发包人与承包人根据市场价格协商定价；定额中无此项内容时，由发、承包双方根据市场价格协商决定。

5. 工程预付款的支付与扣回。从代建单位的角度出发，工程预付款的支付比例应尽可能的少，同时，工程预付款的扣回应尽可能的早。这样可以促使施工单位加快施工进度，减少代建单位的资金风险。

6. 关于履约担保。应明确施工单位履约担保的有效期限持续到整个工程竣工结算完成。

7. 工程结算款的支付。当工程是分标段招标时，应明确所有标段工程结算款的支付时间为整个工程的工程结算经财政审计完成后。

（二）对施工单位项目经理的管理

施工单位的项目经理是施工单位现场的总负责人，在施工单位企业法人代表的授权范围内，全权管理施工现场的一切工作。

工程建设项目最终的成果就是工程实体，而工程实体的建造要依靠施工单位来实施。因此，项目经理的管理经验、管理水平、敬业精神、职业道德在很大程度上决定了建设项目的成败。

代建单位对施工单位项目经理的管理分为招标阶段和工程实施阶段。在工程招标阶段，应在招标文件中对施工单位项目经理的人选提出具体、详细的要求。包括学历、职业资质、从业年限、工程业绩等。在工程实施阶段，应通过监理、现场检查掌握项目经理的到岗情况，处置、协调施工中出现的各种问题的能力，组织、编制、实施工程进度计划的能力，与参建的其他各方及政府有关部门进行沟通、协调的能力。

代建单位要大力支持项目经理的工作，经常与项目经理保持信息沟通，对于项目经理合理的要求要尽量给予满足。

当发现项目经理不能满足施工现场的要求时，应及时要求其上级企业更换项目经理。

（三）对施工单位现场项目部经理部的管理

从代建单位的角度，对施工单位现场项目经理部的管理主要就是对项目部主要管理人员的管理和对项目经理部各项管理制度的监督、考核。除项目经理外，主要包括项目副经理、技术负责人和各专业负责人。

应考察、掌握项目副经理对分管工作的适应能力，包括学历、资质、从业年限、工程业绩等，以及到岗情况，处理分管工作中出现的各种问题的能力，与参建的其他各方及政府有关部门进行沟通、协调的能力。

应考察、掌握项目技术负责人对技术管理工作的适应能力，包括学历、资质、从业年限、工程业绩等，特别是对施工图纸的综合理解能力及对施工图纸缺陷的判断能力，对专业技术人员的管理能力以及处理施工技术问题的能力，与参建的其他各方特别是施工单位进行沟通、协调的能力。

除此之外，鉴于目前国内建筑市场的实际情况，施工单位从成本方面考虑，施工现场的专业技术人员往往由各工种的工长兼任。对于此点，如果代建单位根据建设工程的规模、标准、复杂程度，要求施工单位必须配置单独的专业技术人员，则应在招标文件中给予明确，并在合同专用条款中设置详细的处罚条款。

（四）对分包单位的选择与管理

作为项目代建单位，对分包单位的管理主要是对专业工程分包单位的管理。

1. 对分包单位的选择。根据国家有关规定，专业分包工程的承包单位应得到代建单位的认可，因此作为项目代建单位，对专业分包单位具有确认权。

根据国家有关规定，监理单位应对分包单位进行资格审查，并具有对分包单位的否决权。对专业分包单位的确认应从以下几个方面进行审查：

（1）专业分包单位是否具有完成专业分包工程的相应资质等级；

（2）是否为私人承揽，挂靠有资质的施工企业；

（3）工程总承包单位与专业分包单位是否签订了有效的分包合同；

（4）专业分包单位的主要现场管理人员，包括项目负责人、技术负责人、项目核算负责人、质量管理人员、安全管理人员是否为本单位的人员。

2. 对分包单位的管理。在工程施工过程中，代建单位对分包单位的管理主要通过总包单位和监理进行。应通过总包单位、监理及现场检查，掌握分包单位在施工现场是否组建了项目管理机构，项目管理机构的主要成员是否与上报的人员一致，人数是否减少，人员是否有更换。当发现有上述问题存在时，应通过监理、总包单位责令分包单位进行整改。

代建单位还应了解掌握通过总包单位支付分包单位的工程预付款和工程进度款是否及时拨付给分包单位。如果不能拨付到分包单位，将可能影响工程的进度。

（五）对施工单位管理中涉及建设资金控制的有关内容

代建单位在项目实施过程中对投资的控制除通常的管理内容之外，还应注意对施工单位做好以下工作。

1. 对施工单位资金流向的监控管理。所谓对施工单位资金流向的监控管理（以下简称“建设资金监管”）是指在项目建设期间，代建单位依据与施工单位签订的施工合同及其附件中有关条款的规定，对施工单位在承包项目建设过程中所取得的资金，指定银行开户，专户储存，并通过代建单位、施工单位和银行三方协议，对施工单位所取得的建设资金使用情况进行监督和管理，以确保建设资金专款专用，推进建设项目顺利实施。

实行建设资金监管是优质、安全、高效地完成工程建设项目的现实需要。现代工程建设具有投资规模大、建设周期长、技术复杂等特点，如何按期优质地完成项目建设任务，有效控制工期、投资、质量、安全四大要素，是一项贯穿项目建设始终的复杂的系统工程。在这项工作中，资金管理是关键要素之一，作为项目代建单位，投资控制的主要工作内容之一，就是加强资金管理，保证资金按国家有关规定和合同条款及时、准确地支付和专款专用。

工程实践中，少数施工单位从本位主义的角度出发，外借、挪用、转移工程款，或用于弥补少数由于资金到位不及时而拖欠工程款的项目的施工用资金缺口，其结果是支付及时的项目的建设资金被挪用到非本项目的开支上去，导致工程建设形成新的资金缺口，进而影响工程质量、进度和施工安全。因此，为了确保建设资金完全用于本项目建设，代建单位有必要对支付给施工单位的建设资金加强监管。

对施工单位实行建设资金监管在项目管理中尚不多见，是一个新生事物，实践表明，在其实施过程中，由于有关的政策法规和外部环境在不断变化，不可避免地会遇到一些矛盾和困难。同时，由于对施工单位项目部实行建设资金监管涉及施工单位上级公司的资金调度和管理方面的权限，也会引起部分施工单位上级公司方面对建设资金监管制度的不同意见，因此，要顺利实行建设资金监管，首先要解决其合法性问题。

代建单位在项目招标时，即应将实行建设资金监管的条款和有关协议文本纳入招标文件。工程施工承包合同和其他经济合同一样，是通过“要约”与“承诺”的过程签订的，施工单位对一个项目进行投标，就视同为对该项目招标文件中所列条件的响应，其投标价格也应考虑了由于实行资金监管对其施工成本产生的影响，招标文件是施工承包合同的有效组成部分，因此，以合同的形式明确实行建设资金监管的范围、方式、内容和各自的权责，可以解决其合法性问题。

其次，在实行建设资金监管过程中，签约各方是平等的法律主体，权利和义务是对等的，代建单位在对施工单位建设资金进行监管的过程中，首先有义务按照合同条款规定的时间和方式，及时向施工单位支付预付款、工程进度款等，同时，按照合同规定，为施工单位做好服务工作，切实履行合同中规定的义务，这是顺利实施建设资金监管的前提。

再次，建设资金监管协议的条款制订应尽可能详尽、完整、全面，具有可操作性。在实施过程中，对施工单位资金使用的情况是进行合规性审查而非审批，只有在发现施工单位转移、挪用工程建设资金时，才能予以拒付。从这个层面上看，资金监管活动就如同代建单位要求施工单位在项目实施过程中必须配备相应的设备和足够的技术、重要管理人员并不得随意离场一样，是加强项目管理，保证工程质量与进度的措施之一，总体的思路是建设资金监管不能干预施工单位的正常生产经营活动。

2. 有关履约担保。施工单位履约担保，是指为保障施工单位、材料供应商按照合同约定履行合同义务，向代建单位提供法律认可的担保。

施工单位履约担保的方式，常见的有两种：一为保函担保，即由施工单位向代建单位提供履约保函，在施工单位没有按合同约定履行合同义务或违约时、代建单位可以凭保函及有关证明文件直接要求提供保函的银行支付相关款项；一为履约保证金担保，即由施工单位向代建单位交付一定数额的履约保证金。当施工单位没有按合同约定履行合同义务或违约时，代建单位可以直接从履约保证金中扣除相关款项。

按照《工程建设项目施工招标投标办法》第六十二条的规定：招标文件要求中标人提交履约保证金或者其他形式履约担保的，中标人应当提交；拒绝提交的，视为放弃中标项目。发包人要求中标人提供履约保证金或其他形式履约担保的，发包人应当同时向中标人提供工程款支付担保。而实践中，由于代建单位只是代理政府对建设工程进行管理，代建单位除了收取代建费之外，自身并没有提供支付担保的资金。因此，理论上应由项目委托方或政府的财政部门提供支付担保。实际上，委托方或政府财政部门也不会提供政府担保。这样就变成了施工单位单方面向代建单位提供履约担保。

对于单向履约担保，有些地方的有关政府部门提出质疑，认为这样对施工单位不公平，是变相的要求施工单位垫资施工。对于是否允许施工单位垫资施工，我国的有关法律法规有不同的规定。依据原国家建设部、原国家计划委员会、财政部1996年发布的《关于严格禁止在工程建设中带资承包的通知》的规定，是不允许施工单位垫资施工的。但依据最高人民法院《关于审理建设工程施工合同纠纷案件适用法律问题的解释》（法释2004第14号）的有关规定，又是肯定了施工单位垫资施工的。并且最高人民法院有关负责人阐述了“解释”认定垫资施工条款合法有效性的理由，其理由有三：一是建筑市场垫资比较普遍，发包人要求承包人垫资，如果承包人不带资、垫资也难以承揽到工程，如果不承认垫资有效，不利于保护承包人的合法权益。二是我国已经加入WTO，建筑市场是开放的，建筑市场的主体可能是本国的企业，也可能是外国的企业，而国际建筑市场是允许垫资的，如果我国法院认定垫资一律无效，违反国际惯例，与国际建筑市场的发展潮流相悖。三是根据《合同法》第五十二条规定，必须是违反法律、行政法规的强制性规定，才能认定合同无效。但是从法律规定的层次看，《关于严格禁止在工程建设中带资承包的通知》不属于法律、行政法规，不能成为人民法院认定合同条款无效的法律依据。我们认为，从代建单位的角度，由于施工阶段施工单位相对于代建单位处于强势地位，即使财政不能提供支付担保，施工单位也应提供履约担保。再者，一般委托代建合同中同样要求代建单位提供单向履约担保。

对于施工单位提供的履约担保的有效期，应要求持续到全部工程完成财政结算审计，这样可减少代建单位的风险。

第十八章　工程建设廉政管理

第一节　廉政建设的法律法规与规章

目前我国针对工程建设廉政方面的相关法律、法规及规章主要包括:《中华人民共和国建筑法》、《中华人民共和国政府采购法》、《中华人民共和国招标投标法》、《中华人民共和国反不正当竞争法》;中纪委、监察部、国资委颁布的《国有企业领导人员廉洁从业若干规定》,中共中央纪委、监察部颁布的《关于领导干部利用职权违反规定干预和插手建设工程招标投标、经营性土地使用权出让、房地产开发与经营等市场经济活动,为个人和亲友谋取私利的处理规定》;以及中共中央、国务院颁布的《关于实行党风廉政建设责任制的规定》、《中国共产党纪律处分条例》等。上述法律、法规及规章中对工程廉政管理方面的内容及其违法违规的处理办法作了明确具体的规定。

一、国家相关法律在廉政方面的规定

(一)《中华人民共和国建筑法》

在《中华人民共和国建筑法》第十六条、第十七条和第六十八条中明确规定:

1. 建筑工程发包与承包的招标投标活动,应当遵循公开、公正、平等竞争的原则,择优选择承包单位。

2. 发包单位及其工作人员在建筑工程发包中不得收受贿赂、回扣或者索取其他好处。承包单位及其工作人员不得利用向发包单位及其工作人员行贿、提供回扣或者给予其他好处等不正当手段承揽工程。

3. 在工程发包与承包中索贿、受贿、行贿,构成犯罪的,依法追究刑事责任;不构成犯罪的,分别处以罚款,没收贿赂的财物,对直接负责的主管人员和其他直接责任人员给予处分。

(二)《中华人民共和国政府采购法》

《中华人民共和国政府采购法》第二十八条和第七十二条对政府采购中有关行为进行了规定:

1. 采购人不得将应当以公开招标方式采购的货物或者服务化整为零或者以其他任何方式规避公开招标采购。

2. 采购人、采购代理机构及其工作人员有下列情形之一、构成犯罪的,依法追究刑事责任;尚不构成犯罪的,处以罚款,有违法所得的,并处没收违法所得,属于国家机关工作人员的,依法给予行政处分:

(1) 与供应商或者采购代理机构恶意串通的;

(2) 在采购过程中接受贿赂或者获取其他不正当利益的;

(3) 在有关部门依法实施的监督检查中提供虚假情况的;

(4) 开标前泄露标底的。

（三）《中华人民共和国招标投标法》

《中华人民共和国招标投标法》中有关廉政方面的规定包括：

1. 任何单位和个人不得将依法必须进行招标的项目化整为零或者以其他任何方式规避招标。招标投标活动应当遵循公开、公平、公正和诚实信用的原则。

2. 违反本法规定，必须进行招标的项目而不招标的，将必须进行招标的项目化整为零或者以其他任何方式规避招标的，责令限期改正。可以处项目合同金额千分之五以上千分之十以下的罚款；对全部或者部分使用国有资金的项目，可以暂停项目执行或者暂停资金拨付；对单位直接负责的主管人员和其他直接责任人员依法给予处分。

3. 招标代理机构违反本法规定，泄露应当保密的与招标投标活动有关的情况和资料的，或者与发包人、投标人串通损害国家利益、社会公共利益或者他人合法权益的处5万元以上25万元以下的罚款，对单位直接负责的主管人员和其他直接责任人员处单位罚款数额百分之五以上百分之十以下的罚款；有违法所得的，并处没收违法所得；情节严重的，暂停直至取消招标代理资格；构成犯罪的，依法追究刑事责任。给他人造成损失的。依法承担赔偿责任。

4. 依法必须进行招标的项目的发包人向他人透露已获取招标文件的潜在投标人的名称、数量或者可能影响公平竞争的有关招标投标的其他情况的，或者泄露标底的，给予警告，可以并处1万元以上10万元以下的罚款；对单位直接负责的主管人员和其他直接责任人员依法给予处分；构成犯罪的，依法追究刑事责任。

5. 依法必须进行招标的项目，发包人违反本法规定，与投标人就投标价格、投标方案等实质性内容进行谈判的，给予警告，对单位直接负责的主管人员和其他直接责任人员依法给予处分。

（四）《中华人民共和国反不正当竞争法》

《中华人民共和国反不正当竞争法》在这方面的规定包括：

1. 投标者不得串通投标，抬高标价或者压低标价。投标者和招标者不得相互勾结，以排挤竞争对手的公平竞争。

2. 投标者串通投标，抬高标价或者压低标价；投标者和招标者相互勾结，以排挤竞争对手的公平竞争的，其中标无效。监督检查部门可以根据情节处以一万元以上二十万元以下的罚款。

二、政府有关部门规章在廉政方面的规定

（一）《国有企业领导人员廉洁从业若干规定》

在《国有企业领导人员廉洁从业若干规定》相关条款中，在这方面的规定包括：

1. 国有企业领导人员应当忠实履行职责。不得有以权谋私、损害企业利益的下列行为：

（1）私自从事营利性经营活动，或者在本企业的同类经营企业、关联企业和与本企业有业务关系的企业从事证券投资以外的投资入股；

（2）接受或者索取本企业的关联企业、与本企业有业务关系的企业，以及管理和服务对象提供的不正当利益；

（3）违反规定兼任下属企业或者其他企业、事业单位、行业组织、中介机构的领导

职务，或者经批准兼职的，擅自领取兼职工资或者其他报酬；

（4）将企业经济往来中的折扣费、中介费、回扣、佣金、礼金等据为己有或者私分；

（5）利用职务上的便利从事有偿中介活动；

（6）利用企业的商业秘密、知识产权、业务渠道为本人或者他人从事牟利活动。

2. 国有企业领导人员违反本规定的，应当根据违规行为的情节轻重，依照《企业职工奖惩条例》及企业纪律追究责任。国有企业领导人员中的共产党员违反本规定的，除依照前款处理外，依照《中国共产党纪律处分条例》给予相应的党纪处理。

3. 国有企业领导人员违反本规定，在按有关规定追究责任的同时，获取的不正当经济利益，应当责令退还；给国有企业造成经济损失的，应当承担经济赔偿责任。

4. 国有企业领导人员违反本规定涉嫌犯罪的，依法移送司法机关。

（二）《关于领导干部利用职权违反规定干预和插手建设工程招标投标、经营性土地使用权出让、房地产开发与经营等市场经济活动，为个人和亲友谋取私利的处理规定》

在《关于领导干部利用职权违反规定干预和插手建设工程招标投标、经营性土地使用权出让、房地产开发与经营等市场经济活动，为个人和亲友谋取私利的处理规定》中，对领导干部在工程建设方面违规行为的处理作了具体明确的规定：

1. 领导干部利用职权或者职务上的影响，违反规定干预和插手建设工程招标投标活动，为个人和亲友谋取私利，有下列情形之一的，按照本规定第六条进行处理：

（1）对依法必须进行招标的建设工程项目不招标，或者依法应当公开招标的建设工程项目实行邀请招标，以及将依法必须进行招标的建设工程项目化整为零，或者假借保密工程、抢险救灾等特殊工程的名义规避招标的；

（2）为发包人指定招标代理机构，强制发包人委托招标代理机构办理招标事宜的；

（3）操纵或者以暗示、授意、指定等方式影响建设工程招标投标活动中投标人资格的确定或者评标、中标结果，擅自变更建设工程项目中标人的；

（4）要求中标人分包、转包建设工程，或者指定使用工程建设材料、构配件、设备以及生产厂家、供应商的；

（5）有其他违反规定干预和插手建设工程招标投标活动行为的。

2. 领导干部有本规定第三条至第五条行为之一，本人从中收受或者变相收受财物的，依照《中国共产党纪律处分条例》第八十五条处理；领导干部有本规定第三条至第五条行为之一，其父母、配偶、子女及其配偶以及其他共同生活的家庭成员收受财物的，追究该领导干部的责任，依照《中国共产党纪律处分条例》第七十五条第一款、第三款处理；领导干部有本规定第三条至第五条行为之一，并指定其他第三人从中收受财物的，追究该领导干部的责任，依照《中国共产党纪律处分条例》第七十五条第二款处理。

3. 需要给予领导干部行政处分或者其他纪律处分，如有相应处分规定的，从其规定；没有相应处分规定的，参照本规定给予相应的处分。根据实际情况，必要时，还可以对其给予免职或者辞退等组织处理。

4. 领导干部利用职权或者职务上的影响，干扰、妨碍有关部门对建设工程招标投标、经营性土地使用权出让、房地产开发与经营等市场经济活动中的违纪违法行为进行查处的，依照《中国共产党纪律处分条例》第一百六十三条处理。

（三）《关于实行党风廉政建设责任制的规定》

《关于实行党风廉政建设责任制的规定》有关内容包括：

1．党委（党组）、政府以及党委和政府的职能部门的领导班子对职责范围内的党风廉政建设负全面领导责任。党委（党组）、政府以及党委和政府的职能部门领导班子的正职对职责范围内的党风廉政建设负总责；领导班子其他成员根据工作分工，对职责范围内的党风廉政建设负直接领导责任。

2．党委（党组）、政府以及党委和政府的职能部门的领导班子、领导干部在党风廉政建设中承担以下领导责任：

（1）贯彻落实中共中央、国务院关于党风廉政建设的部署和要求，分析研究职责范围内的党风廉政状况，研究制定党风廉政建设工作计划，并组织实施；

（2）标本兼治，综合治理，完善管理机制、监督机制，从源头上预防和治理腐败；

（3）组织党员、干部学习邓小平关于党风廉政建设的理论，学习党风廉政法规，进行党性党风党纪和廉政教育；

（4）贯彻落实党和国家党风廉政法规制度，结合实际情况，制定本地区、本部门、本系统、本行业的党风廉政法规制度，并组织实施；

（5）履行监督职责，对所辖地区、部门、系统、行业的党风廉政建设情况，领导班子和领导干部廉洁从政情况进行监督、检查和考核。

3．领导干部违反本规定第六条，有下列情形之一的，给予组织处理或者党纪处分：

（1）对直接管辖范围内发生的明令禁止的不正之风不制止、不查处，或者对上级领导机关交办的党风廉政责任范围内的事项拒不办理，或者对严重违法违纪问题隐瞒不报、压制不查的，给予负直接领导责任的主管人员警告、严重警告处分，情节严重的，给予撤销党内职务处分。

（2）对配偶、子女、身边工作人员严重违法违纪知情不管的，责令其辞职或者对其免职；包庇、纵容的，给予撤销党内职务处分，情节严重的，给予留党察看或者开除党籍处分。其他违反本规定第六条的行为，情节较轻的，给予批评教育或者责令作出检查，情节较重的，给予相应的组织处理或者党纪处分。

具有上述情形之一，需要追究政纪责任的，比照所给予的党纪处分给予相应的行政处分；涉嫌犯罪的，移交司法机关追究刑事责任。

第二节　廉政建设管理

随着代建制在我国的全面推行，政府投资建设项目日趋增加，如何在越来越多的工程建设中既保证项目又好又快完成，又能防止“工程搞上去，干部倒下来”，是摆在我们面前的一项重要课题。工程建设环境复杂多样，资金流量大，材料需求品种繁多，资源配置多样。建设管理者拥有项目决策权、工程发包权、组织实施权、资金分配权等众多重要权力。如果没有一种科学有效的廉政管理体系，权力集中在少数人手中，将不可避免的出现这样或那样的问题。因此，为了在根本上解决问题，需要建立一套科学有效的廉政管理体系：

一、项目外部监督

目前我国还未制订政府投资项目代建的专门法律法规，代建的监督和管理主要由发展和改革委承担。借鉴国外发达国家政府投资项目监管的成熟经验，除了加强发展与改革委监督管理职能外，还应发挥纪检、审计、监察部门和社会舆论的监督作用。除了政府部门的监管外，还应设立独立的监督机构，并且联合其他合作方相互监督，多管齐下，确保对项目廉政建设进行全方位的监管。

（一）设立监督小组

由代建单位设立独立于项目经理部的监督小组。在项目建设全过程中进行不定期监督，在招投标等关键节点进行重点督办，并全力配合主管部门、监察部门、审计部门的全程监督。建立起项目责任人现场管理、监督小组负责监督的模式，分级管理，责任到人。通过构建这样一个项目运行体制，使建设和监督相互分离，避免权力过于集中，在工程质量、财务管理、招投标等关键环节上加强有效监督。项目监督小组还应开展多种形式的监督检查：

1. 项目监督小组对项目部的定期检查，按工程实际进度进行不定期抽查。

2. 听取建设单位汇报，查阅合同、重要签证、重要财务票据等基建资料，走访当地建设主管部门，视情询问建设施工单位的人员和职工。

3. 定期组织项目部召开廉政情况专题汇报会，研究解决廉政建设中碰到的问题。

4. 向社会公布举报电话，接受委托方、使用单位、施工单位、监理单位以及公众的监督，认真查处违法违纪行为。

5. 对项目经理部以及项目成员违反相关法律法规，依有关规定追究行政、党纪责任，给予相应的处分；给项目或给他人造成损失的，责其依法承担赔偿责任；涉嫌犯罪的，移交司法机关追究刑事责任。

（二）与项目参与方签订廉政从业责任书

在与项目各参与方签订合同的同时，应与委托方、施工单位、监理单位、材料设备供应商签订《建设工程廉政合同》或《廉洁从业责任书》，多方共同监督，确保廉政制度的落实。《建设工程廉政合同》或《廉洁从业责任书》应包含以下内容：

1. 严格遵守党和国家有关法律法规及上级机关加强党风廉政建设的规定。

2. 双方的业务活动坚持公开、公正、诚信、透明的原则（除法律认定的商业秘密和合同文件另有规定之外），不得损害国家和集体利益，违反工程建设管理规章制度。

3. 发现对方在业务活动中有违反廉政规定的行为，应及时提醒对方予以纠正。

4. 各方工作人员不得索要或接受对方的礼金、有价证券和贵重物品，不得在对方报销任何应由己方支付的费用。

5. 各方工作人员不得参加对方安排的高消费宴请和娱乐活动；不得接受对方提供的通信、交通工具和高档办公用品。

6. 各方工作人员不得要求或者接受对方为其住房装修、婚丧嫁娶活动、配偶、子女及其他直系亲属的工作安排以及出国出境、旅游等提供方便。

7. 代建单位工作人员的配偶、子女及其他直系亲属不得从事与代建单位工程有关的材料设备供应、工程发包、劳务等经济活动。

8. 代建单位及其工作人员不得以任何理由向对方推荐分包单位，不得要求对方购买合同规定外的材料和设备。

二、项目内部廉政管理

（一）建立内部民主决策机制

在组建代建组织管理机构（项目经理部）时，建立内部监督系统，即对于重大事项的决策必须通过集体民主讨论决定，不能交由某一部门或个人负责。部门集体讨论决定重大事项，包括从项目立项到完工验收整个过程中的有关确定项目经费预算、拟定合同主要条款、组织实施招投标、作出重大设计变更、支付大额资金等事项。每次重大事项讨论必须作会议记录，必须把反对意见也纳入记录。会议记录整理后应尽快上报项目监督小组。

有关职能部门之间、有关项目成员之间要形成相互制约和监督的有效机制，对重大事项层层把关。

（二）建立和完善内部廉政建设各项规章制度

建立和完善项目经理部廉政建设各种规章制度。制度是一切工作的基础，有了好的制度就可以有章可循。除严格遵守国家和项目所在地的各项规定外，在内部也应建立起一套门类齐全、内容全面的规章制度。在项目前期管理、项目招投标管理、工程进度管理、项目合同管理、工程竣工结算审核、工程费用管理、工程廉政管理等方面制定一系列制度，明确管理职责，提高工程建设运行的规范化程度，使工程建设全过程具有可操作性的依据。

在各项廉政制度和规定的基础上，针对工程项目建设中可能出现的情况和问题，要求做到：

1. 严格按规章制度开展工作。如项目符合公开招投标范围的，一律实行公开招投标；由项目经理部自行组织的项目招投标和设备采购等，须本着公开公平公正的原则，组织专门工作小组，严格执行《招投标法》，制定周密工作方案，择优选定施工队伍和供货方。

2. 实行政务公开。项目建设重要事项，须按有关规定实行政务公开，做到决策透明，严防暗箱操作。

（三）加强对内部管理人员的教育与管理

项目最终要靠人来完成。如何在工程建设中充分调动工程管理人员的积极性，使他们始终具有饱满的工作热情，最大程度发挥其主观能动性；同时又能树立正确的人生观，价值观，始终保持干部队伍的廉洁性，正是项目管理工作的重要内容，为此，应做好以下几方面的工作：

1. 签订《廉洁从业承诺书》。项目经理部所有成员必须签订《廉洁从业承诺书》。承诺书包括以下内容：

（1）严格遵守国家和政府部门有关工程建设方面的法律法规和规章制度；

（2）坚决执行不准收钱送钱的规定，不接受管理、服务对象和可能影响公正执行公务的现金、有价证券（卡）和支付凭证；

（3）坚决执行不利用职权违反规定参与市场经济活动的规定；

（4）坚决执行不准以各种名义公款旅游的规定，不接受企事业单位用公款安排的私人旅游活动和报销应由个人支付的其他费用；

（5）坚决执行不准参与赌博等违反社会公共管理秩序类活动的规定；

（6）坚决执行禁酒规定，不用公款大吃大喝，不接受可能影响公正执行公务的宴请；不得参加乙方安排的高消费宴请和娱乐活动；不得接受乙方提供的通信、交通工具和高档办公用品。

2. 加强项目管理人员的廉政教育。通过学习、任前培训等形式加强对项目管理人员的廉政教育。同时，针对工程建设的实际情况，监督小组对项目经理部主要领导通过不定期会议，座谈，文件等方式，反复强调抓好工程建设廉政工作的重要性，提出“项目建设要上去，干部不能倒下去”的要求。使项目经理部形成廉政的良好氛围。通过教育、制度、监督并举，不断提高全体人员的自身素质和自我约束能力，做到“正人先正己”，并进一步影响、带动施工单位、监理单位齐心协力共同构建牢固的防线。

（四）加强监督检查工作

项目经理部应全力配合主管部门、项目监督小组的监督检查，定期汇报廉政建设情况。除此之外，还应建立内部廉政自查制度。

1. 不定期开展廉政自查，加强内部的相互监督和管理。

2. 如项目经理部成员在业务活动中有违反廉政规定的行为，必须及时提醒其予以纠正。

3. 如项目经理部成员在业务活动中有严重违法违纪行为，应立即向项目监督小组报告，并暂时终止其项目经理部成员身份，并向其他方做出书面说明，待事实查明后再作进一步决定。

参 考 文 献

[1] 注册咨询工程师（投资）考试教材编写委员会．工程项目组织与管理［M］．北京：中国计划出版社，2003.

[2] 全国投资建设项目管理师考试专家委员会．投资建设项目组织［M］．北京：中国计划出版社，2005.

[3] 全国投资建设项目管理师考试专家委员会．投资建设项目实施［M］．北京：中国计划出版社，2005.

[4] 陈军，石磊．项目管理手册［M］．北京：企业管理出版社，2003.

[5] 张立波．公路工程项目管理实务全书［M］．北京：中国环境科学出版社，2000.

[6] 成虎．工程项目管理（第二版）［M］．北京：中国建筑工业出版社，2001.

[7] 张月娴，田以堂．建设项目业主管理手册［M］．北京：中国水利水电出版社，2002.

[8] 中国建设监理协会．建设工程质量控制［M］．北京：中国建筑工业出版社，2003.

[9] 肖备，谢建民，陈树康，王建宏．建设单位对工程建设监督管理手册［M］．北京：中国建筑工业出版社，2005.

[10] 陆参．建设工程项目质量管理［M］．北京：中国计划出版社，2007.

[11] 李世蓉，兰定筠，胡玉明．业主工程项目管理实用手册［M］．北京：中国建筑工业出版社，2007.

[12] 泛华建设集团．建筑工程项目管理服务指南［M］．北京：中国建筑工业出版社，2006.

[13] 陈章洪．建设单位（甲方）代表手册，2 版［M］．北京：中国建筑工业出版社，2007.

[14] 田振郁．工程项目管理实用手册，3 版［M］．北京：中国建筑工业出版社，2007.

[15] 吴涛，丛培经．建设工程项目管理规范实施手册，2 版［M］．北京：中国建筑工业出版社，2006.

[16] 卜永军．建设工程项目管理一本通［M］．北京：地震出版社，2007.

[17] 陈光健．投资建设项目实施［M］．北京：中国计划出版社，2005.

[18] 陈智为，邓绍兴，刘越勇．档案管理学，3 版［M］．北京：中国人民大学出版社，2008.

[19] 徐祯，赵金．建筑工程资料管理［M］．北京：机械工业出版社，2008.

[20] 邓淑文．建筑工程项目管理（应用新规范）［M］．北京：机械工业出版社，2008.

[21] 北京土木建筑学会．建筑工程资料表格填写范例［M］．北京：经济科学出版社，2003.

[22] 辽宁立杰咨询有限公司．项目代建制的制度、管理与实践［M］．北京：机械工业出版社，2007.

[23] 泛华建设集团．建筑工程施工项目管理指南［M］．北京：中国建筑工业出版社，2007.

[24] 周国栋，严玲．我国政府投资项目代建制的实施现状及问题分析［J］．公路交通科技，2009（3）.

[25] 任远，李相明，邬可．代建制下如何发挥监理的作用［J］．北京：中国工程咨询，2009（5）.

[26] 李青惠．交通工程项目代建势在必行［J］．北京：中国投资，2009（5）.

[27] 任远．代建项目投资控制方法研究［J］．北京：工程造价管理，2009（6）.

[28] 任远．工程签证管理及其在代建投资控制中的作用［J］．北京：项目管理技术，2009（9）.

[29] 任远．代建制“防腐败”［J］．北京：中国投资，2009（8）.

[30] 权曙光，任远．我国代建制发展的意义现状与建议［J］．北京：建筑经济，2009（9）.

[31] 权曙光，任远．代建制与其他项目管理模式的比较研究［J］．上海：建设管理，2009（9）.

[32] 杨大志．代建项目如何控制工程造价［J］．北京：中国投资，2009（8）.